U0772895

教育部哲学社会科学系列发展报告

中国教育信息化发展报告

（2013）

教育部教育信息化战略研究基地（华中） 编

PEOPLE'S EDUCATION PRESS 人民教育出版社
·北京·

图书在版编目（CIP）数据

中国教育信息化发展报告．2013 / 教育部教育信息化战略研究基地（华中）编．—北京：人民教育出版社，2015.1

ISBN 978-7-107-27534-0

Ⅰ．①中… Ⅱ．①教… Ⅲ．①教育工作—信息化—研究报告—中国—2013 Ⅳ．①G43

中国版本图书馆 CIP 数据核字（2015）第 013192 号

人民教育出版社出版发行

网址：http://www.pep.com.cn

北京盛通印刷股份有限公司印装　全国新华书店经销

2015 年 1 月第 1 版　2015 年 1 月第 1 次印刷

开本：787 毫米 × 1 092 毫米　1/16　印张：22

字数：443 千字　印数：0 001 ～ 1 500 册

定价：49.20 元

《中国教育信息化发展报告（2013）》
编制工作组

顾问

王延觉　展　涛　雷朝滋　张拥军　舒　华

编写委员会

主编：杨宗凯

编委：王珠珠　康　宁　杨志坚　王　键　曾德华　胡钦太　祝智庭
　　　李崇荣　刘　英　李德芳　刘延申　黄荣怀　汪　琼　蒋东兴
　　　费　龙　韩　骏　任昌山　冯吉兵　黄秀根　蒋国珍　樊志良
　　　刘　峰　郭清顺　余胜泉　柯清超　吴　峰　张　纲　吴　砥

前　言

为全面反映我国教育信息化发展状况，为我国教育信息化建设提供支持和参考，教育部科学技术司于2013年1月组织了全国范围的教育信息化发展状况调研，对我国教育信息化总体发展状况进行摸底。随后，在教育部基础教育一司、基础教育二司、高等教育司、职业教育与成人教育司、教师工作司、社会科学司和教育部教育管理信息中心、中央电化教育馆、中国教育电视台、国家开放大学等教育部有关业务司局、直属单位的大力支持和配合下，依托教育部教育信息化战略研究基地（华中）成立了《中国教育信息化发展报告（2013）》编制工作组，在充分整合各方面教育信息化建设进展的基础上，完成了本书的编撰工作。

本书是集体智慧的结晶，教育部科学技术司、社会科学司为本书编制提供支持，教育部教育信息化战略研究基地（华中）组织编写，教育部领导为本书的成书提供了重要指导，教育部有关业务司局、直属单位和地方各级教育行政部门、有关高校，以及人民教育出版社均在本书成书过程中提供了大力支持，在此一并表示诚挚的感谢。

本书可作为各级教育行政部门领导、各级各类学校和其他教育机构管理者、广大教师、企业界专家、行业研究人员的参考资料。

限于水平和时间，书中可能有不妥之处，恳请各级领导、专家和广大读者批评指正。

《中国教育信息化发展报告（2013）》编制工作组

2014年9月

目　录

第一章　绪论　1

第一节　我国教育信息化的发展历程　1

第二节　我国教育信息化现阶段发展任务　6

第三节　教育信息化年度重点工作实施情况　9

第四节　发展报告内容简介　12

第二章　基础教育信息化发展状况　13

第一节　全国发展状况综述　14

第二节　省域发展状况对比　33

第三节　总结　43

第三章　职业教育信息化发展状况　46

第一节　全国发展状况综述　46

第二节　省域发展状况对比　64

第三节　总结　71

第四章　高等教育信息化发展状况　74

第一节　全国发展状况综述　74

第二节　省域发展状况对比　94

第三节　总结　99

第五章　继续教育信息化发展状况　102
第一节　高校继续教育信息化发展状况　103
第二节　国家开放大学发展状况　119
第三节　企业教育信息化发展状况　135
第四节　总结　165

第六章　教育管理信息化发展状况　167
第一节　国家教育管理信息系统建设情况　167
第二节　地方教育管理信息化发展状况　171
第三节　总结　189

第七章　教育信息化公共支撑环境　191
第一节　教育信息网络总体状况　191
第二节　中国教育和科研计算机网　192
第三节　中国教育卫星宽带传输网　204
第四节　国家教育资源公共服务平台　215
第五节　教育信息化标准体系　222
第六节　总结　239

第八章　教育信息化支撑人才队伍　241

第一节　教师信息技术应用能力培训　241
第二节　教育信息化专业技术支撑队伍建设　245
第三节　学科与人才培养体系建设　255
第四节　总结　264

第九章　教育信息化发展体制机制　266

第一节　行政管理体制　266
第二节　企业合作机制　273
第三节　技术创新和战略研究机制　274
第四节　总结　275

附录　277

把握机遇　加快推进　开创教育信息化工作新局面　277
教育信息化十年发展规划（2011—2020年）　287
全国教育信息化2012年大事记　303
全国教育信息化首批试点区、校　305
教育信息化研究支持机构简介　337

第一章　绪　　论

第一节　我国教育信息化的发展历程

一、教育信息化面临的发展形势

党的十八大报告明确把“信息化水平大幅提升”纳入全面建成小康社会的目标之一，并提出走中国特色“新型工业化、信息化、城镇化、农业现代化”道路，充分显示了党和政府对信息化建设的高度重视。“中国梦”的实现离不开信息化的支撑。

教育信息化是国民经济和社会信息化的重要组成部分，是在国家及教育部门的统一规划和组织下，在教育系统的各个领域充分利用信息技术，开发利用信息资源，促进信息交流和知识共享，促进教育现代化的过程。教育信息化是一个动态的、不断发展的过程，其原始动力和直接目的是现代信息技术的教育应用，但随着应用过程的不断深入，信息技术的作用已不仅仅停留于工具层面，而是逐步成为促进教育变革的重要推手。

世界发达国家和部分发展中国家都十分重视推进教育信息化，将其作为提高全民素质、增强创新能力和国家竞争力的重要战略。同时，教育的公益性特征，也决定了教育信息化工作的推动必须强调以政府为主导，汇集各方力量共同实施。美国政府非常重视信息技术在教育领域的应用，每五年左右即更新一次国家教育技术发展计划，最近一次于2010年11月发布的《国家教育技术计划》（NETP 2010）明确提出要对教育系统实施“由技术支持的重大结构性变革”。英国也高度重视信息技术教育应用，英国政府视信息技术为教育改革的核心，高度重视技术的发展与应用。英国高校联合信息系统委员会（JISC）于2009年12月发布的《JISC 2010—2012战略》确定了英国教育信息化优先发展的领域：数字化学习、研究支持环境、管理信息系统、教育云计算等。韩国则先后发布了针对中小学、高校、教育管理的系列规划，分阶段持续推进教育信息化。2011年6月29日，韩国教育科学技术部和国家信息化战略委员会又颁布了“智能教育推进战略”，提出2015年在全国中小学普及应用电子课本，引入云服务，依托平板电脑学习。

可见，教育信息化在当今世界各国的国家发展战略中已经具有很高的地位，各国纷纷从国家教育发展战略层面确定信息化发展规划并加以落实。其内容涵盖各级各类教育的教学、科研、管理等各个方面，具体措施包括政策扶持、标准引导、项目驱动、经费投入、机构支撑等多个方面。部分国家的教育信息化发展已经取得了明显的成效，为教育发展水平的提升起到了巨大的促进作用。

二、我国教育信息化的发展政策

党和政府高度重视教育信息化工作。1985年颁布的《中共中央关于教育体制改革的决定》提出："特别是在新技术革命条件下，一系列新的科学技术成果的产生，新的科学技术领域的开辟，以及新的信息传递手段和认识工具的出现，对教育产生了重大影响，发达国家在这方面的经验尤其值得注意。"

1999年6月，中共中央、国务院发布《关于深化教育改革全面推进素质教育的决定》，在第15条中指出"大力提高教育技术手段的现代化水平和教育信息化程度"。这是"教育信息化"首次出现在中央政府文件中。

2006年5月，中共中央办公厅、国务院办公厅印发《2006—2020年国家信息化发展战略》，在"我国信息化发展的战略行动"部分提出实施"国民信息技能教育培训计划""网络媒体信息资源开发利用计划""缩小数字鸿沟计划"等，在国家信息化的战略部署中涵盖了与教育信息化相关的规划内容。

2006—2010年，党中央、国务院先后制定了《国家中长期科学和技术发展规划纲要（2006—2020年）》《国家中长期人才发展规划纲要（2010—2020年）》《国家中长期教育改革和发展规划纲要（2010—2020年）》（以下简称《教育规划纲要》）。这三大规划纲要成为新世纪新阶段我国深入实施科教兴国战略、人才强国战略、可持续发展战略的关键举措，目标都定位在2020年，努力使我国跻身于世界人力资源强国、人才强国和创新型国家行列。其中，《教育规划纲要》特别指出"信息技术对教育发展具有革命性影响，必须予以高度重视"，明确要求"加快教育信息化进程"，用单独一章从基础设施、资源与应用、管理信息化等三个方面对教育信息化工作进行了总体部署，并将"教育信息化建设"列为重点推进的十大工程之一，将教育信息化的战略地位置于前所未有的高度。

2012年3月，教育部印发《教育信息化十年发展规划（2011—2020年）》（以下简称《教育信息化规划》），明确提出："到2020年，全面完成《教育规划纲要》所提出的教育信息化目标任务，形成与国家教育现代化发展目标相适应的教育信息化体系。"

2013年11月，十八届三中全会进一步强调了教育信息化对促进教育公平的作用，明确提出"构建利用信息化手段扩大优质教育资源覆盖面的有效机制，逐步缩小区域、城乡、校际差距"，不仅明确了教育信息化的重要地位，而且指出了当前教育信息化的发展重点。

教育信息化是国家信息化建设的重要组成部分和战略重点，具有基础性、战略性、全局性地位。教育信息化既是教育现代化的重要标志，也是实现教育现代化的基础支撑和必要手段。离开了教育的信息化，就谈不上教育的现代化。教育信息化的重要性无论怎么强调都不过分，无论是促进教育公平还是提高教育质量，都离不开信息化。以教育信息化带动教育现代化是我国教育改革和发展的战略选择。

三、我国教育信息化的发展现状

近年来，我国教育经费投入不断增长。全国教育经费总投入和国家财政性教育经费投入实现了持续增长，国家财政性教育经费占当年全国GDP（国内生产总值）的比重也实现了“九连增”，如图1-1所示。2013年3月，在第十二届全国人民代表大会第一次会议上的政府工作报告指出：“优先发展教育事业。国家财政性教育经费支出五年累计7.79万亿元，年均增长21.58%，2012年占国内生产总值比例达到4%。教育资源重点向农村、边远、民族、贫困地区倾斜，教育公平取得明显进步。”

教育部高度重视教育信息化工作。“十五”期间，成立了由部长任组长的教育信息化领导小组，组织协调全国教育信息化发展与管理方面的重大问题。2011年，成立了教育信息化推进办公室，专门负责教育信息化各项工作。近年来，教育部先后实施《教育信息化“十五”发展纲要》《面向21世纪教育振兴行动计划》《2003—2007年教育振兴行动计划》《2008—2012年教育振兴行动计划》等重大规划，对教育信息化发展给予了重点支持，取得了显著进展。

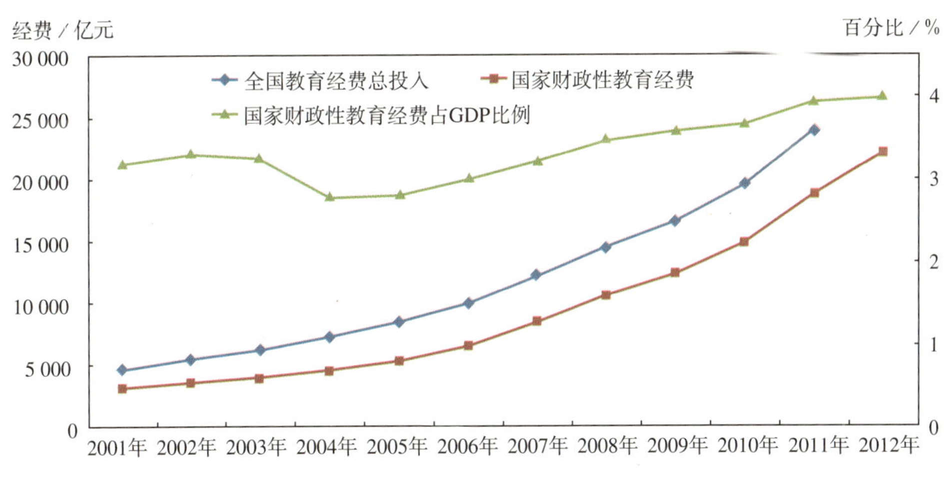

图1-1　我国教育领域相关投入情况

（一）基础设施初具规模

目前，以电信运营商网络、中国教育和科研计算机网（CERNET）和中国教育卫星宽带传输网（CEBSat）为主要支撑的教育信息网络已初具规模，覆盖全国、“天地合一”

的教育信息网络基本形成。其中，中小学网络服务主要由运营商网络支撑，CERNET则成为高校和科研机构的重要服务提供方，连接2 000多所教育科研机构，用户超过2 000万人。高校校园网全面普及，不少中小学建有校园网，大多数农村中小学装备了信息化终端设施，学校网络条件下的教学环境逐步改善。同时，国家把中西部地区和农村学校的信息化作为突破口，加大政策倾斜和扶持力度，着力缩小区域、城乡之间的"数字鸿沟"。财政部、国家发改委（即国家发展和改革委员会）、教育部、科技部（即科学技术部）等部门实施西部大学校园计算机网络建设工程、农村中小学现代远程教育工程，建设了不同层次的信息基础设施。2010年以来，中央财政累计下拨32.6亿元专项资金，在中西部农村薄弱校建设了近20万间多媒体教室。在对口支援中，很多东中部省份都把中小学多媒体教室建设、优质教育资源共享作为援建重要内容。

（二）资源开发与应用逐步深化

教育资源的开发与应用取得重要进展，初步形成覆盖各级各类教育的数字教育资源体系，促进了教育理念与教学方法的创新。在义务教育领域，国家建设了近15 000学时的视频教育资源库，向所有农村中小学免费提供，覆盖1.6亿名农村学生。在职业教育领域，开通信息资源网，促进资源汇聚与共享，改造升级400门高职国家精品课程；推进国家示范性职业院校数字资源共建共享计划实施，共建86个数字资源开发项目。在高等教育领域，绝大多数高校建立教学资源库，1 800家图书馆共享服务，3 800多门国家精品课程建设顺利完成。2011年开始启动精品视频公开课建设，截至2013年1月，"爱课程"网、中国网络电视台、网易三个网站"中国大学视频公开课"首页面访问数量为38.62亿次，课程总访问量为3 569.32万次。在继续教育领域，远程网络教育应用于农民工培训、干部培训和企业在职员工培训，已有数千万人通过网络形式接受了学历及非学历教育。2012年7月，国家开放大学成立，开通运行国家网络教育数字化学习资源中心，已聚集国内外优质网络课程25 000门，容量超过55 TB。国家开放大学数字化学习资源中心在全国设立109个分中心和10个典型应用示范点，用户超过300万人。

（三）管理信息化水平显著提升

信息化在教学、管理、科研等多个环节得以应用，改进了教育管理方式，提高了工作效率与服务水平。国家教育考试招生与安全监管信息化平台，每年为涉及数千万人的高考、中考招生录取提供服务，成为招生"阳光工程"的关键支撑。全国联网的校舍信息管理系统，提供了近41万个学校和教学点的212万栋建筑的抗震与加固信息，有效服务了校舍安全工程实施与管理。高校学籍管理和学历认证信息化平台，为学生和社会提供便利，遏制了伪造学历的不良现象。高校学生就业信息服务平台，为所有毕业生建立就业档案，成为学生就业工作不可或缺的支持平台。全国学生、教师、学校办学条件等基础数据库已开始建设。全国中小学生学籍信息管理系统、全国中等职业学校学生管理信息系统等部分核心管理信息系统建设已初见成效。教育部级数据中心建设已初具规模，基本能够满足现有在建管理信息系统和基础数据库建设的需求，各省级数据中心的建设工作也在有序进行。

（四）人才队伍建设不断加强

我国信息化人才培养和应用技术培训持续推进。目前，全国高校信息技术相关专业在校生规模约为300万人，职业院校信息技术相关专业在校生超过500万人。信息技术教育在中小学基本普及，100%的高中、95%的初中、50%的小学都已开设信息技术必修课。教师信息技术应用能力培训持续开展，近年来，中央和地方对600多万名中小学教师进行了教育技术能力培训，约占应培训人数的76%。2010年，在“国培计划”中设立远程培训项目，通过信息技术手段对375万名中小学教师进行了学科培训。2012年，通过实施英特尔未来教育、微软“携手助学”、乐高“技术教育创新人才培养计划”、联合国儿童基金会教师培训等国际合作教师培训项目，培训规模进一步扩大。通过系统的培训，教师应用信息技术的能力普遍增强。

四、我国教育信息化面临的问题与挑战

（一）观念和意识亟待转变

目前教育信息化在我国各地已经得到日益广泛的重视，但总体而言，不少教育行政部门和学校领导对教育信息化的战略地位仍然认识不足，将信息化视为可有可无的“工具”，将发展教育信息化视为“锦上添花”的情况依然普遍，教育信息化的战略地位仍需进一步强调，其发展观念和意识也亟待转变。

（二）体制机制有待进一步理顺

虽然教育部成立了教育信息化推进办公室，各级教育行政部门也普遍设立了信息化工作领导机构和主管领导，但机构交叉、多头管理、权责不清的问题依然未得到根本解决。多方参与，共建共享教育信息基础设施和优质资源的有效机制也尚未形成。教育信息化工作体制机制仍有待进一步理顺。

（三）基础设施条件有待提升

总体来说，目前我国教育信息基础设施条件仍然不能满足各级各类教育的实际需要，特别是农村边远地区教育信息基础设施相对落后，区域、城乡、校际差距较大；教育信息网络互联互通也存在瓶颈，网络应用水平和监管能力有待提升；信息化学习终端普及率依然较低，与发达国家相比，差距明显。

（四）信息技术与教学的融合亟须提高

信息技术与教育教学结合不够紧密，信息技术教学应用主要停留在简单的PPT（电子演示文稿）教学应用等较低层次，学习资源和应用系统的开发利用与学科建设、提高教学质量之间缺乏紧密结合，教学信息化深层次应用缺乏，信息技术尚未深度融入教育教

学过程，对提升教育质量、促进教育变革的作用尚未充分彰显。

（五）教育管理信息化还需加强

国家教育管理信息系统的建设有力促进了我国教育管理信息化发展，但各级各类教育管理信息系统条块分割、缺乏统筹，相互牵制、重复建设现象依然较为普遍，数据集中程度低，资源无法充分共享，系统互通程度有限，以教育管理信息化促进教育治理现代化的作用尚未充分显现。

（六）可持续发展保障机制尚未形成

教育信息化长效投入机制尚未形成，有建设经费缺运维经费、有采购经费缺培训经费的情况依然存在。专业技术支持队伍有待进一步巩固，教师能力有待提升。研究支持体系还需完善，技术研发和战略研究支持力量均相对薄弱。产业对教育信息化发展的支撑作用还十分有限，相关服务产业亟待培育。

第二节 我国教育信息化现阶段发展任务

为了实现我国教育信息化2020年发展目标，《教育信息化规划》将教育信息化的中长期发展任务分为两个阶段：第一阶段的主要任务是到2015年，主要推进一系列重点工作，目标是初步解决教育信息化发展中的重大问题，基本形成与国家教育现代化发展目标相适应的教育信息化体系；第二阶段则是在2016—2020年，着重对前期建设成果进行巩固、提升，并根据行动计划建设进展、教育改革发展实际需求和教育信息化自身发展状况，确定各环节的任务重点和持续建设方向。

一、2020年我国教育信息化宏观发展目标

《教育信息化规划》明确指出，我国教育信息化发展目标是："到2020年，全面完成《教育规划纲要》所提出的教育信息化目标任务，形成与国家教育现代化发展目标相适应的教育信息化体系，基本建成人人可享有优质教育资源的信息化学习环境，基本形成学习型社会的信息化支撑服务体系，基本实现所有地区和各级各类学校宽带网络的全面覆盖，教育管理信息化水平显著提高，信息技术与教育融合发展的水平显著提升。教育信息化整体上接近国际先进水平，对教育改革和发展的支撑与引领作用充分显现。"

首先，从宏观定位而言，到2020年，我国教育信息化发展将力争进入全面融合、创新阶段，基本形成与教育现代化目标相适应的教育信息化体系。整体接近国际先进水平是我国2020年教育信息化发展目标的总体定位，也是为实现教育现代化目标提供支撑的必然要求。

其次，从教育信息化自身发展要素而言，到2020年，我国教育信息化发展将在五个主要方面实现全面提升，如图1-2所示。在教育信息基础设施方面，将实现宽带网络全面

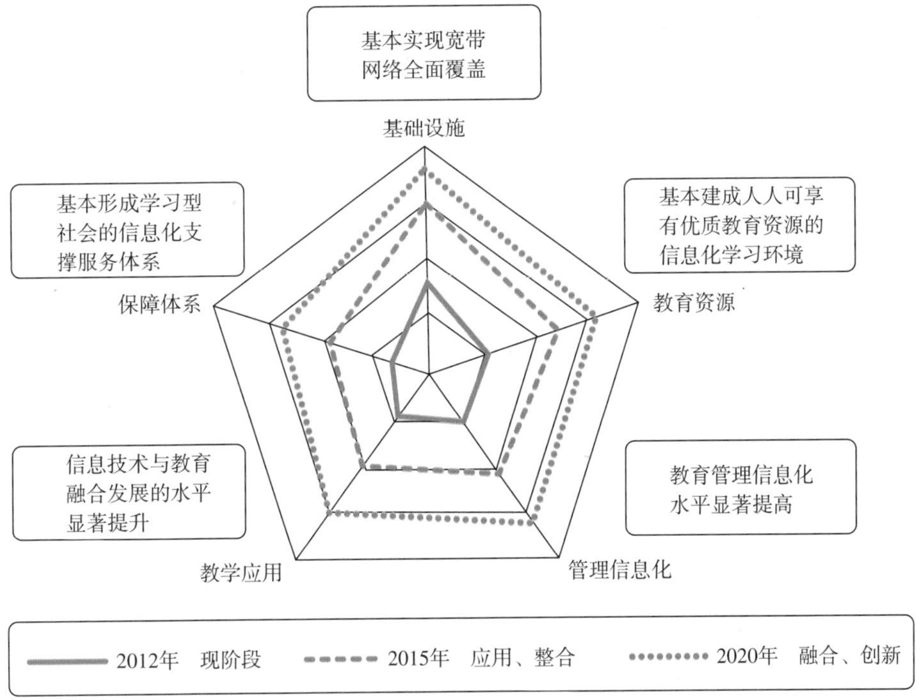

图1-2 我国教育信息化宏观发展指标

接入，信息化学习终端全面覆盖；在教育资源开发方面，将实现资源总量极大丰富，资源质量显著提升，资源可获得性显著增强；在信息技术教学应用方面，将实现信息技术与教育教学过程的深度融合，教师信息化教学能力显著提升；在教育管理信息化方面，将实现对主要业务环节全面覆盖，部分流程实现优化和再造；在教育信息化保障体系方面，重在实现管理体制成熟，运行机制创新。

最后，从各级各类教育实际发展需求而言，由于现状和条件、教育目标不同，基础教育、职业教育、高等教育、继续教育等各教育类型的信息化发展目标和重点不一样。例如，在基础教育方面，提升基础设施建设水平和资源开发应用能力，以信息化促进公平是主要问题。在职业教育方面，教育信息化基础能力有待提升，仿真实训教学资源缺乏是主要问题。在高等教育方面，基础设施和资源均已达到一定水准，提升应用水平，促进技术与教育的深度融合，创新人才培养模式是主要目标。

二、2015年我国教育信息化发展任务

2012年9月，刘延东同志在全国教育信息化工作电视电话会议上的讲话《把握机遇 加快推进 开创教育信息化工作新局面》明确提出，“今明两年为8—10万所农村中小学接入宽带，到2015年全国基本实现校校拥有网络教学和学习环境”，“今明两年要

围绕开足开好国家规定课程，重点启动‘三个课堂’建设，使全国50%以上中小学实现‘班班通’”，“今明两年要把网络学习空间从目前的60万个提高到600万个，力争用5年左右时间使所有教师和初中以上学生都拥有实名的网络学习空间”，明确了教育信息化发展的具体目标。对此，各省、自治区、直辖市纷纷出台了教育信息化发展规划。

2013年4月，教育部正式发布了教育信息化“三通工程”年度任务指标①，对各省、自治区、直辖市及新疆生产建设兵团教育信息化建设的发展提出了指导性目标和任务，见表1-1。

表1-1 教育信息化“三通工程”年度任务指标（指导性）

	宽带网络校校通（达到要求学校比例/%）				优质资源班班通（达到要求班级比例/%）				网络学习空间人人通（达到要求师生比例/%）		
	现状	2013年	2014年	2015年	现状	2013年	2014年	2015年	2013年	2014年	2015年
北京	91	100	100	100	76	95	96	100	54	82	100
天津	50	60	80	100	23	50	75	100	10	40	100
河北	40	50	80	90	34	46	70	90	20	57	90
山西	13	50	70	100	31	50	70	90	20	60	90
内蒙古	36	50	60	95	45	60	80	90	5	40	90
辽宁	61	80	100	100	51	60	80	100	30	70	100
吉林	50	80	90	100	35	40	50	75	40	50	70
黑龙江	65	80	90	100	38	40	50	75	40	50	70
上海	100	100	100	100	40	50	80	100	20	30	100
江苏	90	100	100	100	50	50	80	100	20	30	100
浙江	80	85	90	100	56	60	80	100	40	70	100
安徽	60	75	85	95	38	60	75	90	20	40	90
福建	53	70	85	100	47	60	75	90	20	50	90
江西	41	70	90	95	26	60	80	90	10	45	80
山东	55	60	80	100	42	45	75	90	10	50	70
河南	45	70	90	100	20	40	70	90	10	50	95

① 《教育部办公厅关于印发〈教育信息化“三通工程”年度任务指标（指导性）〉和〈2013年度任务要求（部分）〉的通知》（教技厅函〔2013〕19号）。

续表

	宽带网络校校通（达到要求学校比例/%）				优质资源班班通（达到要求班级比例/%）				网络学习空间人人通（达到要求师生比例/%）		
	现状	2013年	2014年	2015年	现状	2013年	2014年	2015年	2013年	2014年	2015年
湖北	43	60	85	100	58	60	80	90	30	50	90
湖南	23	50	70	100	16	50	80	90	25	40	80
广东	75	95	100	100	35	55	75	95	50	70	90
广西	10	40	60	100	5	20	50	90	10	40	90
海南	15	50	80	100	29	50	80	100	40	80	90
重庆	22	60	100	100	21	55	80	100	20	60	100
四川	36	60	80	95	33	50	70	90	10	50	90
贵州	29	50	80	100	3	10	40	70	5	30	60
云南	17	50	70	90	14	20	40	70	10	30	60
西藏	8	30	50	90	100	100	100	100	25	45	90
陕西	70	80	90	100	10	30	60	90	15	30	90
甘肃	41	60	80	100	17	30	40	50	20	60	90
青海	20	50	60	80	30	50	60	80	5	20	80
宁夏	31	50	60	80	38	45	60	80	5	20	80
新疆	40	60	100	100	45	60	80	90	15	30	65
新疆生产建设兵团	43	60	80	100	29	40	60	80	30	80	90

第三节 教育信息化年度重点工作实施情况

一、完成顶层设计

《教育规划纲要》指出“信息技术对教育发展具有革命性影响，必须予以高度重视”，把“加快教育信息化进程”单独列为一章，并列为十大项目之一重点推进。2012年，围绕《教育规划纲要》的要求，教育信息化工作在各个层面全面推进。

首先，教育部于2012年发布了《教育信息化规划》，明确了全国教育信息化事业今后十年的行动纲领和路线图，这是我国教育信息化工作中长期层面的规划。

随后，研究提出了“十二五”核心目标与标志工程——“三通两平台”，这是教育信息化工作中期层面的规划，确定了2015年前后我国教育信息化的发展重点。

最后，教育部会同国家发改委、财政部、工信部（即工业和信息化部）等九部门联合印发了《关于加快推进教育信息化当前几项重点工作的通知》，明确提出了2012和2013两年教育信息化要推进的七项重点工作，并进行了具体部署，这是近期的主要任务。

三个层面的工作任务和目标统筹兼顾，既有中长期的宏伟目标，也有中期的发展重点，还有近期的明确任务指标，基本形成了新时期推进教育信息化工作的战略部署和总体安排。

二、全面动员部署

2012年9月5日，我国召开了新中国成立以来第一次全口径的全国教育信息化工作电视电话会议，刘延东同志做了重要讲话，对做好2012和2013两年、“十二五”和今后一个时期的教育信息化工作进行了全面部署和动员，进一步强化了教育信息化坚持“信息技术与教育教学融合”的核心理念和坚持“应用导向、机制创新”的基本思路，讲话内容非常深刻、非常丰富，对加快全国教育信息化进程具有重大指导意义。会后，全国职业教育信息化建设工作会、全国广播电视大学党委书记校长会、全国电化教育馆馆长会、全国教育管理信息化工作研讨会等会议相继召开，部署落实工作。各地高度重视，反响迅速，进展明显，有18个省份召开教育信息化工作会议，15个省份出台教育信息化规划和相关的政策，10多个省份安排了财政专项资金，启动了若干重点工作。

三、推进重点工作

“教学点数字教育资源全覆盖”项目，2012年11月率先启动实施，中央财政当年即下拨财政资金30 849万元，为东中部地区90%、西部地区95%的教学点（共62 058个）配备数字教育资源接收播放设备，其余教学点设备配置经费2013年予以安排。各地高度重视，纷纷成立领导机构，开展摸底调查，制订技术方案，进行招标采购，组织教师培训等，基本按照部署迅速行动，全面推进。为保障实施进度与效果，2013年2月2日，教育部又组织召开了项目督查推进会议。

“宽带网络校校通”，是要基本完成各级各类学校宽带接入和网络条件下基本教学与学习环境建设。2013年，计划为约10万所全国农村义务教育学校实现10 Mbps以上带宽的宽带接入，完成网络条件下的教学与学习环境建设。学校网络宽带接入问题，需要与中国移动（即中国移动通信集团公司）、中国电信（即中国电信集团公司）等相关电信企业协调解决。

“优质资源班班通”，重在资源的共建共享与普遍应用。2012年9月，教育部办公厅发布《关于开展优秀网络课程及资源征集活动的通知》，面向社会广泛征集基础教育、职业教育和继续教育领域的网络课程及其配套资源，评审认定后将采取后补助、奖励等形式予以支持。同月，在深圳举办了首届全国中小学信息技术教育应用展演，通过展览演示、论坛交流、成果体验等丰富多彩的形式，集中展示各地中小学教学信息化富有创新、成效显著的优秀成果，对于加快基础教育信息化建设起到了很好的促进作用。

“网络学习空间人人通”，是教育信息化深入普遍应用、促进教学与学习变革的重要发展方向。2012年10月，教育部在湖南召开了现场研讨会，通过推广典型经验，鼓励各地充分利用社会各方资源，建设实名制的网络学习空间，推动数字教育资源在教师教学与学生学习过程中的普遍应用。现在除了湖南以外，新疆、安徽、山东、河南等地已陆续启动建设与应用。国家教育资源公共服务平台于2012年12月正式开通上线试运行，平台充分依托现有公共基础设施，利用云计算等技术，逐步推动与区域教育资源平台和企业资源服务平台的互联互通，共同服务于各级各类教育，为资源提供者和资源使用者搭建起网络交流、共享和应用环境。平台现已开通“学校空间”187个，“教师空间”11 464个，“学生空间”71 487个。

教育管理公共服务平台，按照“两级建设、五级应用”的模式建设，2012年中央财政投入2亿元，初步完成全国教育机构（56万多个教育机构数据）、中小学校舍（全国中小学213万栋校舍数据）、农村义务教育营养餐学生（1 328万名学生数据）、学校学生体质健康（4.7亿条学生体质健康数据）和学前教育管理等信息系统，启动了中职学生、学生资助、教师人事等系统开发。

教育部数据中心一期建设已完成并投入使用，二期也已完成招标；教育部管理信息门户系统已基本建成。

教师信息技术应用能力培训，主要是以全面提高教师应用信息技术促进教育教学改革的能力为重点，实施教师、技术人员和管理人员信息技术应用能力培训。现已开发了相应的培训教材和网络课程。配合“教学点数字教育资源全覆盖”建设进度，各地采取面授形式开展教学点教师培训，为每个教学点培训1名教师。除“国培计划”外，教育部还将启动与中国移动、中国电信的合作培训项目，三年内培训规模将分别达到20万人和30万人。

全国教育信息化试点，2012年11月启动第一批试点682个，其中中小学351所、职业院校179所、高等学校65所，另有专项试点30个，区域试点56个，以及国家数字教育资源公共服务平台规模化应用试点。试点除推进资源共建共享、教育教学改革、创新人才培养模式等主要应用外，也包含开通“亲情热线”等依托信息化手段服务进城务工人员子女教育、留守儿童心理关爱等试点内容，并要求各地和试点单位大胆创新工作机制，大力推进信息技术在教育教学中的深入普遍应用，全面带动全国教育信息化加快发展。

四、坚持机制创新

为保障教育信息化工作持续、快速发展，教育部积极创新教育信息化推进机制，鼓励引导企业参与教育信息化工作。2011年9月和2013年1月，教育部相继与中国移动、中国电信签署战略合作框架协议，在教育信息化领域全面开展合作。中国移动重点实施“校园无线网络覆盖项目”“农村学校宽带网络覆盖试点工程”，参与教育资源公共服务平台建设，支持实施中小学教师信息技术国家级培训项目。中国电信重点支持10万—15万所中西部中小学（重点支持农村地区）的宽带网络接入和已实现宽带接入的8万—10万所中小学校园无线网络建设，并对这些学校的日常网络使用费用给予特殊优惠政策；支持开展信息技术应用专项培训和教育信息化领导力培训。此外，联想、惠普、百度、同方、康赛、巨龙科教、华师京城等很多企业也积极参与到各地的教育信息化工作中。教育部将切实推进教育信息化“市场驱动、多方参与”机制，逐步探索企业参与教育信息化建设与服务的模式，探索“企业竞争提供、政府评估准入、用户自主选择”的资源共建共享新机制，做好优秀数字教育资源征集及资源公共服务平台服务。

第四节　发展报告内容简介

本书旨在反映我国教育信息化的阶段性发展状况以及《教育信息化规划》的落实情况，因此，全书总体结构与《教育信息化规划》中的八项发展任务基本对应，分别阐述各项发展任务在2012年的具体落实情况。

首先，针对各级各类教育的信息化主要发展状况进行介绍，包括基础教育信息化发展状况（第二章）、职业教育信息化发展状况（第三章）、高等教育信息化发展状况（第四章）、继续教育信息化发展状况（第五章）、教育管理信息化发展状况（第六章）。

然后，针对教育信息化发展的共性要素，分别从教育信息化公共支撑环境（第七章）、教育信息化支撑人才队伍（第八章）、教育信息化发展体制机制（第九章）等方面进行阐述。

在本书的附录部分，主要转载关于教育信息化工作的重要领导讲话，介绍我国教育信息化年度大事记和2012年启动的教育信息化试点区、校信息，以及我国教育信息化主要研究支持机构情况，并转载《教育信息化规划》全文。

2

第二章　基础教育信息化发展状况

基础教育对提高国民素质具有基础性、全局性影响[①]。基础教育信息化是提高国民信息素养的基石，是保障基础教育公平、促进义务教育均衡发展的重要途径，是教育信息化的重中之重[②]。

以促进义务教育均衡发展为重点，以建设、应用和共享优质数字教育资源为手段，促进每一所学校享有优质资源，提高教育教学质量，帮助所有适龄儿童和青少年平等、有效、健康地使用信息技术，培养自主学习、终身学习能力，是基础教育信息化建设的核心任务，为此，教育部确定了“三通工程”发展任务，主要包括以下几方面。

“宽带网络校校通”，即在基本解决各级各类学校的宽带接入条件的同时，基本完成各级各类学校网络条件下的基本教学环境建设。这主要包括为学校建设能上网的多媒体教室，为教师提供一套基本的软件工具和教学资源，一定比例的教师配有计算机并经过培训能利用网络教学资源备课授课。

“优质资源班班通”，即在“宽带网络校校通”基础上，使学校大部分班级的课堂教学能够使用优质数字教育资源，能够通过优质数字教育资源和信息技术手段提高教学质量和促进教育均衡发展。通过专递课堂、名师课堂和名校网络课堂等不同的应用模式，把信息技术在教学活动、教研活动以及跨校教学中的应用变成一种常规行为。

“网络学习空间人人通”，即建设网络条件下从事教学活动和教学管理的基本平台，形成集网络社交平台、服务平台、资源汇聚平台和管理平台于一体且实名制的、组织化的、可控可管的体系，为所有想在网上进行教学活动或教研活动的教师、学生和管理人员提供一个网络阵地，逐步形成网络条件下教学活动管理、组织和服务的基本体系，探索适应信息时代学与教需求的虚拟学习环境。

本章主要从教育信息资源开发与应用、基础设施建设、管理信息化和保障体系建设四个方面全面阐述我国基础教育信息化总体情况，并根据不同类型学校实际情况反映不同发展诉求，然后根据省域发展状况差异进行综合对比分析，以反映“三通工程”的实际建设需求和我国基础教育信息化的现实发展状况。

① 规划编制专家组.《教育信息化十年发展规划（2011—2020年）》解读［M］. 北京：人民教育出版社，2012：9.

② 教育部. 教育信息化十年发展规划（2011—2020年）［EB/OL］. http://www.moe.edu.cn/publicfiles/business/htmlfiles/moe/s3342/201203/133322.html.

第一节　全国发展状况综述

一、资源开发与应用情况

教育信息化必须强调应用驱动，数字教育资源的开发与应用情况是衡量区域、学校教育信息化发展水平的主要标志。优质数字教育资源在中小学的开发、应用和共享，是促进基础教育公平、提高教育质量、提升教师信息化教学能力和学生信息化学习能力的重要前提。经过前期发展，我国基础教育数字资源整体上实现了从无到有的转变，初步建成较为完备的基础教育资源体系，开发了大量面向基础教育阶段教育教学的数字资源，但资源总量依然不足，质量参差不齐，优质资源匮乏，资源应用情况也不理想。

当前，我国中小学数字教育资源开发与应用的重点是：首先，强调资源数量和质量同步提升，重在提供适用好用的资源；其次，加强资源共建共享，注重提高优质资源的可获得性，形成优质资源能得易得的良好使用环境；最后，强调创新资源的开发应用机制，促进政府、学校、企业的良性互动，形成公益性资源政府主导支持，个性化资源企业竞争提供，区域、学校按需自主购买，资源内容动态调整、不断更新，应用不断深化的机制。

（一）数字教育资源

目前，我国中小学数字教育资源的来源主要包括三种渠道：（1）由地方教育行政机构统一构建资源服务平台，以外购、引进或组织自建方式开发资源，面向辖区内中小学免费提供基础性、公益性资源服务；（2）由学校自主引进（购买、租用、受赠等）企业或第三方机构优质资源，满足自身个性化资源服务需求；（3）由学校组织师生自建（扫描、转换、录入、生成等）优质资源。相对而言，资源渠道的多元化有利于提升学校优质教育资源的可获得性，因此，多种方式相结合是中小学较佳的选择。

数字教育资源的存储和服务形式主要包括两种：（1）以光盘、移动硬盘等形式本地存储，通过拷贝和内网访问等方式为校内师生提供服务；（2）以网络介质形式存储于网上资源库或云服务平台，用户以购买服务的方式，通过安全账号访问所需资源。由于资源数据量庞大且需不断更新，本地存储方式已越来越难以适应用户的应用需求，且增加了用户的管理成本；宽带网和云计算技术的普及使通过网络访问数字教育资源变得越来越方便快捷。可以预见，随着时间的推移，后一种方式将逐步成为主流，更加灵活的在线资源存储和管理、更加智能的资源检索和推送服务将成为发展方向。

数字教育资源的分类体系一般包括：（1）按学科分类，包括语文、数学、外语等学科教学的专用资源，并可进一步细化到面向某一学科某一知识点的专用资源；（2）按用户对象分类，包括面向各年级、各学段的教学资源；（3）按资源技术格式分类，包括视频类资源、非视频类资源、电子图书资源等；（4）按资源用途分类，包括课堂教学用资源、教辅用资源、考试评价用资源等。一般校内自存储和管理的资源库，为方便起见，往往按技术格式进行分类管理，但为提升资源的可获得性，按资源确切用途和学科知识点进行细化分类和精确推送应该成为发展方向。

优质数字教育资源的深度应用是促进信息技术与学科教学内容深层次融合的重要基础，但现阶段按照资源技术格式进行简单分类和粗放式统一管理还是多数学校的做法，这也在一定程度上导致学校虽有不少资源，但师生并不能便利获取和应用。在很多区域和学校，最困扰的问题并不是缺少资源，而是不能对既有资源加以有效的管理、调度和应用，导致学校花了不少资金买资源，但教师要用的时候很难找到需要的资源，导致很多教师宁可用百度等网上搜索引擎去搜索，也不从校内资源库中寻找。适用资源的可获得性不高是制约中小学资源应用的瓶颈之一。

截至2012年底，各类数字教育资源在不同类型中小学的覆盖情况，见表2-1。提供电子图书的学校比例达到48.67%。非视频类数字教育资源量校均为128.35 GB，其中国家免费提供的比例校均为42.39%，学校自主开发的比例为25.98%。视频类数字教育资源总量校均为313.67小时，其中国家免费提供的资源校均占比为49.59%，具体情况见表2-2。

表2-1　数字资源在不同学校的覆盖情况

	城市	县镇	农村	均值
提供电子图书的学校比例 / %	63.20	57.39	33.13	48.67
提供非视频类数字资源的学校比例 / %	84.48	80.05	66.36	70.93
提供视频类数字资源的学校比例 / %	85.72	84.36	72.01	75.62

表2-2　学校视频类数字教育资源来源（按学校类型划分）

	城市	县镇	农村	均值
视频教学资源中国家免费提供的比例 / %	38.17	50.74	51.75	49.59
视频教学资源中学校自主开发的比例 / %	25.65	19.74	14.99	20.93

可以看出，在条件相对落后的广大县镇和农村中小学，国家免费提供的教育资源依然占据主体地位，优质资源的均衡配置很大程度上还需依靠政府为主导来进行。因此，在现阶段，我们应该坚持公益性资源政府主导提供，个性化资源用户自主购买的策略，才能满足不同条件学校的现实需求。

（二）教学信息化系统

教学信息化系统概指直接服务于教育教学过程的信息化支撑平台，是以信息化手段为教师教学和学生学习提供直接支持的重要应用系统。在学校教育教学和教育管理过程中，教学信息化系统具有十分重要的地位，主要提供信息支持。

目前，我国中小学应用较为普遍的教学信息化支持系统主要有网络教学平台、教学资源管理平台、教学资源制作系统、网络教研系统、网络考试系统、虚拟实验系统等多种类型。全国中小学教学信息化系统的总体发展情况，如图2-1所示。

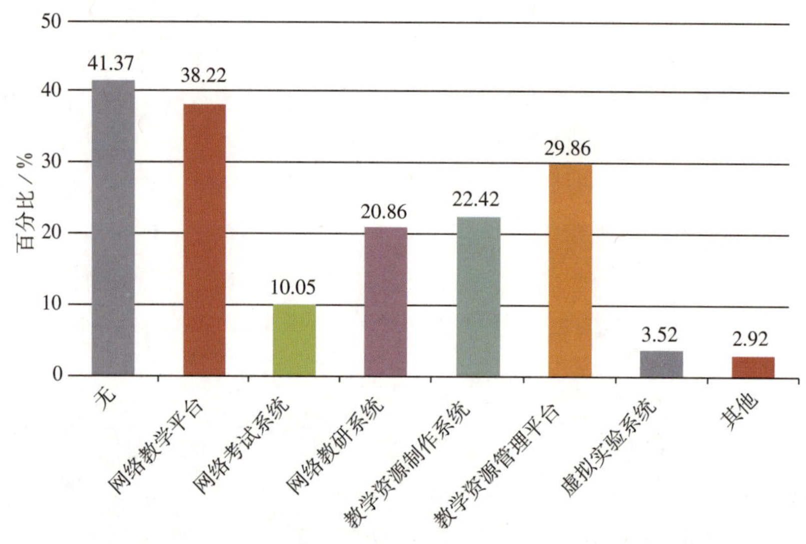

图2-1　教学信息化系统

可以看出，目前仍有超过40%的学校没有教学信息化系统，在拥有教学信息化系统的学校中，使用网络教学平台和教学资源管理平台的学校相对最多。可见，学校最乐于使用的教学信息化系统是能够直接为教学过程提供支持的网络教学平台、教学资源管理平台，其次是直接服务于教师备课和教研的教学资源制作系统和网络教研系统等，对于建设和应用门槛相对较高的网络考试系统、虚拟实验系统等，大多数学校均没有建设和使用。由此可看出，一方面我国中小学教学信息化系统的应用覆盖率有待提升，应用水平也有待进一步提高，另一方面系统间也需要加强整合，强调推进一体化服务。

教学信息化系统在不同区域的发展情况也存在明显差异。城市中小学使用网络教学平台、教学资源管理平台的学校占比均超过50%，明显高于县镇和农村中小学；县镇中小学在网络教学平台和教学资源管理平台的应用上也达到较高水平；农村中小学则明显处于落后位置。具体情况如图2-2所示。

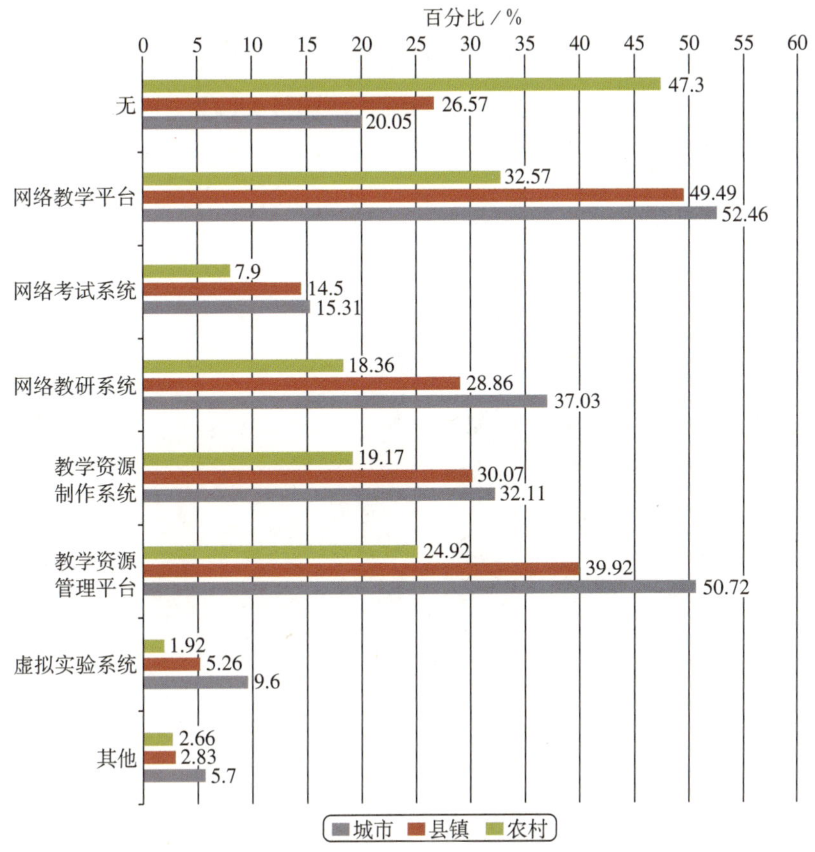

图2-2　教学信息化系统（按学校类型划分）

值得关注的是，当前多数学校的教学信息化系统还相对封闭和独立，教学平台、资源平台、教研系统、考试系统、虚拟实验系统等被作为一个个孤立系统进行建设的情况还比较普遍，系统相互之间打通和信息共享还比较少。对学校而言，这种方式既不利于提高系统使用效率，也不利于降低信息系统部署和应用成本。因此，学校教学信息化系统的后续发展方向，一方面是进一步覆盖教育教学的各个主要环节，另一方面是进一步加强系统整合，以云平台为主要形式提供一体化服务、一站式服务将成为主要趋势。

（三）信息技术教学应用

信息技术与教育教学的深度融合是发展教育信息化的核心理念。课堂教学是学校教育的主阵地，只有在各学科的一线课堂教学中充分运用信息化手段，优化教学内容，创新教学过程，提升教学效果，使信息技术深度融入各个学科的每一个知识点和内容单元，使应用信息技术开展教学成为各学科课堂教学的常态，使信息化真正对学科教学质量提升起到切实的作用，才能充分发挥信息化的效益。因此，衡量教育信息化的实施效果，核心指标之一是信息技术直接应用于各学科教学，尤其是课堂教学的情况。

在教学过程中，教师使用的资源类型主要包括PPT类教学课件、电子教案、授课与说课视频、试题库与试卷库等。全国基础教育阶段教师教学使用的数字资源类型的总体情况，如图2-3所示。可以看出，PPT类教学课件使用最为频繁，比例达到78.06%，这可能与PPT课件的直观、生动以及易于制作等特征有关，其次是电子教案、授课与说课视频，在教师的日常教学中也发挥了重要的作用，使用比例均超过50%。

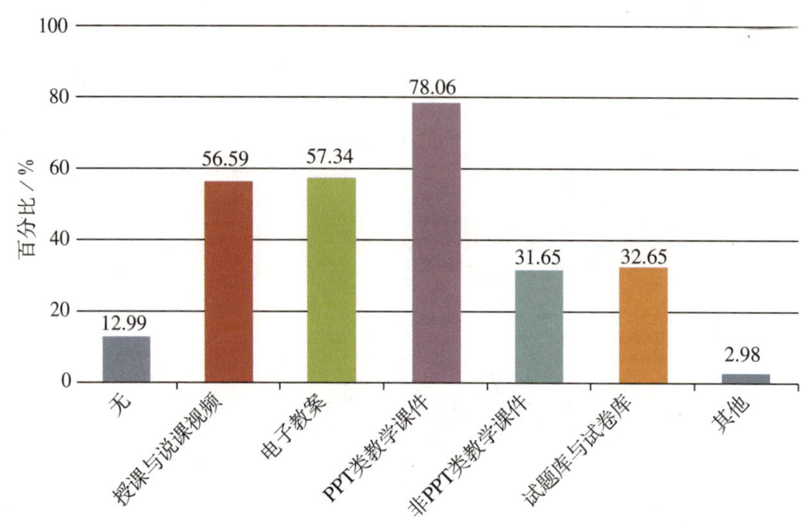

图2-3　教师教学使用的数字资源类型

PPT类教学课件是目前我国中小学教师最经常使用的教学资源，但是，PPT属于通用办公软件而不是专用教学工具软件，PPT类教学课件的应用在某种程度上强化了以教师讲授为中心的传统教学模式，并未促成教学模式的创新，从本质上讲并不十分适合课堂互动教学的实际需要。PPT类教学课件的广泛采用，一方面说明我国中小学教师能够积极主动地使用信息化手段开展教学，另一方面也说明中小学教学中信息化资源和软件工具的多样性还不够，应用水平还不高。

由此可见，我国中小学数字教育资源需求较为旺盛，而资源总量依然不足，形式也不够丰富，资源多样化程度不够，资源应用能力也有待提升。

信息技术在各学科教学应用的覆盖面也十分重要，只有实现信息技术在各学科教学中的全面深入应用，才能有效推进信息技术与教育教学的深度融合。从图2-4中可以看出，目前我国中小学学科教学中，语文、数学、英语三大基础学科是使用信息技术支持教学最广泛的学科。信息技术在各个学科教学中的应用渗透还很不均衡，还需进一步普及推广。

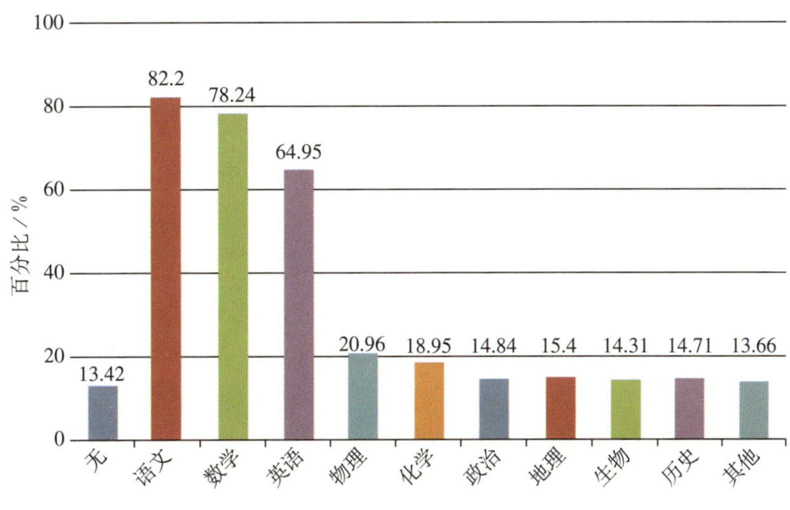

图2-4　最常使用信息技术辅助教学的学科

教师利用信息化手段支持教学主要体现在备课、课堂教学、实验、作业批改、考试、教研等环节。截至2012年底，全国中小学教师最常使用信息化手段的教学环节依次为课堂教学、备课和教研，其中课堂教学环节的比例超过80%，如图2-5所示。

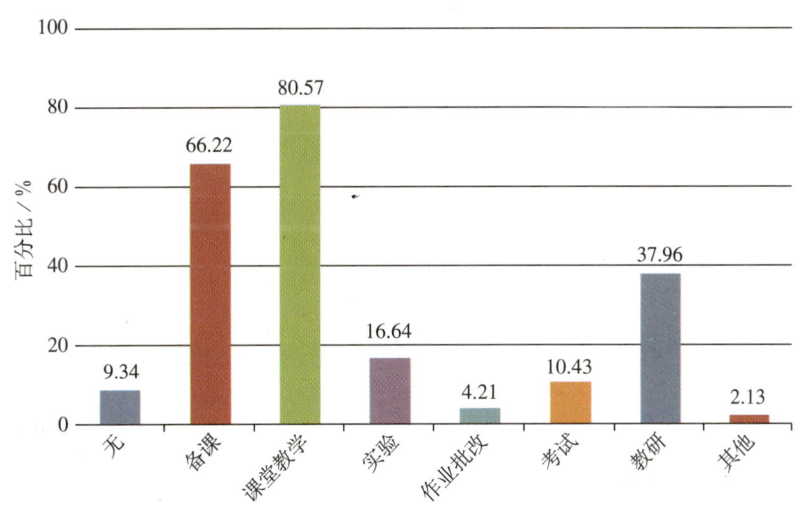

图2-5　最常使用信息化手段辅助教学的主要环节

总体而言，基础教育信息化教学资源与应用水平仍较为有限。一方面，数字教学资源的应用形态较为单一，主要以PPT课件为主；另一方面，信息化教学应用尚未全面覆盖各学科教学，信息技术与教学融合的深度和广度均显不够。信息技术真正融入教学过程的标志之一，是深入学科内容的教学工具的广泛应用，以及信息化环境下各学科教学的全面开展，应用信息化手段开展教学成为广大教师的必备能力和习惯。显然，在这方面，我国基础教育还有很大的提升空间。

二、基础设施发展状况

教育信息基础设施建设是我国基础教育信息化的重要内容，也是目前的薄弱环节。针对中小学实际需求，充分发挥信息技术优势，为全国中小学普及教育宽带网络，以及多媒体教室、个人学习终端等重要基础设施，为促进教育公平提供支持条件，是我国基础教育信息化建设的重要内容。

2012年，教育部开始实施的教育信息化“三通工程”的三大任务第一项就是“宽带网络校校通”，其实质内容有两个，一是基本解决各级各类学校的宽带接入条件，二是基本完成各级各类学校网络条件下的基本教学环境建设。

（一）校园网及宽带网络

当前，我国中小学解决网络接入问题的渠道主要有三种：（1）学校直接与运营商签约；（2）由区域教育行政机构协调，以区域为单位整体与运营商签约；（3）由区域教育行政机构主导，直接建设区域教育专网为区内中小学提供服务，这其中又有自建物理专网和租用逻辑专网两种方式。由于中小学用户规模差异较大，由学校独立与运营商签约很难获得良好的价格优惠，且中小学用户不同于一般家庭用户，对服务质量和网络管理等都有更高的要求，这些都很难直接从运营商那里得到保障，因此，以区域整体打包方式签约或自建专网，对于基础教育学校用户而言是更好的选择，也是当前越来越多地区的通行做法。

1. 网络接入总带宽

宽带网络接入情况是衡量学校教育信息化发展水平的核心指标。2012年发布的《教育信息化规划》中所确定的我国教育信息化发展五项总体目标之一就是基本实现各级各类学校宽带网络的全面覆盖，“到2015年，宽带网络覆盖各级各类学校，中小学接入带宽达到100 Mbps以上，边远地区农村中小学接入带宽达到2 Mbps以上”。截至2012年底，全国中小学互联网接入带宽校均53.97 Mbps，中小学宽带网络接入水平不高，距离《教育信息化规划》的发展目标和教育用户的实际需求还有不小的距离。在今后一段时间内，尽快实现宽带网络在广大中小学的全面覆盖依然是教育信息化发展的重点内容。

2. 网络出口情况

截至2012年底，中小学宽带网络出口方式有联通、电信、移动等。其中，电信网所占比例最大，达47.62%，联通为27.65%，选用移动、教育网等其他形式作为网络出口的学校相对较少。

3. 校内网主干带宽

较大的学校网络接入带宽并不能保证校内用户的服务质量，还需有良好的校内网络条件作为保障。截至2012年底，我国中小学校内网络的主干带宽情况如图2-6所示。接入了互联网的中小学中70%以上处于十兆级或百兆级水平，达到千兆级或万兆级的较少，这说明我国中小学校内网建设整体水平不高，离“宽带网络校校通”的要求还有不小距离。中小学师生对网络的使用体验很大程度上取决于校内网络的带宽情况和管理水平，因此对于中小学而言，要提升优质资源的可获得性，不仅要重视学校的接入带宽，而且必须有良好的校内网络条件。

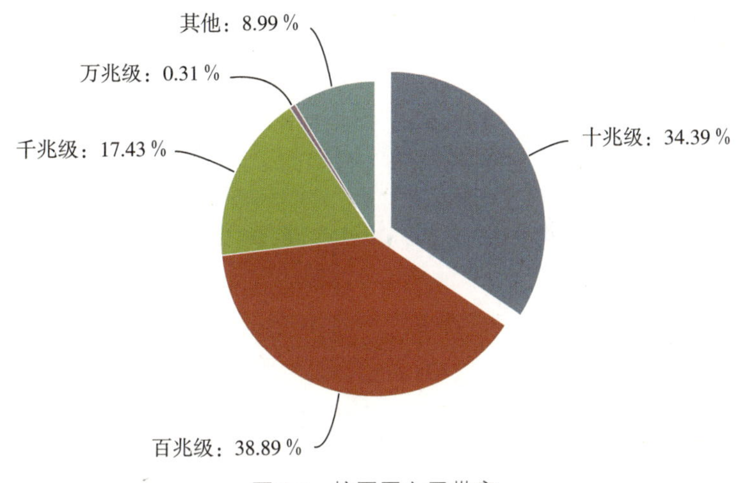

图2-6　校园网主干带宽

4. 网络安全管理

中小学生多为未成年人，价值观尚未成熟，判断能力相对较弱，可塑性强。丰富多彩的互联网信息极大丰富了中小学生的精神世界，但形形色色的信息若不加选择和甄别，直接向他们开放，会给他们的身心健康带来负面影响。所以，中小学校园网信息过滤系统的建设和应用显得尤其重要。然而，截至2012年底，我国超过50%的中小学校园网基本没有配置任何安全系统，处于“不设防”状态，这与学校采用的网络接入方式有直接关系。

由于直接与运营商签约接入互联网的学校自身安全意识和技术力量都很有限，而运营商又不承担学校所需的内容安全管理责任，因此，采用此类网络接入服务的学校很多都在使用“不设防”网络。通过区域专网接入互联网的学校就可在很大程度上避开这一问题，区域专网可通过对互联网入口点进行统一的安全控制而实现较好的网内安全管理，不仅减轻了学校负担，而且降低了总体成本，提高了管理效率。这也从另一个方面说明，解决中小学网络接入问题的途径主要还在于发展区域专网。学校的主要精力应该尽可能放在教育教学上，带宽接入、网络建设等其他事情可以尽量在行政机构组织和协调下，通过外包、托管等形式完成。

（二）信息化终端

当前，我国中小学师生信息化终端主要包括三种：（1）个人计算机，包括台式机和笔记本电脑；（2）平板电脑；（3）智能手机和其他终端设备。其中，个人计算机是配备最为广泛、使用时间最长的信息化终端设备。但是，平板电脑作为新一代便携式个人信息化终端，在性能并不降低的前提下，具备手指触控、轻薄便携等优势，在人机交互的便利性、使用场景的灵活性等方面都明显超过个人计算机，因此，越来越多的学校选择平板电脑作为配备给学生的信息化学习终端。可以看到，教师由于有备课、授课、答疑等需要，配备个人计算机作为信息化教学终端依然是主流，学生的信息化学习终端设备则会越来越多地采用平板电脑。

对于中小学而言，个人计算机已成为教师完成备课、授课等各教学环节的重要支持工具。考虑到我国中小学教学是以课堂教学为主要形式，教师是教学过程的主导，因此，教师的信息化教学终端配置情况从某种程度上比学生的信息化学习终端配置情况更加重要。

在普及方面，目前我国教师信息化教学终端的普及率明显高于学生信息化学习终端的普及率，城市、县镇和农村的配备情况又呈现出明显的级差，显示我国区域、城乡、校际差距依然显著。

截至2012年底，全国中小学师机比见表2-3。总体上我国中小学教师使用计算机的比例已达到较高水平，个人计算机已经成为我国中小学教师开展教学工作和其他日常办公的重要支持工具。然而，城乡学校配置情况差别较大。

表2-3 教师计算机配备情况

	城市	县镇	农村	均值
师机比	1.43	1.81	2.18	1.86

此外，全国中小学的生机比为11.64:1。全国基础教育阶段生机比总体情况如图2-7所示。可以看出，在学生个人计算机的普及方面，各学校存在较大差异。

图2-8[①]显示了自1999年以来我国中小学信息终端设备，主要是学生个人计算机的普及情况。可以看到，学生总数与配备学生学习用个人计算机总数的比例（生机比）得到持续改善，这说明我国中小学生信息化终端设备配备水平已经得到明显提高。学生个人计算机是学校网络条件下学习环境改善的重要标志，我国基础教育阶段学校的个人信息化学习终端配置水平呈现持续上升趋势，基础教育信息化发展所需的基础终端条件已得到明显改善。

① 数据来源：1999—2003年数据来自2001—2004年全国电化教育馆馆长会议；2004年数据来自2004年全国范围教育信息化调查；2008年数据来自2008年全国范围教育信息化调查；2011年数据来自刘延东同志在全国教育信息化工作电视电话会议上的讲话；2013年数据来自2013年全国范围教育信息化调查。

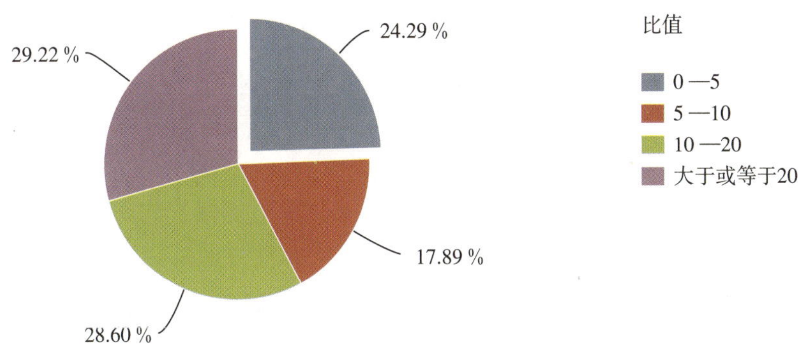

图2-7　生机比的学校分布

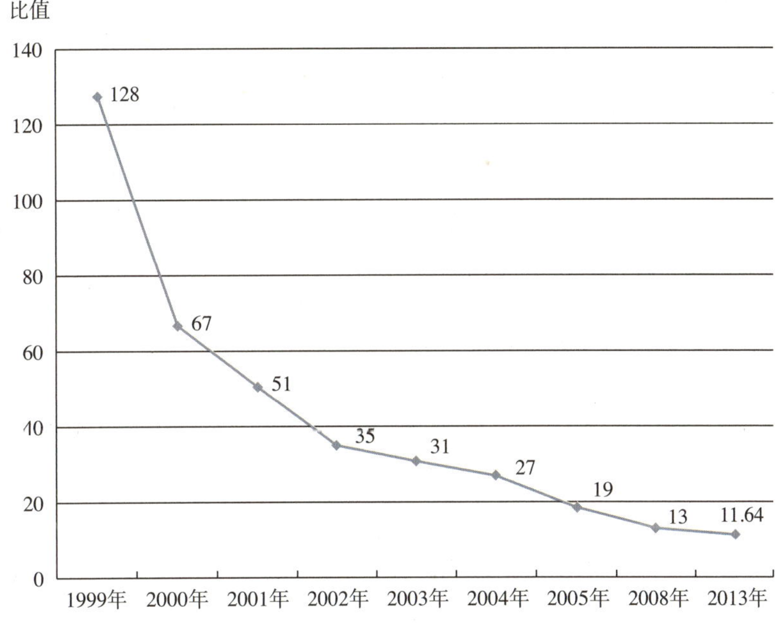

图2-8　基础教育阶段生机比变化

（三）信息化课堂教学环境

1. 多媒体教室

多媒体教室是学校信息化课堂教学环境的重要组成部分，是以信息化手段改变传统课堂教学环境的典型体现，是“宽带网络校校通”的重要建设内容。多媒体教室的建设情况在很大程度上反映了学校利用信息化手段开展教学活动的基本能力。

20世纪90年代至21世纪初，中小学多媒体教室一般以投影仪、幕布、控制计算机和必要的音响设备为主要组成要素。现在越来越强调交互性，具有良好交互功能的互动式电子白板、大屏幕触控式液晶一体机等逐步走进课堂，教师信息化教学终端逐渐升级，成为信息化课堂教学环境的新标志。但是，以投影仪、幕布、控制计算机等作为组成要素的传统多媒体教室在我国中小学使用依然较为广泛，虽然这种教室只是将信息技术初步引入课堂，但其配置成本较低，使用和维护也较为容易，为广大学校提供了基本的信息化教学条件，因此在我国中小学课堂信息化教学环境建设中处于基础性地位，是教师信息化教学、学生信息素养培育的重要场所。

截至2012年底，全国中小学多媒体教室建设与使用情况见表2-4。可以看出，城市、县镇、农村中小学的多媒体教室配置和应用水平呈现出明显的级差，这也是我国中小学信息化教学环境建设中数字鸿沟问题的典型体现，值得引起关注和重视。

表2-4　中小学多媒体教室建设与使用情况（按学校类型划分）

	城市	县镇	农村
配有多媒体教室的学校比例 / %	94.68	90.33	64.19
多媒体教室平均使用率 / %	64.19	54.15	35.4

2. 计算机教室

计算机教室是学生在校期间学习信息技术技能的基本场地，是信息技术课程教学的主要场所。虽然个人计算机已经较为普遍，但中小学计算机机房依然是中小学生信息技术能力训练和信息素养培育的重要阵地，在很多学校，信息技术课程的上课时间是中小学生能够上网的主要时段，而信息技术课程所用的计算机教室也是中小学生在校期间上网的主要地点。

截至2012年底，全国已有66.95%的中小学建设了教学用计算机教室，计算机教室平均使用率为76.08%，高于多媒体教室的平均使用率，这主要是信息技术课程课堂教学的必然需求导致的。

3. 多功能教室

随着信息技术课堂教学应用的逐步深入，传统的多媒体教室和计算机机房已难以满足信息化教学的全部需求，面向学科教学，融合多种信息技术于一身的多功能综合教室越来越受到重视。多功能教室不仅具有传统课堂教学功能，而且还具备现场录播、微格教学、异地同步课堂教学或视频会议等多种功能。

目前，我国中小学配备的多功能教室，主要有远程视频教室、电子备课室、录播教室、数字语音室和微格教室等多种类型。截至2012年底，全国中小学多功能教室配备的总体情况如图2-9所示。其中，配备远程视频教室的比例最高，为22.41%。同时，也必须看到，还有将近50%的中小学未配备多功能教室。录播教室、远程视频教室等多功能教室，是开展专递课堂、名师课堂和名校网络课堂应用的必要支持环境，可以为开展教师网络研修、网上协同备课、跨校协同教研、学生跨校选课等提供条件，对于提升学校教学质量具有积极作用。

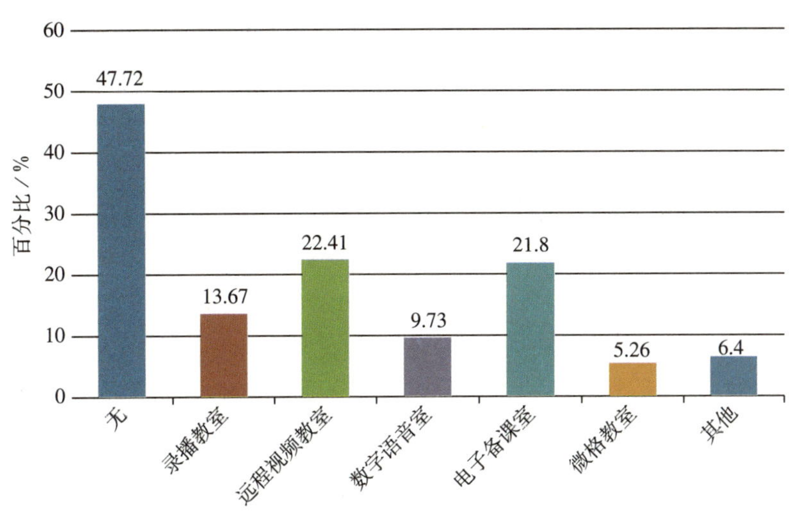

图2-9　学校配备的多功能教室

（四）教育卫星接收系统

CEBSat是我国教育信息基础设施的重要组成部分，在中小学教育信息化基础能力建设中发挥了重要作用。CEBSat通过大量传输优质教育资源，为实施农村中小学现代远程教育，利用信息化促进义务教育均衡发展做出了重大贡献。其主要应用途径是在中小学利用教育卫星数据接收系统，与计算机、电视机、DVD播放机和教学光盘等配合，形成卫星教学收视模式。截至2012年底，全国建立教育卫星数据接收系统的情况见表2-5。城市中小学由于有相对较好的地面网络接入条件，对卫星网络需求不十分迫切，所以应用比例较低。县镇和农村中小学在该方面需求较大，建有教育卫星数据接收系统的比例都相对较高。

表2-5　教育卫星数据接收系统（按学校类型划分）

	城市	县镇	农村
建立教育卫星数据接收系统的学校比例 / %	22.55	52.68	54.79

三、管理信息化情况

中小学教育管理信息化水平的提升，是实现优质资源共享、提高教育质量的重要保障。信息化管理平台在教学、管理等多个环节的有效应用，改进了教育管理方式，提升了工作效率和服务水平。

（一）学校信息门户

我国基础教育学校电子校务与数字校园建设整体上仍然处于起步阶段，校园门户系统、教育管理信息系统、邮件系统等信息化管理系统，目前仅有少数中小学引入。中小学校园门户网站是推动校务公开、加强社会监督学校各项工作的重要手段，是展示学校实施素质教育成果和办学特色的重要窗口，是实现社会、家庭、学校沟通的重要渠道。我国部分发达省份已认识到其重要作用，如2010年《北京市教育委员会关于加强中小学校门户网站建设通知》[①]就强调了学校信息门户的建设。

我国中小学教育门户网站建设情况与2008年相比取得了很大进展。2008年，14%的学校建立了校外可以访问的门户网站[②]。截至2012年底，已有35.34%的学校建立了校外可以访问的门户网站，这一数字为2008年的2.52倍。

不同类型学校校外可访问门户网站建设情况，见表2-6。城市和县镇均有超过半数的中小学建立了校外可访问的门户网站，农村中小学该指标相对较低。

表2-6 建有校外可访问门户网站（按学校类型划分）

	城市	县镇	农村
建有校外可访问门户网站的学校比例 /%	66.43	57.6	24.83
没有校外可访问门户网站的学校比例 /%	33.57	42.4	75.17

（二）信息化服务系统

我国各级教育机构已经建立了多种多样的教育信息化应用系统，范围涵盖教学、科研、管理等各教育环节。随着基础设施条件的不断改善，应用系统在中小学教育教学中的作用开始凸显。

当前，信息化服务系统在学校的建设和应用主要有四种途径：（1）由学校独立建设，并提供校内师生使用；（2）由区域教育行政机构统一建设，提供区内中小学师生统一使用；（3）由学校将服务整体外包，委托企业建设和运维；（4）由区域整体打包，委托企业建设和运维。随着云服务模式的逐步普及，今后信息化服务系统以学校、区域为单位外包委托的形式将越来越普遍。比如，常见的教师邮件系统和网络教学空间，以学校为单位建设显然是不经济的，服务质量也难以与专业的服务提供商相比，因此，通用应用服务的外包将成为今后的趋势。

中小学校级信息化应用系统主要包括：电子邮件系统、网上个人存储空间、家校互通平台、学习空间等。2008年调研结果显示[③]，11%的学校建立了校级电子邮件系统。截至2012年底，将近一半的中小学建立了校级电子邮件系统，增长十分显著。此外，由于

① http://www.bjedu.gov.cn/publish/portal0/tab67/inf010384.htm。

②③ “教育信息化建设与应用研究”课题组. 我国教育信息化建设与应用专题研究报告［M］. 北京：高等教育出版社，2010：14.

家校互通平台能够有利于家长随时关注学校中孩子的动态，因此在中小学也较常见。具体情况如图2-10所示。

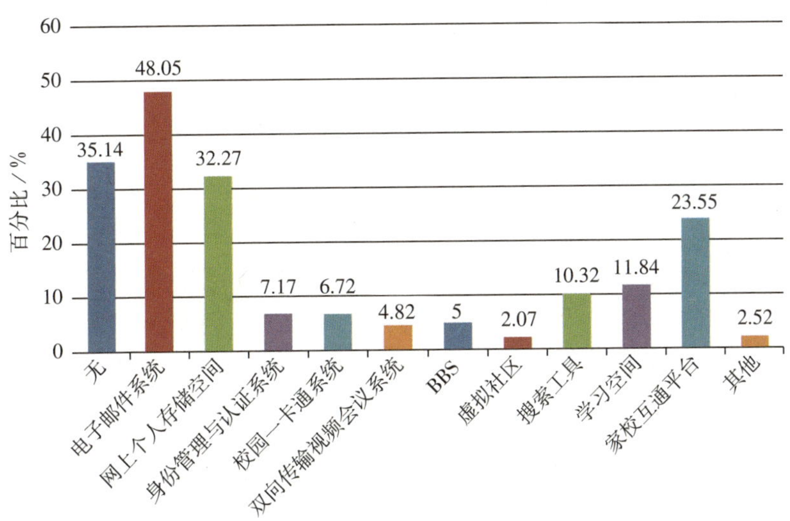

图2-10 建有校级信息化应用系统的学校比例

不同区域的中小学信息化应用系统建设情况，如图2-11所示。可以看出，在多数指标上，城市、县镇中小学的情况均普遍好于农村中小学。值得一提的是，农村中小学仍有将近一半的学校未建设校级信息化管理系统，这是数字鸿沟问题的又一体现，值得引起关注。

校园一卡通是数字校园的标志之一，也是信息化服务系统较难建设和应用的部分。当前，我国中小学校园一卡通的建设和应用模式主要有两种：（1）由学校独立建设，独立应用；（2）以区域为单位整体建设，区域内中小学可跨校通用。相对而言，后一种方式更有利于促进校际交流和资源共享，也更加便于与社会信息化体系实现交联。比如，北京市CMIS系统实现了中小学生一卡通与市政公交卡的对接，就是典型的例子。今后，校园一卡通的跨校、跨区使用，直至与市政信息系统实现全面对接将成为趋势。

在中小学，校园一卡通实现的功能主要有：餐卡、学生证、图书证、考勤卡、教职工证等。截至2012年底，超过10%的中小学建有校园一卡通，而2008年这一比例是5%[①]，这表明建设校园一卡通的中小学比例已明显提高。全国基础教育阶段校园一卡通实现功能的总体发展情况，如图2-12所示。可以发现，在实现了校园一卡通功能的学校中，校园卡主要实现了餐卡、学生证、图书证等基本功能。

① “教育信息化建设与应用研究”课题组．我国教育信息化建设与应用专题研究报告［M］．北京：高等教育出版社，2010：24.

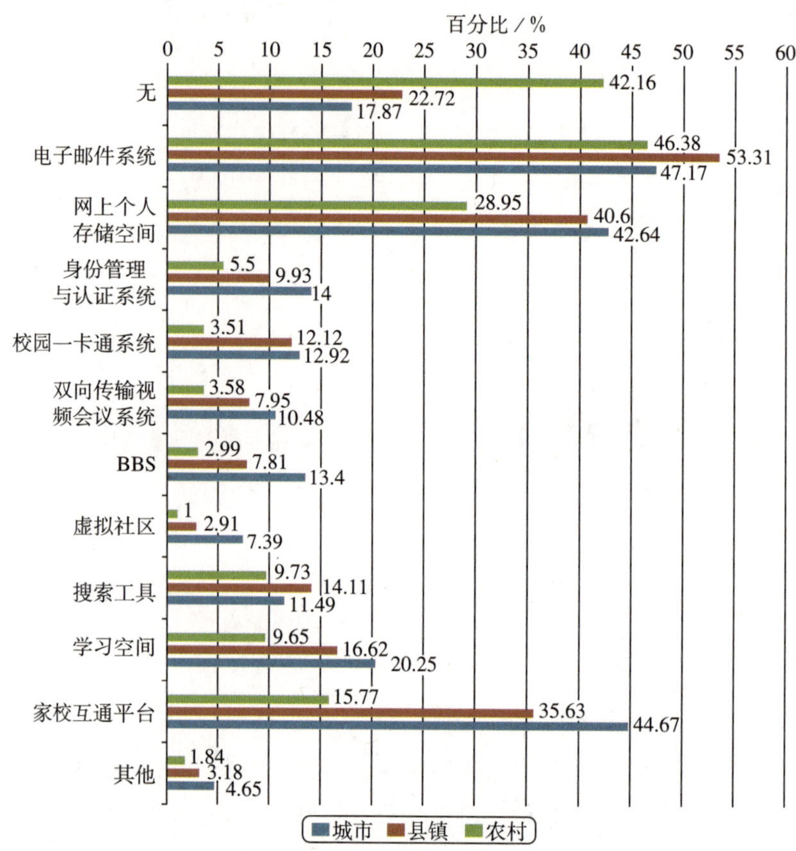

图2-11　现有校级信息化应用系统（按学校类型划分）

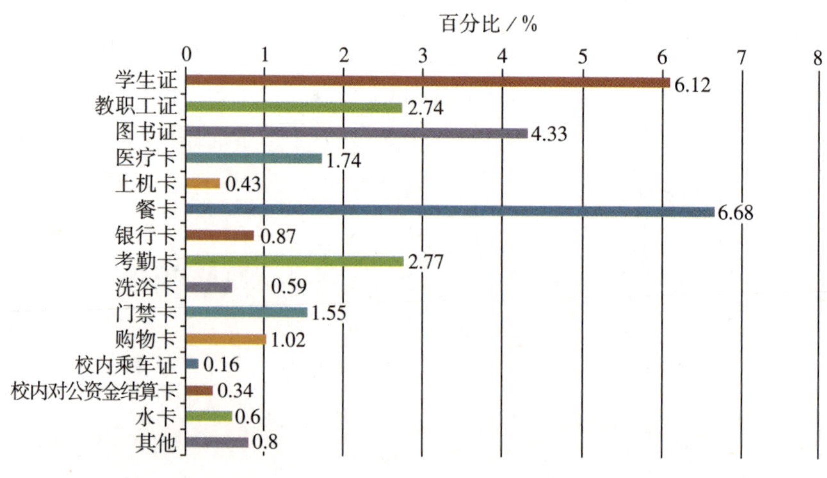

图2-12　校园一卡通实现功能

（三）信息化管理系统

信息化管理系统是中小学信息化工作的重要内容。良好的信息化管理系统不仅能大大地减轻学校管理人员和教师的工作强度，提高学校各项管理工作的效率，而且有助于促进学校各项工作的规范化，降低管理成本，实现学校高效运行。

信息化管理系统的建设模式有两种：（1）学校独立建设，独立应用；（2）区域教育行政部门统一组织、建设和应用。后一种方式更有利于实现区域内信息打通。

中小学常用的信息化管理系统主要包括：学生管理信息系统、教学教务信息系统、图书馆信息系统、财务信息系统、设备资产管理信息系统等。截至2012年底，全国中小学校级管理信息系统建设情况如图2-13所示。可以发现，超过半数的中小学建有校级管理信息系统，而在2008年这一比例仅约10%[①]。学校已有的校级管理信息系统，主要以学生管理信息系统为主，其次是教学教务信息系统。

总体来说，中小学的管理信息化程度有了较大提升，不少学校已经具备基本的管理信息系统，但总体发展水平仍然不高，有待加快发展。

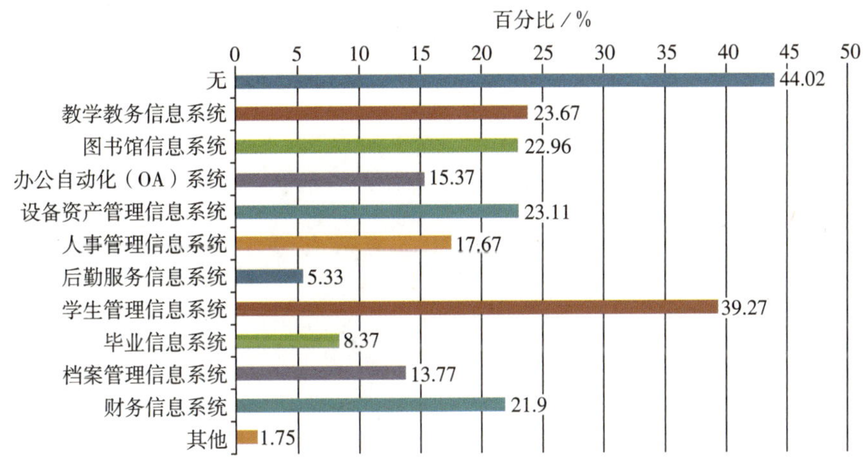

图2-13　校级管理信息系统的情况

四、保障体系建设情况

保障体系是关系到教育信息化工作成败的重要因素，也是关系到我国教育信息化可持续发展能力的核心问题。

（一）信息化机制建设

建设强有力的组织领导是教育信息化事业持续、快速发展的前提。各级各类学校应

①“教育信息化建设与应用研究”课题组. 我国教育信息化建设与应用专题研究报告［M］. 北京：高等教育出版社，2010：24.

设立负责学校信息化建设工作的信息化主管，全面加强教育信息化工作的统筹协调，在管理过程中切实做到职责明确、条块清晰、分工有序。

截至2012年底，全国72.83%的中小学已经有专门的领导负责学校信息化建设，在2008年，该比例为68%[①]。随着国家对教育信息化建设的重视程度越来越高，学校对教育信息化建设的重视程度普遍提高，越来越多的学校建立健全教育信息化管理职能部门，设立信息化主管岗位。

基础教育阶段不同类型学校教育信息化领导设置情况，见表2-7。90%以上的城市中小学设置教育信息化的领导岗位，农村中小学该项指标比例也超过了60%。在设置有信息化领导岗位的学校中，超过一半的中小学由校长、副校长直接主管信息化工作，如图2-14所示。总体上看，我国中小学校领导对教育信息化的重视程度明显提升。

表2-7　不同学校教育信息化领导设置情况（按学校类型划分）

	城市	县镇	农村
设置教育信息化领导岗位的比例 / %	92.93	84.4	65.69

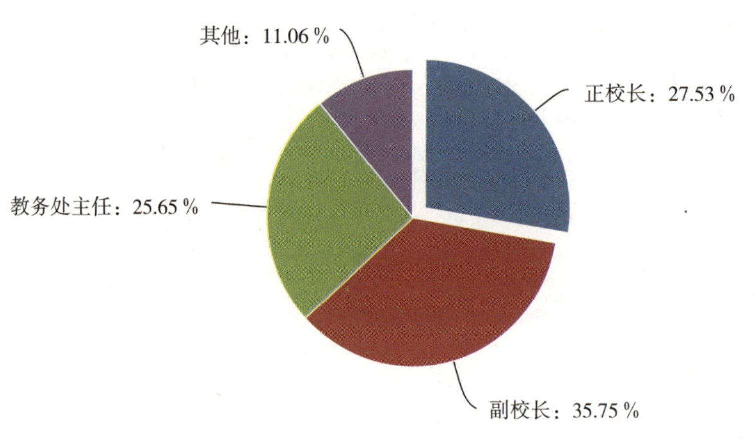

图2-14　信息化建设领导职务

（二）信息化经费投入

持续稳定的经费投入是顺利推进教育信息化工作的必要保障。近年来，虽然政府在教育信息化方面已进行了大量的投入，但是和教育系统的巨大需求相比，我国教育信息化建设投入总体仍显不足，且投入机制不够健全，难以实现可持续发展；有限的投入分配也不够合理，重硬件轻软件、重建设轻维护、重建设轻培训的现象普遍存在。在经济

① “教育信息化建设与应用研究”课题组. 我国教育信息化建设与应用专题研究报告［M］. 北京：高等教育出版社，2010：24.

欠发达地区，尤其是广大农村中小学，缺乏教育信息基础设施维护与升级、更新的投入机制，有些地方甚至出现了现有信息化教学设备运行的电费、网费短缺问题[①]。

全国中小学信息化经费预算形式的情况，见表2-8[②]。截至2012年底，超过70%的中小学有信息化经费预算，而在2008年，该比例不到40%。另外，把信息化经费单列专项预算和纳入各部门预算的学校比例都呈现增长趋势。可见，学校对教育信息化经费投入重视程度明显提升。

表2-8　学校信息化经费预算形式

	2008年	2012年
单列专项预算的学校比例 / %	16	27.62
纳入各部门预算的学校比例 / %	22	44.39

教育信息化经费投入要根据不同学校教育信息化发展阶段特征，及时调整经费支出重点，合理分配在硬件、软件、资源、应用、运行维护、培训等各环节的经费使用比例。总体来看，教育信息化经费投入包括信息化建设经费、信息化运行维护经费、信息化培训与研究经费等。

截至2012年底，中小学信息化经费近一学年投入占学校同期教育总经费的比例校均12.66%，见表2-9。其中，信息基础设施建设经费占比全国均值为34.19%，信息化运行维护经费占比为16.14%，信息化培训与研究经费占比为10.32%。

表2-9　学校信息化经费投入（按学校类型划分）

	城市	县镇	农村
学校信息化经费投入占同期教育总经费比例 / %	15.64	13.96	11.9

可以看出，我国中小学教育信息化经费投入中，重建设轻维护的问题依然存在，多数经费仍然花在了建网络、买设备方面。这一方面说明我国多数学校的信息化基础设施建设还有很多欠账要补，另一方面也说明在意识方面，对运维环节的重视程度仍需进一步提升。

（三）教师能力提升

决定教育信息化实施效果的关键在于人的能力，尤其是教师信息技术应用能力。以往的教师能力主要包括教学能力和专业知识能力两方面，随着信息时代人才培养观念和模式的变革，教师能力增加了一个新的要素，即信息技术应用能力，这主要包括将信息

① 规划编制专家组.《教育信息化十年发展规划（2011—2020年）》解读［M］. 北京：人民教育出版社，2012：64.

② “教育信息化建设与应用研究”课题组. 我国教育信息化建设与应用专题研究报告［M］. 北京：高等教育出版社，2010：24.

技术融入教学内容和利用信息化手段创新教学方法两个方面。今后，只有具备将内容、方法、技术三者有机结合，深度融入教育教学活动的教师才是合格的信息时代的教师。因此，教师信息技术应用能力的提升，对于保障学校信息化建设扎实、有序推进具有重要意义。教师能力提升不能仅停留在信息技术的浅层学习和信息素养的提升层面，而应该深化到提升技术与教育融合能力的更高层面。

提高教师信息技术应用能力的途径，如图2-15所示。市（县）级培训、校级培训、自学是最主要的途径。其中，自学的比例达到69.72%，而2008年调研结果显示，34%的教师依靠自学提高技能①，这说明教师提高信息技术应用能力的意愿明显提升。

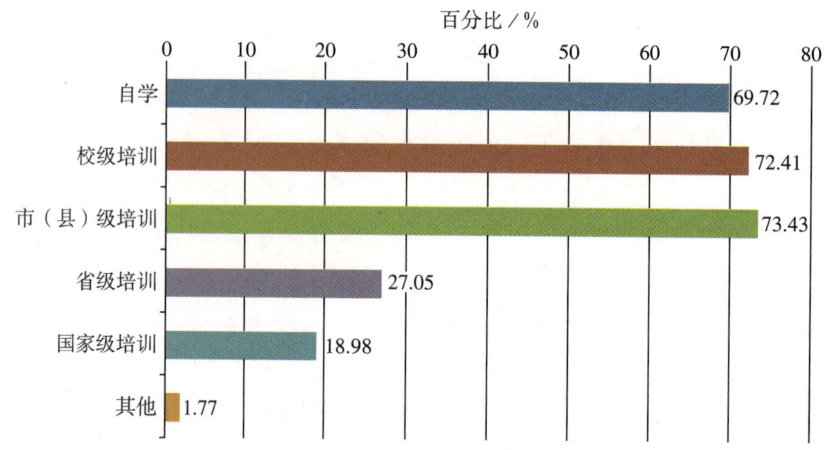

图2-15　提高教师信息技术应用能力的途径

基础教育阶段学校教师信息技术应用能力培训内容包括：信息技术基本操作、课件制作技术、信息化教学设计、学科教学工具使用、信息化教育资源获取技能等。截至2012年底，信息技术基本操作、课件制作技术作为培训内容的比例均高达80%以上，半数以上的培训内容也包括信息化教学设计培训，具体情况如图2-16所示。

最受教师欢迎的培训内容是课件制作技术，占比超过70%，其次是信息技术基本操作，占比超过30%，如图2-17所示。这说明，一方面，我国中小学教师的信息技术基本操作能力尚未提升到足够程度，另一方面，信息技术与教育教学过程深度融合的信息化教学设计和学科教学工具使用等内容尚未得到足够重视，而事实上这些内容才是信息化教学应用的核心。

① “教育信息化建设与应用研究”课题组. 我国教育信息化建设与应用专题研究报告［M］. 北京：高等教育出版社，2010：21.

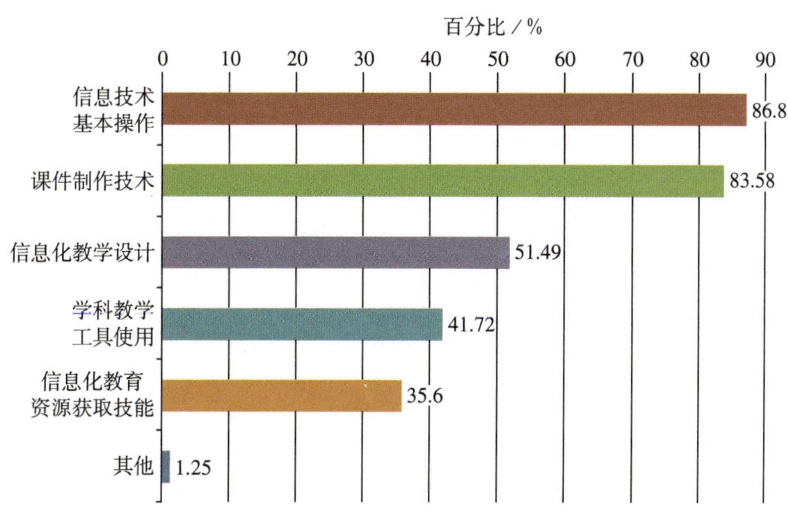

图2-16　教育技术培训内容

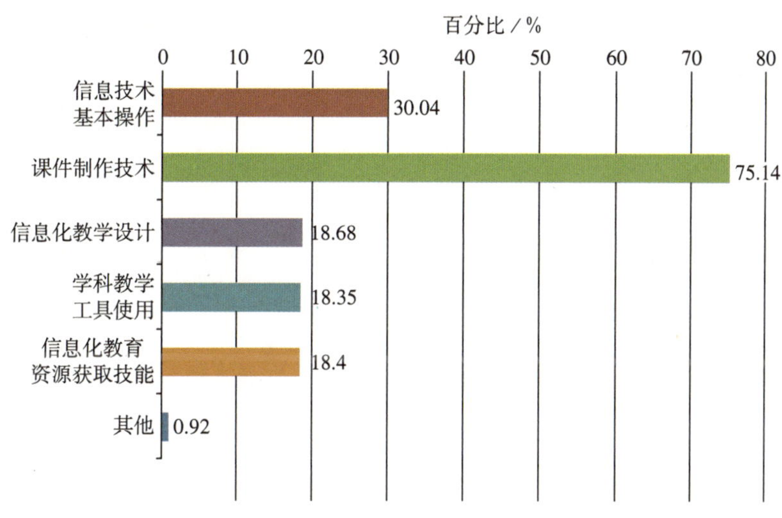

图2-17　最受教师欢迎的培训内容

第二节　省域发展状况对比

我国中小学教育信息化建设虽然取得了一定的成就，然而资源配置不均衡问题依然突出，由于各地经济发展水平的差异，以及对信息化的重视程度和投入力度不同，又造成了进一步的数字鸿沟。比如，在基础设施建设方面，北京、上海、广东、浙江等经济发达省份的教育信息基础设施建设具有明显的优势，特别是师生个人计算机的普及、多媒体教室的建设、校园接入网络带宽等指标远远高于全国平均水平，这与其相对较高的信息化建设经费投入和较强的意识是密切相关的。本章选取部分典型指标，对各省份的情况进行综合对比分析，以反映省域发展状况的差异。

一、资源与应用

中小学教学资源以视频类教学资源和非视频类教学资源为主，两类资源的校均资源量的省域对比情况如图2-18①和图2-19所示。可以看出，在北京、上海、江苏、广东等经济发达地区，校均资源量相对较为丰富，而中西部地区这一指标相对较低，这反映了我国中小学教学资源的区域数字鸿沟问题。

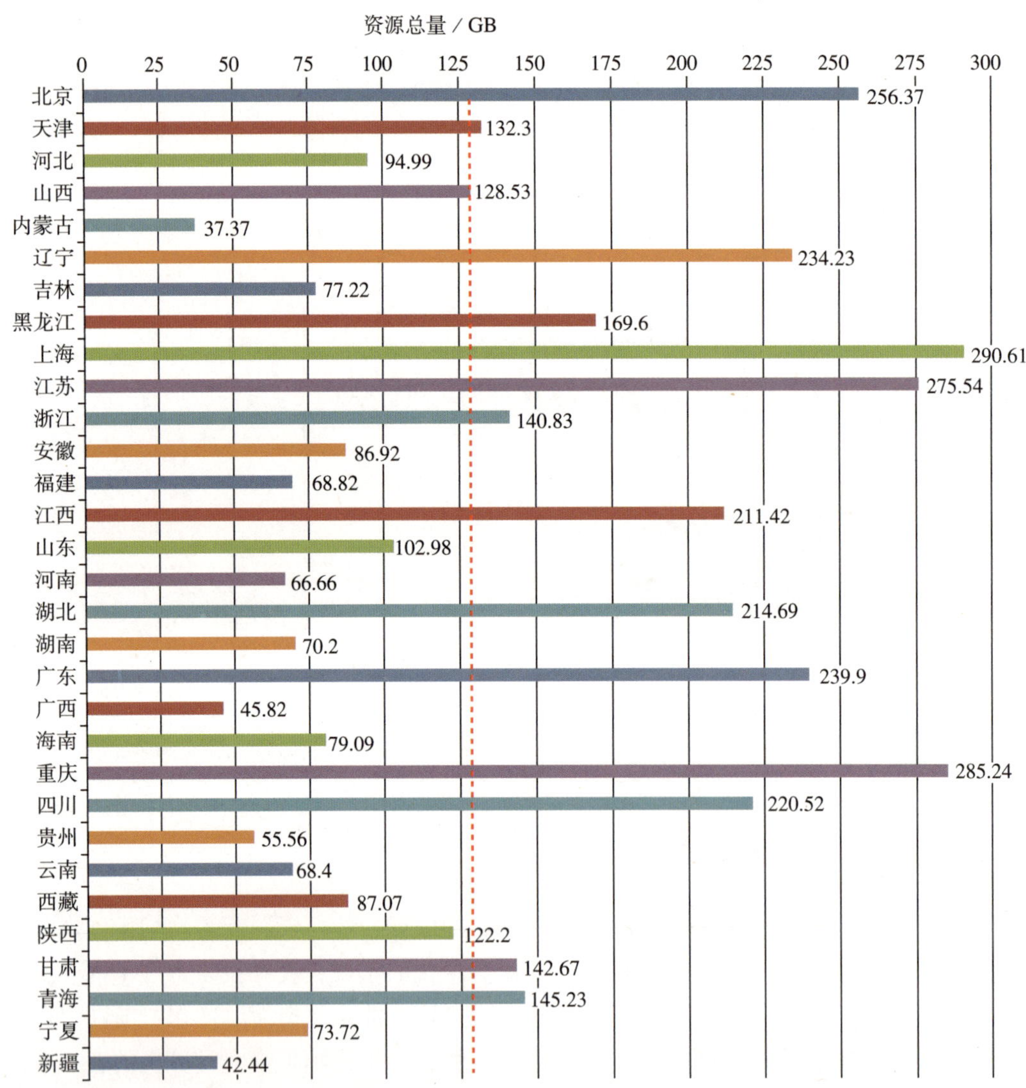

图2-18　中小学校均非视频类教学资源总量省域对比

① 图中红色的竖虚线表示全国平均水平。余同。

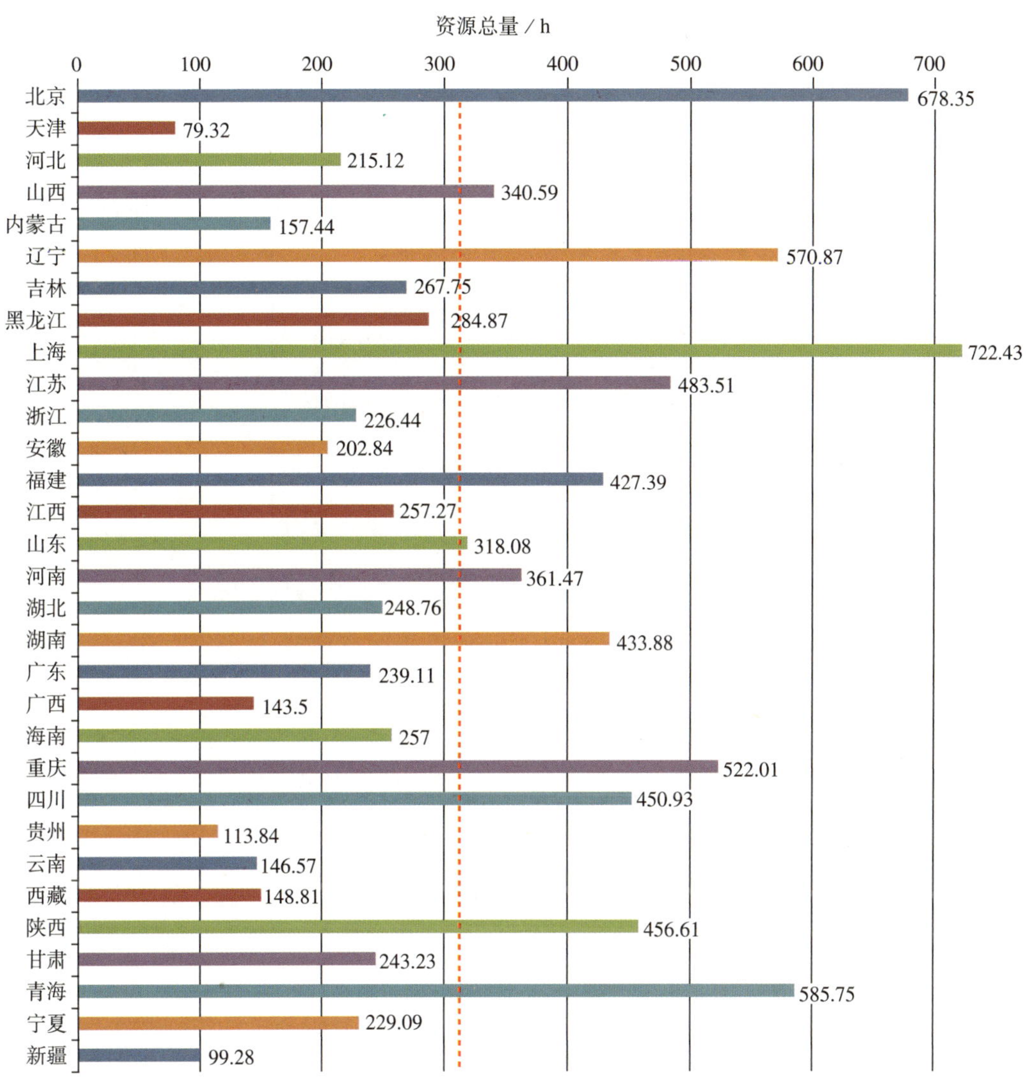

图2-19　中小学校均视频类教学资源总量省域对比

在中小学自有数字教学资源中，一部分由国家免费提供，另一部分则由学校自行外购或自主开发。中小学视频类和非视频类教学资源中由国家免费提供的比例情况省域对比，如图2-20和图2-21所示。可以看出，在中西部地区，国家免费提供资源所占比例明显比东部发达地区高。这说明我国发达地区中小学资源自主采购和开发能力较强，相对而言，中西部地区在数字教学资源方面更需要国家持续提供支持。

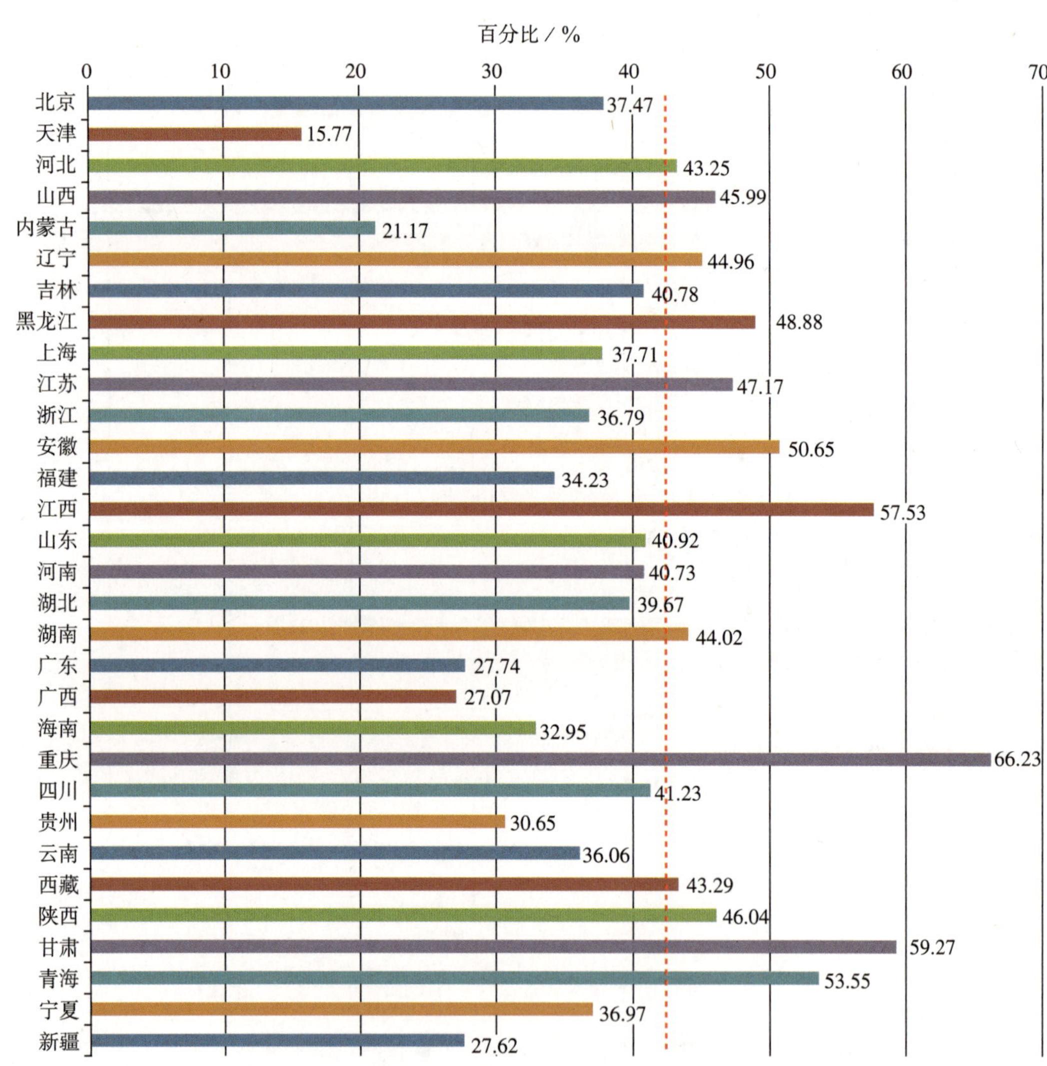

图2-20 学校非视频教学资源总量中国家免费提供的比例

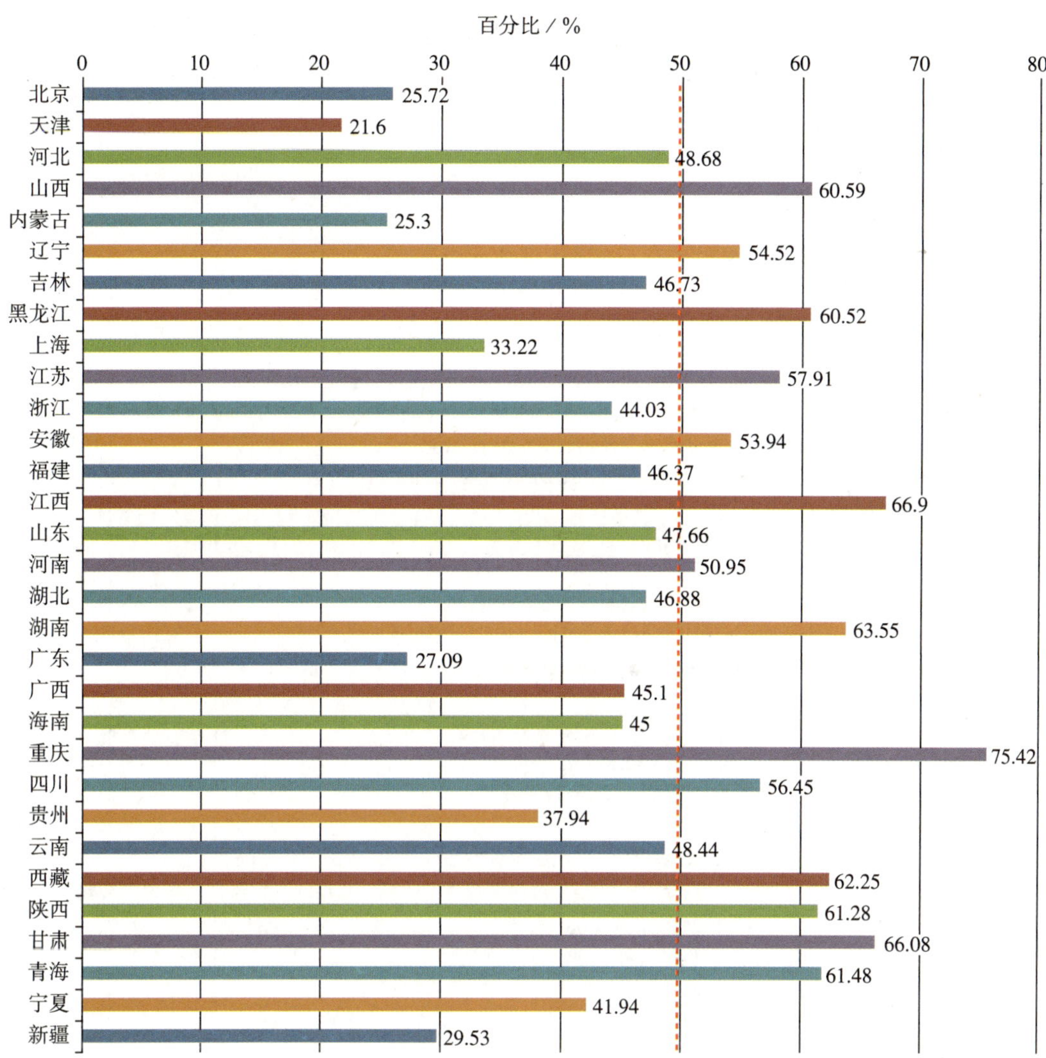

图2-21 学校视频类教学资源中国家免费提供的比例

二、基础设施

在教育信息基础设施方面，目前我国中小学主要以教师课堂教学为主，从某种意义上讲，该阶段师机比比生机比更为重要。全国中小学师机比为1.86:1，各省、自治区、直辖市的情况如图2-22所示。其中，北京、上海、江苏、浙江、山东、广东等地配置水平较高，优于全国平均水平，海南、云南、广西、新疆等地相对较低。

在生机比方面，各省、自治区、直辖市的情况如图2-23所示。可以看到，北京、吉林、上海、浙江、山东、广东的生机比数值都低于8:1，明显优于全国平均水平11.64:1，其中广东省学生所拥有的计算机数量最多，生机比达到5.84∶1。东部发达地区学生个人信息终端普及率明显好于中西部地区。这也反映出在教育信息基础设施的配备方面，东西部地区存在比较明显的数字鸿沟问题，值得引起关注。

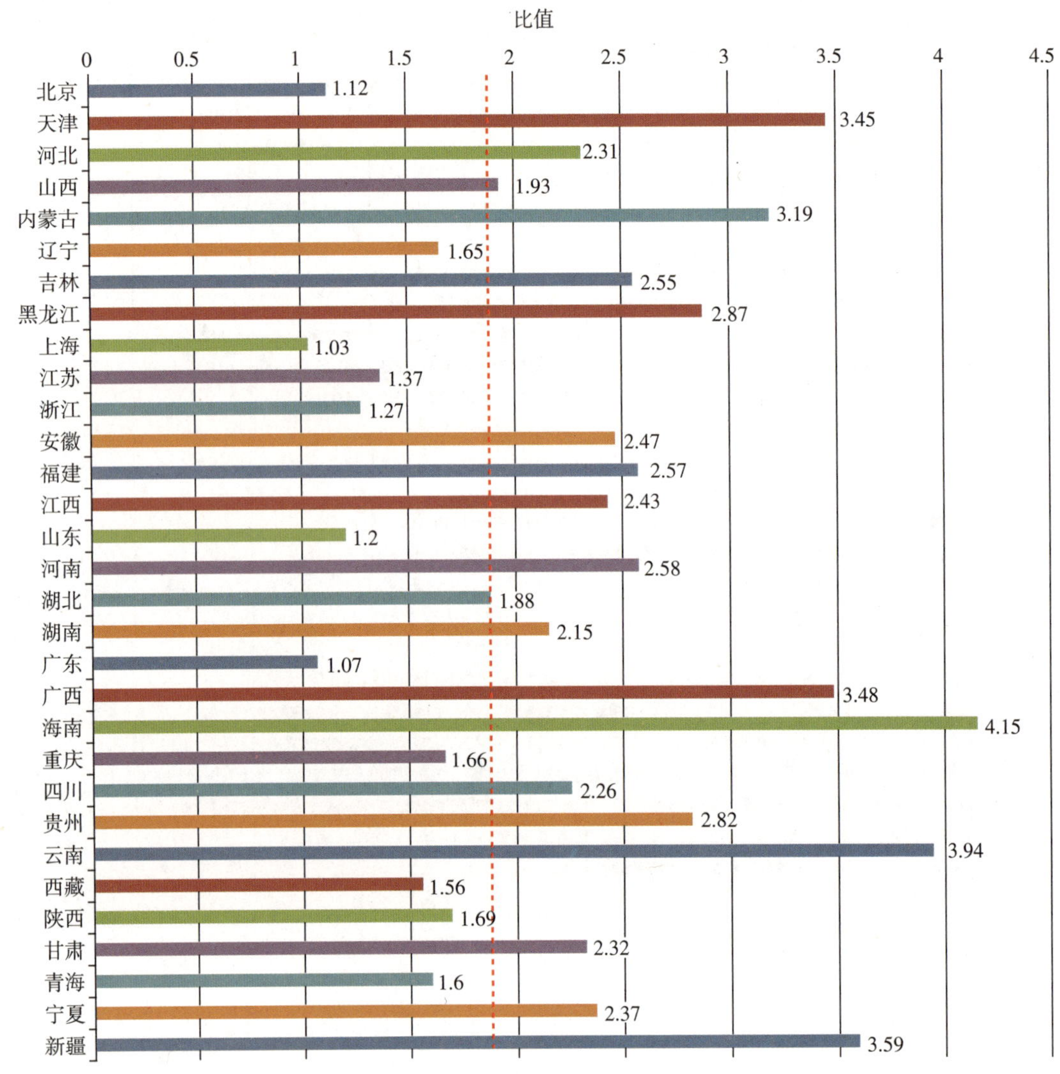

图2-22　师机比省域对比

多媒体教室是依据信息化教学需要，把多媒体计算机、投影仪、录音机、录像机等现代教学媒体结合在一起而建立起来的综合教学系统，是信息化环境下基本教学条件的重要组成部分，在学校信息化教学环境建设中占据重要地位，也是实现“宽带网络校校通”的重要支撑。全国中小学校均多媒体教室数占教室总数的比例为44.71%，具体省域对比情况如图2-24所示。可以看到，北京、广东、上海和浙江等经济发达地区的发展水

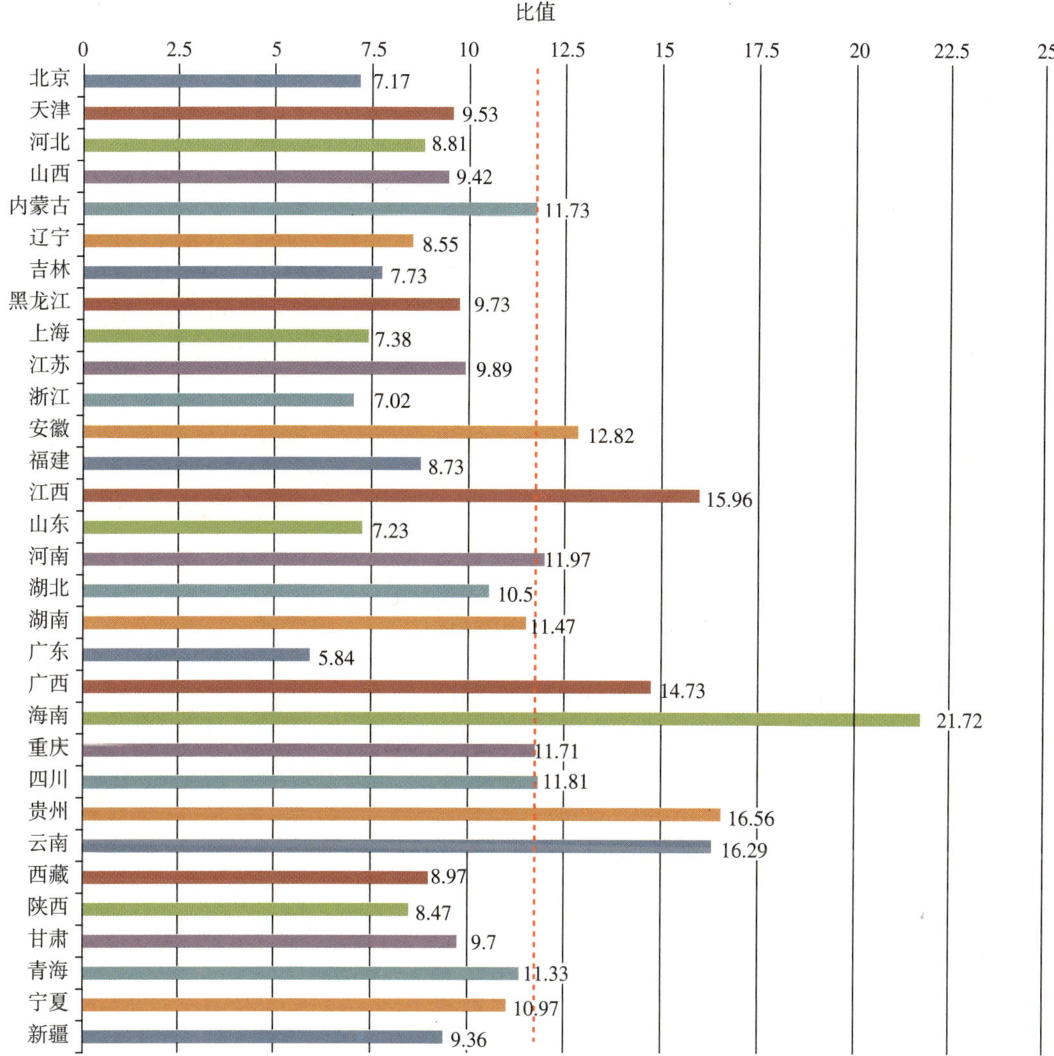

图2-23　生机比省域对比

平明显较高，校均多媒体教室数占比达80%以上。

全国中小学接入互联网的总带宽校均值为53.97 Mbps，省域对比情况如图2-25所示，各省、自治区、直辖市接入互联网的带宽差异显著，北京、广东、上海、江苏、山东、浙江等经济发达地区明显好于全国平均水平。部分地区已经实现了《教育信息化规划》确定的2015年中小学接入带宽达到100 Mbps的目标要求。

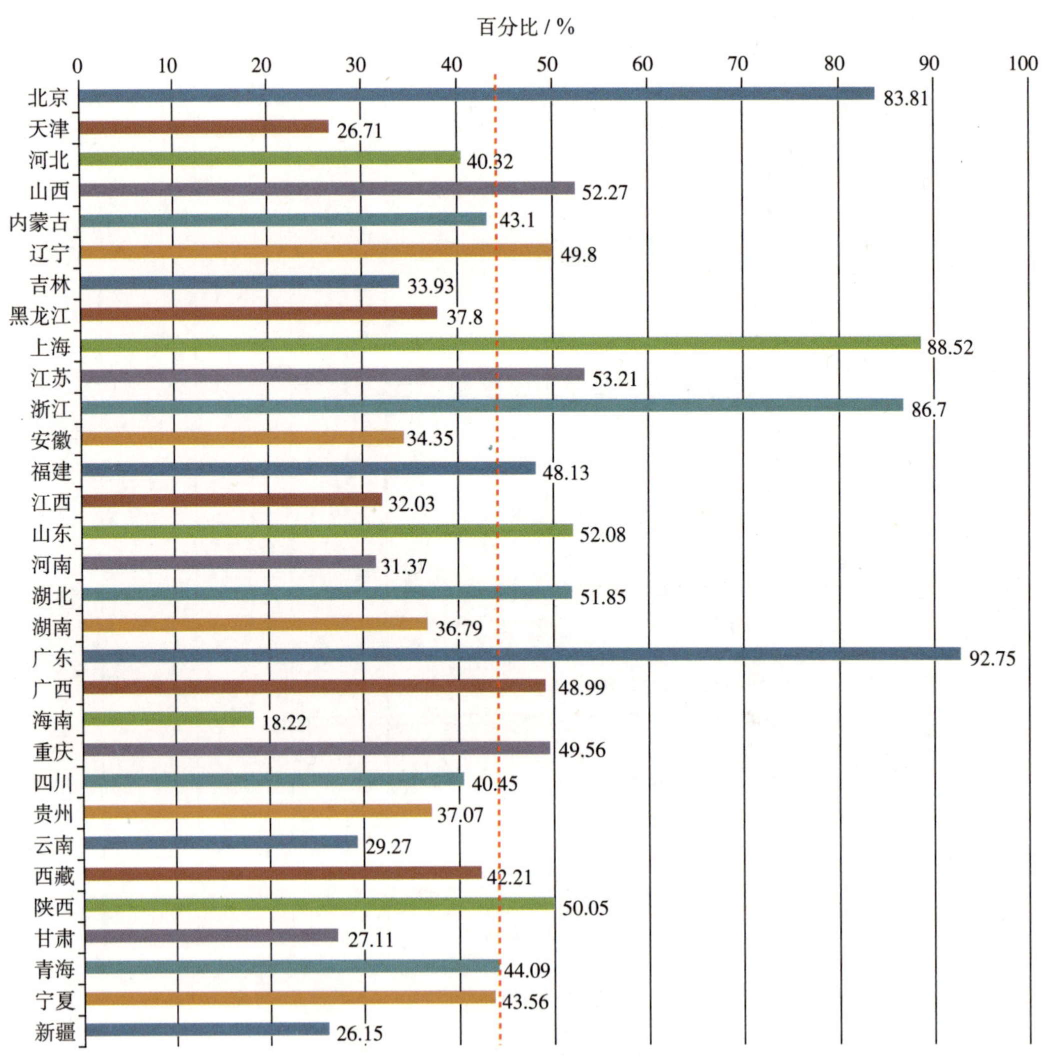

图 2-24　多媒体教室数占比省域对比

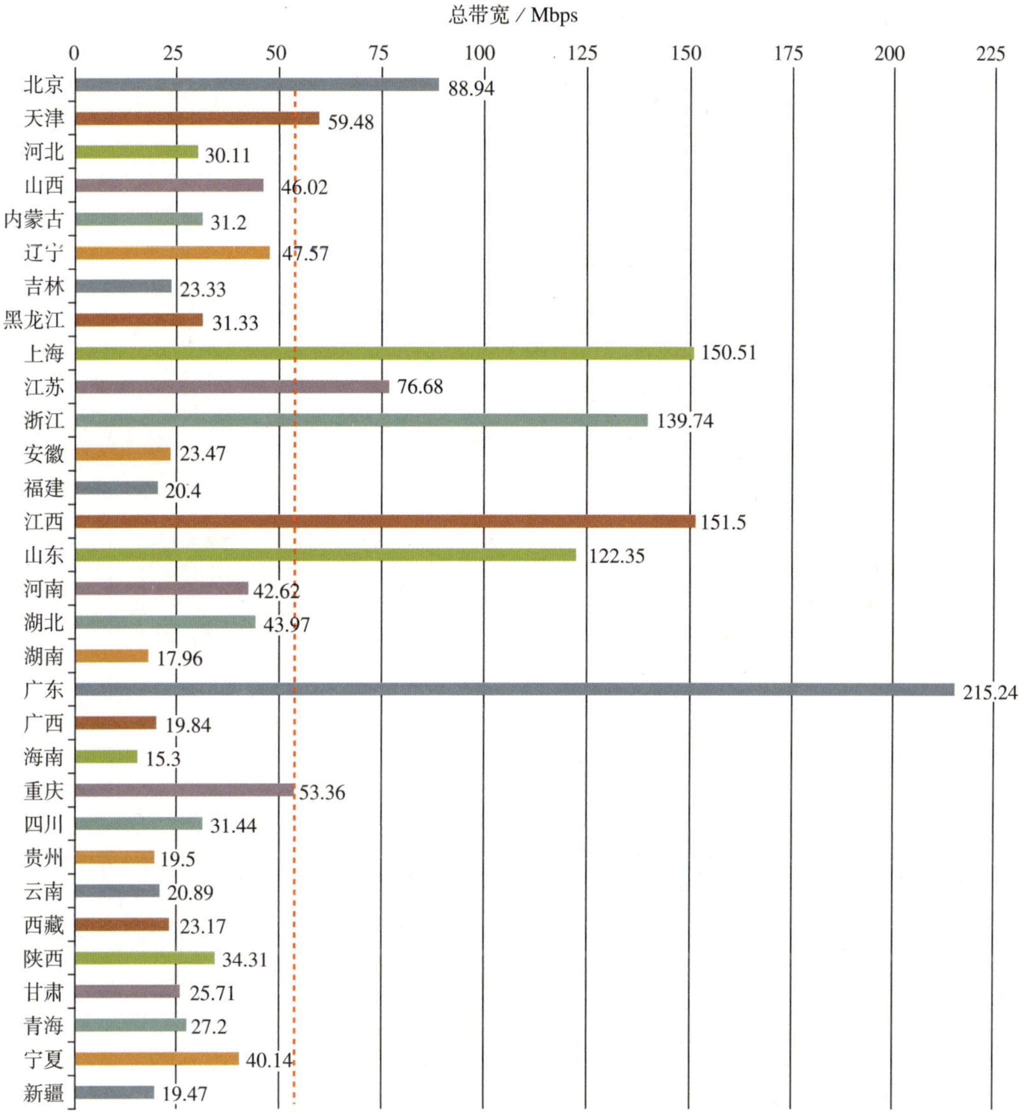

图2-25　校均接入互联网带宽省域对比

三、保障措施

良好的经费投入是发展教育信息化的基本保障。这表现在，一方面需要有较大额度、持续稳定的经费投入，另一方面经费投入的结构也十分重要。全国中小学最近一学年信息化经费投入中，培训与研究经费所占比例校均为10.32%，具体情况如图2-26所示。可以看到，大部分地区这一比例为5%—10%，显示在人员培训和应用研究方面投入比例总体较低。大部分地区依然将主要经费投入于基础设施和资源建设，这一方面反映了地方教育信息化建设的现实需求，另一方面反映了对培训与研究环节的重视程度有待进一步提升。

教师教育技术应用能力是中小学教师运用信息化手段教好各类课程的保障之一。全国中小学教师完成中小学教学人员初级教育技术能力培训的校均比例为71.46%，省域对比情况如图2-27所示。

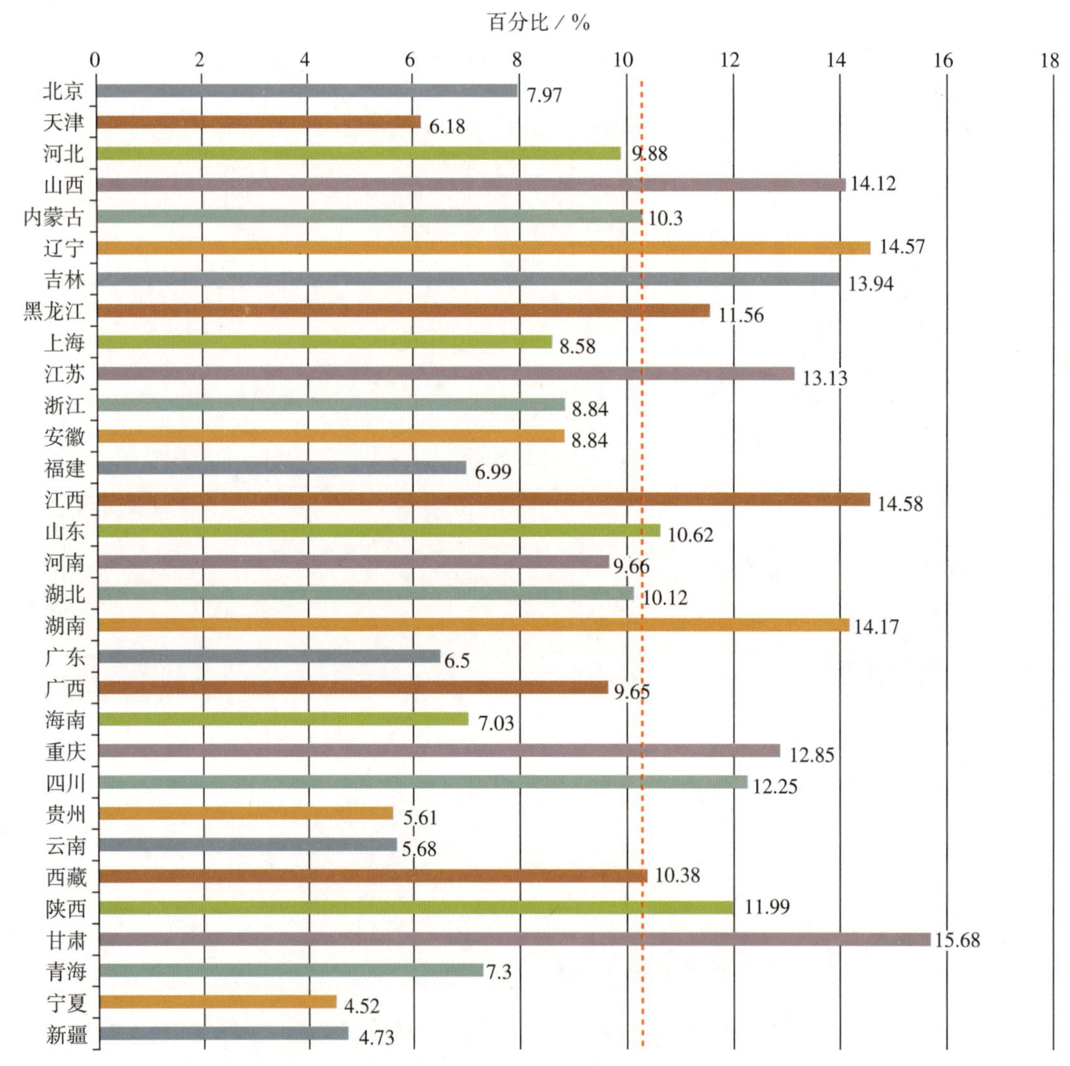

图2-26 学校信息化培训与研究费用占比省域对比

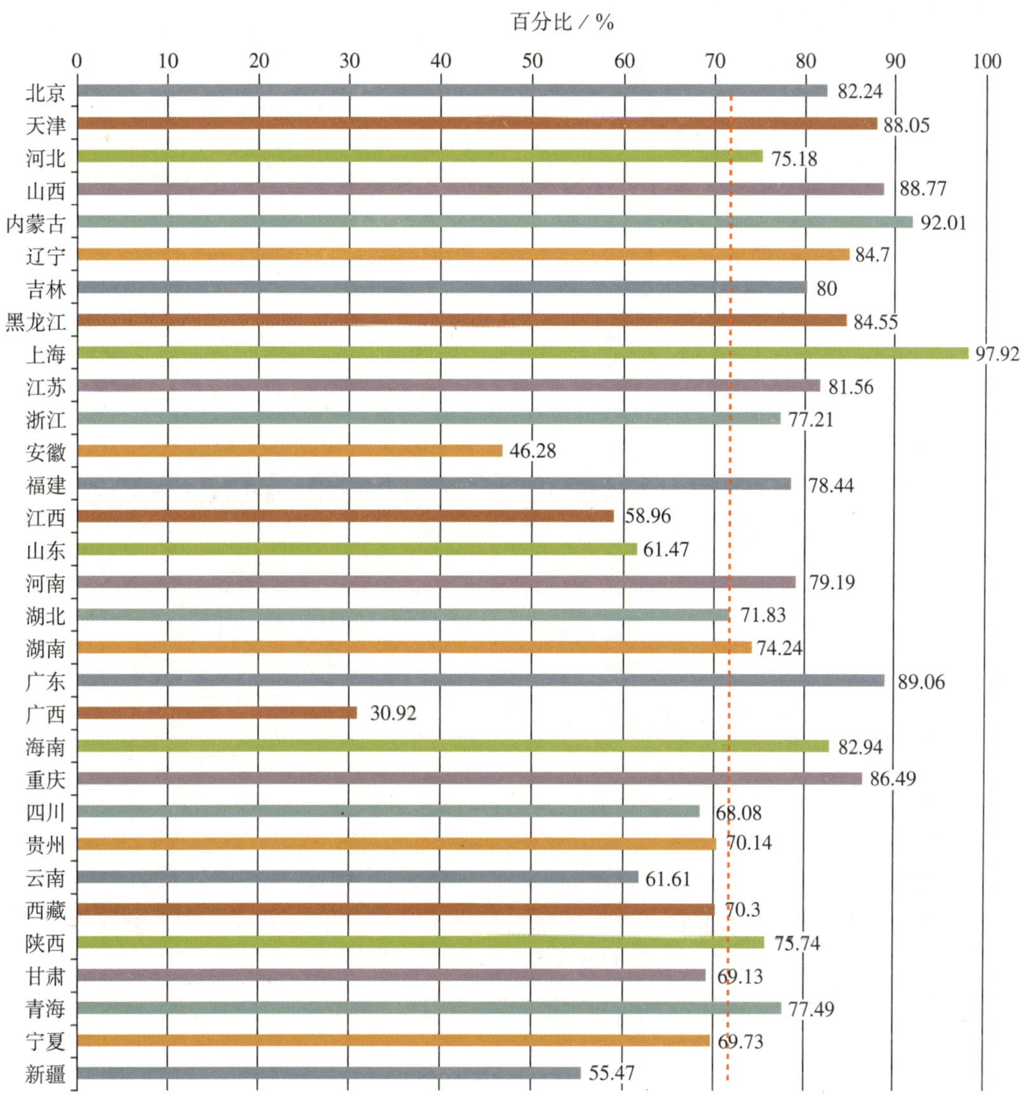

图2-27　教师完成中小学教学人员初级教育技术能力培训的校均比例省域对比

第三节　总　　结

我国基础教育信息化发展总体成果显著，基础设施建设具有一定规模，优质数字教育资源开发和整合力度较大，教师信息技术应用能力达到一定水平。可以说，我国基础教育信息化的相关建设已经逐步由偏重硬件建设转向重视实际应用的发展阶段。在稳步增加教育信息化投入的基础上，优化经费支出结构，进一步整合资源，加大信息技术与学科教学的融合，通过多种方式提高广大教师信息化教学能力，应成为我国基础教育信息化后续发展的主题。

然而，基础教育优质数字资源共建共享程度较低、区域发展不平衡等仍然是当前我国基础教育信息化需要重点解决的问题。而且，也应在促进基础教育信息设施建设、加强资源共建共享的同时，变革学校教育教学方式，使信息化环境下学生的自主学习能力得到全面提升。

一、基础设施初具规模，均衡发展是关键

我国基础教育信息基础设施建设已取得显著成效，在学校信息化建设基本配置、义务教育学校标准化建设方面取得较大进展，学校信息基础设施配置水平和信息化应用能力取得长足进步。然而，区域之间、城乡之间、学校之间在网络、多媒体教室等基础设施条件方面的差距仍然较大，而且由于资金投入的不对称，基础设施方面的差距有进一步拉大的可能性，值得引起重视。

因此，在基础教育信息化的实施和推进过程中，要采取多种措施支持经济欠发达地区学校的信息基础设施建设，重点支持农村地区、边远贫困地区、民族地区的学校信息化。要积极推动区域公共服务体系的建设，通过公共服务平台促进优质数字教育资源的共享，努力缩小地区之间、城乡之间和学校之间的差距。

二、信息化应用水平有待提升，深入融合是关键

我国教育信息基础设施建设已达到一定水平，然而应用水平不高，比如多媒体教室的平均使用率不到50%。数字教育教学资源的建设已初具规模，但资源应用情况不佳，教师教学使用的主流数字资源类型还是以PPT类教学课件为主。在信息技术支持学科教学方面，发展也不均衡，经常应用信息技术开展教学的学科较少，且多为技术的浅层次应用，深入学科教学内容的不多。可见，信息技术与各学科教学融合的范围还有待进一步拓展。信息技术支持教学的环节也存在一定局限性，在备课、授课等环节应用相对较多，而在考试、实验等环节应用比例较低。

因此，提升信息技术应用水平，促进技术与教育教学的进一步深入融合是后续发展的关键。一方面，在学科教学上，应积极推进信息技术与学科教学内容的融合，同时逐步扩大信息化支持教学的学科范围，使信息技术在各个学科中广泛、深入的教学应用成为教师教学活动的常态；另一方面，应积极推进信息技术与教学环节的全面融合，除了备课、授课等环节，还应促进信息技术在评价、教研等环节的全面深入应用，使信息技术与教学活动各环节融为一体。最终，变革教育理念，创新教学模式，支撑教育创新发展，实现信息技术与教育教学的全面深度融合。

三、中小学教师培训已成体系，能力提升是关键

整体上看，中小学对教师培训和能力的培养日益加强，多数教师具备基本操作技能，部分教师已经开始探索如何在教学中更好地应用信息技术和资源。多数教师经常应用信息技术手段进行备课、课堂教学，对信息技术的应用价值和重要性有着非常积极的认识。网上搜索、网络交流、网络学习成为一部分教师，尤其是城市教师学习与备课的重要方式。

中小学教师信息技术应用能力培训是提高中小学教师信息技术能力最直接、最快速的手段之一。随着社会各界越来越多的人对教育信息化发展的关注，中小学对教师信息技术教学能力培养的重视程度也在不断提升。

另外，也应该看到，大部分教师以自学作为信息技术技能学习的主要途径，显示教师教育技术能力培训的针对性和有效性还需进一步加强。从教师信息技术应用能力培训内容上看，信息技术基本操作、课件制作技术是最受中小学教师欢迎的培训内容，对于提升信息技术教学应用水平十分重要的学科工具和信息化教学设计能力的针对性培训还应该进一步加强。

四、数字教育资源逐渐普及，共建共享是关键

数字资源已成为大多数基础教育学校的重要教学资源，我国已初步建成满足中小学教育教学需要的资源体系。大部分中小学已拥有不同数量、多种形式的数字教育资源，广大教师在资源应用上具有一定的选择空间，资源的应用水平也得到了较大提升。各省、各地区建立了区域性的数字教育资源库和资源服务系统，可供教师选择使用，农村地区中小学教师以前面临的优质教育资源匮乏的局面得到了一定程度的缓解。2012年教育部开始实施的“教学点数字教育资源全覆盖”项目[①]对改善农村教学点教学质量、节约资源开发成本、提高资源使用效益等都具有积极作用。目前，中小学教师教学较多使用的数字资源类型主要有PPT类教学课件、电子教案、授课与说课视频、试题库与试卷库等。

然而，资源来源渠道单一，政府单方面出资建设的情况依然较为突出，学校、教师、学生更多处于资源被动接受者的地位，企业力量参与也很不够，资源共建共享的良性发展机制尚未形成。因此，当前及今后一段时间，充分调动各方力量共同参与资源开发和应用，促进优质教育资源共建共享，实现资源数量与质量同步提升，形成可持续发展机制，是我国基础教育信息化的重要方向。要通过适当的政策引导，形成良好的资源开发、应用环境，逐步实现优质资源从自建自享、自建共享到共建共享的升级转变，形成“政府评估准入、企业竞争提供、用户自主选择”的良性发展机制。

---

①《教育部关于全面启动实施“教学点数字教育资源全覆盖”项目的通知》（教技函〔2012〕74号）。

第三章　职业教育信息化发展状况

职业教育是推动经济发展、促进就业、改善民生、解决“三农”问题的重要途径，是缓解劳动力供求结构矛盾的关键环节，是我国教育工作的战略重点[①]。职业教育信息化是培养高素质劳动者和技能型人才的重要支撑，是教育信息化需要着重加强的薄弱环节[②]。

培养大批现代化建设需要的高素质劳动者和技能型人才是职业教育的主要任务。职业教育信息化建设应以数字校园建设和虚拟仿真实训资源开发为抓手，全面提升在教学、实训、科研、管理和服务方面的信息化水平，从而为职业教育教学模式创新和高素质技能型人才培养提供支持。

本章主要从职业教育资源开发与应用、基础设施建设、管理信息化和保障体系建设四个方面阐述职业教育信息化的总体发展状况，并根据不同类型职业院校的实际情况反映不同发展现状和需求，然后根据省域发展状况差异进行综合对比分析。

第一节　全国发展状况综述

一、资源开发与应用情况

我国职业教育实践教学资源还相对缺乏，从职业院校对数字学习资源和信息化学习环境的实际需求来看，应提高所有学校信息技术与专业课程的融合能力，着力提升虚拟仿真实训教学水平，以及教师运用信息技术开展教学的能力。

（一）数字教育资源

与基础教育学校类似，职业院校也普遍配备了以电子图书、视频类教学资源和非视频类教学资源为代表的数字教育资源。截至2012年底，各类资源在不同类型学校的覆盖情况见表3-1。

① 规划编制专家组.《教育信息化十年发展规划（2011—2020年）》解读［M］. 北京：人民教育出版社，2012：94.

② 教育部.教育信息化十年发展规划（2011—2020年）［EB/OL］. http://www.moe.edu.cn/publicfiles/business/htmlfiles/moe/s3342/201203/133322.html.

表3-1　数字资源覆盖情况（按学校类型划分）

	高职	中职
提供电子图书的学校比例/%	95.86	67.41
提供非视频类数字资源的学校比例/%	97.81	80.05
提供视频类数字资源的学校比例/%	94.53	73.66

在数字图书馆建设方面，全国59.32%的职业院校建设了数字图书馆，但中职学校和高职院校差距明显，见表3-2。可以看到，高职院校建有数字图书馆的学校比例超过80%，而中职学校该比例不到50%。全国职业院校图书馆提供的电子图书总量校均约为93 000册。其中，高职院校校均电子图书总量超过16万册，而中职学校校均电子图书总量不到5万册。

表3-2　职业院校数字图书馆建设情况（按学校类型划分）

	高职	中职
建设数字图书馆的学校比例/%	85	46.83
图书馆提供的电子图书总量/册	168 575.36	47 054.74

截至2012年底，全国职业院校非视频类数字教学资源总量校均值为2 504.99 GB。其中，自主开发的比例为44.45%，国家免费提供的比例为23.00%。视频类数字教学资源总量校均值为625.82小时。其中，自主开发的比例为45.78%，国家免费提供的比例为22.59%。

可以看出，我国职业院校数字教育资源建设水平总体有限，中职学校和高职院校的差异较为明显，在数字图书馆等基础资源开发方面还有很大提升空间。

（二）教学信息化系统

职业院校教学信息化系统主要包括网络教学平台、网络考试系统、网络教研系统、教学资源制作系统、教学资源管理平台、虚拟实验系统等。截至2012年底，全国有82.46%的职业院校有教学信息化系统。其中，将近60%的职业院校拥有网络教学平台。此外，教学资源管理平台和网络考试系统也相对普及，拥有网络教研系统的职业院校相对较少。具体情况如图3-1所示。

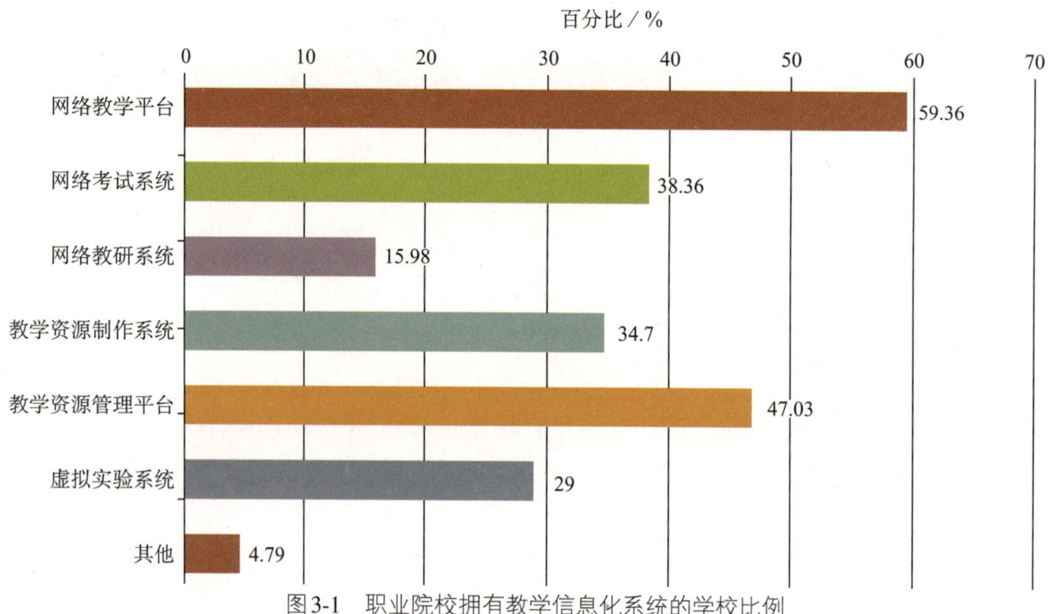

图3-1　职业院校拥有教学信息化系统的学校比例

职业教育阶段不同类型学校最常用的教学信息化系统是虚拟实验系统和教学资源管理平台，其中，高职院校的使用更为普遍，见表3-3。

表3-3　职业院校最常使用的教学信息化系统（按学校类型划分）　单位：%

	高职	中职
虚拟实验系统	32.29	19.08
教学资源管理平台	55.21	30.64

（三）信息技术教学应用

全国职业院校教师最常使用信息化手段辅助教学的环节，如图3-2所示。超过90%的职业院校教师最常使用信息化手段辅助教学的环节为课堂教学，其次是备课，实验、考试、教研等环节占比均不到50%。

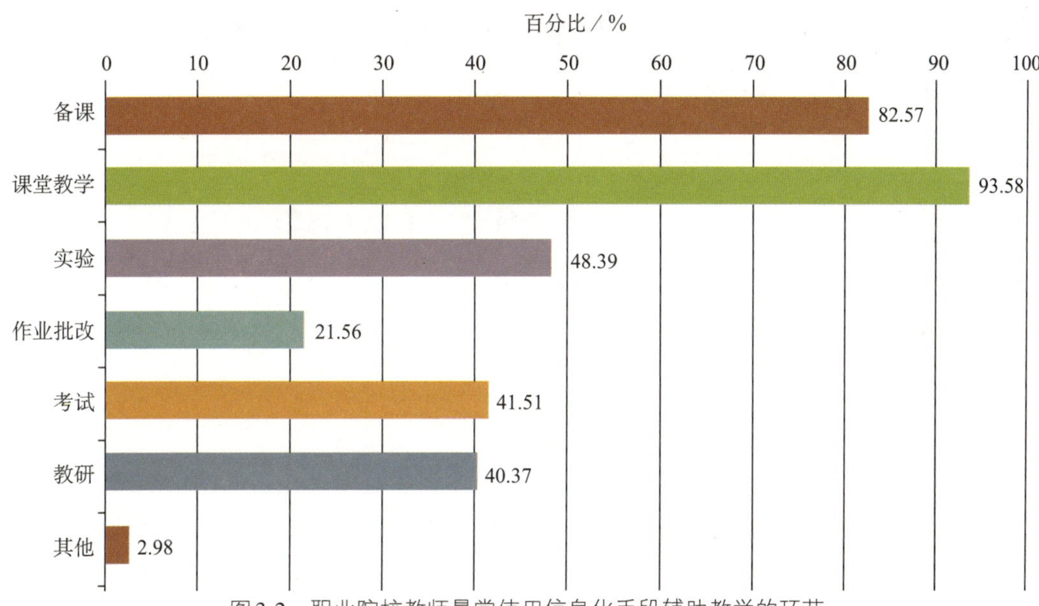

图3-2　职业院校教师最常使用信息化手段辅助教学的环节

职业教育阶段不同类型学校教师最常使用信息化手段辅助教学的环节的情况，见表3-4。可以看出，职业院校教师最常使用信息化手段辅助教学的环节主要是课堂教学、实验等环节，由于职业院校对实验教学较为重视，因此在实验教学环节应用信息化手段的比例也普遍较高，明显高于基础教育阶段的学校；高职院校的整体发展水平明显高于中职学校。

表3-4　职业院校教师最常使用信息化手段辅助教学的环节（按学校类型划分）　　单位：%

	高职	中职
课堂教学	93.00	93.60
实验	59.00	44.33

职业教育阶段不同类型学校最近一学年采用多媒体辅助教学的课程占比情况见表3-5。高职院校和中职学校该指标数值差异不大，均超过50%。

表3-5　职业院校最近一学年采用多媒体辅助教学的课程占比（按学校类型划分）

	高职	中职
多媒体辅助教学的课程占比/%	58.59	50.80

（四）虚拟仿真实训教学

重视实践教学是职业教育有别于其他教育的重要特征。然而，由于客观条件限制，很多职业院校的实践教学环节不具备实施条件，因此，采用以信息化手段为支撑的虚拟仿真实训教学替代部分实践教学就成为比较现实的选择。截至2012年底，全国职业院校校均虚拟实训教学软件数量为8.26套。其中，高职院校校均虚拟实训教学软件数量超过15套。此外，平均每所高职院校最近一学年虚拟实验教学时间为1 067.59学时，明显高于中职学校。具体情况，见表3-6。

表3-6　职业院校虚拟实训教学情况统计（按学校类型划分）

	高职	中职
虚拟实训教学软件数量/套	15.66	4.41
虚拟实验总学时数/学时	1 067.59	424.65

由于职业院校十分强调将人才培养过程与企业实际需求接轨，强调培养高素质技能型人才，所以，实践教学环节在职业教育教学中所占比重很大，远高于基础教育和高等教育。然而，我国职业教育总体发展水平有限，多数职业院校没有条件为在校生提供大规模实训环境，同时，很多实训教学环节客观上也不允许在真实环境中开展。因此，利用信息化手段，以虚拟仿真实训软件为依托开展实训教学，就成为我国职业院校的现实选择，这也是世界各国普遍通行的做法。

然而，在当前的职业院校，无论是高职院校还是中职学校，虚拟仿真实训软件的建设和应用水平都比较低，这不利于职业院校学生提升实践技能，有必要引起充分重视。

二、基础设施发展状况

“宽带网络校校通”尚未实现是我国职业教育信息基础设施建设面临的主要问题之一。应该加强职业院校，尤其是农村职业学校的宽带网络接入条件和数字校园环境建设，彻底解决职业院校信息化环境下的基本教学条件问题，为信息时代高素质劳动者和技能型人才的培养提供基础性条件。通过数字化校园和仿真实训基地等信息化教学基础设施建设，提高学校信息基础设施水平，加快构建数字化、开放性、共享型职业教育网络。

（一）校园网及宽带网络

1. 接入带宽

截至2012年底，不同类型职业院校网络带宽发展情况见表3-7。

表3-7　职业院校网络带宽（按学校类型划分）

	高职	中职
校均接入互联网总带宽/Mbps	524.75	77.55
校均接入教育网带宽/Mbps	94.04	50.34

不同类型学校接入互联网的总带宽在不同水平区间的分布情况，如图3-3所示。超过60%的中职学校校均接入互联网的总带宽小于100 Mbps，超过1/3的高职院校接入互联网的总带宽大于或等于300 Mbps。可以看出，高职院校的互联网接入带宽已达较高水平，中职学校互联网接入带宽水平明显偏低。

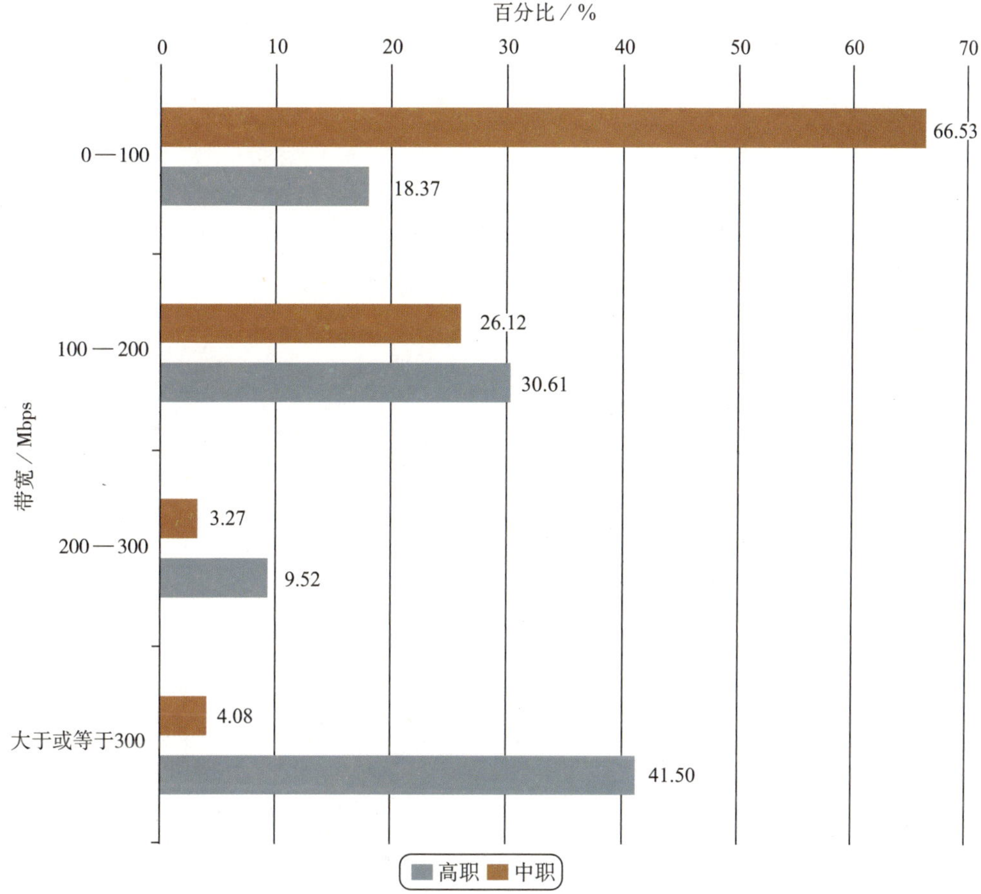

图3-3　职业院校网络接入互联网的总带宽区间分布（按学校类型划分）

《教育信息化规划》提出，到2015年，各级各类学校应基本全面实现宽带接入。根据届时各级各类学校信息化教学的实际需求，一般职业院校至少应达到200 Mbps以上的带宽水平，才能满足实际需要，所以，我国职业院校接入带宽整体水平还需大幅提升。

2. 学校网络出口

全国职业院校网络出口总体发展情况，如图3-4所示。职业院校可选择的网络出口中，选择电信的学校最多，比例超过60%。联通、教育网、移动也是我国职业院校网络出口的主要选择。可以看出，多数职业院校还是以电信运营商为主要网络服务提供方，这一点与中小学类似。在高职院校，CERNET的接入较为普遍。

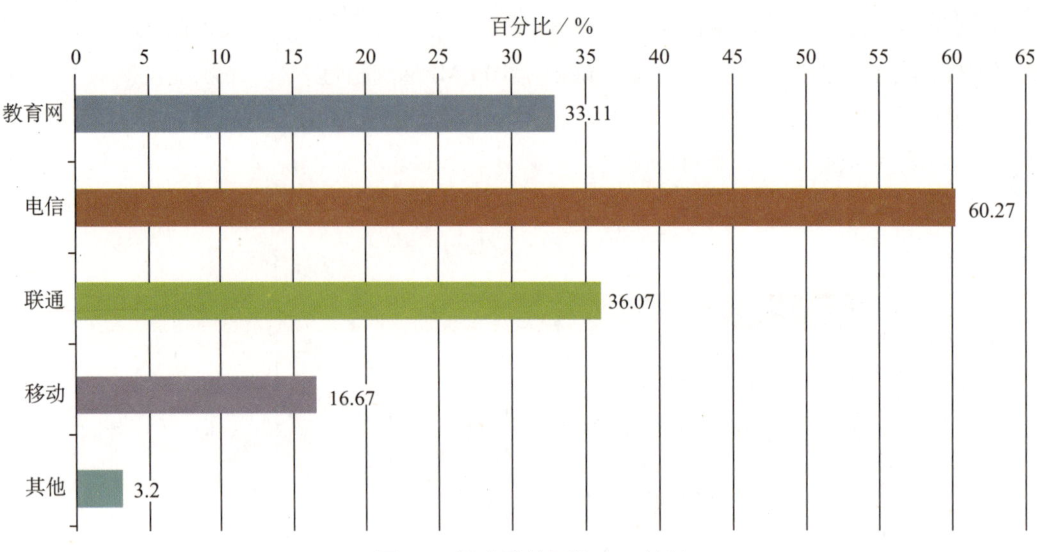

图3-4　职业院校网络出口统计

3. 校园网主干带宽等级

全国职业院校校园网主干带宽总体情况，如图3-5所示。其中，千兆级校园网主干带宽的学校比例最多，超过40%。百兆级校园网主干带宽的学校比例超过30%。

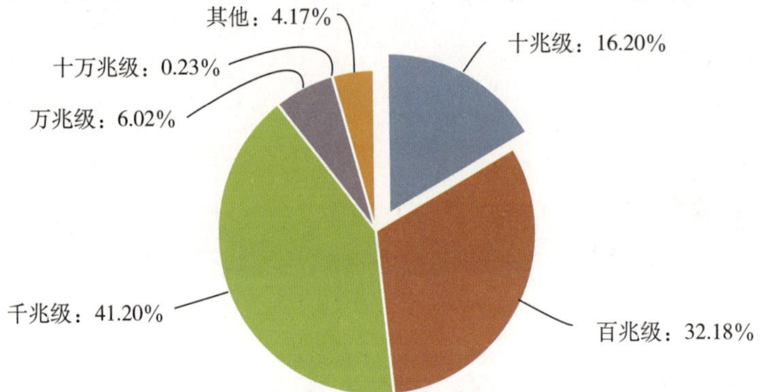

图3-5　职业院校校园网主干带宽统计

职业教育阶段不同类型学校校园网主干带宽在不同水平区间的分布情况，见表3-8。高职院校和中职学校的校园网主干带宽发展状况差距较大。百兆级及以下水平上，中职学校所占比重较大；千兆级和万兆级水平上，高职院校所占比重较大。

表3-8　职业院校校园网主干带宽区间分布（按学校类型划分）

	高职	中职
百兆级学校比例 / %	18.00	41.41
千兆级学校比例 / %	59.00	30.30
万兆级学校比例 / %	16.00	0.51

4. 校园网的覆盖情况

截至2012年底，全国职业院校校均网络通达学生宿舍、教学、科研与管理楼宇的比例为73.44%。其中，高职院校该比例将近90%，总体达到较高水平，见表3-9。

表3-9　职业院校网络通达学生宿舍、教学、科研与管理楼宇的比例（按学校类型划分）

	高职	中职
网络通达学生宿舍、教学、科研与管理楼宇的比例/%	88.98	64.18

（二）个人计算机

个人计算机是主要的信息化教学终端设备，职业院校个人计算机的普及状况可以反映职业院校信息化基础条件。

截至2012年底，职业院校师机比（在职教师人数与供教师使用的教学用计算机数量的比例）均值为1.40∶1，生机比（在校学生人数与供学生使用的学习用计算机数量的比例）均值为5.15∶1。不同类型学校生机比、师机比的情况，见表3-10。高职院校生机比、师机比两项指标都优于中职学校。可见，中职学校个人信息终端配备水平还需大幅提升。

表3-10　职业院校生机比、师机比（按学校类型划分）

	高职	中职
生机比	5.00	5.51
师机比	1.34	1.52

（三）多媒体教室

以投影仪、计算机和幕布为核心配置的多媒体教室是职业院校信息化教学环境的主要构成要素，其配备水平在很大程度上反映了职业院校开展信息化教学的基础条件建设水平。

截至2012年底，职业院校多媒体教室数占比（教室总数中配有计算机和投影仪的多媒体教室的比例）均值为43.16%。其中，将近50%的职业院校多媒体教室数占比小于30%，如图3-6所示。

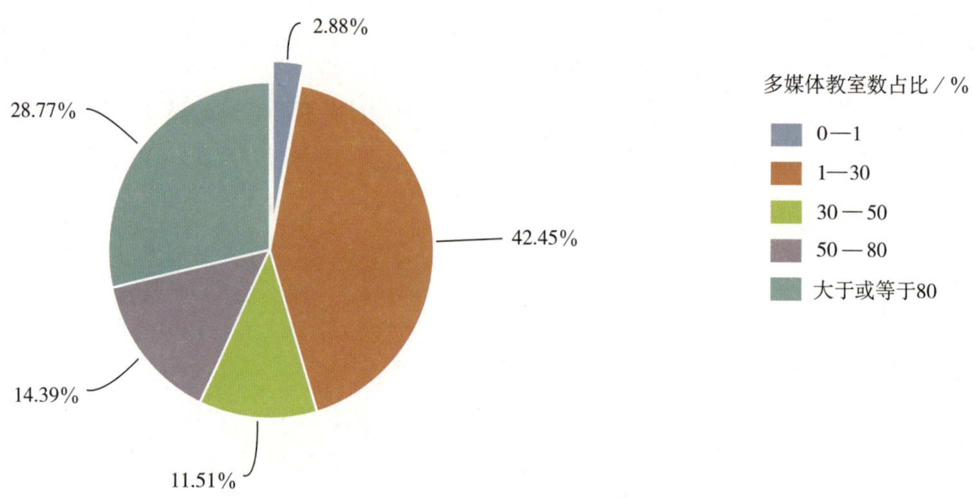

图 3-6　职业院校多媒体教室数占比统计

多媒体教室使用率反映了多媒体技术在实际教学中的应用情况，使用率越高表明应用越广泛。截至2012年底，全国职业院校多媒体教室使用率校均值为71.43%，具体情况如图3-7所示。

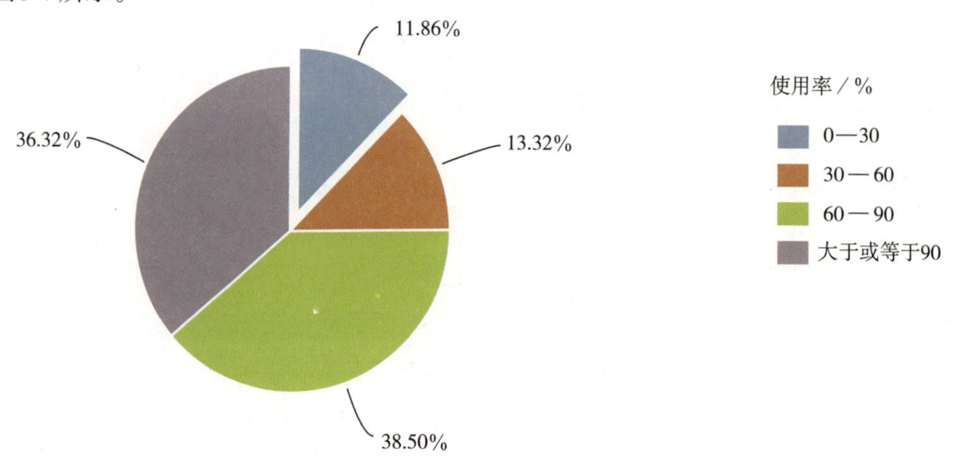

图 3-7　职业院校多媒体教室使用率统计

职业教育阶段不同类型学校多媒体教室建设及使用情况，见表3-11。高职院校在多媒体教室数占比和多媒体教室使用率上都要好于中职学校。高职院校多媒体教室建设与中职学校差异不明显，但在多媒体教室使用率上差异较大。

表 3-11　职业院校多媒体教室建设及使用情况（按学校类型划分）

	高职	中职
多媒体教室数占比 / %	45.24	40.16
多媒体教室使用率 / %	86.27	64.21

（四）信息安全系统

随着职业院校对信息和网络的依赖日益加深，信息安全的问题也日益突出。为了保证校园网的稳定运行，网络与信息安全的建设成为当前信息化建设的一个热点。信息安全系统的建设可用于衡量当前学校网络与信息安全的建设水平。

截至2012年底，全国75.17%的职业院校建有信息安全系统，总体情况如图3-8所示。其中，超过半数的学校建有网络防病毒系统，信息过滤系统、网络运行故障监测系统、入侵检测系统、数据备份和容灾系统的建设比例相对较低。

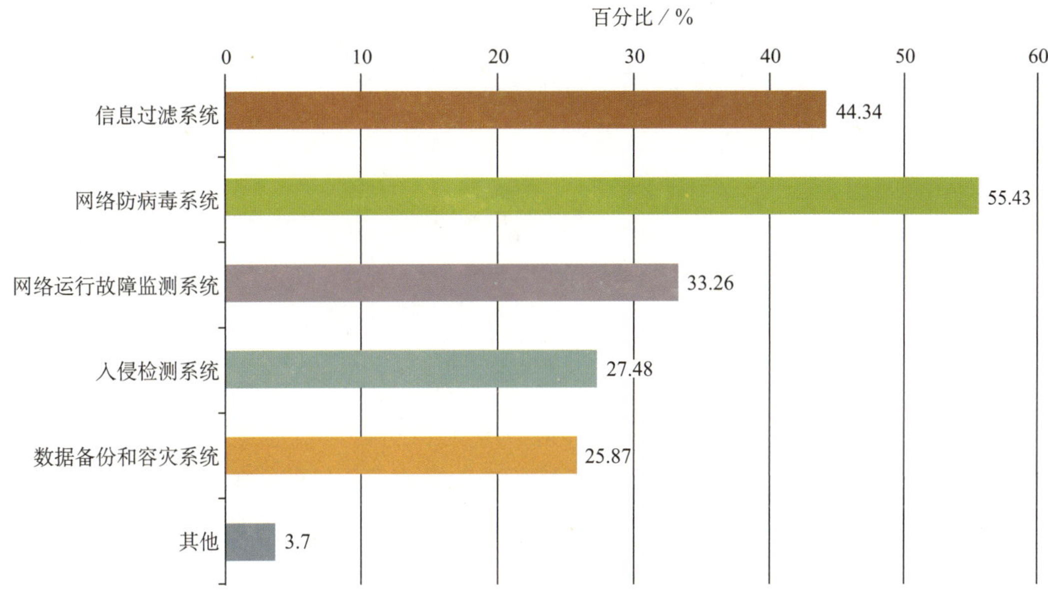

图3-8　职业院校统一部署的信息安全系统统计

在部署有信息过滤系统的职业院校中，主要部署的功能包括网页内容过滤、垃圾邮件过滤和搜索引擎过滤等，如图3-9所示。

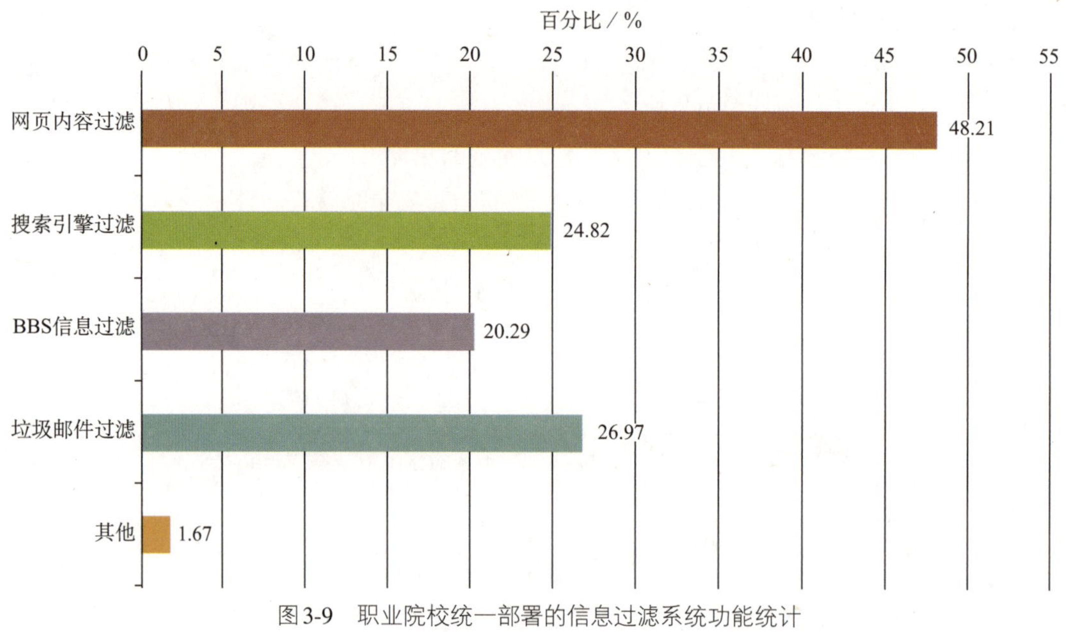

图3-9　职业院校统一部署的信息过滤系统功能统计

三、管理信息化情况

管理信息化应作为提高职业教育管理水平的重要途径。职业院校应重点建设实习实训、校企合作、工学结合等体现职业教育特色的关键业务领域的管理信息系统，以信息化的管理手段和服务平台构建支撑学生、教师和员工自主学习、自主管理、自主服务的信息化环境。

（一）网站建设

校园门户网站是学校形象展示、公共信息发布、与外界在线交流、教学与科研成果展现、意见反馈收集、教学改进、招生就业工作等方面的一个重要工具，同时也是实现校务公开，以及向社会公众提供优质资源信息的途径，对树立学校形象、提高知名度及竞争力、打造良好的人文氛围及社会影响力都有着重要的作用。

截至2012年底，全国87.87%的职业院校建设了校外可访问的门户网站。其中，高职院校中有接近99%的学校建有校外可访问的门户网站，中职学校该指标比例相对较低。全国65.63%的职业院校建设了校内统一信息门户网站。其中，高职院校校内统一信息门户网站的建设情况要好于中职学校。具体情况见表3-12。

表3-12　职业院校网站建设情况（按学校类型划分）

	高职	中职
校外可访问的门户网站建设比例/%	98.99	85.71
校内统一信息门户网站建设比例/%	70.41	59.90

（二）信息化应用系统

职业院校信息化基础应用系统主要包括电子邮件系统、BBS（电子公告牌系统）、校园一卡通系统、网上个人存储空间、搜索工具等。

截至2012年底，全国81.69%的职业院校有校级基础信息化应用系统。全国职业院校现有校级基础信息化应用系统的总体情况，如图3-10所示。其中，超过50%的职业院校建有电子邮件系统。此外，建有校园一卡通系统、网上个人存储空间、身份管理与认证系统的职业院校比例相对较高。

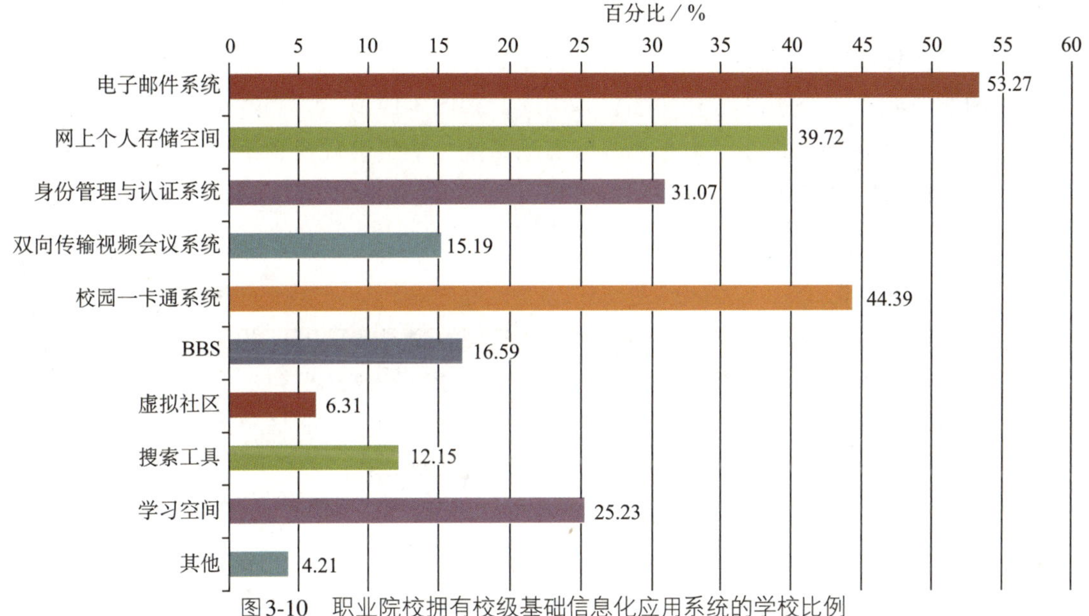

图3-10　职业院校拥有校级基础信息化应用系统的学校比例

职业院校校园一卡通已经实现的功能总体情况，如图3-11所示。职业院校校园一卡通最主要的功能为餐卡，其他功能的实现相对较弱。

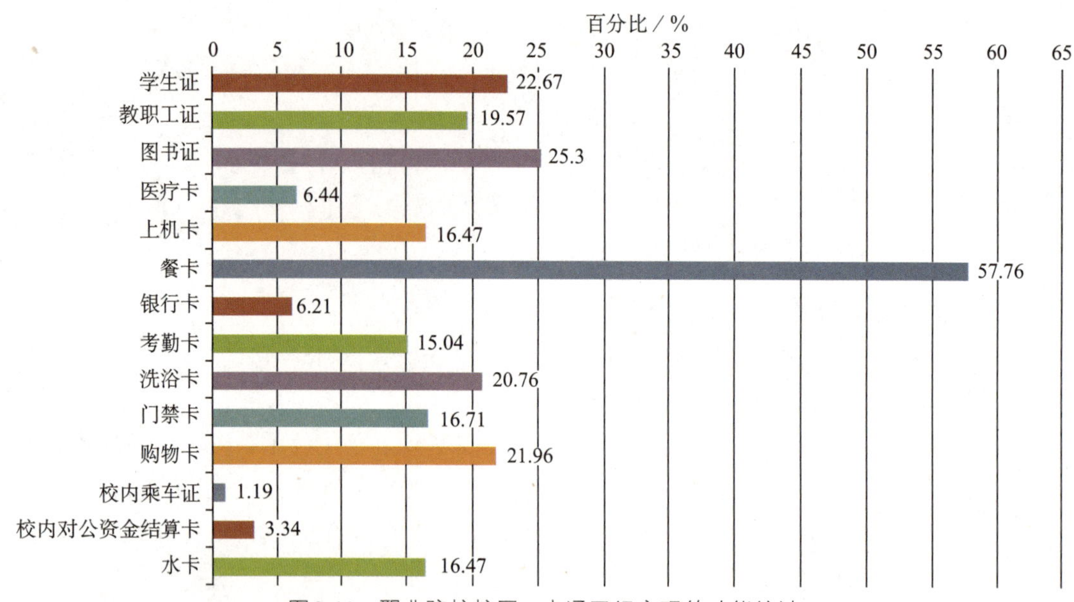

图3-11　职业院校校园一卡通已经实现的功能统计

（三）管理信息化系统

全国职业院校校级管理信息系统总体情况，如图3-12所示。超过60%的职业院校建有教学教务信息系统。此外，建有图书馆信息系统、学生管理信息系统、财务信息系统的职业院校比例相对较高。

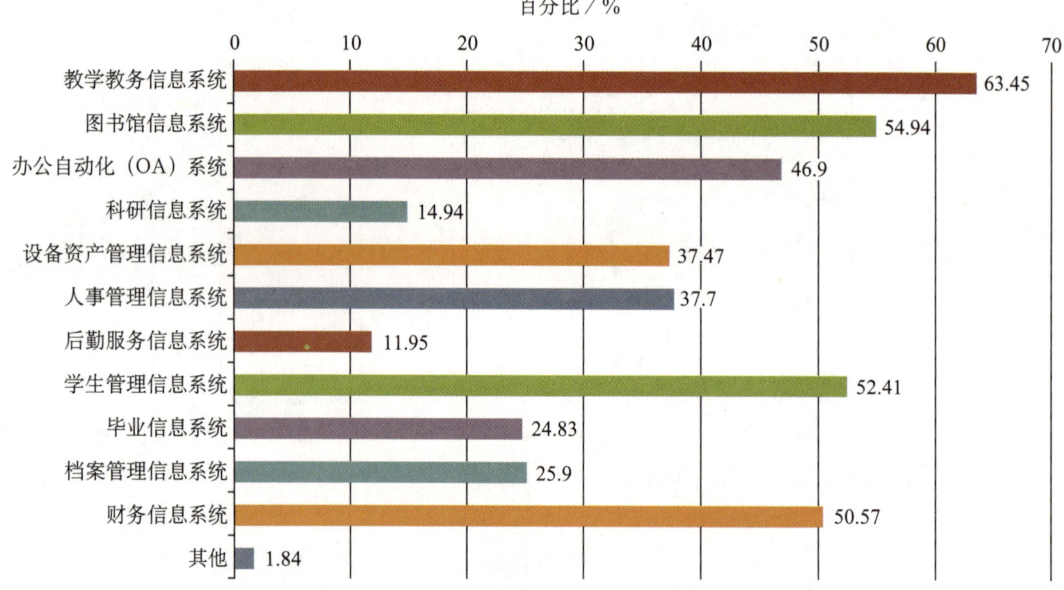

图3-12　职业院校拥有校级管理信息系统的学校比例

四、保障体系建设情况

职业院校信息化发展必须有完善的保障体系作为支撑。当前，仍然需要加强职业教育信息化的组织管理，强化职业教育信息化发展规划落实机制，多渠道筹措职业教育信息化建设经费，加大信息化技能型人才培养工作力度，加强职业教育信息化规范管理[①]。

（一）信息化机制建设

截至2012年底，全国超过90%的职业院校都有专门领导负责信息化建设。负责信息化建设的领导职位级别总体情况，如图3-13所示。将近60%的职业院校负责信息化建设的领导职位级别是副校级。

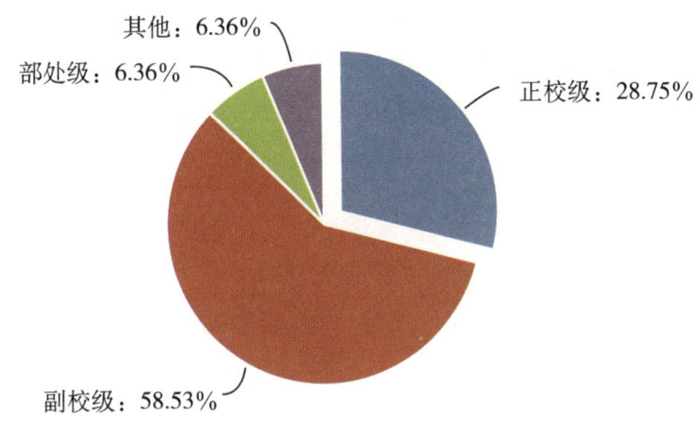

图3-13　职业院校负责信息化建设的领导职位级别统计

截至2012年底，全国76.18%的职业院校设有专门的信息化管理部门。不同类型学校信息化管理部门的设立情况，见表3-13。超过90%的高职院校设立了专门的信息化管理部门。

表3-13　职业院校信息化管理部门设立情况（按学校类型划分）

	高职	中职
信息化管理部门设立比例/%	91.92	69.74

（二）信息化发展规划

全国职业院校信息化发展规划总体制订情况，如图3-14所示。超过80%的职业院校已发布或者正在制订信息化发展规划。

① 《教育部关于加快推进职业教育信息化发展的意见》（教职成〔2012〕5号）。

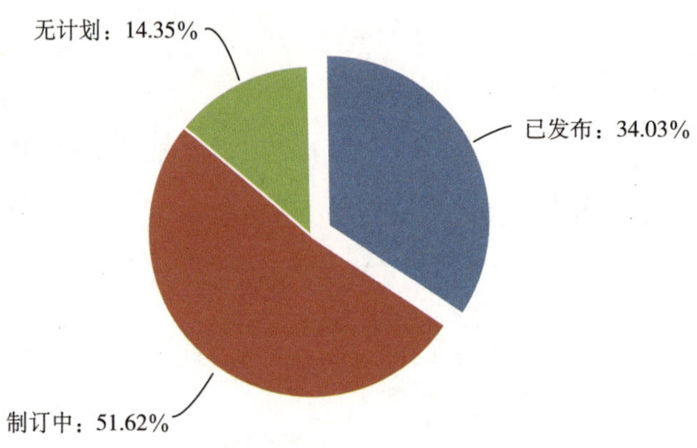

图3-14　职业院校信息化发展规划制订情况

已发布或者正在制订信息化发展规划的职业院校中，55.71%的学校的信息化发展规划分散在总体规划中，44.29%的学校的信息化发展规划单列。不同类型学校信息化发展规划制订形式的有关情况，见表3-14。

表3-14　职业院校信息化发展规划的形式（按学校类型划分）

	高职	中职
单列信息化规划的学校比例/%	53.19	40.99
信息化规划分散在总体规划中的学校比例/%	46.81	59.01

（三）信息化经费投入

经费保障是整个保障体系的基础，要保证信息化建设的质量和持续发展，学校应该在信息化方面保障足够的经费投入，并尽快把对学校信息化建设的投入列入常规预算。

全国职业院校信息化经费预算编制形式总体情况，如图3-15所示。40%左右的职业院校为信息化发展单列专项预算。

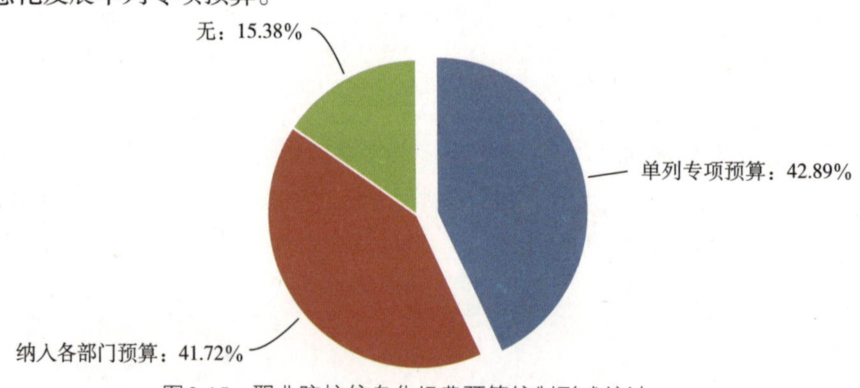

图3-15　职业院校信息化经费预算编制形式统计

截至2012年底，全国职业院校最近一学年信息化经费总计投入均值为147.42万元。不同类型职业院校最近一学年信息化经费投入在不同水平区间的分布情况，如图3-16所示。其中，超过50%的高职院校最近一学年信息化经费投入超过150万元。

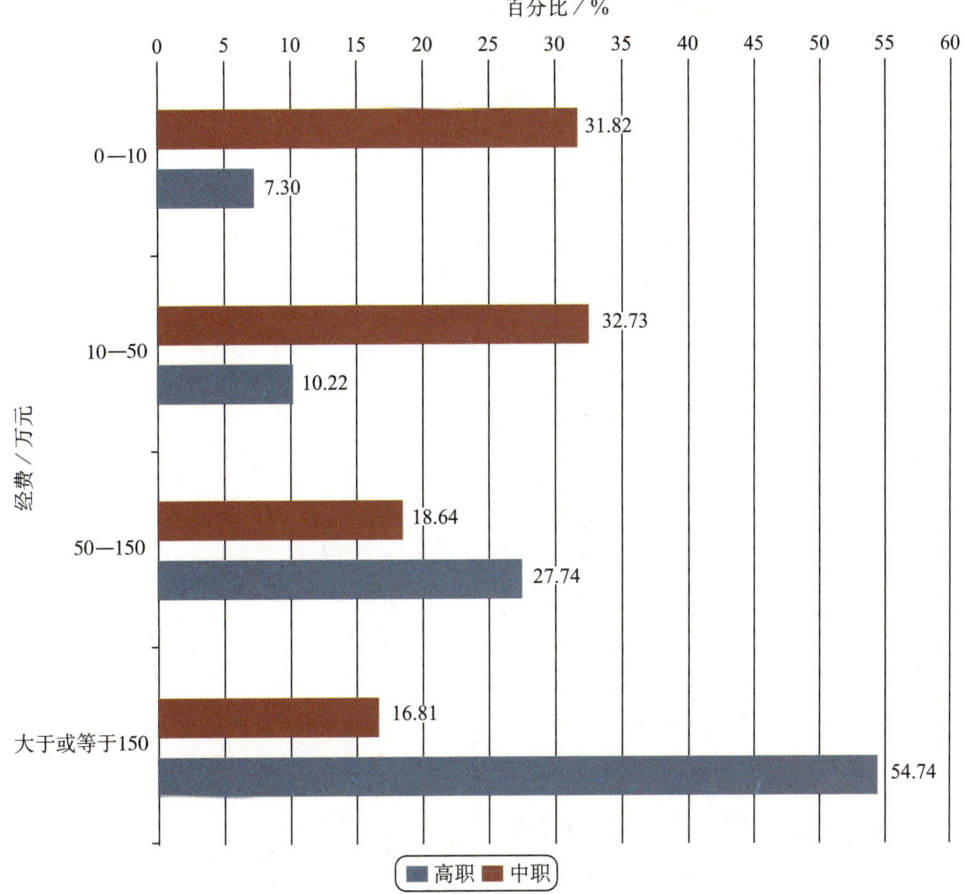

图3-16 职业院校最近一学年信息化经费投入区间分布（按学校类型划分）

（四）信息化人才培养

人员的信息技术应用能力保障在整个保障体系中处于核心地位，职业院校应该重视信息化专门人才的引进和培养，制定相应的政策，完善信息化人才考核要求和激励机制。对学校师生和其他教职工进行必要的信息化技能培训尤为重要。

截至2012年底，77.41%的职业院校制定了人员信息化技能保障政策，如图3-17所示。其中，超过60%的职业院校建立了人员定期信息化培训制度，但将信息化能力纳入聘任要求的较少，制定了切实可行的考核办法的则更少。

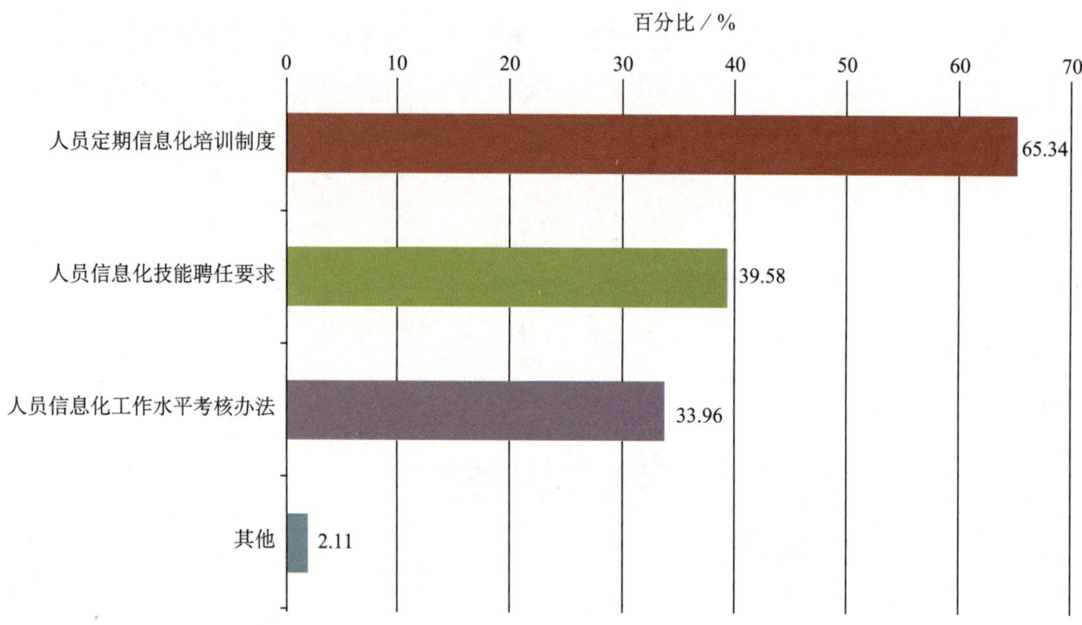

图3-17　职业院校制定的人员信息化技能保障政策情况

全国职业院校教师信息技术技能学习途径总体分布情况，如图3-18所示。可以看到，校级培训是职业院校教师信息技术技能学习的首要途径。

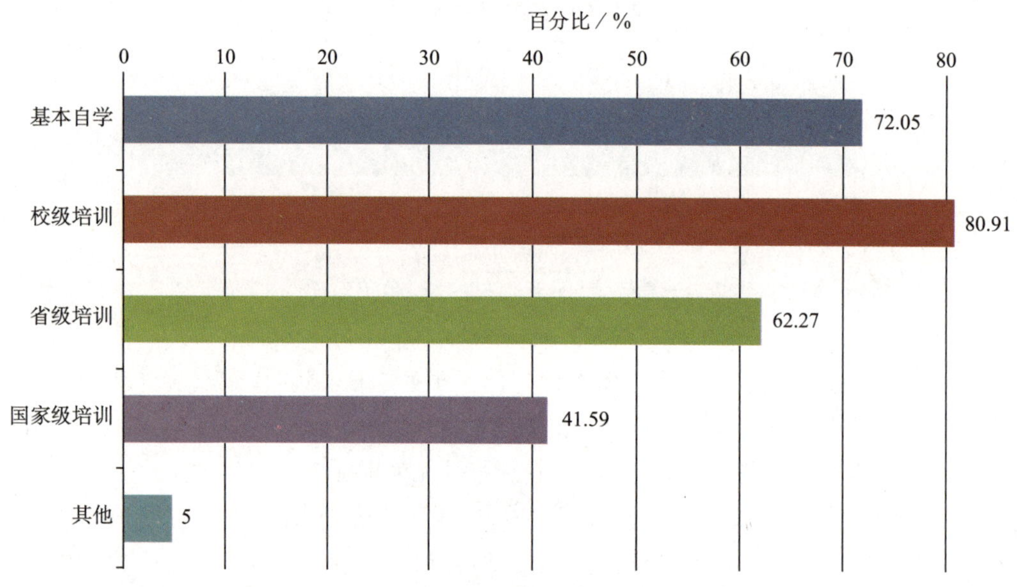

图3-18　职业院校教师学习信息技术技能的途径

截至2012年底，95.65%的职业院校教师接受了教育技术应用能力培训。全国职业院校教师接受教育技术培训的内容情况，如图3-19所示。其中，将近90%的职业院校教师接受课件制作技术和信息技术基本操作培训。此外，也有超过50%的教师接受信息化教学设计和学科教学工具使用培训。

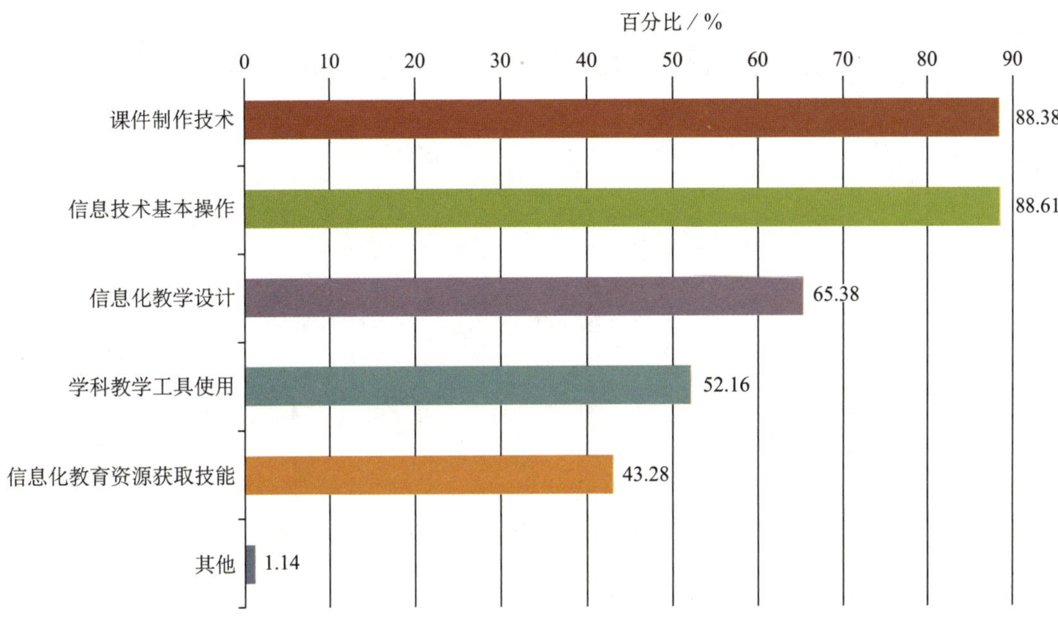

图3-19　职业院校教师接受教育技术培训的内容

（五）信息化技术岗位

截至2012年底，全国职业院校信息化技术支撑全职岗位数量为6.31个。高职院校校均信息化技术支撑全职岗位数量高于中职学校，具体情况见表3-15。

表3-15　职业院校信息化技术支撑全职岗位数量（按学校类型划分）

	高职	中职
信息化技术支撑全职岗位数量/个	9.61	4.19

（六）信息化管理规范

截至2012年底，90.26%的职业院校实施信息化管理规范，具体情况如图3-20所示。

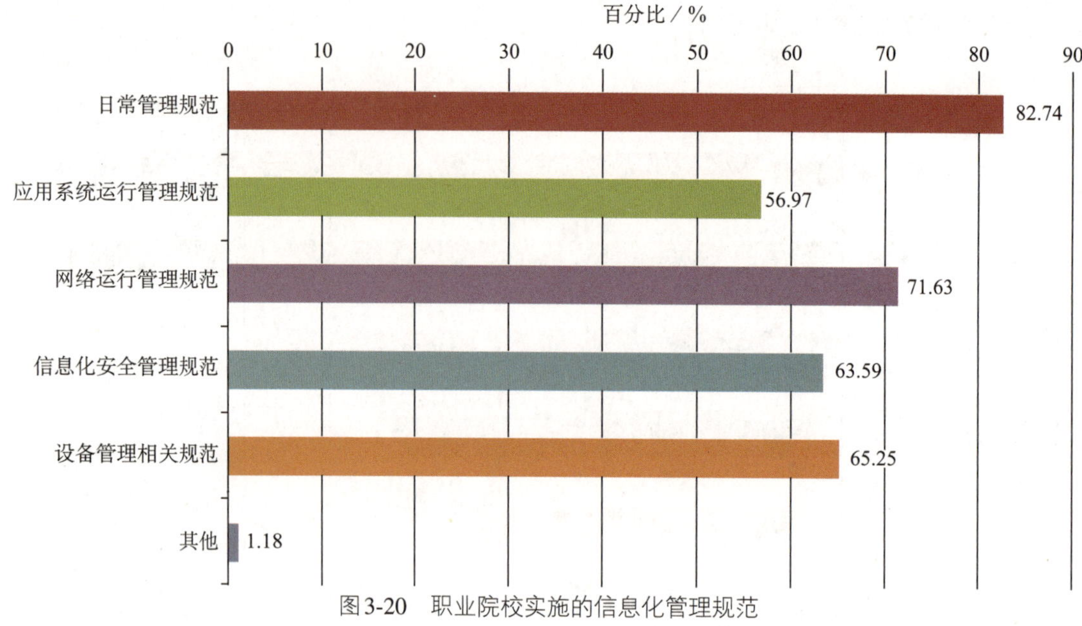

图3-20　职业院校实施的信息化管理规范

第二节　省域发展状况对比

我国各省份职业院校在通过信息化建设培育职业高专人才上已具备一定的水平，基础设施和资源开发的重视程度不断得到加强，信息化建设和应用整体水平整体较好。但是，各地不同规模、不同类型的职业院校之间依然存在差异。比如，在基础设施建设方面，上海、广东等地教育信息基础设施建设具有明显优势，特别是在多媒体教室的建设方面高于全国平均水平，而且多媒体教室的使用率也居于全国领先水平。在数字教育资源开发方面，山东省在虚拟实验室的建设、虚拟仿真实训教学软件数量、应用虚拟仿真实训教学软件的专业占比方面基本高于全国平均水平。

总体来说，各省份职业教育的建设与应用水平整体情况依然是较为乐观的，部分省份职业教育在适应经济社会发展需求方面已具有较好基础，加强高素质技能型人才培育依然是目前职业教育信息化发展所面临的重要问题。

一、资源开发与应用

职业院校校均多媒体辅助教学的课程占比省域对比情况，如图3-21所示。可以看到，不同地区校均多媒体辅助教学的课程占比存在一定差异，北京、河北、上海、浙江、福建、重庆和四川相对较高，均达到70%以上，明显超过全国平均水平56.91%。

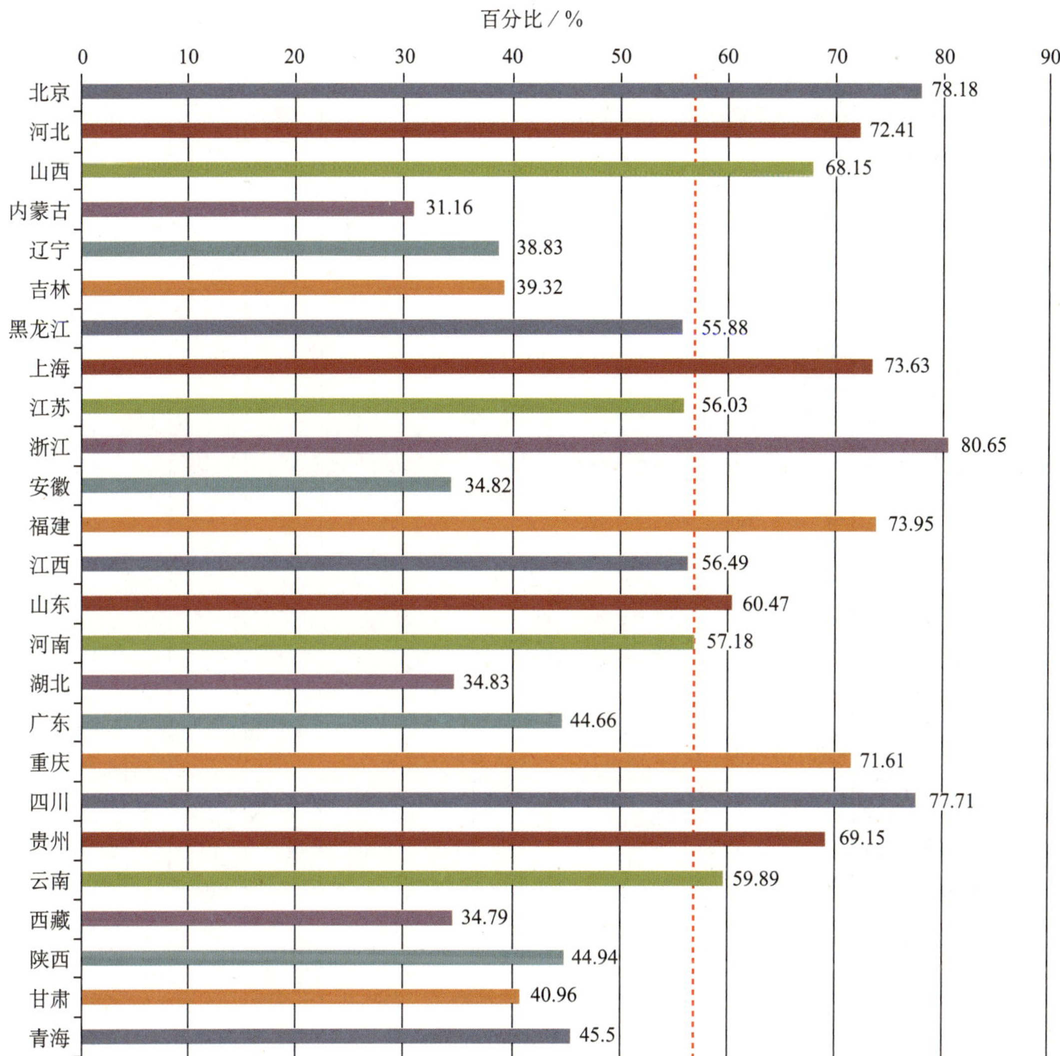

图3-21 职业院校多媒体辅助教学的课程占比省域对比

全国职业院校校均虚拟实训教学软件数量为8.26套，省域对比情况如图3-22所示。北京、江苏、山东、河南和广东配备水平较高。

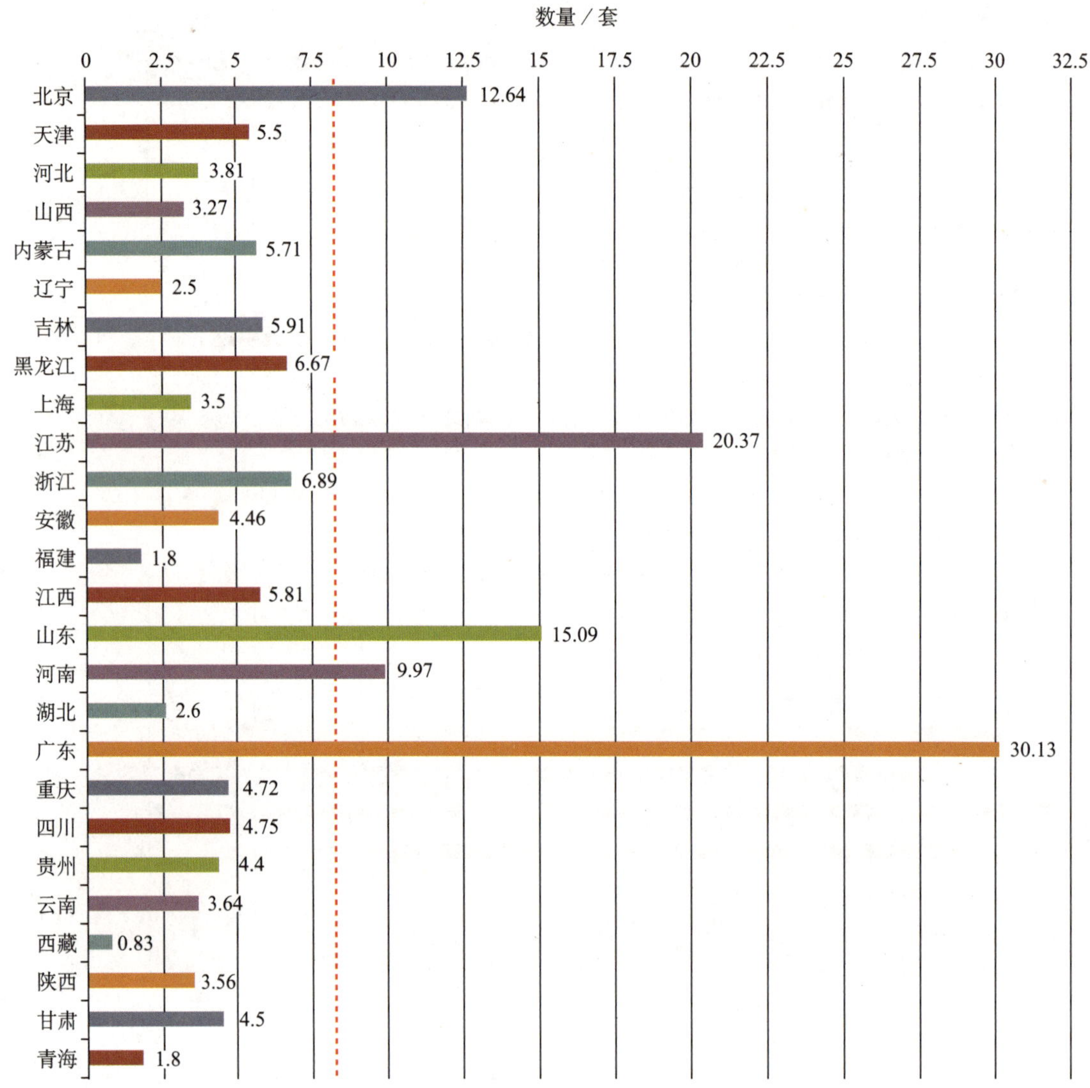

图3-22　职业院校虚拟实训教学软件数量省域对比

二、基础设施

截至2012年底，全国职业院校师机比校均值为1.40∶1，生机比校均值为5.15∶1，省域对比情况如图3-23、图3-24所示。可以看到，北京、上海、江苏、浙江、广东等经济发达地区基础设施配备水平较高，中西部地区差距明显，数字鸿沟问题不仅在基础教育中存在，在职业教育中也较为突出。

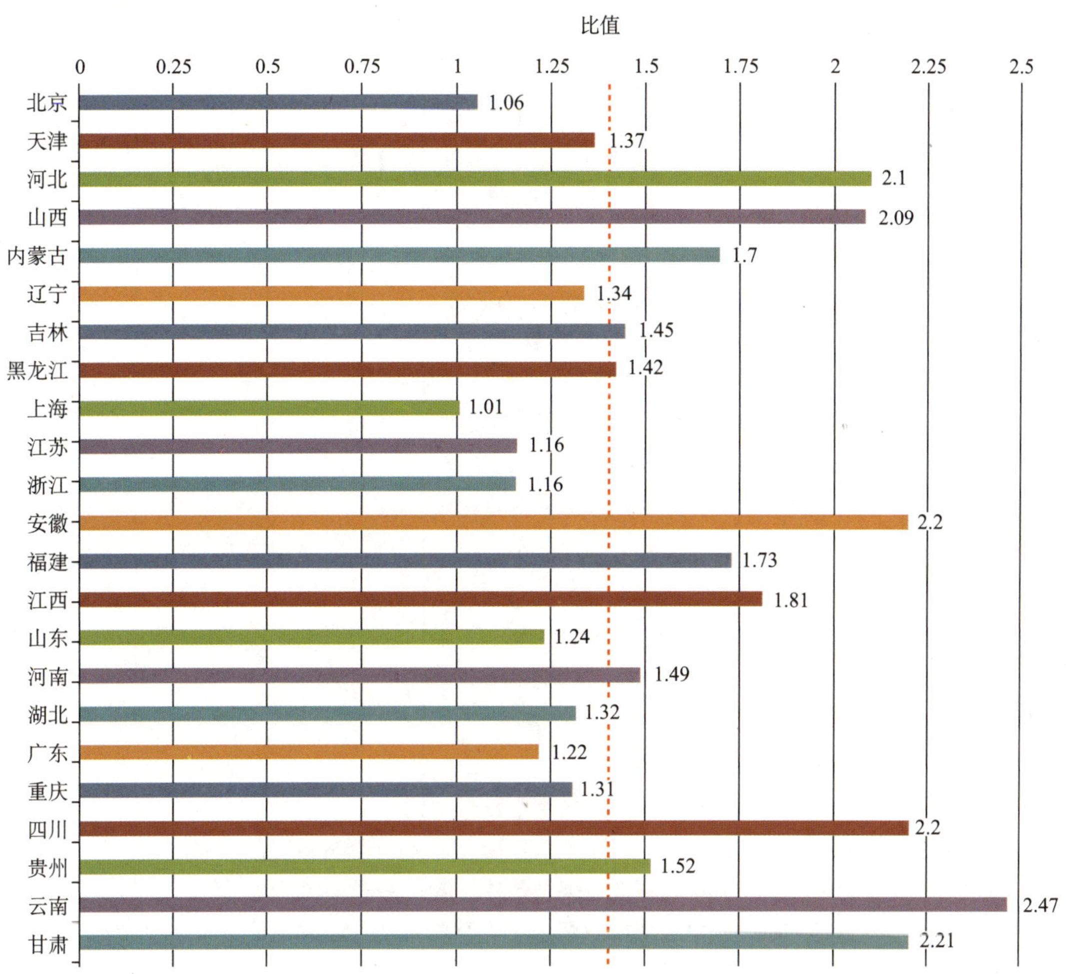

图3-23　职业院校师机比省域对比

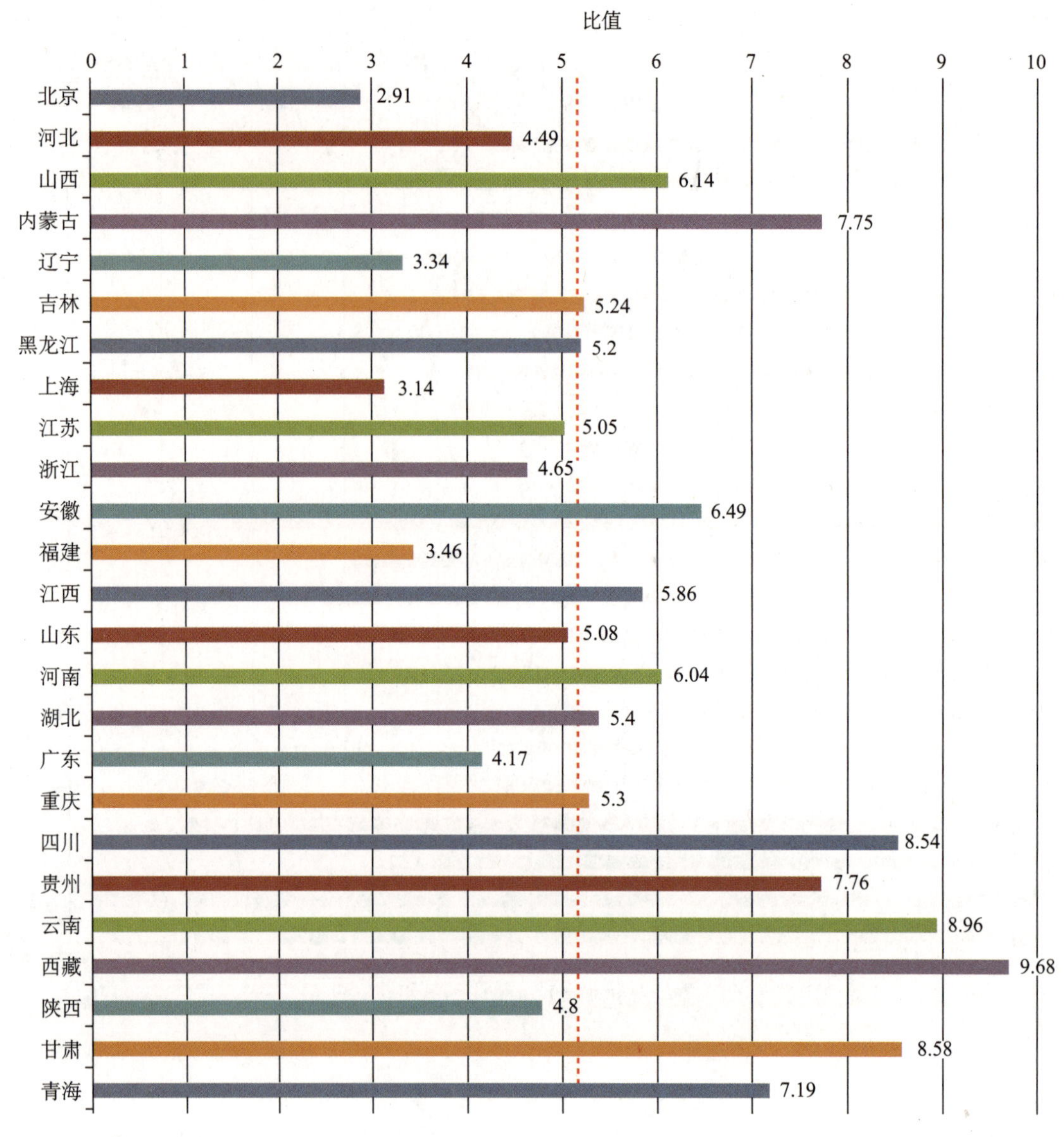

图3-24 职业院校生机比省域对比

校均多媒体教室数占比的省域对比情况，如图3-25所示。上海、江苏、浙江、福建、广东和重庆的建设水平较高，均在60%以上。

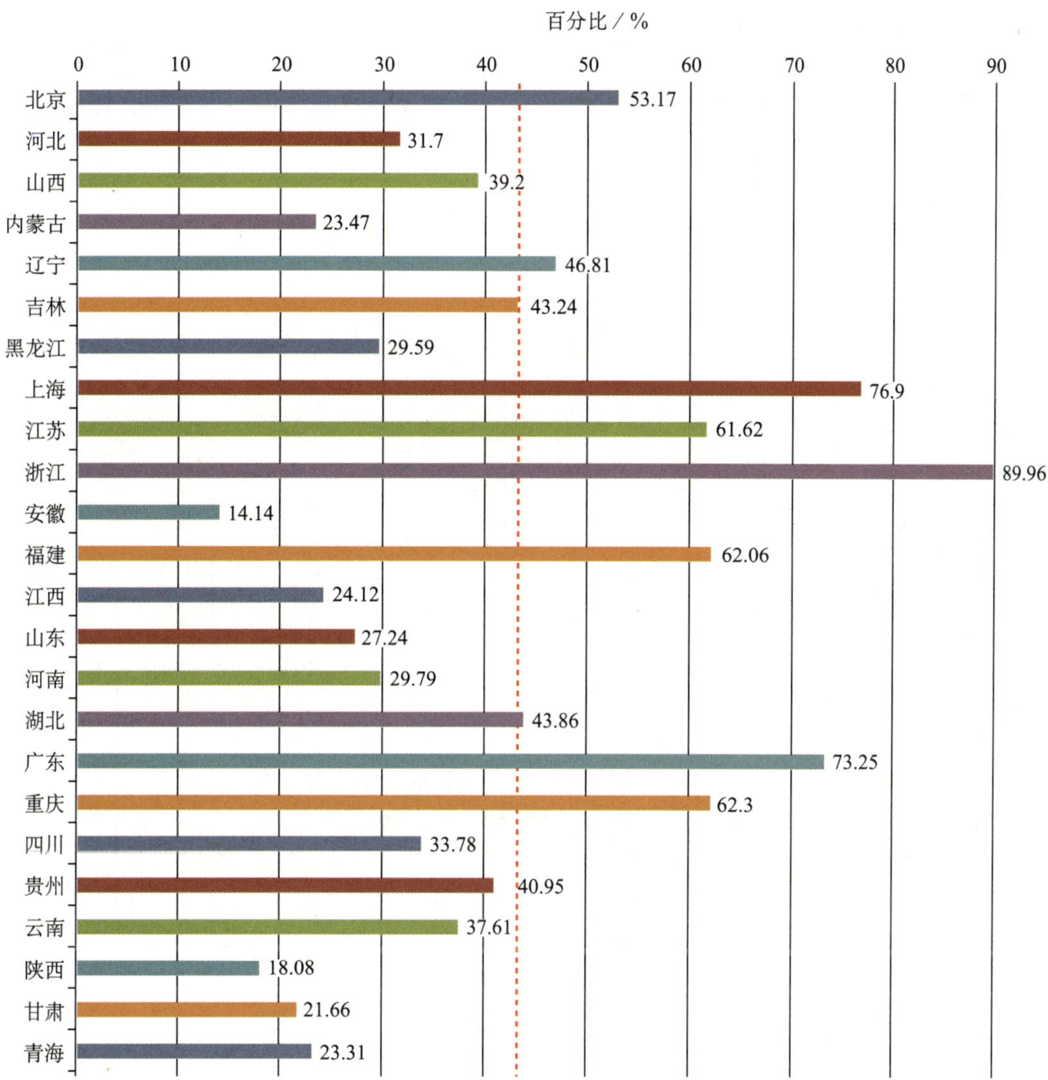

图3-25　职业院校多媒体教室数占比省域对比

三、保障措施

在经费投入方面，全国职业院校信息化经费中培训与研究费用投入占信息化经费总投入的比例为8.64%，省域对比情况如图3-26所示。可以看到，大部分地区这一比例均不超过10%。

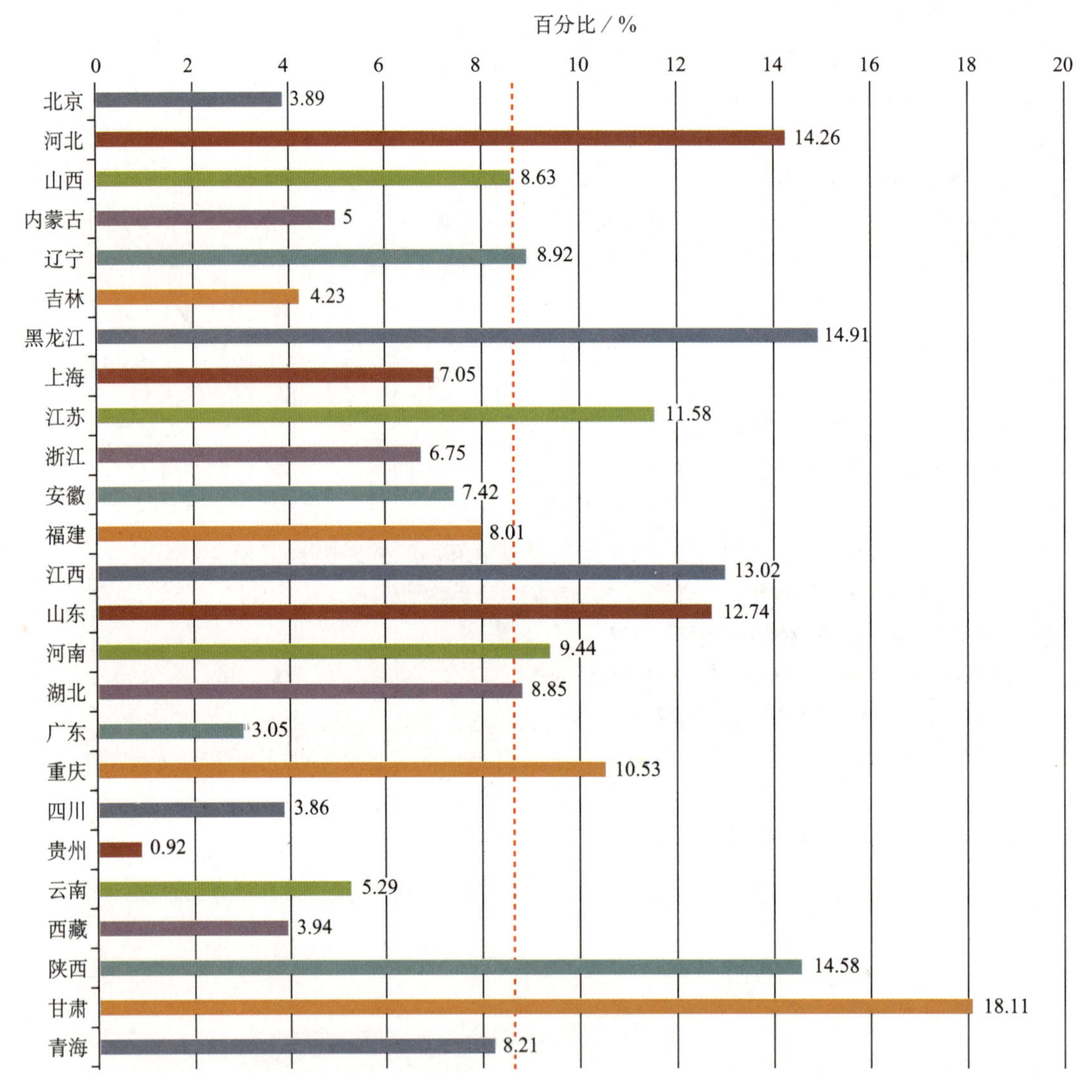

图3-26 职业院校信息化经费中培训与研究费用占比省域对比

全国职业院校信息化技术支撑全职岗位数量校均为6.31个，省域对比情况如图3-27所示。可以看到，在这一指标上各地差异比较明显，相对较多的是吉林、山东、河南和广东，校均岗位数均超过了9个，其中最多的是广东（12.74个）。

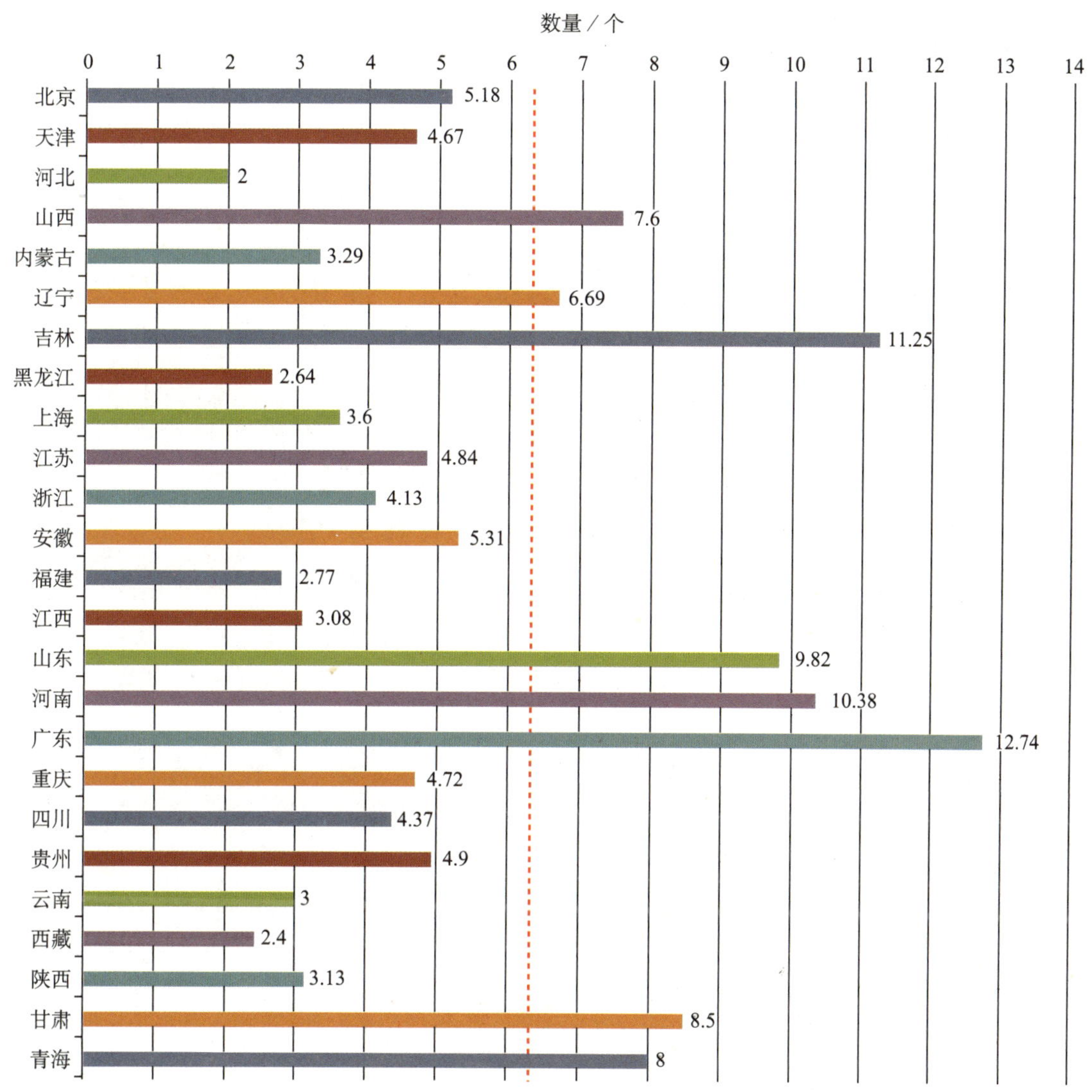

图3-27　职业院校信息化技术支撑全职岗位数量省域对比

第三节　总　　结

教育部高度重视职业教育信息化建设工作，出台了一系列政策文件。2010年，教育部印发《中等职业教育改革创新行动计划（2010—2012年）》[①]，将加快提升职业教育信息化能力计划作为十大行动计划之一。2010年以来，教育部每年举办全国中等职业学校信息化教学大赛，提高了职业教育教师的信息素养、信息技术应用能力和信息化教学水

① http://www.moe.gov.cn/publicfiles/business/htmlfiles/moe/s5134/201012/xxgk_113137.html。

平，促进了信息技术在教育教学中的广泛应用。2012年，《教育部关于加快推进职业教育信息化发展的意见》[①]为职业教育信息化的进一步发展奠定了基础。

我国职业院校教育信息化发展已初见成效。教育信息化应用于教学的程度和教育信息基础设施建设水平得到进一步加强，对信息化建设的重视程度整体上得到了提升。

一、基础设施建设初见成效，教育信息化基础能力提升是关键

总体来说，职业院校的教育信息基础设施建设经过多年发展，已经取得了一定成绩。信息化教学环境已经初步建成，并且教育信息基础设施建设水平得到了进一步的加强，在一定程度上可以满足师生的需求。

以校园网主干带宽、网络接入带宽为例，超过50%的高职院校校园网主干带宽在千兆级水平，将近50%的中职学校校园网主干带宽达到百兆级水平，见表3-16。

表3-16　职业院校校园网建设情况（按学校类型划分）

	高职	中职
校园网主干带宽百兆级的学校比例/%	18.00	41.41
校园网主干带宽千兆级的学校比例/%	59.00	30.30
接入互联网总带宽/Mbps	524.75	77.55
网络通达学生宿舍、教学、科研与管理楼宇的比例/%	88.98	64.18

然而，目前的建设状况与国家发展战略和职业教育实际发展需求还存在很大差距。《教育部关于加快推进职业教育信息化发展的意见》中明确提出：到2015年，职业院校配备够用适用的计算机及其配套设备设施；90%的职业院校建成运行流畅、功能齐全的校园网，信息技术能够支撑学校教育、教学、管理、科研等各项应用；85%的职业院校按标准建成数字校园；90%的成人学校及其他职业培训机构实现网络宽带接入；其他学校都能建成卫星数据地面接收站；边远山区和贫困地区职业学校建成数字化资源播放平台；建成国家职业教育数字化信息资源库，不断完善各级职业教育网络学习平台[②]。可见，未来2—3年，教育信息基础能力依然是职业教育信息化建设的重要内容。

二、信息化教学能力进一步加强，应用水平提升是关键

职业院校教学信息化系统主要包括网络教学平台、网络考试系统、网络教研系统、教学资源制作系统、教学资源管理平台、虚拟实验系统等。截至2012年底，全国82.46%

①② http://www.moe.gov.cn/publicfiles/business/htmlfiles/moe/s6969/201205/xxgk_136506.html。

的职业院校有教学信息化系统，其中，将近60%的职业院校拥有网络教学平台。

在信息化教学方面，职业院校中98.61%的教师使用信息化手段辅助教学，教师最常使用信息化手段辅助教学的环节是课堂教学和备课。这说明教师越来越习惯在教学过程中使用信息化手段，并正逐步适应信息化教学环境。

为提高职业教育质量，必须有效提高职业教育实践教学水平。一是优化教学过程，提高实践教学的信息化水平，建设面向项目教学、案例分析等环节的教学辅助工具，开发为实习实训、职业竞赛和技能鉴定等教学过程服务的信息系统，提升学生的实践技能。二是改革人才培养模式，提高与产业对接力度，建设产教结合、校企合作的信息平台，建设支持顶岗实习等实践环节的教学管理信息系统。三是创新教学内容，改进专业与课程设置，促进信息技术与专业课程的融合，培养教师运用信息技术组织教学的能力，提升学生在岗位需求下应用信息技术的能力。四是加强实践环节的教学，建设和推广虚拟仿真实训教学系统，模拟实际工作环境和条件下的业务流程与设备操作，提高办学的效益①。

三、虚拟仿真实训教学能力得到提升，高素质技能型人才培养是关键

职业院校的目标是培养高素质技能型专门人才，限于客观条件，实训教学环节不可能全部在实际环境下开展，因此，职业院校实现人才培养目标的重要途径就是建立完善的虚拟仿真实训教学条件。

截至2012年底，全国职业院校校均虚拟仿真实训教学软件数量为8.26套。全国职业院校最近一学年虚拟实验总学时数均值为628.88学时，校均开展虚拟仿真实训教学的专业占比为17.71%。总体来说，我国职业院校虚拟仿真实训教学能力已经有所提升，但与实际发展需求还有不小的差距。

《教育信息化规划》明确提出“加快职业教育信息化建设，支撑高素质技能型人才培养”。为实现我国人才资源强国建设目标，必须培养数以亿计的高素质劳动者和技能型、应用型人才。因此，在职业教育人才培养方面，应以信息技术促进教育与产业、学校与企业、专业与岗位、教材与技术的深度融合，以虚拟仿真实训教学为重点发展方向，充分发挥信息技术优势，为职业教育高素质技能型人才培养提供支撑。

① 规划编制专家组.《教育信息化十年发展规划（2011—2020年）》解读［M］. 北京：人民教育出版社，2012：96-97.

第四章　高等教育信息化发展状况

高等教育信息化是促进高等教育改革创新和提高人才培养质量的有效途径，是教育信息化发展的创新前沿①。高等教育信息化是教育信息化建设的重要内容，是体现信息技术对教育发展的革命性影响的典型领域。

与基础教育信息化相比，高等教育信息化在基础设施建设、资源开发与应用、管理信息化、人才培养、资金投入等方面都具有明显优势。同时，也必须看到高等院校在提升应用水平，促进信息技术与高校教学、科研、管理的深度融合等方面依然存在不足，这些是当前高等教育信息化值得关注的重要内容。

本章主要从教育信息资源开发与应用、基础设施建设、管理信息化和保障体系建设四个方面阐述高等教育信息化发展状况，并根据不同类型高校②的实际情况进行综合对比分析。

第一节　全国发展状况综述

一、资源开发与应用情况

在我国高校发展过程中，应重视信息技术对学校建设的支撑和推动作用，开发整合各类优质教育教学资源，建立高等教育资源共建共享机制，推进高等教育精品课程、图书文献共享、教学实验平台等信息化建设，提升高校教师信息技术应用能力，推进信息技术在教学中的普遍应用。

（一）数字图书馆

教育部针对高等教育数字图书资源建设启动了“中国高等教育文献保障系统”“大学数字图书馆国际合作计划”等一系列资源建设项目，极大丰富了我国高校数字教育资源。高校图书馆主要依托现代网络条件和技术，以高校师生为服务对象，建立纸本馆藏文献和网上电子文献相结合的文献资源体系和网上公共服务体系，提供的资源主要包括电子

① 教育部．教育信息化十年发展规划（2011—2020年）［EB/OL］. http://www.moe.edu.cn/publicfiles/business/htmlfiles/moe/s3342/201203/133322.html.

② 本章的高校指普通高等学校（不含高职院校）。

期刊、电子图书、网络数据库及多媒体光盘资源等。目前，数字图书馆在我国高校已经基本普及，全国90.55%的高校建有数字图书馆。

不同类型高校数字图书馆的总体建设情况，见表4-1。随着互联网带宽、数字资源和网络用户数的快速增长，加之数字图书馆技术的日趋成熟，数字图书馆研究与建设将进入新的发展阶段。

表4-1　高校数字图书馆建设比例（按学校类型划分）

	“985工程”高校	“211工程”高校	其他普通高校
建设数字图书馆的学校比例/%	100	94.59	88.51

图书馆电子图书资源是信息化资源的重要组成部分，是高校教学和科研所需资料的重要来源。截至2012年底，全国高校图书馆提供的电子图书总量校均值为123.72万册，不同类型的高校图书馆提供的电子图书总量校均情况见表4-2。

表4-2　高校图书馆提供的电子图书总量统计（按学校类型划分）

	“985工程”高校	“211工程”高校	其他普通高校
平均每所高校的图书馆提供的电子图书总量/万册	260.92	188.26	101.74

（二）数字博物馆

高校博物馆作为大学精神、文化、品格的集中展现地，融思想性、知识性、趣味性、服务性于一体，是大学文化建设的重要支撑，是营造科学与人文氛围的重要实体，是校园人文环境的重要组成，是实现文化育人的重要载体。建设好高校博物馆，发挥高校博物馆育人功能，是大学文化建设的一项重要内容。截至2012年底，全国38.94%的高校建设有实体博物馆。

数字博物馆是对实体博物馆职能的虚拟体现，是对实体博物馆职能的拓展和延伸，它将现实存在的实体博物馆的职能以数字化方式完整地呈现于网络，并通过网络实现文物信息的资源共享、有效利用和科学管理。全国高校中有14.35%的学校建有与实体博物馆配套的数字博物馆。

各类高校在实体博物馆建设上差异显著。“985工程”高校中建设有实体博物馆的学校比例明显高于“211工程”高校，“211工程”高校该比例远高于其他普通高校。数字博物馆的建设情况也类似。具体情况见表4-3。

高校博物馆数字化建设不仅是实现数字文化校园的组成部分，也是高校博物馆走向科学化、现代化管理的必然趋势，我们应该进一步加强数字博物馆的建设。

表4-3　高校博物馆建设情况（按学校类型划分）

	“985工程”高校	“211工程”高校	其他普通高校
建设实体博物馆的学校比例/%	80.95	63.89	29.29
建设数字博物馆的学校比例/%	52.38	17.65	7.17

（三）教学信息化系统

高校教学信息化系统建设和应用水平也较高，明显高于职业院校和中小学。统一建设有教学信息化系统的高校比例达到92.79%，如图4-1所示。其中，将近80%的高校拥有网络教学平台，将近70%的高校拥有教学资源管理平台。此外，网络考试系统和教学资源制作系统也相对比较普及，网络教研系统相对较少。总体来看，最常用的教学信息化系统是网络教学平台和教学资源管理平台。

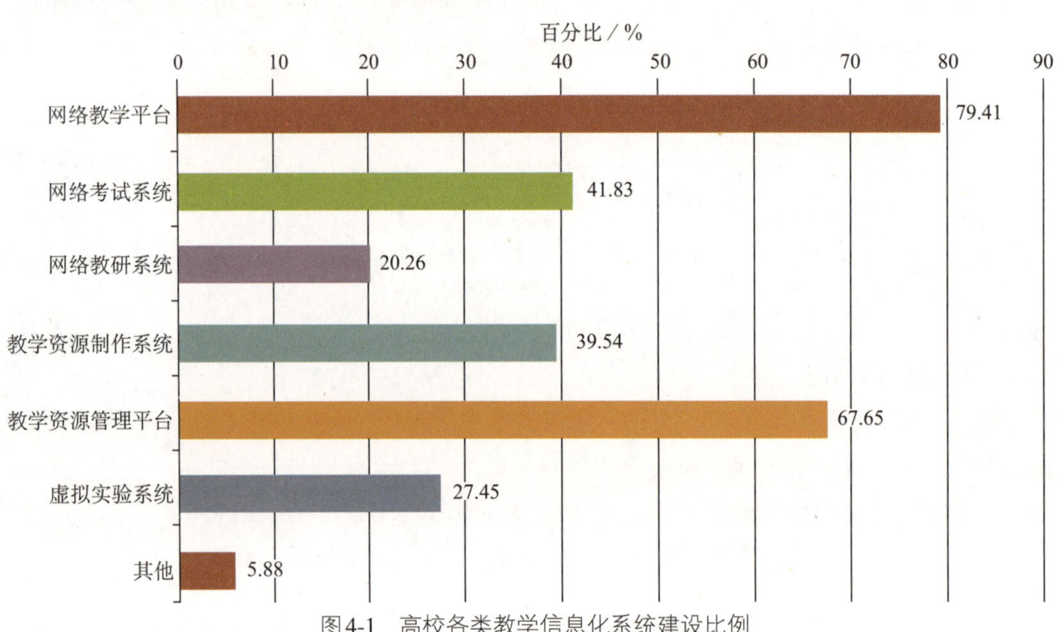

图4-1　高校各类教学信息化系统建设比例

（四）科研信息化系统

截至2012年底，77.47%的高校统一建设有科研信息化服务系统。全国高校科研信息化服务系统的总体情况，如图4-2所示。建有科学文献共享平台的高校最多，均值达到58.16%。整体来看，除科学文献共享平台之外，其他科研信息化服务系统的建设水平相对较低。

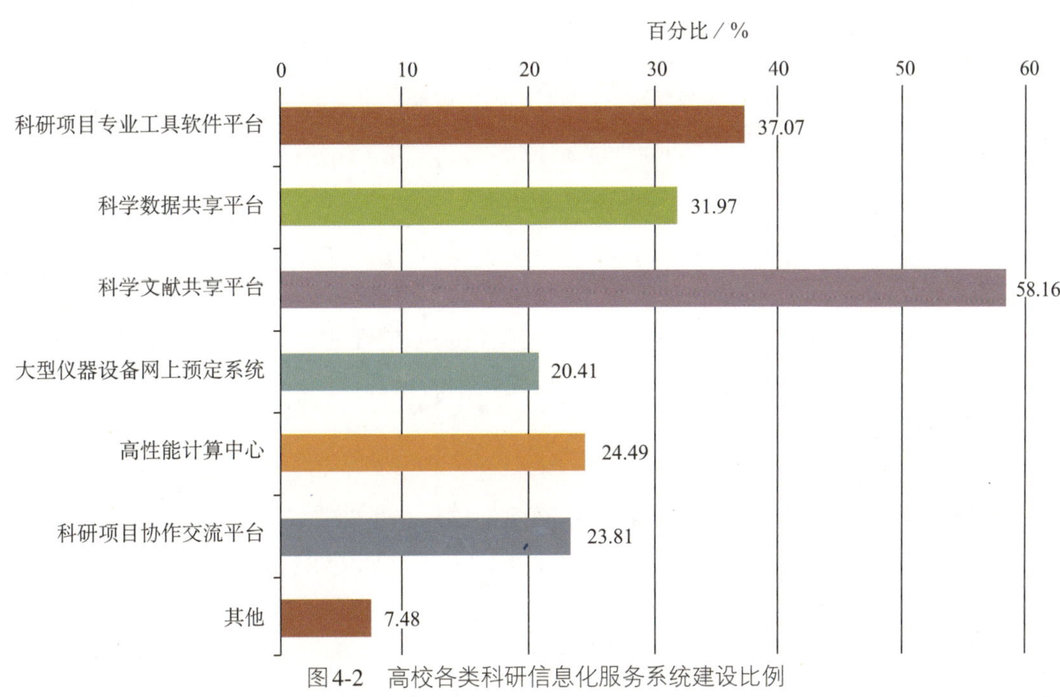

图4-2　高校各类科研信息化服务系统建设比例

（五）信息技术教学应用

由于多媒体教室在高校已基本普及，高校多媒体辅助教学的课程占比（最近一学年采用多媒体辅助教学的课程比例）较高，平均值为70.3%。其中，将近1/3的高校多媒体辅助教学课程占比大于或等于90%，超过70%的高校多媒体辅助教学课程占比大于或等于60%，具体情况如图4-3和表4-4所示。

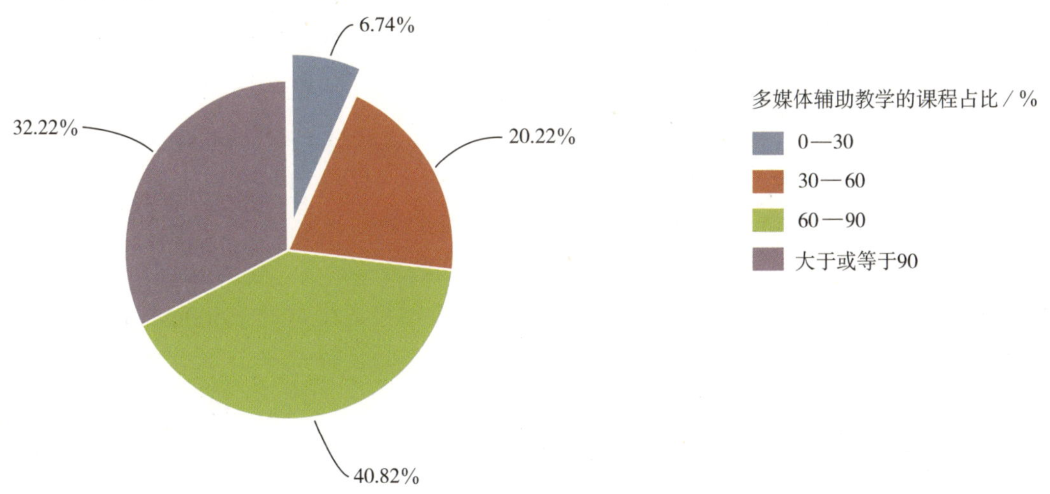

图4-3　高校最近一学年采用多媒体辅助教学的课程占比统计

表4-4　高校最近一学年信息技术辅助教学情况（按学校类型划分）

	"985工程"高校	"211工程"高校	其他普通高校
最近一学年采用多媒体辅助教学的课程数占比/%	81.05	77.95	68.52

二、基础设施发展状况

目前，我国高等教育信息基础设施建设已经达到一定水准，大部分高校都已经具备基本的基础设施条件，并逐步开始重视实际应用水平的提升。

（一）校园网及宽带网络

1. 高校接入互联网带宽

相对于中小学和职业院校，高校在互联网接入带宽上处于较高水平，但从高校自身实际需求而言仍然显得很不够，因此高校在这方面的发展目标要求也更高。《教育信息化规划》明确指出："到2015年，宽带网络覆盖各级各类学校……高校的接入带宽达到1 Gbps以上。"部分高校也相继出台了相应的教育信息化规划，并将宽带网络建设作为重要内容。

截至2012年底，全国高校接入互联网的总带宽校均值为1 448.95 Mbps，总体情况如图4-4所示。约50%的高校接入带宽达到或者超过1 Gbps，达到《教育信息化规划》中2015年的目标要求。

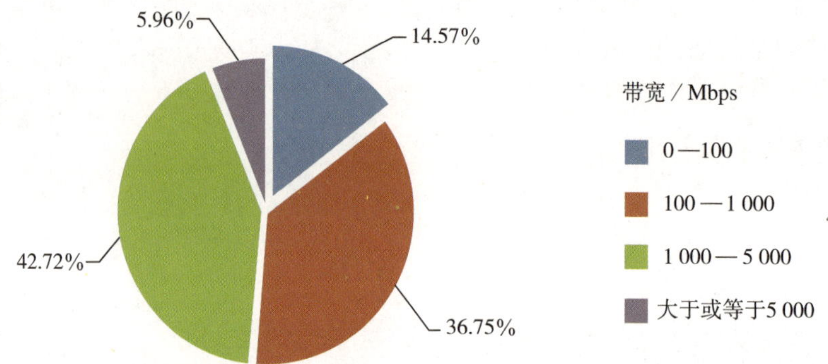

图4-4　高校接入互联网带宽情况

不同类型高校接入互联网总带宽在不同水平区间的分布情况，如图4-5所示。三类学校互联网带宽接入存在差异，约50%的其他普通高校的接入带宽低于500 Mbps，而50%的"985工程"高校的接入带宽在3 Gbps以上。

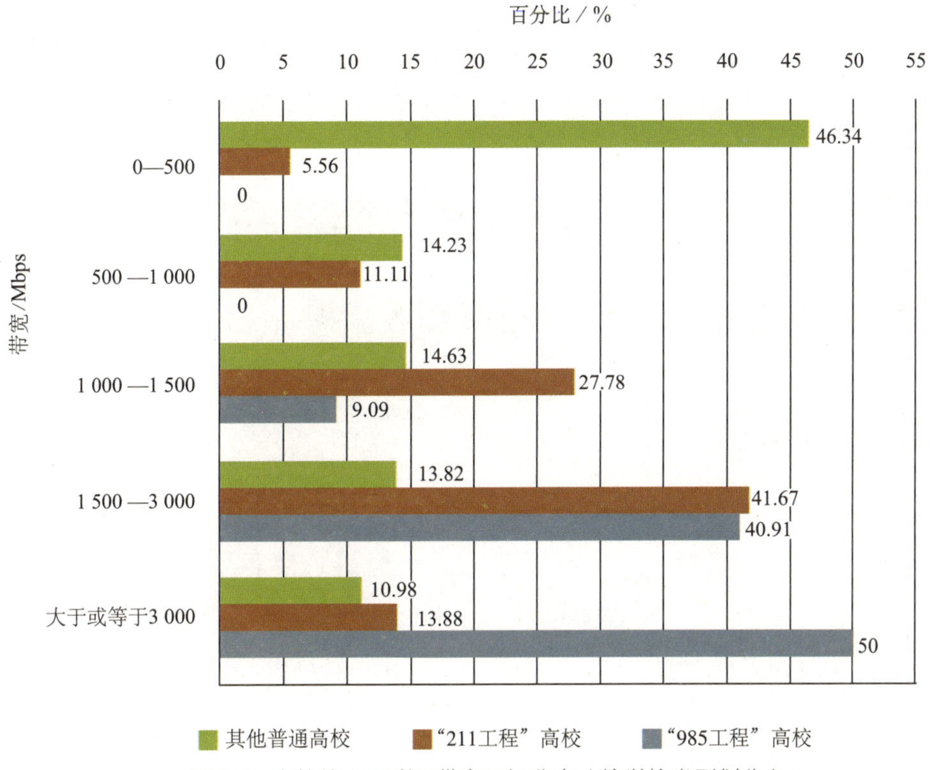

图4-5　高校接入互联网带宽区间分布（按学校类型划分）

2. 高校接入教育网带宽

全国高等教育阶段学校网络出口总体情况，如图4-6所示。绝大多数的高校网络出口选择教育网、电信或联通，其中以教育网比例最高，超过80%。可以看出，由于教学、科研工作的需要，高校接入教育网的比例明显高于职业院校（不到40%）和中小学（不到20%），这是我国高等教育信息化的一个典型特征。

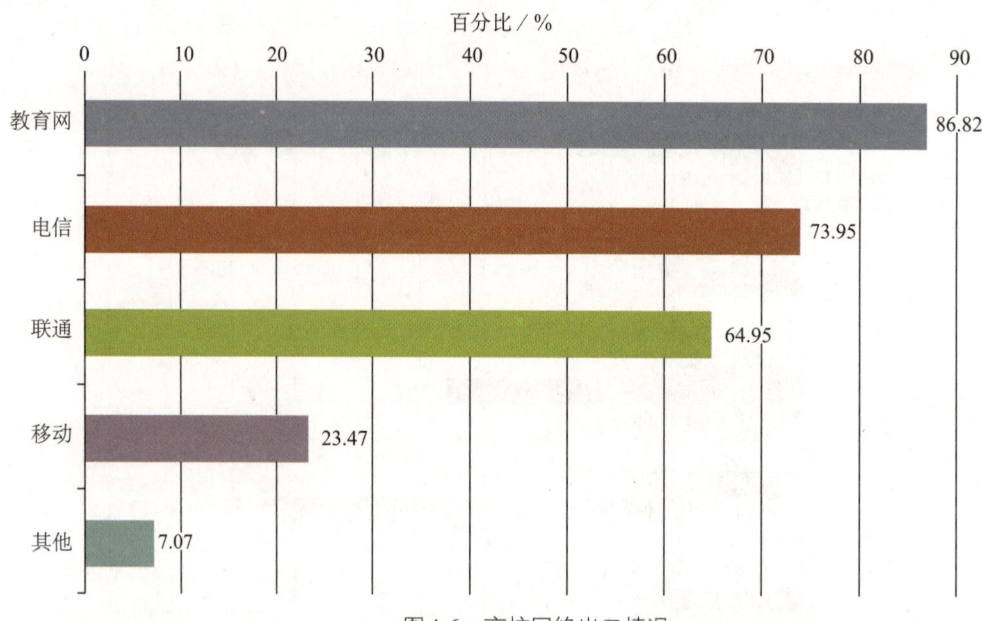

图4-6　高校网络出口情况

CERNET作为国内最大的教育和学术性网络，在推动高校信息化建设、提高中国高等科研和教学水平方面发挥了重要作用。截至2012年底，高校接入教育网带宽校均值为307.14 Mbps，具体情况如图4-7所示。

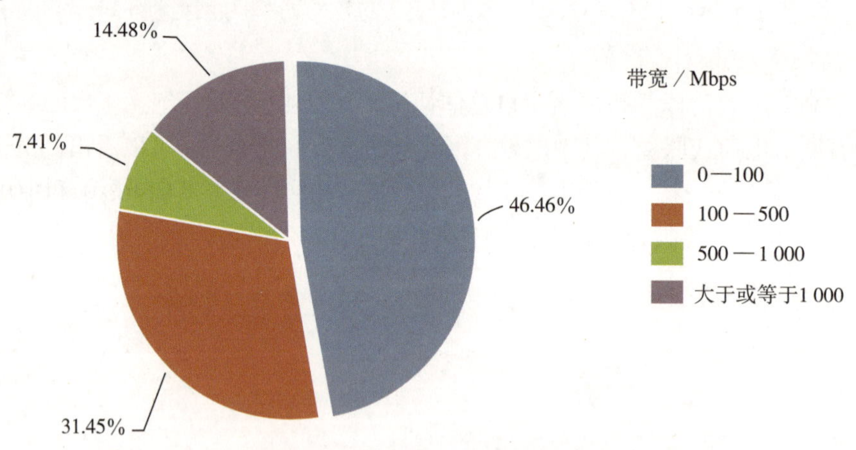

图4-7　高校接入教育网带宽情况

高等教育阶段不同类型学校校均接入带宽情况，见表4-5。三类学校平均接入互联网带宽差异较大，在教育网接入带宽方面也存在显著差异。

表4-5　高校接入互联网带宽情况（按学校类型划分）

	“985工程”高校	“211工程”高校	其他普通高校
高校接入互联网带宽/Mbps	3 892.27	1 837.49	1 180.3
高校接入教育网带宽/Mbps	1 322.77	583.42	169.56

3. 高校校园网主干带宽

高校宽带网络建设一方面包括扩展校外接入带宽，另一方面包括加强校内网络的骨干带宽水平和覆盖率，从某种意义上说后者更加重要。只有实现校园网在校内的高速全覆盖，才能为师生提供可在任何时间、校内任何地点访问的高速网络环境，数字校园和泛在学习环境的建设和应用才成为可能。

全国高校校园网主干带宽发展情况，如图4-8所示。全国超过90%的高校校园网主干带宽达到千兆级及以上的水平。

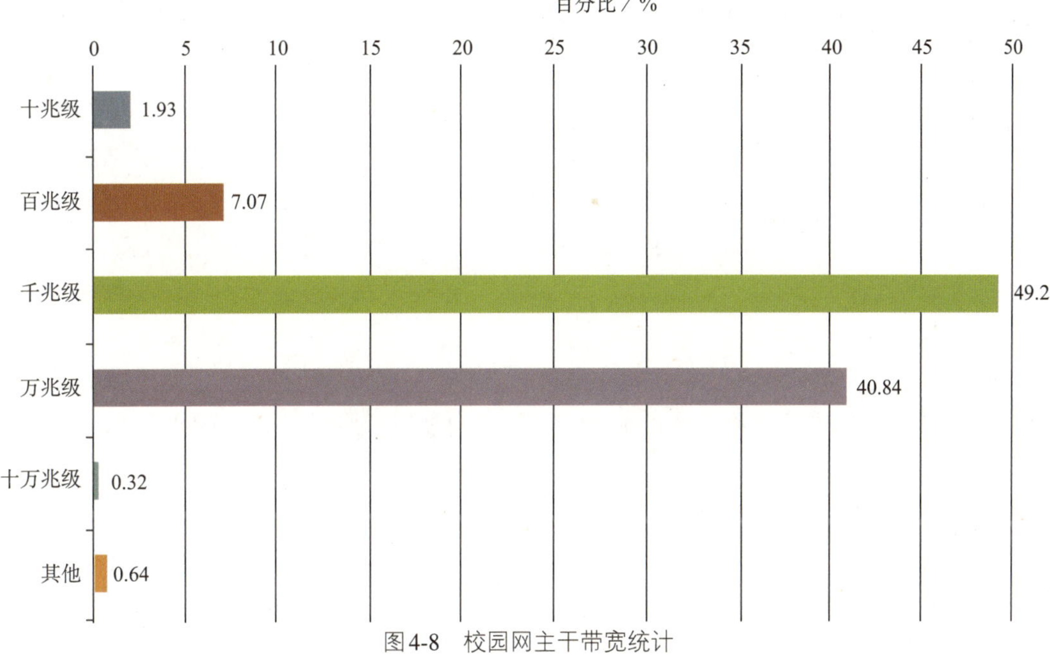

图4-8　校园网主干带宽统计

4. 高校校园网络覆盖

校园网的覆盖情况可以从高校网络出口情况，全校网络接口（布线的网络接入点）总数，学校无线网络接入点总数，网络通达学生宿舍和教学、科研、管理楼宇的比例，学校统一部署的无线网对公共区域的全覆盖情况等方面进行综合考察。

校园网的覆盖范围不仅包含有线网络的覆盖面，还包括无线网络的覆盖面。截至2012年底，全国平均每所高校无线网络接入点为335.64个。而在2008年，从无线网络统一部署数据来看，平均每所高校的接入点只有28.67个①，说明近几年无线网络在高校迅速发展。

截至2012年底，全国高校网络通达学生宿舍和教学、科研、管理楼宇的比例达到93.98%。不同类型高校网络通达学生宿舍和教学、科研、管理楼宇比例的情况，见表4-6。在网络通达方面，各类高校的差异不大，均处于较高水平，说明在网络对教育的重要性上，人们已经形成了普遍的认识。

表4-6　高校网络通达学生宿舍和教学、科研、管理楼宇的比例（按学校类型划分）

	"985工程"高校	"211工程"高校	其他普通高校
网络通达学生宿舍和教学、科研、管理楼宇的比例/%	99.78	95.28	92.71

此外，35.35%的高校统一部署的无线网络实现了对公共区域的全覆盖。无线网络的全覆盖为师生的学习和生活提供了极大的便利，也为泛在学习环境的建立提供了必要的基本支持条件。

5. 高校校园网稳定性

由于带宽有限，应用类型不断增多，各大高校正在面临网络和服务器升级的压力，网络服务质量也因此受到一定影响。截至2012年底，全国平均每所高校最近一学年校园网主干网络因故障停止服务的次数为1.2次，最近一学年校园网主干网络因故障停止服务的时间为5.99小时。

6. 高校信息安全系统

随着信息安全隐患逐步凸显，高校信息安全工作呈现多重防护特点。截至2012年底，94.02%的学校均采取了有效的多重防护措施，说明高校对终端安全的管理和控制具有普遍的认识。全国高等教育阶段学校统一部署的信息安全系统总体情况，如图4-9所示。在高校统一部署的信息安全系统中，部署信息过滤系统、网络防病毒系统和网络运行故障监测系统的学校比例相对较多，均超过了60%。部署入侵检测系统、数据备份和容灾系统的学校比例均接近50%。网络信息安全越来越得到高校的重视，高校在数据安全管理和备份方面还需要进一步完善。

① "教育信息化建设与应用研究"课题组. 我国教育信息化建设与应用专题研究报告［M］. 北京：高等教育出版社，2010：44.

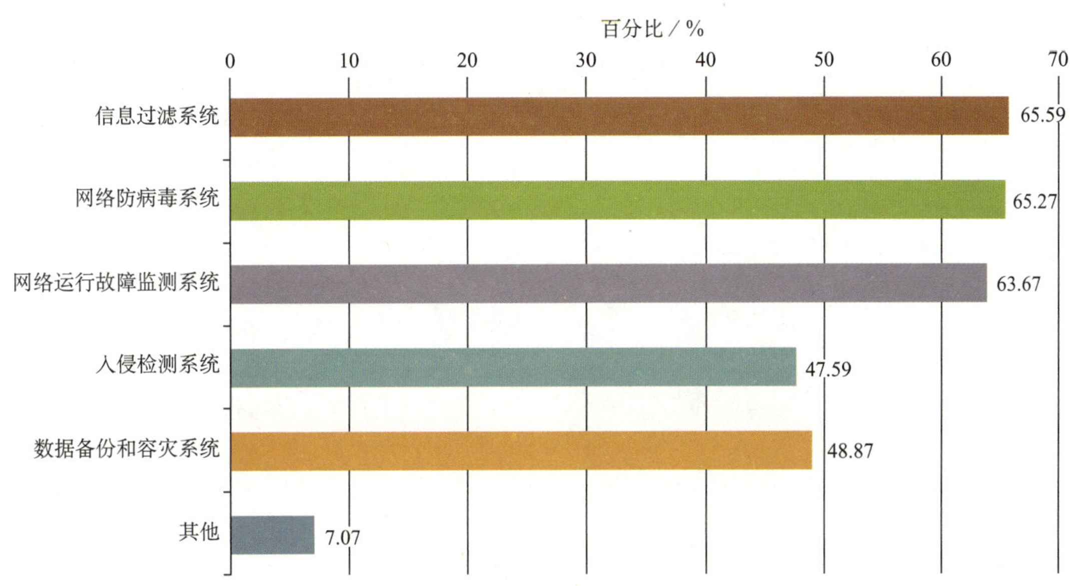

图4-9　高校统一部署的信息安全系统统计

全国高校统一部署的信息过滤系统功能总体情况，如图4-10所示。在统一部署的信息过滤系统中，主要功能以垃圾邮件过滤和网页内容过滤为主。可以看出，信息过滤系统各类功能部署的学校比例相对较低，网络信息安全保障系统发展水平有待进一步提升。

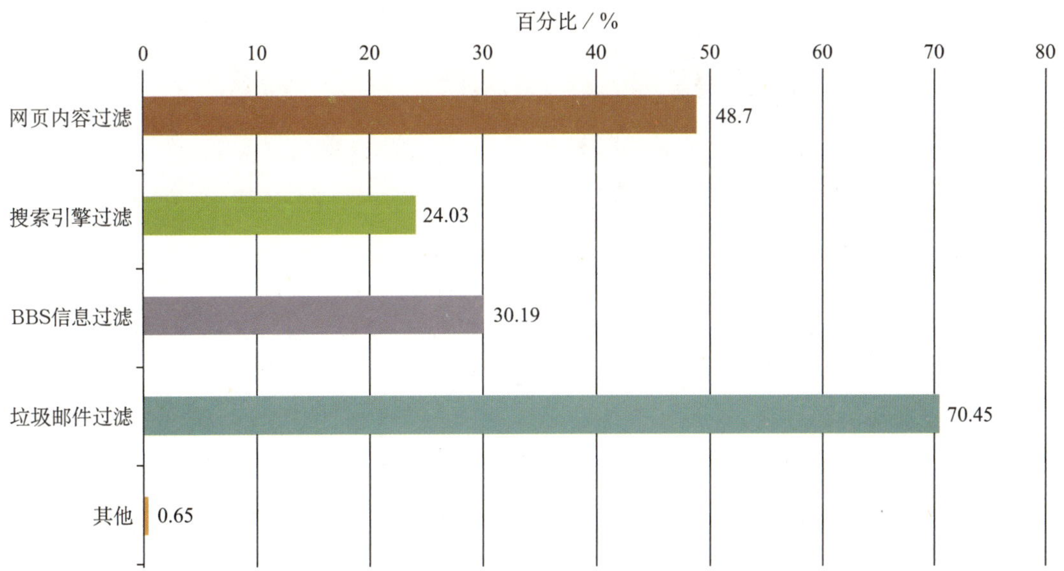

图4-10　高校统一部署的信息过滤系统功能统计

总的来说，高校网络运行安全保障系统的建设工作已取得一定的成绩，但随着越来越多的学校管理、服务系统建成并投入运行，网络信息安全亟待进一步重视和加强。

4

（二）个人计算机

个人计算机等信息化学习终端在高校师生中已经基本普及，截至2012年底，全国高校校均师机比为1.37∶1，如图4-11所示。高校校均生机比为5.04∶1，具体情况如图4-12所示。

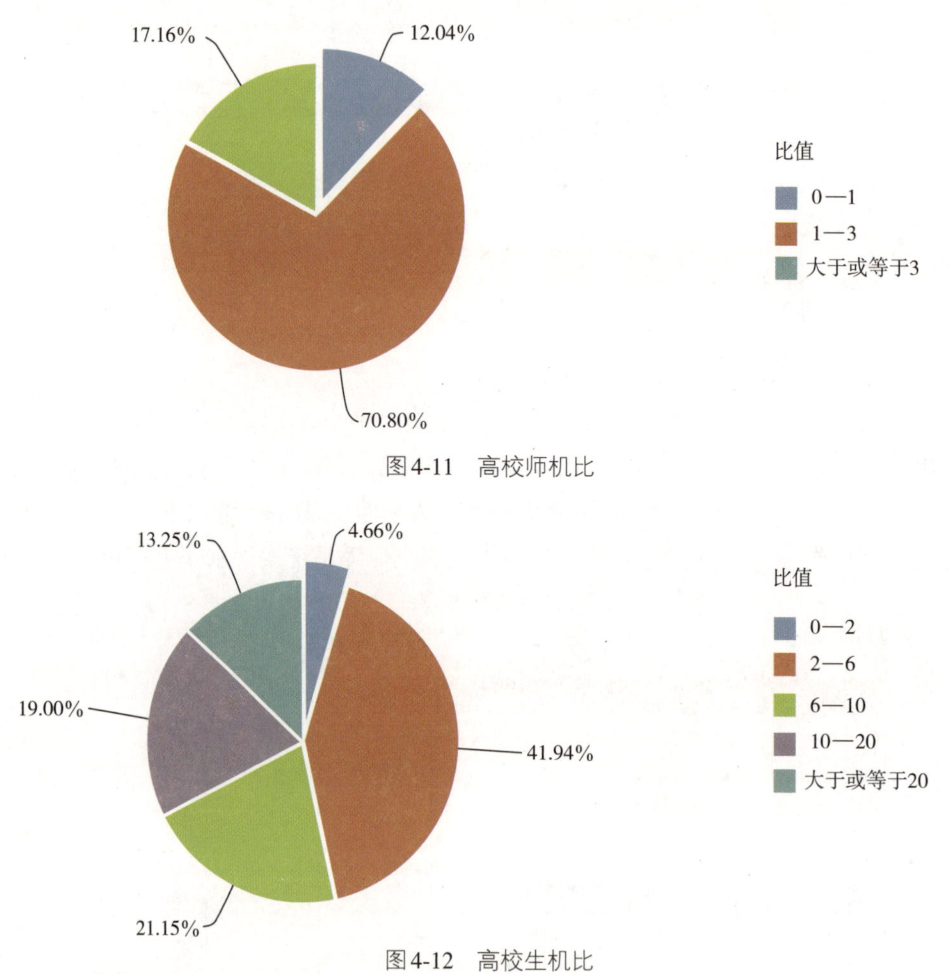

图4-11　高校师机比

图4-12　高校生机比

（三）多媒体教室

多媒体教室在高校信息化教学中发挥着重要作用。高校多媒体教室的配备率是教育信息化建设的重要体现。截至2012年底，超过60%的高校多媒体教室数占比大于或等于50%，具体情况如图4-13所示。可以看到，高校多媒体教室建设水平明显高于中小学和职业院校。

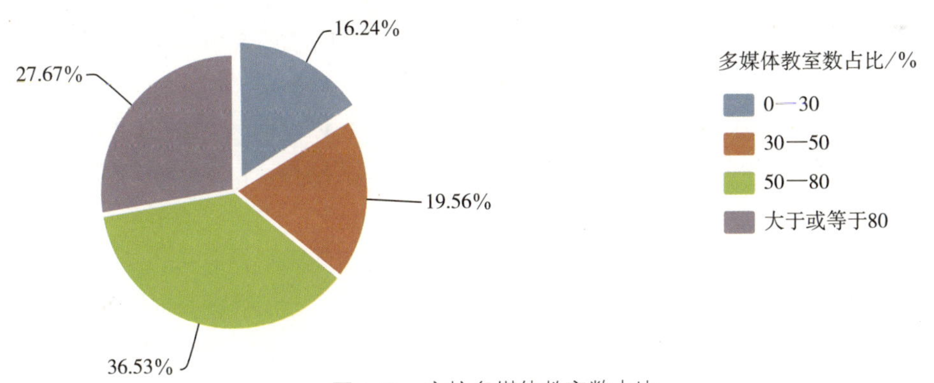

图4-13　高校多媒体教室数占比

高等教育阶段不同类型的学校多媒体教室建设情况，见表4-7。

表4-7　高校多媒体教室建设情况（按学校类型划分）

	“985工程”高校	“211工程”高校	其他普通高校
多媒体教室数占比/%	68.89	62.12	55.51

截至2012年底，全国高校校均多媒体教室的使用率为83.99%，而基础教育阶段学校多媒体教室使用率不到50%。全国高校多媒体教室的使用率总体情况，如图4-14所示。超过70%的高校多媒体教室使用率大于或等于80%，将近50%的高校多媒体教室使用率大于或等于90%。这表明高校对多媒体教室的应用较为普遍，教学应用比较充分。

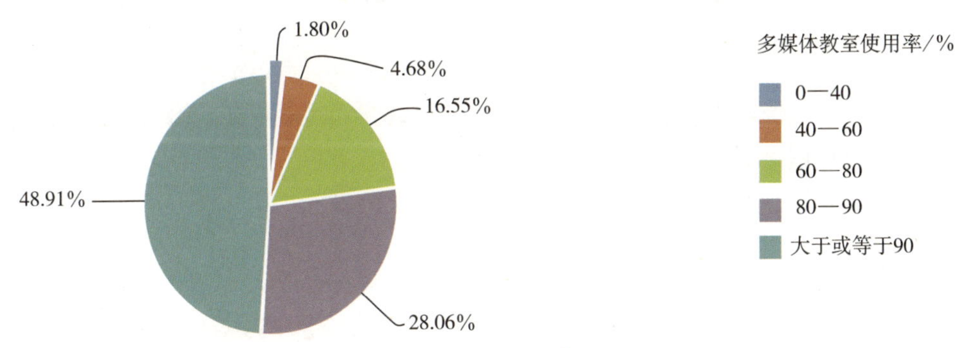

图4-14　高校多媒体教室使用率

三、管理信息化情况

提升高校信息化管理水平十分重要。通过充分运用信息技术手段，改进管理方式方法，促进学校科学化、精细化管理，是提升高校办学水平的重要途径。高校教育管理信息化建设重在整合信息资源，建设教育管理基础数据库和教育管理信息系统，提升教育服务与监管能力。

（一）信息门户

学校门户网站是学校对外宣传的重要窗口，是数字化校园建设的重要内容。全国97.42%的高校建有校外可访问的门户网站。“985工程”高校和“211工程”高校建设校外可访问的门户网站的比例均达到100%。

校园信息门户是数字校园平台的统一的、个性化的访问入口。它可以为学校的教学、科研、管理工作提供交流、共享、高效、通用的信息服务，为学校的师生提供开放的数字化生活环境。截至2012年底，75.65%的高校建有校内统一的信息门户网站，总体情况见表4-8。

表4-8　门户网站建设情况

	“985工程”高校	“211工程”高校	其他普通高校
建有校外可访问的门户网站的学校比例/%	100	100	96.58
建有校内统一信息门户网站的学校比例/%	86.36	78.38	74.14

（二）信息化应用系统

信息化应用系统的建设是数字化校园建设水平与信息化普及程度的重要标志。截至2012年底，有93.85%的高校建有校级基础信息化应用系统。全国高校校级基础信息化应用系统总体情况，如图4-15所示。其中，常用的前三项是电子邮件系统、校园一卡通系统、身份管理与认证系统。

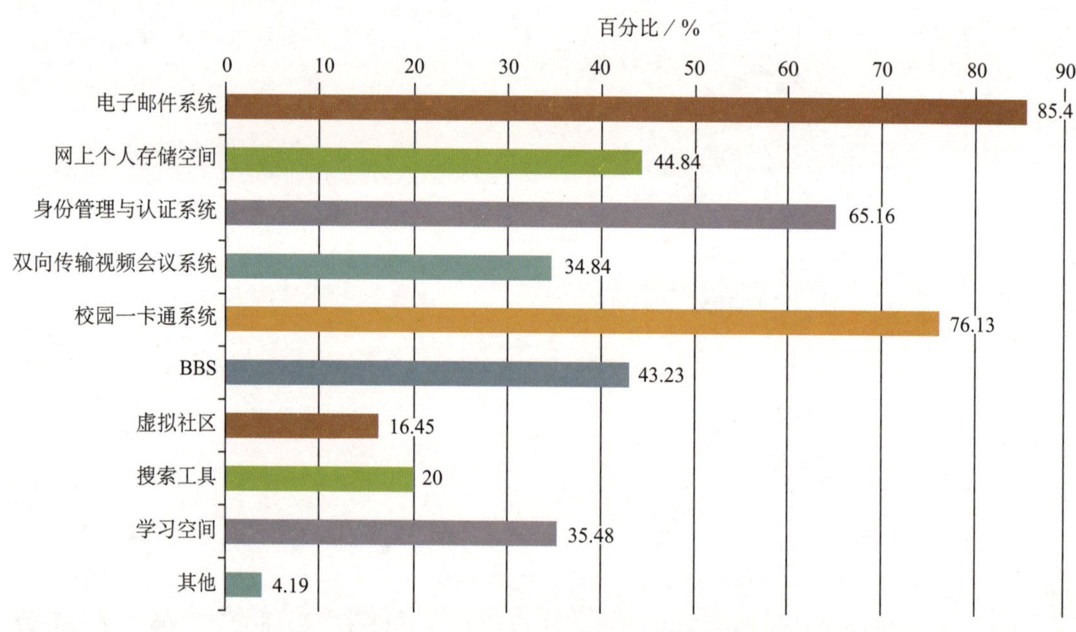

图4-15　高校校级基础信息化应用系统

全国高校校园一卡通已实现的功能总体情况，如图4-16所示。餐卡、图书证是校园一卡通最主要的功能，大多数校园一卡通还具有学生证、上机卡、洗浴卡、门禁卡、购物卡等功能。高校一卡通功能趋于多样化。

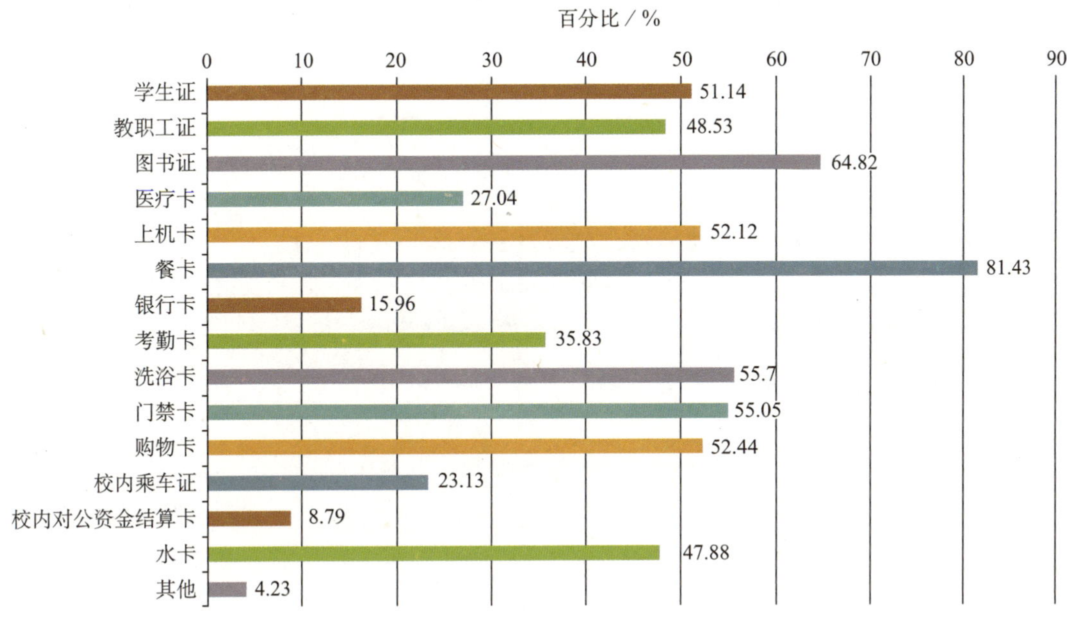

图4-16　高校校园一卡通功能统计

（三）管理信息系统

管理信息系统的建立不仅能大大减轻学校管理人员和教师的工作强度，提高学校各项管理工作的效率，而且有助于促进学校各项工作的规范化。

全国高校校级管理信息系统总体情况，如图4-17所示。将近95%的高校建有教学教务信息系统，超过90%的高校建有图书馆信息系统，将近90%的高校建有财务信息系统。此外，办公自动化系统、设备资产管理信息系统、学生管理信息系统的建设比例也超过70%。

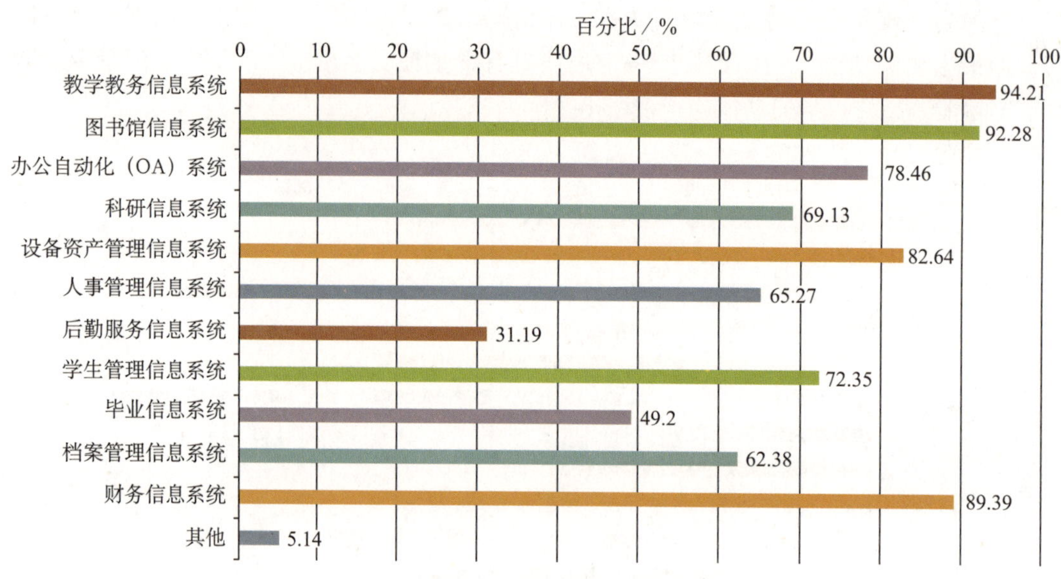

图4-17　高校校级管理信息系统统计

四、保障体系建设情况

高等教育信息化持续稳定发展，必须依托良好的保障体系，包括信息化机制建设、相关规划、资金投入、人才队伍和管理规范等方面。

（一）信息化机制建设

高校信息化发展机制建设的首要内容，就是明确学校负责信息化的主管领导职位，设立相当级别的信息化专门管理部门。

截至2012年底，73.38%的高校设有校级信息化主管领导（CIO）职位。随着国家对教育信息化建设的重视程度越来越高，高校对教育信息化制度层面的重视程度也普遍提高，接近70%的高校教育信息化管理部门级别为正处级，如图4-18所示。

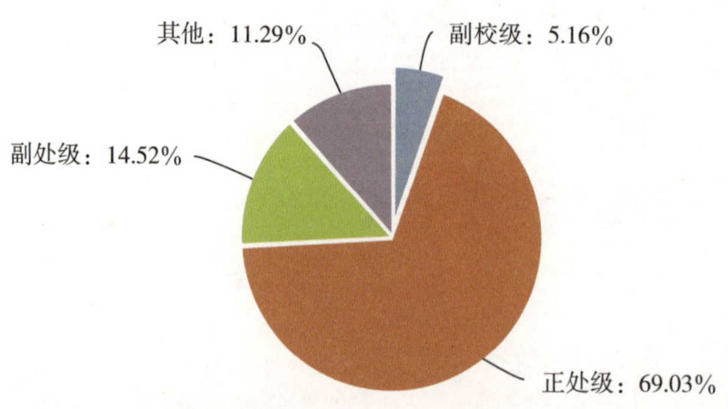

图4-18　高校教育信息化管理部门级别统计

（二）信息化发展规划

紧跟全球化、数字化时代的前进步伐，从战略发展规划的高度思考信息化建设，推动我国高等教育在信息时代的全面发展，是我国高校信息化发展规划的出发点和落脚点。

全国高校制订信息化发展规划的总体情况，如图4-19所示。可以看到，超过90%的高校对教育信息化发展规划有明确任务，其中已经发布教育信息化发展规划的高校达到56.87%，正在制订的有39.54%。这表明高校对教育信息化发展规划的重视程度很高，大部分高校已经有成文的信息化发展规划。此外，在规划的形式方面，单列信息化发展规划的高校占58.5%。

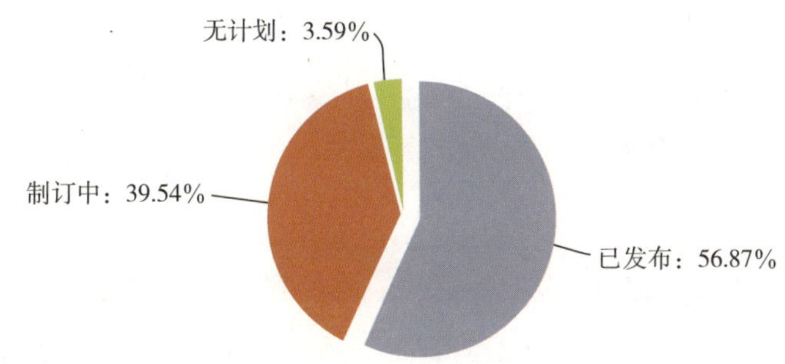

图4-19　高校信息化发展规划制订情况

（三）信息化经费投入

全国高校信息化经费预算编制形式总体情况，如图4-20所示。全国有超过90%的高校编制信息化经费预算，其中67.87%的学校单列专项预算，25.90%的学校将信息化经费预算纳入到各部门预算中。

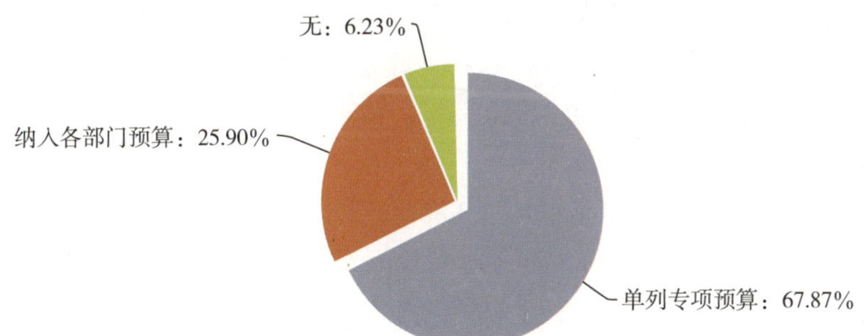

图4-20　高校信息化经费预算编制形式

不同类型高校信息化经费预算编制形式，见表4-9。100%的“985工程”高校和“211工程”高校都有信息化经费预算。在信息化经费单列专项预算上，“985工程”高校所占比重最大。

表4-9　高校信息化经费预算编制形式（按学校类型划分）

	"985工程"高校	"211工程"高校	其他普通高校
单列专项预算的学校比例/%	86.36	75.68	66.23
纳入各部门预算的学校比例/%	13.64	24.32	26.32

全国高校信息化建设经费的主要来源是学校自筹经费和政府专项拨款，91.56%的高校可以自筹经费，还有30.84%的高校可以通过企业资助与赞助等渠道得到经费支持，大部分高校同时有两种及以上经费来源方式，如图4-21所示。

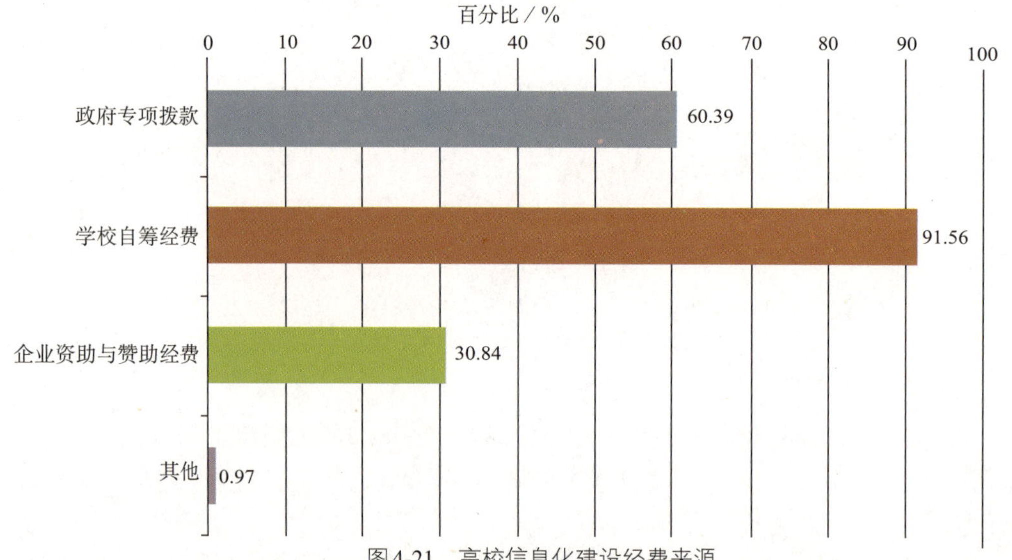

图4-21　高校信息化建设经费来源

学校信息化建设经费投入涵盖的范围包括数字资源建设经费，校园网和信息系统的建设经费，多媒体教室、语音室、机房的建设经费等。截至2012年底，全国高校最近一学年学校信息化经费投入中，建设费用投入占比平均为66.19%，运行维护费用投入占比平均为24.69%，培训与研究经费投入占比平均为3.85%，具体情况见表4-10。可以看到，各类高校的经费投入结构基本相同，均将大部分经费投入建设，约1/4的经费投入运行维护，在培训与研究方面投入较少。

表4-10　高校最近一学年信息化经费投入分配情况（按学校类型划分）

	"985工程"高校	"211工程"高校	其他普通高校
信息化建设费用比例/%	70.71	67.3	65.67
信息化运行维护费用比例/%	25.56	25.89	24.44
信息化培训与研究经费比例/%	3.44	3.69	3.9

截至2012年底，全国高校校均信息化经费投入占比（最近一学年学校信息化经费投入占学校同期教育总经费支出的比例）为4.78%。其中，超过50%的高校信息化经费投入小于3%，具体情况如图4-22所示。

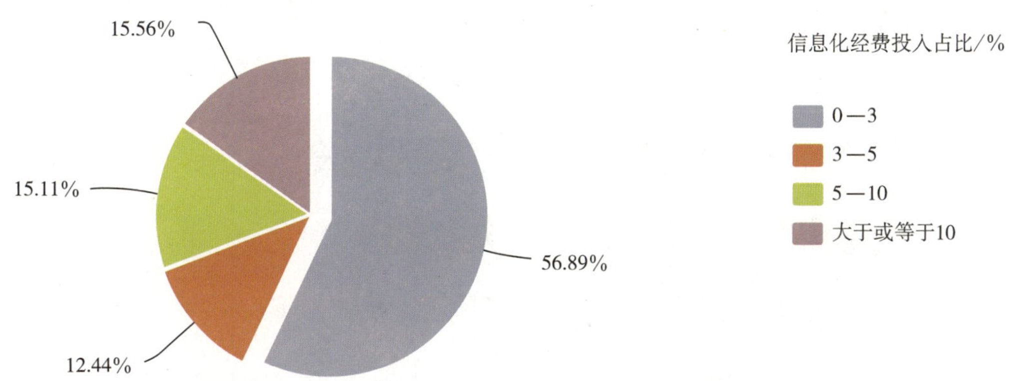

图4-22　高校最近一学年信息化经费投入占同期教育总经费支出的比例

各类高校最近一学年信息化经费投入情况，见表4-11。可以看出，“985工程”高校校均信息化经费投入超过2 000万元，相比另两类高校具有非常明显的优势，“211工程”高校校均信息化经费投入超过1 000万元，其他普通高校则不到500万元。

表4-11　高校最近一学年校均信息化经费投入（按学校类型划分）

	“985工程”高校	“211工程”高校	其他普通高校
高校最近一学年信息化经费总投入/万元	2 409.03	1 090.41	459.79

（四）信息化人才队伍

高校的信息化保障需求庞大，对人员队伍的要求也远高于中小学和职业院校。一方面，高校应注重对学校师生和其他教职工进行必要的信息化技能培训；另一方面，还应重视信息化专门人才的引进和培养，制定相应的政策，完善信息化人才考核要求和激励机制，培养一支较高水准的信息化专业人才队伍。

截至2012年底，59.14%的高校建设有信息化水平考核要求和激励机制，面向的对象主要是部门、院系、教师、行政人员、技术人员，如图4-23所示。

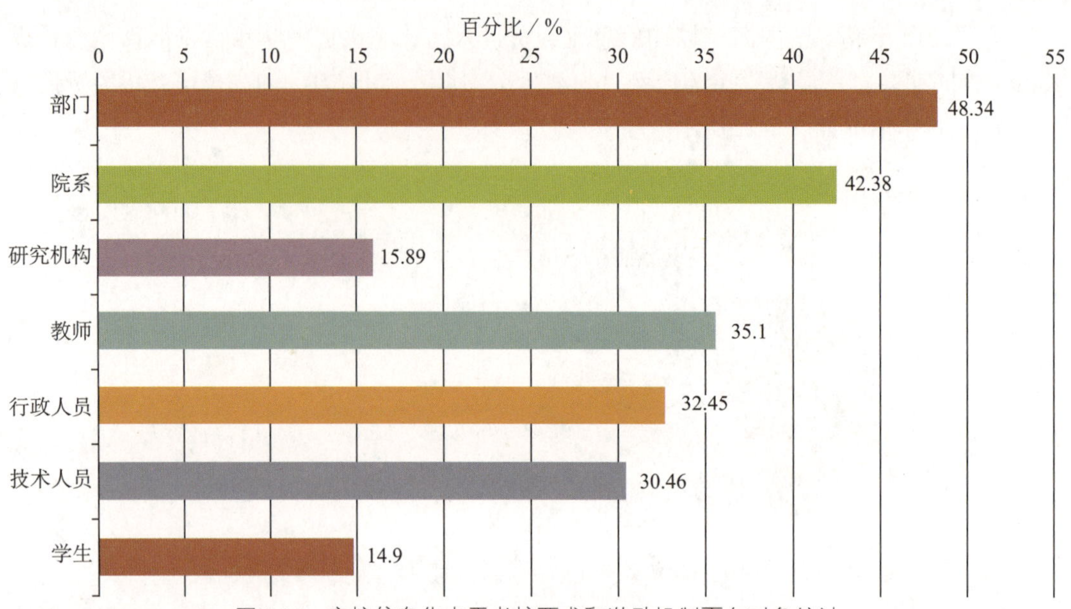

图4-23　高校信息化水平考核要求和激励机制面向对象统计

高校教师信息技术技能学习途径有多种选择，如图4-24所示。当前，面向中小学的教师教育技术能力标准已经发布，各地普遍开展了广泛的、有组织的统一培训，面向高校教师的有关标准也已研究较长时间，但尚未正式发布。截至2012年底，全国高校校均参加信息技术培训的教师占比（参加学校组织的各类信息系统使用和教育技术能力培训的教师人数占学校在职教师总人数的比例）为46.17%。

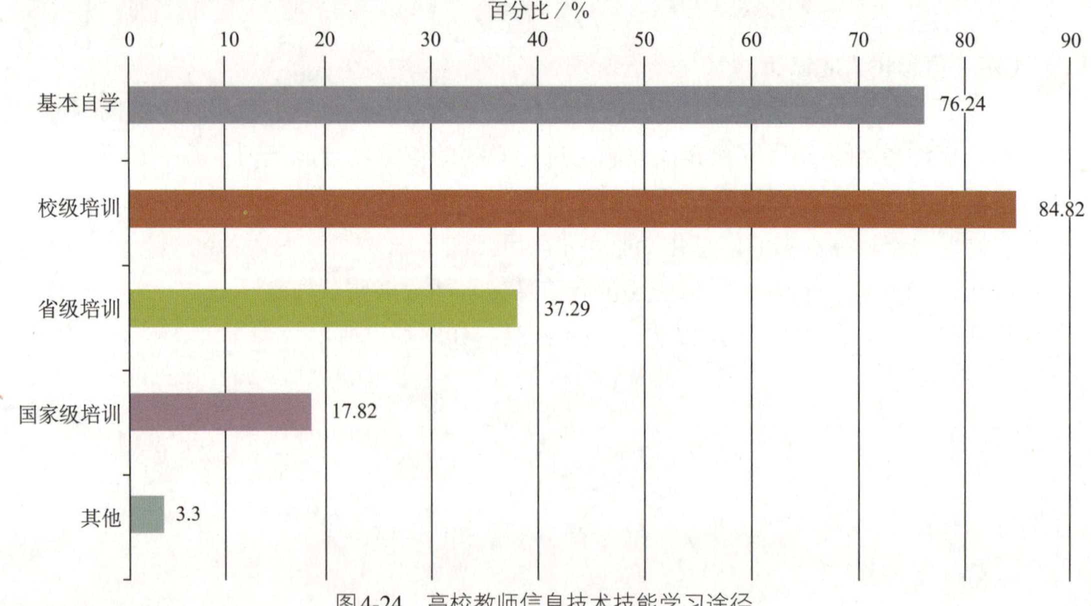

图4-24　高校教师信息技术技能学习途径

全国高校教师接受教育技术培训的内容，如图4-25所示。其中，超过80%的高校教师接受信息技术基本操作培训，超过70%的高校教师接受课件制作技术培训，超过50%的高校教师接受信息化教学设计、学科教学工具使用、信息化教育资源获取技能培训。

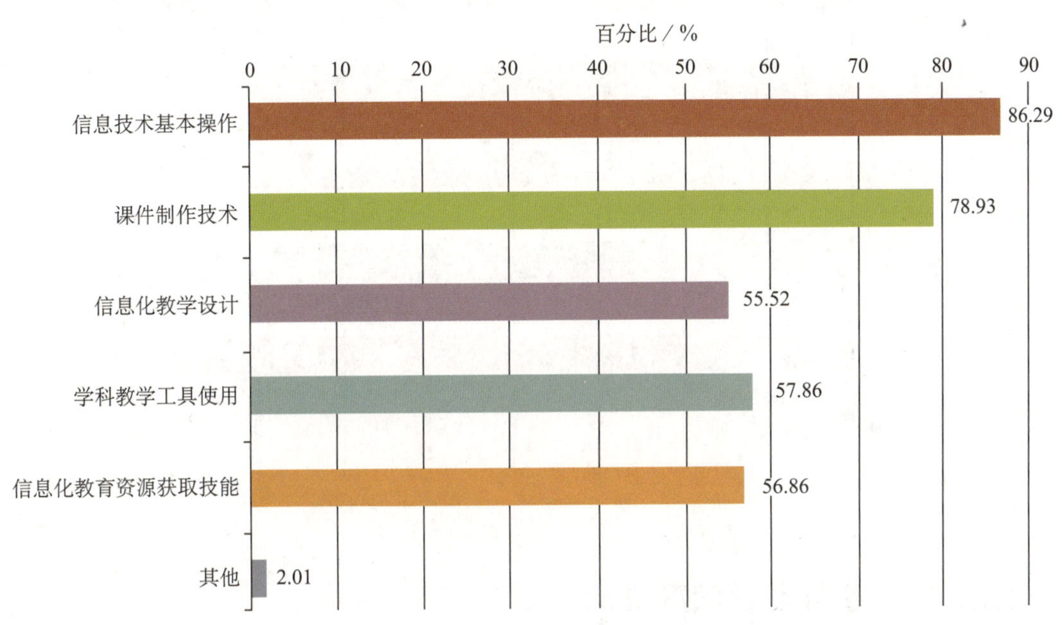

图4-25　高校教师接受教育技术培训的内容

（五）信息化管理规范

随着信息技术标准的实施，各种各样的信息化管理规范也应运而生。只有良好的顶层设计加上统一的信息化管理规范，才能最大限度地发挥效率和效益。全国高校信息化管理规范实施情况，如图4-26所示。实施网络运行管理规范、日常管理规范的高校超过90%，实施应用系统运行管理规范、信息化安全管理规范、设备管理相关规范的高校超过80%。

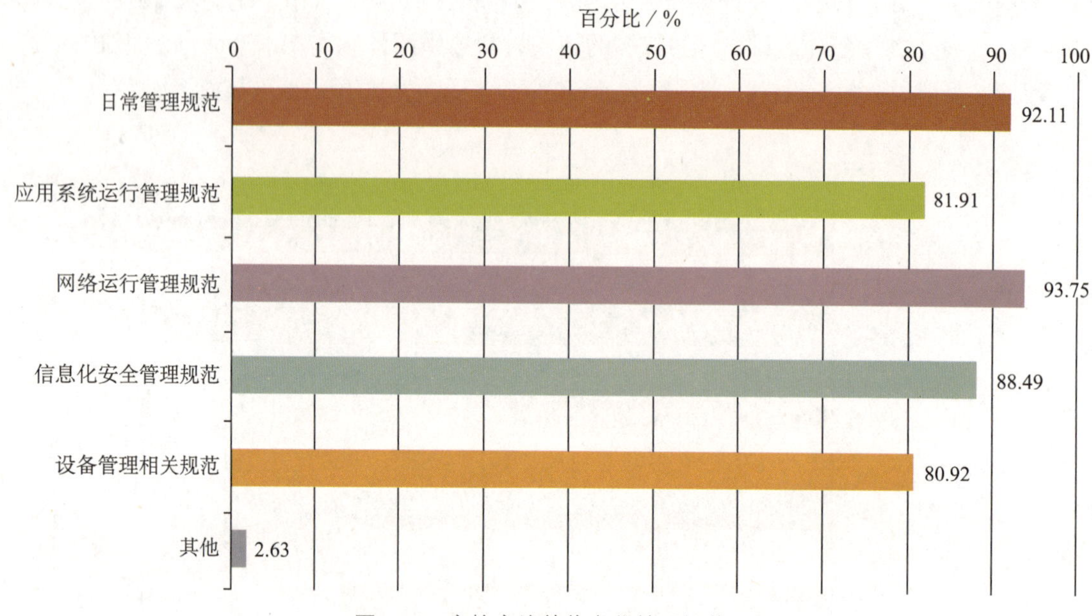

图4-26　高校实施的信息化管理规范

第二节　省域发展状况对比

我国通过“西部大学校园计算机网络建设工程”“东部高校对口支援西部高校计划”等，在一定程度上缩小了东西部高等教育的数字鸿沟，推动了西部高校的信息化建设，但各地区高等教育信息化发展不平衡现象依然存在。

一、基础设施

截至2012年底，全国普通高校[①]教室中配有计算机和投影仪的多媒体教室数占教室总数的比例校均值为55.51%，省域对比情况如图4-27所示。多媒体教室的配备率较高的主要有北京、江苏、浙江、广东、重庆等地。

① 本节中普通高校的数据来源于非“985工程”和“211工程”的高校。

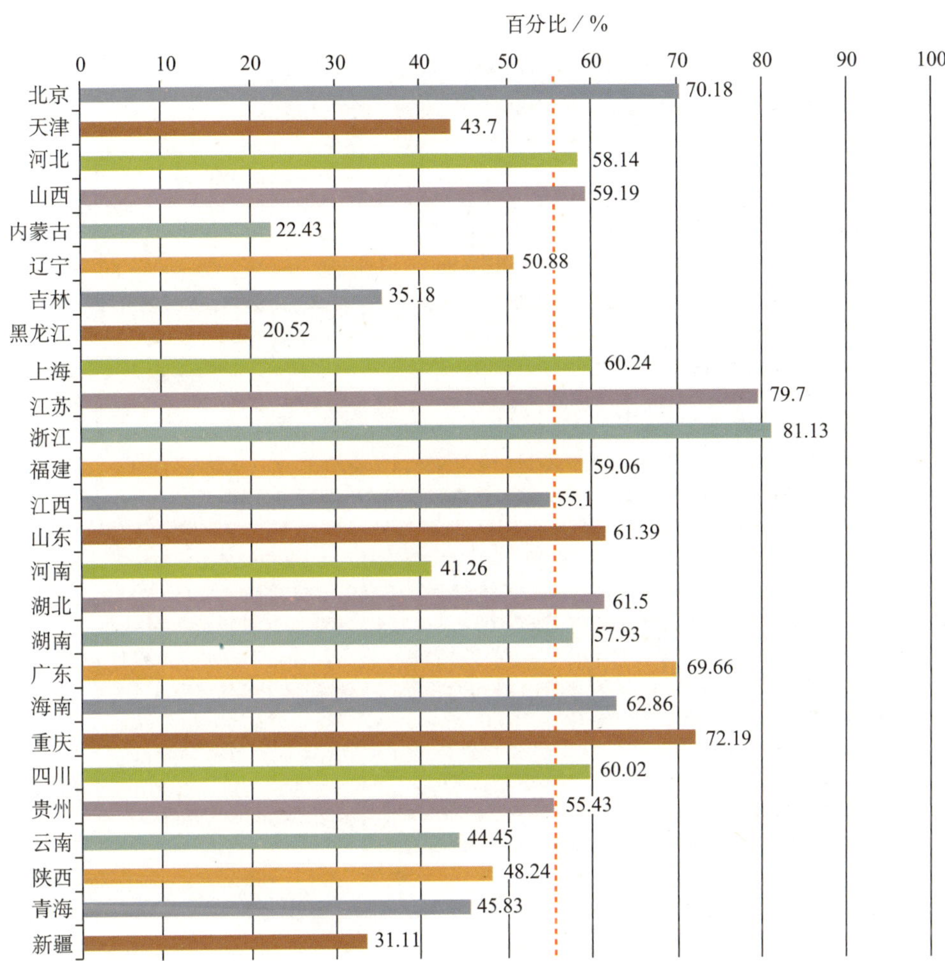

图4-27　普通高校多媒体教室配备率省域对比

截至2012年底，全国普通高校多媒体教室使用率校均值为83.65%，省域对比情况如图4-28所示。各地高校的多媒体教室上课使用率普遍处于较高水平，说明信息技术支持教学在高校已经成为比较普遍的现象。

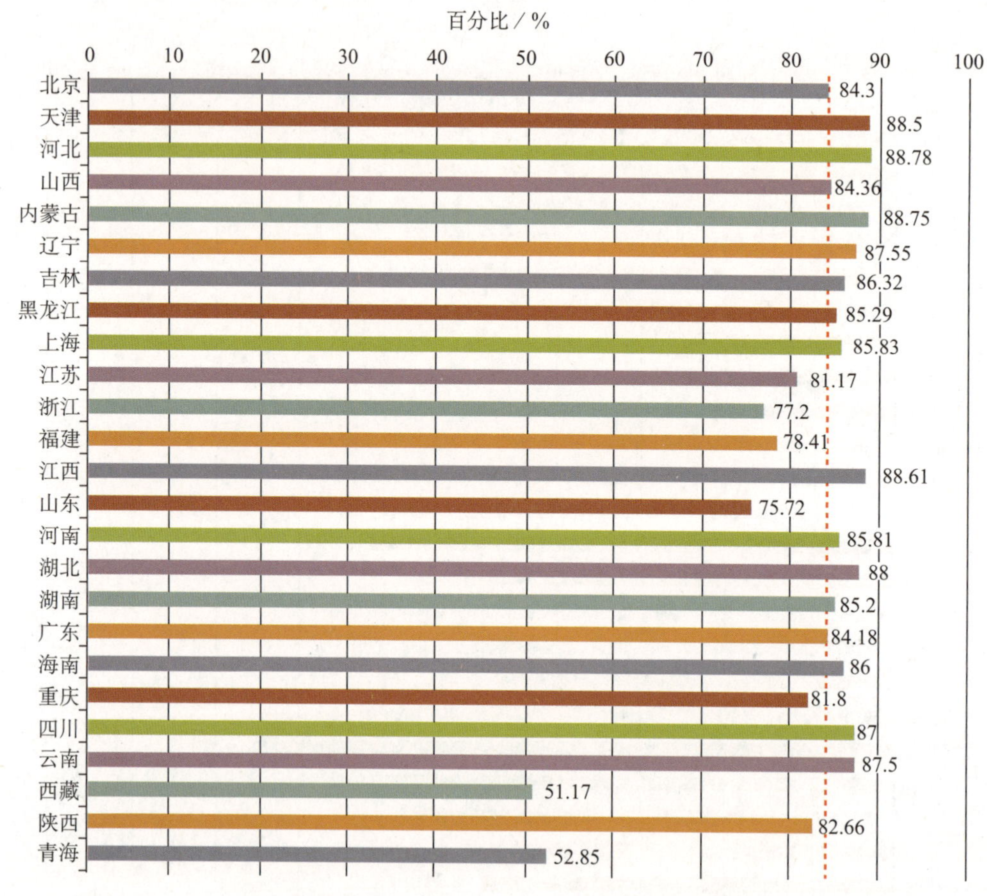

图4-28　普通高校多媒体教室使用率省域对比

截至2012年底，全国普通高校网络接入互联网带宽校均值为1 180.3 Mbps，省域发展状况对比如图4-29所示。互联网接入带宽校均水平较高的主要有上海、广东等地。

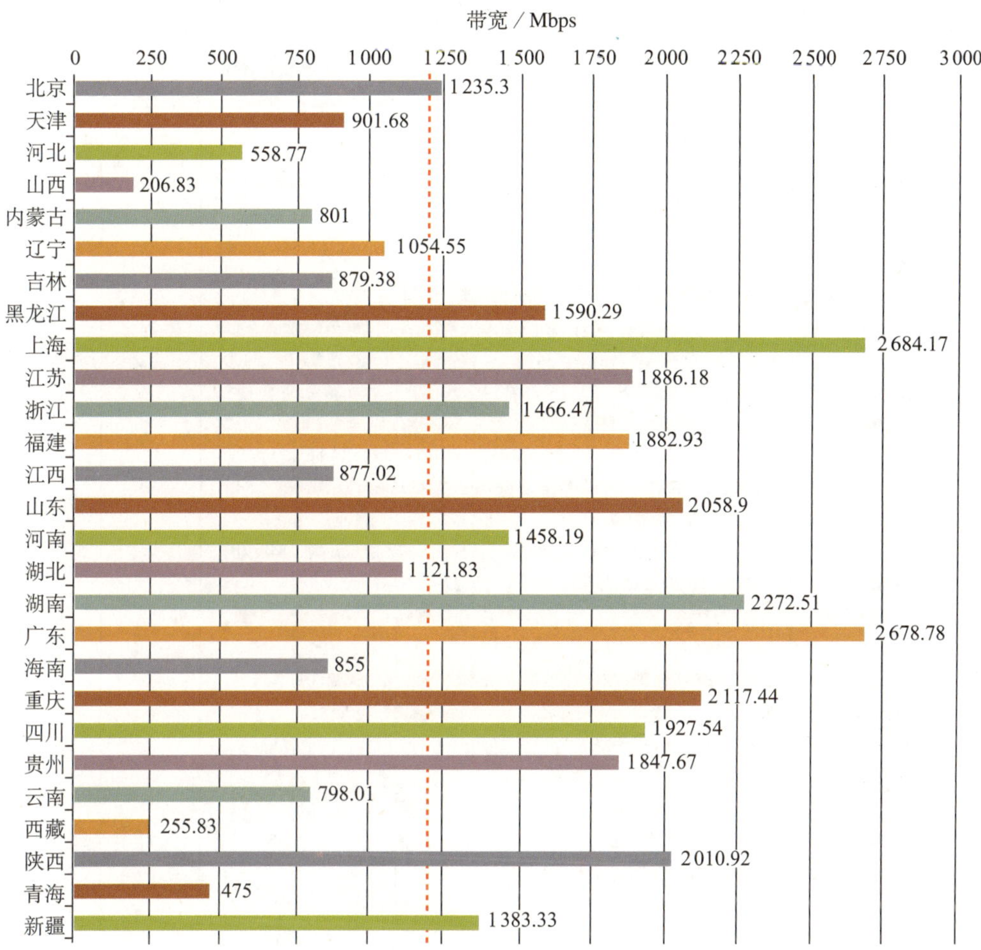

图4-29　普通高校网络接入互联网带宽省域对比

二、资源开发与应用

图书馆电子资源是信息化资源的重要组成部分，是学生信息化学习、教师教学和科研所需资料的重要来源。截至2012年底，全国普通高校图书馆提供的电子图书总量校均值为101.74万册，省域对比情况如图4-30所示。可以看到，各地高校差异较大，天津、北京、上海等地相对较高。

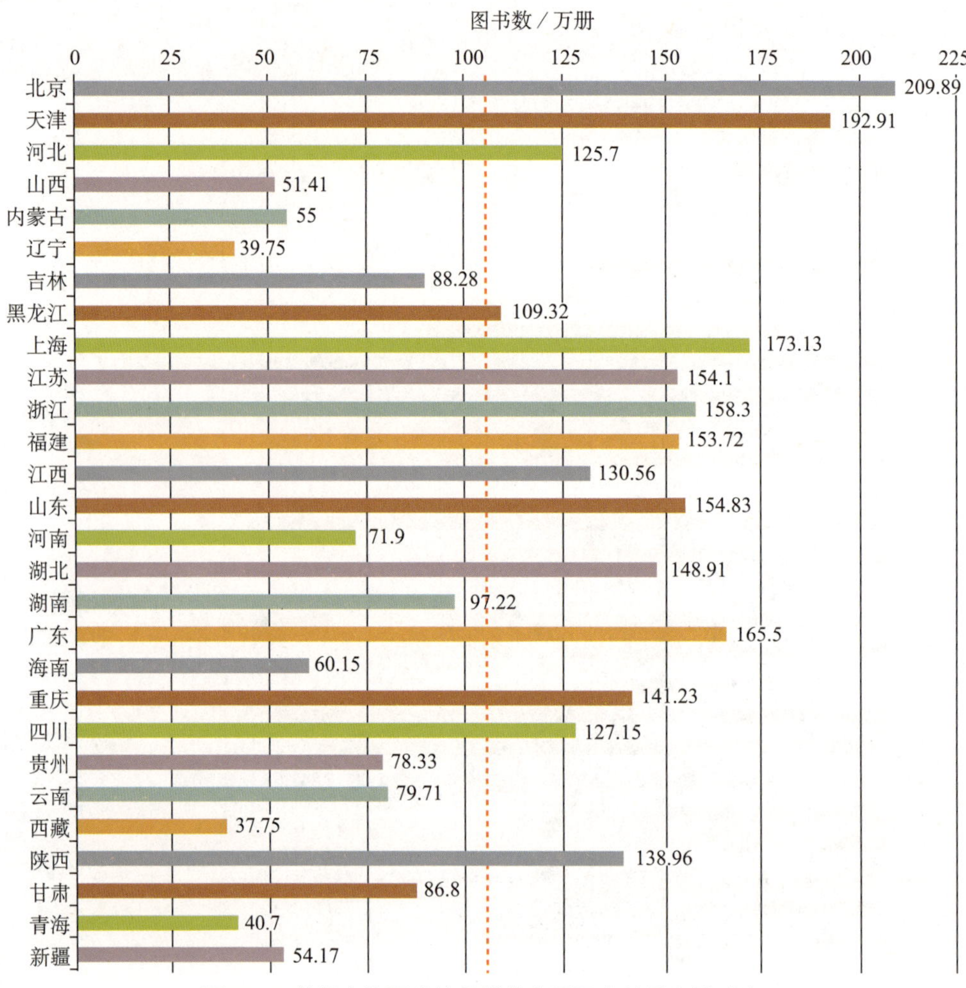

图4-30　普通高校图书馆提供的电子图书总量省域对比

三、保障措施

随着信息化工作的日趋重要，高校对信息化建设的投入程度也越来越高。截至2012年底，全国平均每所普通高校最近一学年信息化经费投入为459.79万元。在最近一学年教育信息化经费投入中，信息化建设费用投入占比校均为65.67%，省域对比情况如图4-31所示。可以看到，在信息化经费投入中，各地高校依然以建设经费为主，大部分超过50%。

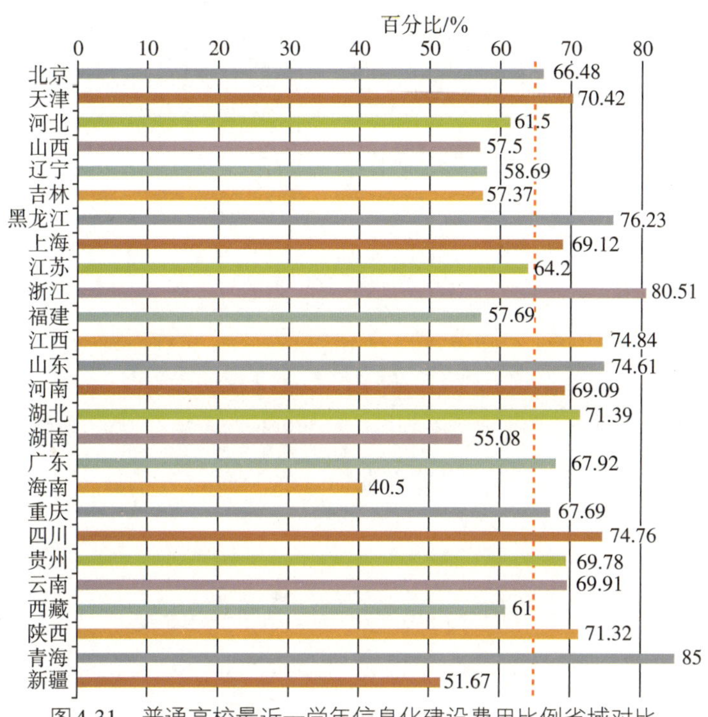

图4-31　普通高校最近一学年信息化建设费用比例省域对比

第三节　总　　结

通过CERNET、高等教育文献保障系统（CALIS）、高校精品课程和大学数字博物馆等一系列前期建设，我国高等教育信息化已经取得显著成果，其现有支持条件和后续发展基础均明显优于其他各级教育，尤其是在基础设施和数字资源建设方面。教育部持续推动优质资源开发和应用，最初于2003年发布《教育部关于启动高等学校教学质量与教学改革工程精品课程建设工作的通知》[①]，国家精品课程、省级精品课程已积累数万门。2011年，《教育部关于国家精品开放课程建设的实施意见》明确提出，“十二五”期间，建设1 000门精品视频公开课[②]。然而，高校在数字化学习环境建设、数字教育资源协同共享、信息化保障体系建设方面仍有不足。

一、信息基础设施建设基础较好，数字化学习环境优化是关键

我国高校信息基础设施建设已具备较好基础，总体上处于发展提升、深化应用阶段。高校在教育信息基础设施建设方面具有明显优势，特别是在个人计算机的普及、多媒体教室的建设、宽带网络的建设等方面，其建设水平远远高于职业院校和中小学。

---

① http://www.moe.gov.cn/publicfiles/business/htmlfiles/moe/s3843/201010/109658.html。

② http://www.moe.gov.cn/publicfiles/business/htmlfiles/moe/s3843/201111/xxgk_126346.html。

高校在校园网建设方面，成果也比较显著。校园网已成为学校行政办公、教学和科研不可缺少的最重要信息平台，我国高校在校园网主干带宽、门户网站建设等方面独具优势。超过70%的中小学校园网主干带宽处于十兆级或百兆级级别，超过70%的职业院校校园网主干带宽处于百兆级或千兆级级别，与此相比，超过90%的高校校园网主干带宽处于千兆级或万兆级以上级别。

高校门户网站和信息化应用系统也已经基本普及。截至2012年底，将近90%的高校建有电子邮件系统，将近80%的高校建有校园一卡通系统。

综上所述，我国高校信息基础设施已达到较高水平，应用系统也相对普及。在已有的硬件、平台、网络、系统的基础上，我们应逐步优化数字化学习环境，满足高校学生对个性化、泛在性、灵活性等学习方式的要求，提供丰富多样的教育资源和个性化的学习支持，使所有学习者都能随时、随地、随需开展学习，为构建人人皆学、时时能学、处处可学的学习型社会提供有力支撑。

二、数字教育资源建设和应用取得重要进展，协同共享是关键

我国高校资源开发和技术应用也已经达到较高水平。数字图书馆在各类高校已经基本普及，高校多媒体教室的使用率也远远超过职业院校和中小学。全国高校校均多媒体辅助教学的课程占比超过70%。然而，我国各地区高等教育信息化发展水平不均衡，中西部高校仍然存在着诸多薄弱环节和突出问题。在高校数字教育资源方面，西部地区相对较弱，见表4-12。

表4-12　不同地区资源建设情况

	华东	西北	西南
校均非视频数字资源总量/GB	16 130.97	10 940.22	8 822.38
校均网上共享大型仪器数/套	46.92	29.95	11.83

2013年2月，教育部等多部委印发《中西部高等教育振兴计划（2012—2020年）》，明确提出：必须把振兴中西部高等教育作为推动高等教育改革和发展的战略重点……促进中西部高等教育在新的历史起点上实现内涵式发展的新跨越；通过加强中西部高校信息技术基础设施建设，充分利用互联网、广播电视网、移动通信网、卫星通信等载体发展现代远程教育；加强数字化教室、数字化图书馆等信息化条件建设，将东部高校和中西部中央部委属高校的优质教学资源输送到中西部地方高校。

在促进中西部教育资源协同共享方面，高校已做出有益的尝试，然而现有数字资源共享水平依然较低。截至2012年底，超过1/3的高校没有对外提供数字教育资源共享服务（34.44%）。提供数字教育资源共享的范围主要在一定地理区域内的学校之间或分布于多

个地区的学校之间，见表4-13。高校之间开放数字教育资源，共享学科建设成果，比较容易实现，但是高校与企业、科研院所之间的共享相对较少。

表4-13　高校数字教育资源共享范围

	一定地理区域内的学校之间	分布于多个区域的学校之间	国家组织的对口支援单位	科研院所	企业
不同数字教育资源共享范围的学校比例/%	45.03	28.15	13.91	13.25	9.27

综上所述，我国高校数字教育资源开发和应用已处于较高水平，但区域发展不均衡，共享服务范围有限，这在一定程度上限制了高校人才培养水平的提升以及高校作为社会智力资源库作用的发挥。因此，在加大数字教育资源开发力度，提升应用水平的同时，也应对协同开发、共建共享予以足够重视。

三、高校信息化建设机制初步形成，完善保障体系是关键

高等教育信息化持续稳定的发展，必须依托信息化发展机制建设、规划设计、经费投入和管理保障等多方面保障措施。我国高校信息化发展保障机制建设总体上成效显著。超过70%的高校设立了校级信息化主管领导，多数高校设立了正处级以上的学校信息化专门管理部门，反映出高校对教育信息化建设的重视程度越来越高。高校信息化经费投入也受到重视，信息化技术支撑全职岗位数量也明显提升。同时也应该看到，在我国还有少部分高校信息化建设的经费来源没有列入常规预算，还有一部分高校没有设立专门领导，专职人员编制也不足。

要保证高校信息化持续、健康发展，高校应该在经费上加大支持，并尽快把信息化发展经费列入常规预算范围，形成按照固定比例范围按年度持续投入的经费保障机制，同时设立校级信息化主管领导，维持相当规模的专职队伍，专门为学校信息化建设和运维提供服务，并制定一系列政策措施，保障高等教育信息化的顺利发展。

第五章　继续教育信息化发展状况

继续教育是面向学校教育之后所有社会成员特别是成人的教育活动，是国家终身教育体系的重要组成部分。改革开放以来，在党中央、国务院领导下，在各级政府、部门、行业企业、学校以及广大继续教育工作者和全社会的共同努力下，我国继续教育事业蓬勃发展，基本形成了传统成人高等教育（函授、夜大学、脱产班）、高等教育自学考试、普通高校现代远程教育、电大开放教育、企业培训等多类型、多层次的继续教育体系，为数以亿计的社会成员提供学历提升教育、职业技能培训和社会文化生活教育，大大满足了社会成员普遍增长的多样化学习需求，在提高国民文化素质和科学素养、建设各类专门人才队伍、提升企事业职工岗位能力、培养新型农民方面发挥了重大作用，在人力资源强国建设和创新型国家建设中做出了重要贡献。

我国继续教育在发展过程中注重与现代信息技术的深度融合，信息化水平取得了长足进展。基本建成以广播电视、互联网、电信网、卫星为载体的现代远程教育办学服务体系，为社会成员提供丰富多样、灵活便捷的学习条件和机会；数字化学习资源建设成果丰硕，向社会全面开放，逐渐覆盖全国城乡，并扩展到边远、贫困和民族地区；现代信息技术在教学与管理中广泛应用，信息技术支撑下的教育教学改革稳步推进，混合式教学模式广泛应用；行业企业继续教育信息化水平不断提升，培训规模不断扩大，基本适应我国企业改革发展对专门人才和高素质劳动大军的迫切需要；农村开展的基于信息化的党员、干部和农民的现代远程教育也取得突出进展；多样化的各类继续教育平台建设，有效整合利用各类继续教育机构的教育资源，初步形成覆盖全国行业企业、城乡的教育培训网络，为搭建面向终身学习的“立交桥”提供了重要支撑，推动了全民学习、终身学习的学习型社会建设。

本章从高校继续教育、开放大学和企业教育信息化三个方面着重介绍我国继续教育信息化的整体发展状况。

第一节　高校继续教育信息化发展状况

一、总体概况

新世纪以来，以多媒体和计算机网络为代表的信息技术迅猛发展，一举打破了教育的时空界限，促进了优质资源共建共享，推动了教育公平与普及，提高了学习的效率，为继续教育事业的发展起到极大的促进作用。高校继续教育基本完成了从函授、夜大学、广播电视教育到网络教育的跨越，迎来了信息化建设的快速发展期，向着大众化、终身化、多样化和信息化的方向发展。

（一）继续教育发展概况

目前，我国继续教育各类办学服务机构超过20万个。高等教育机构近3 000个，其中举办成人高等学历教育的普通高校2 047所，独立设置的成人高等院校349所（含民办），网络教育试点高校68所，开放大学6所，省级广播电视大学38所；中等学历教育机构近700个；各类社会培训机构突破15万个。基本形成了多层次、多类型的继续教育网络，呈现出学校办学为主体、企业办学为骨干、社会力量共同参与继续教育的良好局面，为数以千万计的管理干部、专业技术人员、教师提供了高层次继续教育、岗位培训、专业证书教育和职业资格证书教育；近4 000万人接受了各类高等学历继续教育，数百万劳动者接受了各类成人中等学历教育，有力提升了我国高等教育大众化水平；各行各业广泛开展非学历职工教育和岗位培训，每年培训规模约9 000万人次；社区教育快速发展，学习型组织、学习型社区建设掀起热潮。

高校现代远程教育是我国继续教育的重要形式，促进了高校继续教育信息化的大力发展。1999年，教育部正式启动“现代远程教育工程”，先后批准68所高校进行现代远程教育试点。其后数年，中国现代远程教育实现了跨越式发展，初步形成了现代远程教育体系。据不完全统计，在开展现代远程教育试点的68所高校中，累计招生数量超过1 600万人，开设学历教育专业3 148个，涵盖管理学、经济学、教育学、文学、法学、工学、理学、农学、医学、历史学、哲学等11个学科门类，以及电子商务等专业目录外的新专业。此外，网络教育教师队伍也有了较大发展，普通试点高校网络学院本部专兼职教师总数约14 000人。

（二）继续教育信息化发展概况

截至2011年，试点高校现代远程教育校方累计总投入资金达到484 617万元，网络教育试点高校机构全部固定资产总数达到120 526万元。各试点高校共拥有各类教学服务平台429个，所有试点高校都建立了自己的门户网站，92.75%的高校拥有教学管理系统，37.68%的高校建有语音答疑系统。在基础设施建设上，95%以上的高校建立了不同规模

5

的校园网，中国教育卫星多媒体传输平台已具备播出8套电视、8套语音、20套以上IP数据广播的能力。自2000年以来，高校继续教育建设了一大批优质数字化课程，包括电子化、数字化学习资源27 412个，以及媒体素材库、试题库、专题讲座库、教学案例库和问题解答库等，并将优质资源向农村、西部、社区、行业企业和部队输送。高校继续教育共设置1万多个成人教育函授站点和8 466个校外学习中心，其中普通高校的校外学习中心3 926个，电大系统的教学点2 622个，公共服务体系校外学习中心1 918个。形成了覆盖全国城乡的教学及支持服务系统，搭建了高校融入社会各个阶层和全国各个区域的服务平台，实现了基于网络的、以学习者为中心的"一站式"服务模式。

表5-1　各地设立的校外学习中心数量（2012年）

序号	省级行政单位	学习中心数量/个	序号	省级行政单位	学习中心数量/个	序号	省级行政单位	学习中心数量/个
1	广东	1 217	11	安徽	682	21	重庆	358
2	浙江	1 126	12	河北	597	22	甘肃	295
3	黑龙江	717	13	云南	590	23	内蒙古	284
4	四川	960	14	广西	590	24	上海	275
5	辽宁	930	15	湖北	578	25	贵州	269
6	江苏	906	16	北京	465	26	吉林	218
7	山东	886	17	河南	450	27	天津	201
8	陕西	723	18	山西	427	28	宁夏	90
9	江西	633	19	湖南	410	29	青海	65
10	福建	607	20	新疆	344	30	海南	47

表5-2　全国年度校外学习中心数量　　单位：个

年度	试点高校校外学习中心	电大系统的教学点	奥鹏远程教育中心			弘成科技发展有限公司	知金教育咨询有限公司
			学习中心数	有授权的学习中心数	有招生的学习中心数		
2008	3 368	2 622	1 330	1 261	1 072	25	31
2009	3 494	2 622	1 407	1 325	1 199	77	42
2010	3 599	2 622	1 487	1 367	1 233	102	50
2011	3 724	2 622	1 614	1 434	1 277	112	57
2012	3 926	2 622	1 729	1 464	1 350	133	56

注：以上学习中心数量以试点高校为单位单点汇总计算。

二、信息化平台建设进展概况

在信息技术飞速发展的时代，各高等学校尤其是试点高校充分利用现代信息技术，不断加大研发力度，创新技术服务模式，搭建了基于卫星、互联网、移动平台等为载体的多样化教育平台，尤其是云计算的出现颠覆了传统的计算应用模式，基于云服务的网络平台逐渐成为一种趋势。网络平台建设的突飞猛进，使多数高校实现了智能化网络管理，大大提高了继续教育的信息化水平。

（一）卫星教学系统

卫星电视和互联网宽带技术正在飞速发展，综合运用两种技术，发挥各自所长成为开拓我国继续教育事业的关键。利用“天网”（卫星通信）向各站点“撒”教育资源，利用“地网”（Internet、Intranet）接收远程教学的视频、音频信息，点播课件或者进行交互等。

截至2012年底，有9所现代远程教育试点高校使用卫星通信技术，利用双向交互式数字卫星教学系统进行课堂直播、教学资源和信息推送。例如，上海交通大学与上海建华卫星通信股份有限公司合作，建设了目前世界上最先进的VAST卫星双向通信系统，采用亚洲3S卫星Ku频段，通过20套卫星接收系统，为国家特别是西部地区培养了大量优秀人才。上海交通大学在闵行校区建成了8个卫星直播主教室，利用卫星传输技术，并与互联网直播技术结合，将课程同步传输到宁夏大学、西藏大学。

（二）互联网平台

目前，各高校的网络教育平台主要包括教学管理系统、语音答疑系统、学习平台、电子邮件系统、课件点播与制作系统、视频会议系统、资源管理系统、短信平台、考试系统、电子图书馆、毕业指导及服务系统、内部交流平台、在线虚拟平台、教师平台、精品课程平台、虚拟校园等。东北财经大学研发了通过计算机模拟手工操作完成财会领域内不同学科实验的会计实验平台，开创了财经领域的网络实验教学。石家庄邮电职业技术学院成立的中国邮政网络培训学院，开发了具有邮政特色的远程教育技术平台，面向邮政系统员工开展各项继续教育活动，2012年获得美国培训与发展协会（ASTD）授予的“卓越实践奖”。

基于互联网的网络教育平台具有较强的交互性和多媒体性，有效支撑了远程教学过程的辅导答疑、实验实践、毕业论文指导等环节。华东理工大学开发了专用于远程实验教学的网上平台及一大批虚拟实验和远程控制实验课程，构建了远程实验教学模式与体系。

（三）移动平台

各高校近年来致力于移动平台的研发探索，取得了一定成效。华南师范大学推出了

5

基于苹果iOS、谷歌Android以及微软Win8三大主流智能操作系统的教育移动应用，实现了网络课程学习平台的跨平台多网融合、多屏兼容，学习者通过智能手机、IPAD等移动设备可以随时随地登录学习。同时，华南师范大学将许多优质课程资源通过移动应用技术整合成电子书形式，在移动学习平台上向学习者提供。上海交通大学自主研发的PPCLASS系统，以课程直播、点播、下载播放系统以及相关技术为支撑，可提供多种网络（如互联网、移动通信网）、多种终端（如个人电脑、手机、平板电脑）、多种媒体（如视频、语音、短信、文本）、多种介质（如网络、光盘）的数字化课程传输途径，实现了信息化资源的立体化推送。

三、数字资源建设与应用进展

（一）优质数字资源建设

2008年，教育部启动网络教育数字化学习资源中心建设，陆续完成了1 476门学历教育课程、895门非学历教育课程、2 000余门国家精品课程的资源整合，建设了资源公共服务平台和覆盖全国的资源整合及服务网络，面向社会开展了优质网络教育资源的网上开放和共享应用服务。2007—2010年，共有209门入选网络教育国家精品课程，在此基础上，进一步遴选了首批80门精品资源共享课，向社会开放。截至2012年，68所试点高校累计开发网络课程27 412门，资源库225个，远程教育特色教材857本；参与校内共享课程8 200门，参与校际共享课程5 928门，参与校内学分互认课程2 942门，参与校际学分互认课程1 860门。非试点高校也纷纷开发网络教育课程，建立面向继续教育的数字教学资源库，以网络课程代替部分面授课程授课，从而解决了函授学生的工学矛盾，促进了函授、夜大学等继续教育类型的教学内容和教学方式改革。

（二）数字资源共建共享

在教育部的倡导下，全国高校尤其是现代远程教育试点高校积极推进优质继续教育资源的共建共享，逐步实现了继续教育数字资源的校内、校际和全社会传播。

1. 校内资源共享与学分互认探索

越来越多的现代远程教育试点高校将继续教育网络课程和教学资源向校内本科生开放，为校内本科生开设网络公共选修课程、辅修课程等，积极推进学校内部课程互选和学分互认。华南师范大学于2007年启动“校园开放教育计划”，面向全日制本专科生开设网络教育公共选修课程，并积极推进校际网络课程互选。截至2012年，网络教育学院建设并投入校内全日制学生使用的网络课程30余门，共有校内三个校区（石牌本部、大学城校区、南海校区）、广州大学城10所高校、宁夏北方民族大学共计近5万名全日制学生从中受益。

一些非试点高校也利用信息化手段建设了一批优质数字资源。例如，中央财经大学网络教育在校内得到了全方位的拓展，包括网络辅修/双学士学位教育、本科生网络公共基础课教育、MBA学生预读模块网络课程、全日制研究生跨学科补修课程教育、成人学历教育、学生网络函授教育等。从2008年至今，该校面向本科生开放8门经济学、管理学学科基础课程，已有1万多名学生参与网络课程学习。从2011年起，共计为915名MBA学生提供了预读模块网络课程学习，为382名研究生提供了跨学科补修课程学习。

2. 各试点高校参与校际共享课程情况

从2011年的统计结果来看，各试点高校参与校际共享的课程为1 629门，参与的高校为16所，占所有高校总数的23.9%，如图5-1所示。

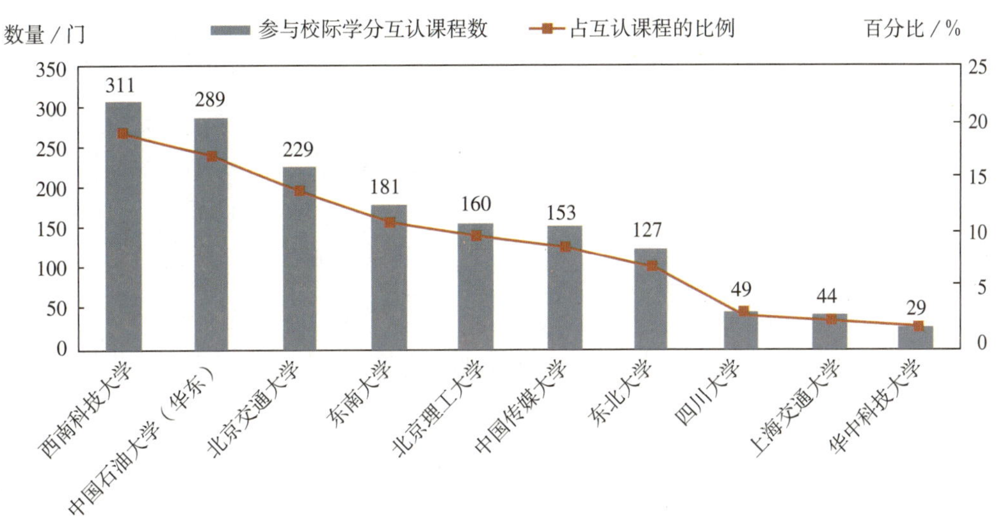

图5-1　参与校际学分互认课程前十位的试点高校情况

2006年6月，“数字化学习港与终身学习社会的建设与示范”项目的“基于公共服务体系的资源共享、课程互选、学分互认的实践与研究”课题，由华中师范大学、华南师范大学和福建师范大学三所试点高校参与，遴选了20多门课程在若干学习中心和学生中进行课程互选、学分互认试点，形成了课程互选、学分互认的基本模式、框架和实践经验，探索了多个办学主体、多门课程、不同学习者通过统一平台完成互选课程学习及学分互认的运行和管理机制。

高校农业科技与教育联盟开通了高校农业科技与教育网络联盟总网站和各合作高校、示范基地分网站，网络遍及全国各地，开发了专家数据库、科技成果分类数据库、科技产业化案例库、农业信息库、多媒体课件库等综合科技条件平台。

中国石油大学（华东）、北京交通大学、福建师范大学、西南科技大学、北京网梯科技发展有限公司还发起成立了网络教育教学资源研发中心，联合共建《高等数学》《计算机应用基础》等系列统考教材以及配套网络课程资源，实现“现代应用文写作”等10门课程的校际公选、学分互认，还积极推进“小学分、小模块、小专题”网络课程共享与学分互认、网络考试系统和共享题库等项目。

3. 面向社会开放继续教育资源概况

北京大学等103所高校成立了普通高等学校继续教育数字化学习资源开放联盟，向社会免费开放了近1 000门网络教育精品课程和近1 000个视频讲座。这些资源突出了高校特色，覆盖了各个学科领域，同时与社会大众生活紧密相关，较好地满足了社会大众的继续教育需求。

2012年12月28日，华南师范大学与凤凰卫视集团联合开发的国内首个面向全球正式发布的移动学习新应用——“凤凰微课”上线，首批开放7 000多门微课程，引领了“微”字开头的移动学习新纪元。“凤凰微课”迄今整合了华南师范大学、33家出版社和20余家电视台的视频资源，并在进行二次开发后通过凤凰网，利用三种主流移动媒体（App Store、Android、Win8）向社会开放，解决了资源开放长期存在的多网融合、多屏兼容问题，有效促进了大学、出版社、电视台的文化教育资源向社会开放，实现了中华文化精粹的海内外传播，引起了出版业的信息革命。“凤凰微课”打造的“英文微课”承载了对外汉语教学、中国文化等内容，满足了外籍人士日益增长的中文学习需求，提高了中文教育总体质量、规模和水准，进而推动了中国与世界的经济、文化、社会交流。

四、基于信息化的继续教育人才培养模式创新

信息技术与高等继续教育的深度融合，深刻影响着继续教育理念、模式的变革。在现代教育理论和教育思想指导下，以适应地方经济和社会发展变化的岗位工作需要为导向，以应用型和技能型人才培养为目标，根据在职成人学习特点，我国形成了一系列具有中国特色的高等继续教育人才培养模式。

（一）教学模式的创新

现代信息技术与教育的深度融合，扩展了学习的手段与范围，加快了从以教为中心向以学为中心的转变，从知识传授为主向能力培养为主的转变，从课堂学习为主向多种学习方式的转变，从广播电视、互联网向移动互联网等多终端学习途径的转变，形成了包括混合式学习、协作学习、碎片化学习在内的多元化学习模式。

各试点高校构建了基于现代信息技术的以学生为中心、灵活多样的混合式网络教学模式体系。同时，在近年来的教学实践中，各高校根据本校教学特点，结合学生的认知结构、学习环境和条件，以不同的教学策略，因地制宜地创造了各种各样的远程教学模式。

1. 引领式教学模式

北京大学引领式教学模式是一种以网络为传输媒介、以教学资源为基础、以教师引领和教学活动为主线、以人际交流为核心的教学模式，保证了教与学的真实发生。2007

年，北京大学开办“北京大学中小学教师远程教育课堂”，联合校内有关单位，采用引领式教学模式，共同进行教学课程开发，先后开发课程264门，并建立了一个专业网站和两个教学平台。

2. 问题引发、知识点导航教学模式

问题引发、知识点导航教学模式是由北京理工大学远程教育学院研发的一种以学生为中心，以知识点导航学习路线为基础，采用问题去引发学习的教学新模式。该模式通过多种学习路径，通过创建问题与知识关系的双向思维，极大地保持了学习者的学习热情，保证了学习效果。北京理工大学远程教育学院在新疆、青海、云南等西部地区和边远军区设立了校外学习中心，在开设的汽车服务工程专业中应用了该教学模式。

3. 活动与教法整合设计教学模式

华东师范大学的活动与教法整合设计教学模式是将活动引领、任务驱动与立体化交流全面整合，并进行教学设计的模式。该模式设计了多样化的学习活动，提炼了大量教师日常工作情景，依据工作任务线索安排学习研讨活动。该教学模式还通过专家讲座、学友观点、作品范例等设计内容，拓展了学习交流的范围。

4. 云教学模式

河海大学构建了基于云计算中SaaS模式（软件运营服务模式）的云服务网络学习平台，为3 000多个各级水利主管部门与工程单位提供学习计划管理平台，为60多个培训教学单位提供教学资源共享、水利知识积聚的平台，为参加培训的学员提供无边界云端化的学习平台。

5. 移动教学模式

无线网络技术的兴起和广泛运用推动了现代远程教育教与学的变革。部分高校建立了移动流媒体直播互动平台，通过互联网和3G移动网络实时传输音视频流媒体信息，使学生、教师彼此之间随时随地可以互动交流。上海交通大学网络教育学院的移动教学平台，适合西部教师便捷地制作数字化课程，实现了移动教学全流程，支持各地名师异地上课，推出基于移动终端（如手机、平板电脑）的直播和点播系统，实现了教师“随时随地教”，学生“随时随地学”。西南交通大学网络教育学院推出了“青书PAD”2.0版，不仅移动学习平台得到了大幅升级，而且可供该平台使用的学习资源覆盖了全部专业。在2013年春季入学的新生中，有26个学习中心的近3 000名学生使用“青书PAD”移动学习系统，取代了传统的纸质教材。学生通过使用“青书PAD”，可以离线进行课程的学习和作业的提交；在线情况下可以参与到课程讨论中，实时查询个人的学习情况、教务信息，以及学院发布的新闻与各类通知、公告等。系统会自动将学习记录和离线完成的作业与云计算中心进行数据交互。截至2013年6月25日，已有318 056条学习记录和6 211人次作业同步到数据中心。

6. 远程虚拟仿真实验教学模式

工科类高校将虚拟实验室与远程教育结合起来，基于网络技术和虚拟仪器技术的远程虚拟实验室已经成为新型的远程教育模式。例如，华东理工大学、中国石油大学（华东）、北京理工大学、北京大学医学部、中国医科大学等均开发了远程实验平台，为物理化学、化工原理、有机化学、化学工程与工艺、大学基础化学、机械设计、医学等课程提供了远程虚拟仿真实验，通过模拟实验培养了学生的思维能力和空间想象力，确保工科类课程教学质量的提升。

（二）支持服务的创新

高校基于现代信息技术手段的学习支持服务贯穿于导学教育、学习设计、学习测评和学习辅导、过程监控、校园文化等全过程，利用包括互动平台、短信平台、BBS论坛、电子邮件、QQ、MSN、微信、飞信、乐语等多种方式建立全方位立体沟通渠道，更好地为学生自主学习提供良好的支持服务，以提高学生的学习质量；建立满足学生各种接入方式的教学平台，为全体学生创造自主学习的条件和方式。

1. 导学服务

导学服务主要包括新生入学教育、远程学习方法指导、学前培训、网络平台使用方法、专业教学指南、电话新生导学等。中国人民大学网络教育学院为了使学生更快更好地适应网络学习，每年都会对全体新生进行有效的入学培训。入学培训主要包括网络学习方法指导、教学管理规定和学习流程培训。

2. 教学资源服务

教学资源主要包括文字教材、讲义、课程学习包、网络课程、视音频流媒体课件、视频点播、光盘课件、电子教案、案例库、习题库、自测题、数字图书馆、资料网站、学科讲座资源、助学辅导类资源、网上作业、实践性课程作业、实践作品等。其中，网络课程、光盘课件出现的频次最高。同时，非试点高校也积极为社会成员提供教学资源服务，如中国政法大学、华东政法大学、西北政法大学、西南政法大学、中南财经政法大学组建“立格联盟”，建立司法考试网络培训平台，从学习者的角度出发，结合个性化学习指导理念，以全面清晰的法律知识体系为基础，汇总各类专业、优质的法学教育资源，包括知识点解析、相关法律规定、专家视频课堂、历年真题与模拟试题测评与分析、关联知识点比对等学习内容，满足系统学习法律知识和从事法律相关工作人员的多样化学习需求。

3. 学习过程辅导和答疑

目前各试点高校对学生的辅导和答疑主要通过视频会议系统、实时语音答疑、教学讨论区、网上留言和在线信息，并辅之以电话、电子邮件等形式开展。其中，37.68%的试点高校主要采用语音答疑的形式，14.49%的试点高校主要采用视频辅导和答疑的方式。讨论区、留言簿以及电话、电子邮件作为这两种方式的辅助手段也在发挥着较大的作用。

在答疑方式上主要以预约答疑为主，即根据不同学科特点，主讲教师在特定的时间为学生集中答疑。比如，北京大学形成了以视频课件讲授为主，面授辅导和网络语音答疑相互配合的“一体两翼”格局。从2005年春季学期到2013年春季学期，北京大学网络教育学院先后安排语音答疑3 182场，平均每学期近190场。

4. 信息服务和咨询服务

各试点高校普遍比较重视为学生提供较为快速和迅捷的信息与咨询服务。在信息的发布方式上，以各试点高校的门户网站为主，部分高校通过信息发布平台和系统实现了各类信息的发布功能。有7所试点高校建立了呼叫中心，为学生提供咨询服务。除了采用呼叫中心的方式外，大部分试点高校还通过专线、QQ、MSN和电子邮件的方式回复学生的问题。有的试点高校还建立了在线调查系统、咨询信息分级反馈系统和信息汇总分析系统，为学生提供个性化服务。有的试点高校建立了多方式、立体化的信息沟通渠道。例如，北京师范大学主要利用4008学生服务热线、咨询与投诉信箱、网站首页“在线客服”以及平台的“问题反馈”栏目四种信息沟通渠道，为学生提供便捷高效的服务；同时，还定期对各种渠道的学生问题进行汇总分析，并以此为依据，改进工作中的不足。

5. 校园文化建设

各试点高校充分发挥网络的优势，构建网络学习环境，营造良好的网上校园文化氛围。目前有89.86%的试点高校开展了校园文化建设，所采取的形式包括：党、团、学生会以及班主任工作，对学生进行思想观念教育、心理健康和安全教育、职业教育；利用QQ群组建专业学习小组、课程论坛、虚拟社区，开展第二课堂活动；各种文体活动；创建电子刊物；等等。这些校园文化活动丰富了网络学习者的课余生活，为他们提供了情感上的支持。

（三）管理模式的创新

试点高校充分利用现代信息管理平台，基本实现了从招生、学籍管理、作业管理、实践性教学环节管理、形成性考核管理、课程考试、成绩管理到毕业论文等教学管理全过程的信息化，同时也实现了网络辅助教学、网上信息查询、网络办公等日常教育教学活动的同步信息化。

1. 通过现代远程教育平台实行动态全程管理

试点高校均投入大量资金进行网络教育软硬件平台建设，建成了基于计算机网络技术和卫星通信技术的先进的远程教育网络和教学支撑平台，对学院、学习中心实行一站式的数字化管理服务。现代远程教育平台主要由教学教务管理系统和教学支撑环境两部分构成。

（1）教学教务管理系统：全面实现用户信息管理、系统基础信息管理、教学计划管理、总站招生管理、收费管理、教材管理、教学实施管理、学籍管理、考试管理、成绩管理、教学分析管理、毕业管理、学位管理等职能要求。实现学院总部权限职能分配的分级管理，同时保证系统管理数据的可靠和稳定。

（2）教学支撑环境：提供网上非实时的教学功能、在线课件制作功能、网上课程点播功能、网上协作学习功能，让学生完成网上学习、网上作业、网上自测与考试、网上答疑等教学过程，同时对教师的教学、学生的学习情况进行质量跟踪，并可以发布系统公告、各类学习信息、考试信息、课程介绍、教师介绍等。

2. 过程学习监控管理

各试点高校通过网络教学管理平台对学生网上登录、提问、作业、讨论及课件点播、参与实时课堂和模拟题练习等进行统计，监控课程教学活动的落实情况，从而及时了解学生的学习情况，加强教学监控的力度。同时也可以查看教师的登录、提问、答疑、布置作业、讨论等情况，管理员还可以直接参与到学生与教师的交流过程中。例如，北京外国语大学利用学习平台提供的强大的监控功能，查询学生的学习进度、在线记录、作业及自测提交情况、考试预约情况、面授出勤情况等，及时了解学生的学习状况，跟踪学生的学习轨迹。

3. 课程互选和学分互认的研究与实践探索

2011年“高等学校继续教育课程学分标准及质量内涵和学分转移制度与机制的研究及应用”项目由北京师范大学承担，多所高校参加。项目旨在研究国内外继续教育课程学分标准、认证及转移的制度与机制，深化高等学校继续教育课程内容、教学方法、支持服务及教学管理改革，探索高等学校不同层次、学科的继续教育课程的学分标准及质量内涵和学分转移制度与机制。2012年，项目正式启动了第一批试点，7所高校共开设公选课程7门，1 654名学生参与并从中受益。华东理工大学、大连理工大学等5所高校联合开展理科类课程互选和学分互认，项目学校积极引导相关专业的学生进行学习，被选课程共计10门，学生总计225人。

五、信息化考试与监管系统建设状况

为了加强网络教育的质量监管，教育部于2004年决定对现代远程教育试点高校网络教育学生的部分公共基础课实行全国统一考试（以下简称统考），统考成绩合格是教育部高等教育学历证书电子注册资格的条件之一。2005年至2012年成功实施了22次正式考试，统考考生总规模达1 041.84万人次。统考工作作为国家考试体系中的重要组成部分，建立了一套全新的考试组织体系、考试模式和监管措施，组织建设并逐步完善了统考试题库，对促进网络教育质量的提高起到了极为重要的作用。

经过十余年建设，教育部以中国远程与继续教育网（http://www.cdce.cn）为平台和门户，建立了信息化的继续教育（重点是网络教育）质量监管体系，逐步实现了网络教育年报年检、评估、统考和日常工作的信息化及数字化学习资源标准化管理与共享，推进了网络教育政务公开化及对公众的信息与资源服务等，实现了一系列管理体制机制的创新，对整个继续教育（重点是网络教育）进行了全方位的管理与监控，基本实现了继续教育的信息化质量监管。

（一）信息化考试系统建设情况

1. 考试平台建设情况

经过不断完善，全国网络教育统考工作现已实现了在全国范围内的全程信息化管理。在考试前，从统考基础数据采集、确认、查询，到网上报考、预约考试和网上缴费，再到自动编排考场（混编考场）、实时打印准考证、身份验证等，实现了考前的连锁信息化管理。在机考过程中及考后，实现了基于大容量题库的现场随机抽题、自动组卷、自动交卷、自动评分、成绩实时上传、考试数据加密备份及后续数据统计等系列自动化管理。信息化的统考管理，极大地提高了统考的组织效率和工作水平，有效地防范了考试泄密、作弊和替考等行为，方便了学生报考和参加考试及成绩查询。

（1）可靠性和稳定性。统考平台系统具有高可靠、不间断、易恢复等完善的功能和较高的技术水平，采用了网络负载均衡技术、高速缓存技术等，形成了一个完整的解决方案。在考试系统设计中，针对不同的应用和不同的网络通信环境，采取不同的措施，包括系统安全机制、数据存取的权限控制、数据传输的加密等手段来保障系统的可靠、稳定运行。

（2）安全性与保密性。为了确保题库的安全性与保密性，保证考试的公平、公正，应采用一系列的安全与保密技术，主要包括：

——虚拟磁盘方式数据加密技术；

——基于角色管理的安全访问控制，防止越权访问；

——基于硬件（USB Key）数字签名的用户认证登录方式，保证只有合法用户才能使用题库；

——不同级别的数据加密技术，重要数据采用强度更高的加密技术；

——数据细粒度授权访问机制，对数据访问进行精确控制，形成一个完整的题库信息管理系统解决方案；

——指纹技术、数据时间戳技术，保证题库过期失效；

——考生开考即时解密技术，确保题库下发后的安全与保密。

2. 题库系统建设情况

统考的机（网）考采用试题库形式，考生考试完全基于网络考试平台进行，试题为随机抽题，改变了传统考试使用A、B卷考试的模式，有效避免了作弊现象的发生。

题库系统采用按题、块、套组卷的形式，并通过曝光度、知识点、难度等属性进行组卷，满足不同科目考试需求；在组卷程序的实现上采用面向对象的思想，根据题型、难度、知识点分布、试题曝光率、知识点间关联、试题间关联等多种因素模拟人工组卷，动态优化模型的求解过程，在模型所有可能解空间中找到最优解，有效提高命中精度和组卷效率；使用遗传算法内在的并行性，有效地解决计算量大的问题，具有全局寻优和收敛速度快的特点，以适应考试系统题库庞大和对组卷速度要求高的特点。

3. 考务管理建设情况

统考考务管理体系的架构为层级、分工负责管理，即中央奥鹏远程教育中心—省级电大奥鹏管理中心—考点。统考考务管理体系建设的重点是：制定并执行科学、合理、严格的考点考场建设标准；建设覆盖完整、布局合理的考点体系，方便考生就近考试；建设一支业务熟练、公正负责的考务队伍，提供规范的考试组织和服务；建设技术先进、功能强大的统考考务管理系统，实现考务信息实时共享；充分发挥成熟的信息技术在考场监控中的作用，逐步建设和完善考场网络监控系统，做到考试过程可监控、可记录、可追溯。信息扁平化流动、业务操作层级化审批的统考考务管理系统，可以实现考务工作的自动化，大大降低人工作业量，提高考务工作效率和精确性。

（二）信息化监管系统建设情况

1. 中国现代远程与继续教育网

中国现代远程与继续教育网由教育部授权，全国高校现代远程教育协作组、全国高校网络教育考试委员会主办。网站具有四大特色功能，即教育部高等教育司部分政务公开窗口、年报年检和资源服务入口及平台、统考信息系统服务、远程教育基础数据库，承担着如下责任：及时准确地发布教育主管部门有关远程与继续教育方面的政策、法规以及相关规定，大力促进远程与继续教育的宣传和发展导向；为全国网络教育管理机构提供统考、评估、年报年检等信息服务；为全国高校的网络教育学院以及其他远程教育机构提供业务交流、政策咨询和信息发布服务；为网络教育机构提供学习指导、信息发布、合作交流等服务；为国内外网络教育的交流提供服务，为学生提供招生、学习、就业指南服务，为教育界和社会公众提供真实、可靠、准确、权威的远程与继续教育信息服务，为社会和学习者提供培训和支持等服务。

2. 年报年检与教学评估信息系统

教育部从2002年开始实行年报年检制度，开展网络教育专项检查工作，并会同省级教育行政部门加强对校外学习中心的检查评估。截至目前，年报年检系统支持2002—2012年所有试点普通高校和电大系统的年报年检工作，数据记录达数千万条。该系统具有试点高校年检数据报送、教育部信息发布、专家信息化评估等功能。

（1）网络教育试点高校：通过系统上报学校的基本信息、校外学习中心情况、专业及课程开设情况、资源建设情况、学生学籍情况、学习支持服务情况以及考试评价情况等数据。

（2）教育部：通过系统发布专业和课程目录，每年组织专家对试点高校进行评审（年检工作），发布政策性文件并监督网络教育的各个环节。

（3）评审专家：每年通过系统完成对网络教育的评审。

（4）公众：通过系统查询与网络教育相关的信息，实现对网络教育的监督。

3. 网络教育阳光招生服务平台

为规范现代远程教育的招生流程，面向社会大众提供信息服务，教育部组织建立了直接服务全国公众的全国网络教育阳光招生服务平台，实现了“七公开、六数据、五对象、四服务、三对接”的功能。“七公开”是指系统公开七项招生信息，分别是招生政策、招生资质、招生简章、招生计划、校外学习中心、录取信息以及投诉查处等。“六数据”是指系统通过调用“高校网络教育质量监管系统”的数据，建立了相对独立、相互关联的六个基础数据库，以实现各级教育行政部门之间、试点高校之间的信息共享，减少数据失真，提高工作效率，同时更好地服务于公众。“五对象”是指平台逐步完善了面向学生、校外学习中心、高校、省级教育行政部门、公众等五类对象的服务机制。“四服务”是指平台引导试点高校建立发布信息、发放准考证、发放录取通知书、受理投诉等四个环节的直接服务机制。“三对接”是指平台实现了新生学籍注册、网络教育统考、学生毕业电子注册等三项工作的系统数据对接与查询服务。

4. 考试监管体系建设

目前，依托中央电大现代远程教育公共服务体系，全国建立了包括西藏阿里在内的近800个标准化考点。现已在网考办、中央电大及考务单位建成了4处中央监控指挥中心，在44所省级电大、中央电大西藏学院及部分地县级电大235个考点安装了考场网络监控系统，2 086个考场实现了实时录像监控，保证了考试过程可监控、考场视频记录可调用、考试违纪责任可追溯。中央监控指挥中心可以对各地考场的考试过程进行全程监控，可以随时掌握各地考试现场情况，并实施对全国统考考点考场的远程监控和指挥。

各地考点配备与中央监控指挥中心相连的考场网络监控系统、与考试系统相连的身份证验证识别系统，实施立体化的全程信息化考试监管，并实行考试期间现场监考、实地巡查、远程监控、暗查暗访等工作制度，保证了考试公开、公正、公平地进行。

5. 高校信息化质量监管

在各级教育行政部门采取强有力的信息化质量监管的同时，各高校也普遍采用信息化管理平台，实现了对自身继续教育办学过程的信息化监管，加快了学校管理信息化进程，推动了学校管理规范化、透明化，提升了管理效率与决策水平，提高了办学效益。

（1）高校继续教育信息化平台建设。高校继续教育内部的信息化监管，通常包括从学生注册到毕业整个教学流程和所有数据的网上管理。教学平台整合集成了完善的信息发布、网络教学、知识共享、管理服务和校园文化生活服务等多项功能，推进了系统整合与数据共享。教学全过程实时记录，可随时统计查询，各项业务实现了信息化监管。很多高校在教学平台设计时借鉴了ISO9001质量管理的理念，以PDCA（Plan-Do-Check-Act）模式规范平台开发的各项业务流程，环环相扣，加强了质量管理，做到了

"以人为本、服务师生、业务协同、提升质量"。同时还借鉴了ERP（企业资源计划）理论整合业务流，数据共享且透明，实现业务协同、服务联动、严格授权、保留历史、增加监控、进度跟踪、效果评价等功能。在实现数据共享的基础上，各高校纷纷加强对学院业务流程的监控，实现了全方位、多层次、立体化的教学质量监控。

（2）高校继续教育信息化监管制度建设。在加强信息化监管平台建设的同时，各高校还逐步探索并完善了信息化监管的制度和规则。首先，形成了招生、专业、年报年检等定期上报制度，定期接受上级主管部门的检查和评估。其次，利用信息化手段加强了对学习中心的规范化管理，定期对学习中心进行信息化评估，加强了质量监控。最后，建立了教学评价系统，并通过网上问卷、满意度调查等方式，采用实时评价和阶段评价相结合的方式对教学过程信息进行采集调查，定期汇总和分析，并据此做出改进，以提升教学质量。

六、基于信息化的继续教育公共服务体系发展状况

2001年，教育部批准中央电大依托全国电大系统建设现代远程教育公共服务体系（即奥鹏远程教育中心，以下简称奥鹏）。2007年，教育部先后又批准弘成科技发展有限公司（以下简称弘成）、知金教育咨询有限公司（以下简称知金）分别联合有关高校开展"现代远程教育公共服务体系建设试点"项目。

（一）公共服务体系建设与机制创新

公共服务体系作为远程教育服务运营方，以市场需求为导向，引入现代企业管理理念，形成公司总部及学习中心的连锁式经营管理模式。公共服务体系对各地学习中心进行规范化、专业化的管理，包括建立了统一完善的各项管理制度、系统的培训考核体系、严格的监督机制。此外，公共服务体系积极探索和尝试与行业企业合作的发展模式，逐步向社会化服务拓展。

1. 奥鹏——依托电大体系，服务行业、社区

奥鹏依托中央电大，采取特许经营及加盟的形式在全国建立了1 700多家奥鹏远程教育学习中心、400家培训中心，并与40多所重点大学合作，所涉招生专业300多个，为遍布全国的130多万名学生提供学历/非学历教育咨询、报名、学习辅导、课程考试、缴费等学习支持服务，并为中小学校长、教师提供培训服务。

奥鹏部分学习中心积极探索了面向社区、行业的全民终身学习服务的体制机制再创新，如奥鹏芜湖示范点、奥鹏西安示范点分别与当地政府合作，建设了南瑞社会数字化学习中心、未央区数字化学习中心，开展各类社会人群的非学历教育培训，初步形成了"政府搭台，奥鹏运营，公益性服务与市场服务并重，政府买单与个人付费结合，学历教育和非学历教育协调发展"的新模式。

2. 弘成——标准化直营管理模式

经过六年的运营管理，弘成积累了大量对学习中心进行规范化、专业化管理的经验，其中包括建立了统一的店面建设规范、完善的各项管理制度、系统的培训考核体系、严格的监督机制等。通过学习中心业务管理平台，结合OA系统更好地执行标准化的建设工作，使学习中心的各项业务能够按照标准化流程实施。弘成总部具备了连锁服务所需要的用流程和机制进行管理控制的能力，各地学习中心也可以像连锁体系的下属机构一样，直接得到总部的规范化管理制度和标准、培训、服务及监督。

弘成借鉴国内外网络教育经验，依托技术支持、运营、课件开发、招生推广等四大体系，建立了网络教育整体解决方案，包括开展网络教育必需的网络教学、课件开发应用、网络通信、服务管理、虚拟校园等五大平台。依托四大体系、五大平台，弘成为学生提供“一站式”学习支持服务，满足学生个性化的服务需求，保证了操作流程的统一性、服务质量的稳定性以及推送服务的灵活性。

3. 知金——三级架构，服务高校、行业企业

知金采取总部、分公司、学习中心三级架构，在北京、上海、山东、广东成立了四家分支机构，建立了十多家示范性校外学习中心，为北京大学、北京理工大学等国内二十多所高校提供远程学历教育招生与服务。同时，与高校、行业（如工信部）、企业（如迪信通）展开系列深度合作，打造企业内人才培养计划，共建企业大学，搭建企业学习平台，采取线上学习与线下学习相结合、网络学习与面授学习相结合、互联网与移动网络相结合的人才培养方式，培养知识与能力并重、理论与实践结合的应用型人才。

（二）公共服务平台建设与服务

公共服务平台是公共服务体系为学习者搭建的学习“桥梁”，是学习者完成整个学习过程的支撑。我国三家现代远程教育公共服务体系均建设了功能完善的信息化平台。

1. 远程教学管理服务系统

奥鹏利用其一百余人的IT技术研发团队、高可用性服务器和网络带宽，建成集招、教、考、服、管各项功能于一体的大型现代远程教育开放平台（OEMS系统），使其具有资源传输、教学过程服务、管理、跟踪和监控等功能，可容纳多院校、多教学项目、多教学模式、多种办学层次，实现对数千家学习中心及数十万名学生的管理与服务。OEMS系统不仅可以为部分网络教育试点高校开展远程教育提供安全可靠的资源平台、教学管理平台、学习平台、数据平台，还可以与其他网络教育试点高校教学管理平台对接，实现了为40余所高校130余万名学生提供“一站式”网上学习服务。

弘成一直致力于远程教育领域支持服务系统的研究和开发，并拥有完全自主知识产权的全系列远程教育技术产品，包括以网络教学平台、课件开发应用平台、网络通信平台、服务管理平台和虚拟校园平台五大平台为核心的网络教育整体技术解决方案。在此基础上，弘成又设计开发了专门的公共服务体系管理平台，不仅能够很好地支持公共服

务体系所特有的一些业务功能，而且能够充分适应现代远程教育管理灵活多变的特点，提高了弘成公共服务体系的整体管控效率以及学习中心对学生的服务支持能力。

知金在自身服务平台的建设方面，尤其注意加强学生日常的学习服务与管理、校外活动的组织与管理，运用教育新理念，利用新技术、新媒体，重视教学互动的设计，构建了六大核心信息化系统：（1）内部管理信息化系统，保证从内部管理、对外宣传、过程管理到质量监控等各层面的立体信息流的通畅；（2）成教网络化学习平台，提出了整套的网上教学解决方案，并结合游戏中的任务概念提出了独特的学习任务系统，寓教于乐；（3）两网融合的泛教育平台，是适合各类学校、企业、培训机构开展远程教学、学生管理、视频课程录制和发布的一体化解决方案；（4）现代远程教育智慧课堂，其中，多媒体智能互动教室系统通过人的手势和触摸与电脑进行交互，实现了跨平台、跨设备的信息共享和内容推送，对于增加学生的参与度和互动性，打造个性化、互动式的学习支持服务，提高现代远程教育的质量有很大的帮助；（5）成果展示系统，全方位地展示知金在与高校合作、学习中心建设、资源共享、学分共享、质量管理体系建设等各个方面的工作开展情况及工作成绩，并在远程教育领域广泛推广；（6）舆情监控系统，第一时间获得网络舆情，追踪舆情内容，发现传播源头，监控传播主体，做好远程教育支持服务，促进远程教育健康有序发展。

2. 呼叫中心

奥鹏于2001年10月成立了全国第一家远程学习支持服务——奥鹏远程接待中心，旨在为网络教育学员提供便捷的远程学习支持服务。该中心服务能力达到万级座席规模，单点最大支持7 000座席，12 000线中继接入，可根据业务发展实现无缝扩容，为业内最先进的VOIP通信系统及多媒体呼叫中心；目前已在全国设置了近4 000个咨询座席、300余个学业顾问座席，以千门课程的10大门类学科为单位设置了200余个学术性专家座席，以及在教材、教学、学籍、学务、考试、技术等方面设置了100余个二线支持运营部门节点经理，为学员提供实时、非实时师生交互以及学科专业指导。

3. 网络考试系统

奥鹏考试业务发展中心自2003年承接第一所现代远程教育试点高校的课程考试开始，目前已发展成为能够承接和组织现代远程教育试点高校统考、学历课程考试、入学测试、学位外语考试及社会化考试的服务与运营的专业化考试服务提供机构。同时，利用网络信息技术，搭建考试公共服务系统平台，整合各类型考试流程，提供优质的考试服务。目前，统考平均每年组织200万次，课程考试平均每年组织200万次，社会化考试平均每年组织10万次；“久安工程”已建成覆盖400个考点和3 000个考场、体系完整、辐射全国的远程网络监控体系。

第二节　国家开放大学发展状况

一、国家开放大学的发展脉络

中央广播电视大学（简称中央电大）是采用计算机网络、卫星电视等现代传媒技术，运用印刷教材、音像教材、多媒体课件、网络课程等多种教学媒体，面向全国开展远程教育的教育部直属高等学校。

中央电大是邓小平同志在1978年2月亲自倡导并批准创办的。1979年2月6日，中央电大与全国28所省级电大同时开学。目前，中央电大和44所省级电大、929所地市级电大分校（工作站）、1 852所县级电大工作站共同组成了世界上规模最大的远程教育系统，成为国家公共教育事业的重要资源。

中央电大的主要任务：面向在职成人开展高等学历教育和非学历教育培训以及公共服务，包括为行业企业从业人员和部队士官及其他社会成员提供接受高等教育的机会；开展岗位培训、证书教育及农村实用技术培训，以及为各类社会成员更新知识和掌握新的技能、休闲学习提供教育服务；统筹利用电大体系教育资源，建设远程教育公共服务体系，为高等学校及其他教育机构开展远程教育提供学习支持服务。

2012年6月，教育部正式批复在中央广播电视大学的基础上组建国家开放大学（教发函〔2012〕103号）①。7月31日，国家开放大学在人民大会堂正式揭牌成立，时任中共中央政治局委员、国务委员刘延东为国家开放大学揭牌并发表重要讲话。她指出，国家开放大学“要以现代信息技术为支撑，整合共享优质教育资源，创新教育教学模式，办好中国特色的开放大学”，“要推进信息技术与教育教学深度融合，完善以学习者为中心、基于网络自主学习、远程支持服务与面授相结合的教学方式，创建友好的数字化学习环境”②。

二、国家开放大学建设与运行概况

作为一所具有鲜明信息化特色的新型大学，国家开放大学把利用现代信息技术开展教学作为办学的基本支撑，面向全体社会成员开展学历与非学历继续教育，实现教育教学改革创新和优质教育资源的集聚、整合、共享。国家开放大学坚持“四个面向”的办学方针，注重为广大基层、农村、边疆和少数民族地区的学习者服务，特别关注残疾人等弱势群体以及部队士官的学习需求，扩大教育机会，承担社会责任，促进教育公平。

① http://www.moe.edu.cn/publicfiles/business/htmlfiles/moe/s181/201207/xxgk_138826.html。
② http://www.moe.gov.cn/publicfiles/business/htmlfiles/moe/moe_838/201208/140111.html。

目前，注册在籍学生359万人，其中本科学生109万人，专科学生250万人。同时，非学历继续教育培训达1 039.19万人次，教学点分布情况如图5-2所示。

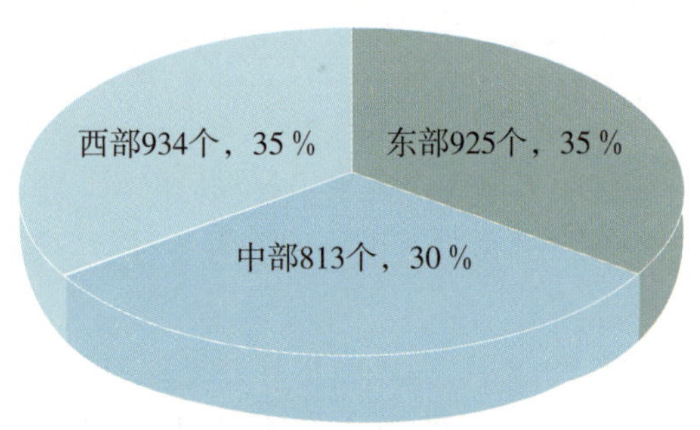

图5-2　国家开放大学教学点统计

国家开放大学的办学体系由总部、分部、学院、学习中心组成。总部依托中央广播电视大学组建。分部依托原有的44所省级广播电视大学，按照“自愿、平等、合作、共赢”原则设立。学院和学习中心依托原有的地市级电大分校（工作站）和县级电大工作站设立。同时，国家开放大学与清华大学、北京大学等23所普通高等学校成立了大学支持联盟，与人社部（即人力资源和社会保障部）、国家人口和计划生育委员会等16个部委（行业）成立了行业支持联盟，与重庆、沈阳等16个城市成立了城市支持联盟，与中粮集团、中国电信等5家企业成立了企业支持联盟。通过与相关部委、行业协会、企业合作，建立若干行业企业学院，下设学习中心，进行专业建设、人才培养、学位授予等方面的合作。

国家开放大学共开设专业92个，包括26个本科专业和66个专科专业，其中有19个专业具有国家开放大学学士学位授予权。国家开放大学现有教职工约12万人，主要从事教学、管理等工作，形成了以课程团队运作为特征、以学习支持服务为特色的教师队伍和教学管理队伍。

三、国家开放大学信息化公共支撑平台建设情况

国家开放大学信息化建设遵循“需求导向、教学切入、协同创新、深度融合”的基本原则，坚持以需求为导向、以学生为中心开展信息化总体设计，以信息技术的教育应用引领国家开放大学的办学模式、教学模式、学习评价模式和支持服务模式的改革，不断探索建立“网络核心课程、网络学习空间、网络教学管理、网络学习支持服务、网络学习测评、网络教师团队六网相融通，优质资源、云路端有机结合”的数字化教学环境；围绕“造云、借路、建端”的信息化建设主体思想，以推动信息技术与继续教育深度融合为目标，始终致力于通过信息化建设提高学历教育办学水平和质量，支撑社区教育、

职业教育、行业教育等非学历教育项目的全面展开，为国家开放大学建设奠定坚实的技术基础。

（一）支撑平台建设

2012年作为国家开放大学的过渡转型期，信息化各项建设尤其是平台建设面临前所未有的机遇与挑战——既要保障开放教育业务稳步提升，又要探索新模式下依托信息化手段支撑国家开放大学系统办学。

特定的历史时期决定了国家开放大学信息化建设的特殊内容——既要完成原有教学、考试、管理、科研等信息系统的整合和升级，同时还必须启动适合国家开放大学业务发展需要、体现现代信息技术特点的远程教育服务支撑平台（一期）建设，包括研发学习及学习管理、移动办公、门户、数字图书馆等应用系统，建立覆盖全国省级电大的考试监控、高清视频授课、远程接待系统，启动具有自主知识产权的国家开放大学移动互联学习终端研发工作。

此外，作为信息化建设的重要组成部分，数字资源建设也取得了长足进步。在已有的近万门（9 949门）学历教育和非学历教育课程基础上，2012年国家开放大学已通过购买、新建、改造、整合等多种方式，集聚众多优质教育资源，并推送到广大基层、农村、革命老区、边远和民族地区，促进社会优质教育资源共享。学历教育方面，对中央电大现有1 200门学历教育课程进行完全基于网络的全媒体、数字化、多终端应用的学习资源补充、改造，聚集整合包括国外公开课、国家精品课程、普通高校网络公开课程1 000门。非学历教育方面，建设包括公民素质教育、社区教育、“三农”教育、国防教育等系列讲座2 000学时。

5

1. 完成开放大学信息化建设项目顶层设计和论证

与思科、中国电信、IBM、东软等国内外多家知名技术公司合作，积极推动其参与国家开放大学信息化顶层设计，并形成《国家开放大学信息化建设规划》。随后，遴选国内外十位知名专家对规划进行论证、咨询，按专家反馈意见改进后送校内相关人员进行审核、质询。

《国家开放大学信息化建设规划》确立了“造云、借路、建端”的信息化建设思路和以“网络核心课程、网络学习空间、网络教学管理、网络学习支持服务、网络学习测评、网络教师团队”六网为核心的信息化建设核心内容，详细规划了国家开放大学未来三年信息化建设任务、目标和路线，如图5-3所示。

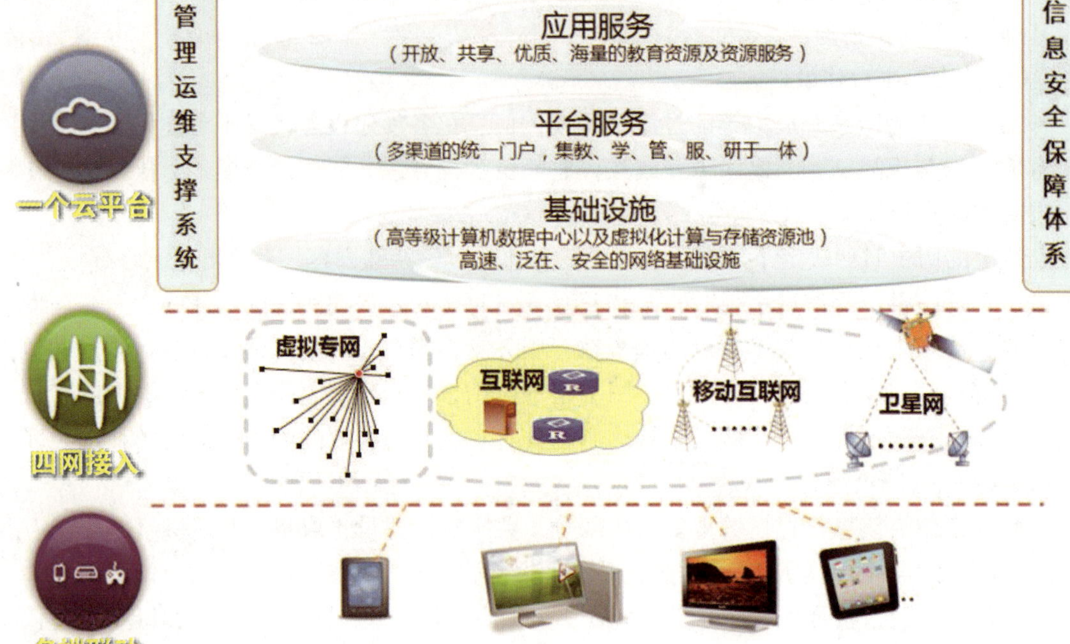

图5-3　信息化建设思路

2. 成立有关信息化建设领导和工作组

为确保国家开放大学信息化建设科学、规范、有序、高效，保证信息化各项建设工作的顺利推进，国家开放大学率先成立了由校内领导及相关部门负责人组成的国家开放大学总部信息化建设领导小组、国家开放大学信息化建设工作小组，同时还成立了由国内教育信息化领域顶级专家组成的顾问委员会，由国内教育信息化领域年富力强且活跃在一线、有丰富的信息化建设经验、能为国家开放大学信息化建设提供建设思路的专家组成国家开放大学信息化专家委员会。2012年8月6日，首届“国家开放大学信息化建设专家研讨会”在国家开放大学总部顺利召开，与会专家一致认为国家开放大学信息化建设不仅要带动国内的教育创新，也要带动技术的创新，同时还要促进教育水平和教学质量的提高。专家结合多年从事信息化工作的经验，以及国家开放大学信息化建设实际情况，对国家开放大学信息化建设提出了建议。

3. 推行信息化标准建设

为确保广播电视大学现有支撑330万名学历教育学生在线学习、管理的各类业务系统能融入未来国家开放大学信息化建设中，中央电大牵头对现有教学、考试、管理、科研、新闻宣传等信息系统进行全面梳理，并按类对梳理筛选出的126个业务系统进行了全面的技术评估。评估也确立了“标准先行”的信息化建设思路，试图在遵循国标与部标的基础上，充分考虑国家开放大学教学及教学管理业务的特殊性，形成纲领性文件以指导国家开放大学及其分部的信息化规划、建设及运行。

国家开放大学数据标准建设工作自2012年12月启动以来，完成了以下几个方面的内容。第一，应用系统的梳理与调研。通过对校内已有126个应用系统的梳理与调研，从中选取了24个系统进行重点分析，并形成了各个应用系统间的数据流向图，从整体上把握数据标准大的范围，为数据分析工作奠定基础。第二，关键数据编码与属性的调研与分析。遵循“从关键业务到关键系统，再从关键系统到关键数据”的原则，对现有关键业务的工作流程，关键系统的功能、编码和属性进行了调研与分析，将数据编码的体系结构分为学生、教职工、机构、课程、专业、考试、资源、奖惩这八个大类，形成了《现有关键数据与属性调研》报告和《关键编码规则与数据字典（草案）》。

4. 搭建网络学习空间

根据英国开放大学、阿萨巴斯卡大学等国际一流开放大学采用Moodle开源平台为基础开发学习平台的情况，以及Moodle平台本身所具有大量的学习环境设计的工具、支持用户自定义等强大功能，国家开放大学确立了以Moodle平台为基础进行升级改造并与其他管理系统打通，以建设学习空间的思路。

网络学习空间以学习者为主体，以课程或者专业学习为基础，以学习过程为主线，可以实现网上注册、报名、选课、缴费、学习、测评、教学互动、行为记录、统计分析、支持服务、毕业、信息查询等应用服务，如图5-4所示，为学习者提供一站式、个性化、智能化、灵活、开放、便捷的数字交互教与学的环境，支持对教与学全过程的方便管理，支持各类机构资源和信息动态发布。

教学管理	在线学习	在线测试	支持服务	统计与监控
1.分级设置 2.教学公共信息维护 3.学员管理 4.师资管理 5.课程管理 6.考试管理	1.学员个性化选课 2.自主学习 3.在线交流讨论 4.生成学习档案	1.在线组卷 2.随机抽卷 3.在线测试 4.自动阅卷 5.考试成绩统计	1.拓展学习资源 2.学习资源使用指导 3.在线辅导与答疑 4.考试结果查询	分级别统计、监控学员学习情况（包括学员来源、进度、评价等）

图5-4　网络学习空间的应用服务

网络学习空间包括教师空间和学生空间，是教师与教师、教师与学生、学生与学生建立协作教学与互动教学的个人工作和学习的空间。教学空间运用了Web2.0、SNS、Blog、Tag、Rss等技术，为师生在教学活动中各种关系的建立提供了方便、快捷的工具。

5. 完成国家开放大学门户系统建设

完成国家开放大学门户网站设计、首页栏目设置及具体内容，并部署上线进行功能测试与压力测试。开通国家开放大学门户网站，为教师及学生提供一站式登录入口，动态展示学校办学特色和理念、各级办学机构办学动态、学习资源，为全社会了解国家开放大学提供统一的入口，为社会公众无障碍浏览资源与学习课程提供公共服务，为国家开放大学的教师、学生、管理人员及合作伙伴提供主要应用系统的通道入口。

6. 启动平台建设计划

升级改造现有教学平台、教务管理系统、Web2.0网络课程建设系统、高等教育基础信息报表系统、学生评优申报审核系统、邮件系统、员工工资查询系统、时讯网、公文流转、电子档案管理等10个系统。

新建国家开放大学远程教育公共服务云平台身份识别与访问控制系统、学分银行系统（一期）、中等职业教育学习及学习管理系统、考点监控系统、考试预约系统、移动办公系统、教师培训系统（一期）、教学资源销售与配送系统、资产管理系统、无线网认证及网络流量监控系统等10个业务系统。

研发满足国家开放大学总部、分部和基层教学点三级招生管理需要的阳光招生平台，实现招生过程信息化管理和过程管理的实时监控，提升招生工作的效率和质量。

7. iTunes U资源共享建设

2013年2月1日，国家开放大学iTunes U站点正式上线。首批推出30余门免费公开课，内容主要为对外汉语教学和中国文化教学资源，可以为国内外汉语和中国文化教学者提供从零起点到中级的语言课程和中国文化欣赏课程。公众可通过苹果iTunes U App自由下载或订阅这些教学资源。国家开放大学iTunes U站点的建立是国家开放大学借鉴国际经验，促进中华文化走向世界，践行国家开放大学“开放、国际化”核心理念的重要举措。

8. 启动国家开放大学云教室建设项目

为落实国家开放大学“十二五”期间对口援助新疆、西藏等西部地区信息化建设计划，国家开放大学启动了面向西部六省、自治区（新疆、西藏、广西、贵州、甘肃、青海）的国家开放大学云教室建设项目。

云教室建设采取总部和分部共建共管的模式。以总部为中心，以分部为纽带，以基层学习中心为载体，以现代信息技术为引领，依托高速互联网络，建设互联互通的云教室。云教室具有在线面授教学、远程实时教学、课程实时录播、网络直播教学、视频会议、远程面试与答辩、网络考试与考试监控等功能，可以支持并满足各种网络条件下的教学、会议、考试等教学业务的开展。云教室项目是利用信息技术，将分布在全国各地的一线教室进行互联互通，通过教室与教室的连接，达到教师与教师的互联、学生与学生的互联。

2012年4月，国家开放大学云教室试点建设项目正式立项。2012年6月，国家开放大学第一间云教室在广西北海电大正式建成并投入使用，取得了较好的效果，并受到了教育部副部长杜占元等领导的肯定性评价。2013年，国家开放大学进一步启动云教室一期建设，面向西部欠发达地区建设63间云教室。具体分布情况如图5-5所示。

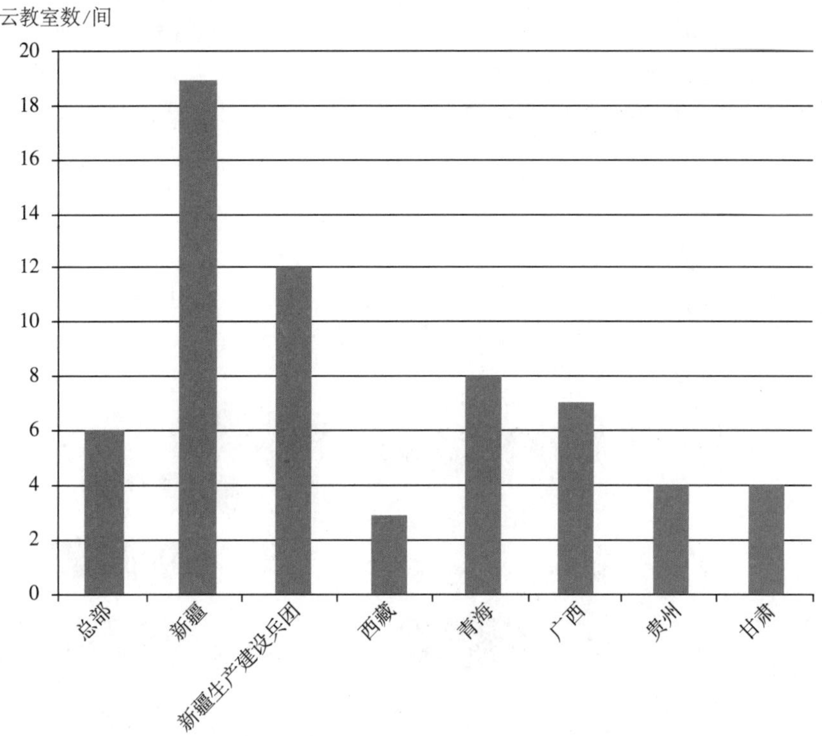

图5-5　国家开放大学第一期云教室试点分布

9. 开通数字图书馆服务

根据开放大学资源共建、共享的原则，在全国电大系统开通数字图书馆服务。通过开发数字图书馆远程访问控件的方式，提升用户远程访问系统、统一认证系统的良好性和健壮性。

同时，适应读者阅读习惯的变化，开展移动图书馆试用工作。基于龙源期刊网，推出了“国开阅览”安卓版应用，提交国内主要App应用市场上线，开通移动图书馆（Web版）试用服务。

10. 移动终端的研发与应用

为了满足国家开放大学教育教学发展的需要及各类学习者的学习需求，国家开放大学启动研发移动互联学习终端机，为实现人人皆学、时时能学、处处可学提供有力的信息技术支撑。2011年11月，国家开放大学与联想集团试点研发移动互联学习终端机的DEMO（样机）。该DEMO版的终端硬件采用国内首创的屏幕双触控技术，同时支持手指触控、手写笔输入两种输入方式，支持学习者保留原笔迹的输入效果，提高学习者的学习体验；终端具有各种不同类型网络接口，包括有线（RJ-45）、无线（Wi-Fi、3G）等，满足各种网络条件下学习者上传下载和交流互动的需求，为互联网覆盖条件较差的地区尤其是广大农村解决了接入的难题。终端软件在Android系统基础上为移动教育定制操作系统mLningOS，优化获取和阅读数字出版物的效果。在服务器端系统研发方面，实现了Portal平台、学籍管理系统、教务管理系统、信息管理系统、在线商店等系统的全部功能，部分实现学习进度管理系统、资源发布系统等。在终端系统研发方面，实现了学籍注册查询系统、课程及教务查询系统、选课系统、学习进度系统、信息展示系统、在线商店等系统。

11. 资源共享服务平台建设

为了推动资源共享与应用，国家开放大学数字化学习资源中心开发了资源共享服务平台。资源共享服务平台由资源管理系统和资源应用系统两部分构成，如图5-6所示。

图5-6　资源共享服务平台

资源管理系统是平台的基础，采用总中心—分中心两级分布式架构，实行信息统一管理，实体分布存储。为用户提供集约化服务，实现两级平台间的用户信息、目录信息、交易信息、推荐资源、会员资源、定制资源等信息数据交换。同时，通过导入、导出的方式实现两级平台间实体资源的交换。主要子系统包括门户网站、目录中心、交易中心、评价系统、课程库、媒体库、专题库。专项工具包括编目工具、检索工具、导入导出工具、统计工具等。

（二）资源建设与应用

国家开放大学数字化学习资源中心，由总中心和遍布全国的行业、院校、培训机构分中心构成。截至目前，国家开放大学数字化学习资源中心在全国电大系统、高职院校、中职学校设立了109个分中心和10个典型应用示范点，覆盖28个省、自治区、直辖市，用户超过300万人。以此为基础，国家开放大学数字化学习资源中心近40家教育培训机构、学习资源提供商、教育软件提供商、数字出版机构，共同构建了“资源联盟”。

1. 资源整合与开发

汇聚了包括普通高等教育、职业教育、继续教育、社区教育、农村教育等领域的资源，我国和国外的教育资源，包括各类学历、非学历教育课程2.5万门，形成了电大教育、社区教育、农村教育、企业管理培训、职业资格认证等130个专题资源库。媒体资源数量超过21.5万条，资源总容量达到55.5 TB，资源构成具体情况见表5-3。

表5-3　资源构成情况

类型		资源形式	整合数量
普通高等教育资源		实体、目录	国家级1 572门，省级5 604门，校级5 963门，媒体6 558条
职业教育资源	高职高专	实体、目录	国家级1 249门，省级2 855门，校级960门，媒体91 949条
	中职	实体	课件3 047个
	仿真实验实训	目录+试学	媒体5 818条
继续教育资源	网络教育	实体、目录	课程152门
	中央电大	实体	课程593门，媒体31 423条
	地方电大	实体	课程1 855门，媒体34 921条
	培训教育机构	目录+试学	媒体537条
社区教育资源		实体	视频课程715门，媒体2 449条，16.5万分钟
农村教育资源		实体	视频课程1 273门，媒体5 570条，10.8万分钟
港台教育资源		实体、目录	课程197门，媒体2 080条
国外教育资源		实体、目录	课程716门，媒体9 635条
出版社资源		目录+试学	媒体5 818条
教育资源厂商		目录+试学	课程109门，媒体12 767条
异构库资源		实体、目录	素材资源73万条

在资源建设方面，资源中心完成的工作包括：130个系列，含1 302门小课程、33 963分钟视频、322万字的社区教育资源开发；54个系列，含111门小课程、5 710分钟

视频、28万字的中国电视师范学院课程改造；“新思维综合英语”“劳动法学”“VB程序设计”“公司财务”等4门移动课程开发；122学时心理咨询与治疗资源开发；340学时生成性课程开发；7门全媒体课程开发。此外，资源中心完成了4 000门微课程改造，分为美食、保健、书法绘画、美容、家庭DIY、花鸟鱼虫等6大类；在自主选题微课程开发方面，已确定450个选题，分为心脑血管、茶文化、摄影、社会心理学、宏微观经济学等5类，完成5门微课程的开发。

2. 资源应用与服务

国家开放大学数字化学习资源中心通过总中心及分布在各地的分中心和典型应用示范点，面向职业教育、继续教育、社区教育、农村教育等领域的机构以及社会学习者开展了资源公共服务的实践，提供包括目录共享、实体共享、资源定制、资源应用方案在内的多样化服务。

第一，目录信息共享。资源共享服务平台的“目录中心”汇聚了总中心和所有分中心的资源目录信息，并面向社会提供免费查询、订阅、推荐服务。目前，“目录中心”已提供20余万条可供在线检索的网络目录。为更好地推广和宣传资源，促进资源的共享应用，资源中心还面向社会编辑发行了11种纸质资源目录，包括年度资源总目录、社区教育资源目录、农村教育资源目录、虚拟实验实训资源目录等。

第二，资源共享。各地分中心、示范点依托资源公共服务体系，通过学习平台调用、下载使用、教师备课、学生自主选学等方式，面向职业教育和继续教育领域提供学历教育资源服务，服务对象超过了270万人，具体情况见表5-4。

表5-4　学历教育服务对象

服务对象		分中心或示范点	服务人数/万人
职业教育	高职	46个分中心	209
	中职	29个分中心	44.3
继续教育		34个分中心，10个典型应用示范点	19
合计		119个	272.3

同时，总中心与武汉、青岛、长春、珠海、温州、黑龙江、唐山、沈阳等地分中心和典型应用示范点在社区教育、农村教育、党员干部培训、岗位技能培训等领域开展了项目合作、资源合作，提升了分中心、示范点服务当地学习型社会建设的能力。目前，已开展了近50个非学历教育项目，服务用户总人数达到3 240万人，具体情况见表5-5。

表5-5　部分非学历教育项目

类型	项目或网站名称	服务提供单位
社区教育	黑龙江社区教育网	黑龙江中心、总中心
	唐山社区教育网	唐山典型应用示范点、总中心
	武汉终身学习网	武汉中心、总中心
	青岛全民学习网	青岛中心、总中心
	长春全民学习网	长春中心、总中心
	珠海市民终身学习网	珠海中心、总中心
	温州学习网	温州典型应用示范点、总中心
	沈阳i-歌唱实验室系统	沈阳中心、总中心
	安徽社区教育网	安徽中心
	湖湘学习广场	湖南中心
	天津市学习型社区建设	天津中心
	天津市终身学习公共服务平台	天津中心
	西安社区大学网	西安中心
	浙江终身学习平台	浙江中心
	福建终身学习在线	福建中心
	兵团终身学习网	新疆生产建设兵团中心
	深圳终身学习网	深圳中心
	无锡终身学习平台	无锡中心
农村教育	大学生村官学习网	总中心
	兵团绿色农工培训网	新疆生产建设兵团中心
	河南新农村社区远程教育网	河南中心
	天津农业实用技术培训	天津中心

5

续表

类型	项目或网站名称	服务提供单位
党员干部培训	安徽干部在线	安徽中心
	沈阳市公务员在线学习网	沈阳中心
	青岛市机关干部学习网	青岛中心
	珠海市干部教育培训网	珠海中心
	兵团基层党员培训网	新疆生产建设兵团中心
	天津市妇联系统干部岗位培训	天津中心
公务员培训	沈阳市公务员在线学习网	沈阳中心、总中心
	广州公务员培训	广州中心
教师继续教育培训	安徽省中小学教师教育网	安徽中心
	广州中小学教师继续教育	广州中心
	兵团中小学教师培训网	新疆生产建设兵团中心
	天津市农村幼儿园教师全员培训	天津中心
岗位技能培训	广州服务从业人员岗位培训	广州中心
	专业技术人员远程继续教育培训	福建中心
	天津市外来务工人员职业技能培训	天津中心
	广州职工的继续教育项目	广州中心
其他培训	安徽军转干培训	安徽中心
	广州中心部队官兵继续教育	广州中心
	中国精神分析网	总中心
	青岛市安全生产远程教育培训在线	青岛中心
	天津市红十字健康培训进校园项目	天津中心
	中国普法学习网	总中心
	行政强制法培训	福建中心
	广东公职人员（普法）培训	广州中心

第三，提供综合解决方案。在一个资源公共基础平台N个专题资源库的基础上，建

设N个网站，开展多种应用，提供综合解决方案服务，如图5-7所示。

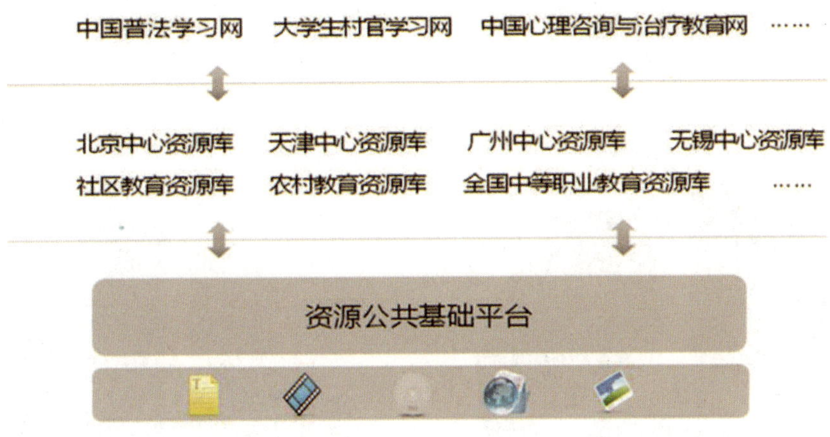

图5-7 资源公共基础平台

目前已为黑龙江广播电视大学、山东广播电视大学、山西广播电视大学、唐山广播电视大学、济南广播电视大学等提供了包括社区教育、公务员培训、数字资源建设等12类解决方案，提升了示范单位服务当地的能力，进一步强化了资源中心体系的建设，见表5-6。

表5-6 部分综合解决方案

序号	方案举例
1	省级社区教育解决方案
2	地、县级社区教育解决方案
3	实名制网络学习空间建设方案
4	数字出版平台解决方案
5	大学资源中心系统建设方案
6	媒体资源管理系统解决方案
7	教育出版社课程教材资源库建设方案
8	公务员在线培训解决方案
9	干部教育在线培训解决方案
10	大学生村官学习资源系统建设方案
11	数字化学习资源建设与应用解决方案
12	未来教室解决方案

第四，开展资源建设培训。资源共享的效果不仅取决于资源共享服务平台和海量的数字资源，还取决于使用者的应用能力，特别是教师制作和应用数字资源的能力。

为提高各分中心和典型应用示范点的数字资源建设能力及管理水平，资源中心先后举办了37期数字教育资源开发实务培训、分中心管理人员资源编目及管理培训，直接培训4 000余人次，间接培训近1万人次，如图5-8所示。

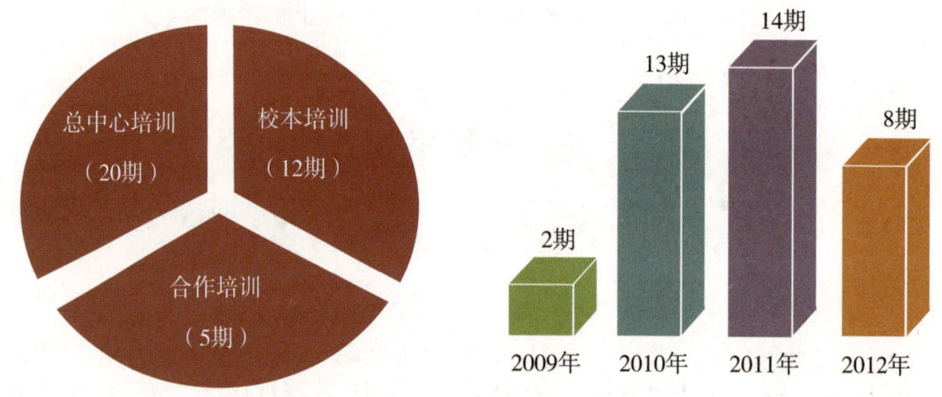

图5-8　资源建设培训情况

国家开放大学数字化学习资源中心建设和聚集了包括国家精品课程、普通高校及网络学院课程、电大课程等各类学历、非学历教育课程18 000门，形成了基础教育、社区教育、农村教育、企业管理培训、职业资格认证等专题的资源库。其中，2012年文本资源36 256篇，IP课件8 723讲，VOD（视频教程）5 973讲，网络课程80门，涉及676门课程，资源数量达到2 300 GB。

（三）支撑平台应用与模式探索

1. 教学平台应用情况

中央电大远程教学平台累计用户总量达到8 119 040人。其中，学生用户为7 940 693人，占总用户数的97.8%；教师用户为178 347人，占总用户数的2.2%。

目前网上课程676门，涉及26个本科专业及方向和69个专科专业及方向。累计组织教学活动23 651场，参加的学生达到231万人次，如图5-9所示。

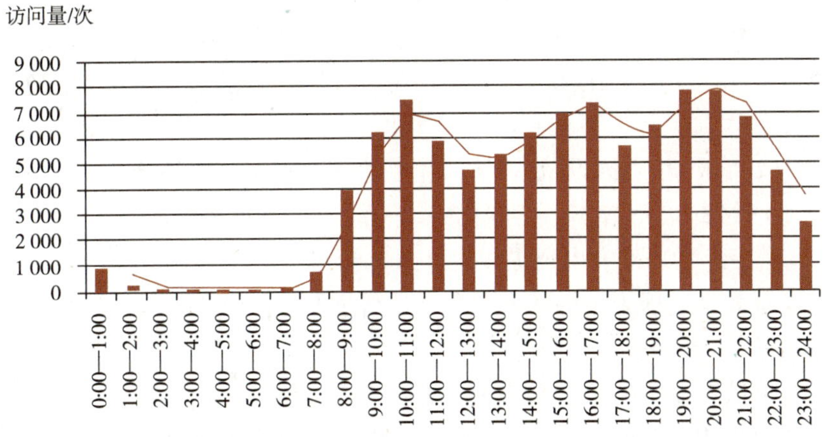

图5-9　教学平台访问量及时间段

2. 大学生村官学习网

大学生村官学习网由国家开放大学主办，“教育部‘一村一名大学生计划’试点”办公室负责管理，国家开放大学数字化学习资源中心提供技术支持；主要依托国家开放大学优质农村教育资源，为大学生村官提供经营管理、法律法规、农业技术、职业技能、农民创业等多个类别的课程资源，大学生村官们可以根据需要，选择课程进行自主学习。同时，该网站还提供村庄风光展示、供需信息发布、互动交流等内容，以及与大学生村官学习相关的教材和音像制品等的邮购服务。截至目前，该网站已整合与发布课程资源3 879门、学习类文本资源2 491条、信息类资源2 465条，建立学习资源专题7个，总访问量近800 000 PV。

3. 六网学习模式的构建

国家开放大学以教学应用为切入点，探索现代信息技术与远程开放教育深度融合的发展模式，聚焦建设重点，形成了以“网络核心课程、网络学习空间、网络教学团队、网络支持服务、网络考试考核、网络教学管理”六网融通为核心的远程教育教学新模式。

（1）网络核心课程。以远程教育新课程观为指导，充分利用高校、社会的优质教育资源，按照“一流教学内容、一流教学方法、一流资源和教材”的要求，重点启动一批具有适应性和实用性、基于网络自主学习的学历专业教育核心课程的建设。为满足学习者随时随地的学习需求，将完成100门网络核心课程的建设，启动3 000门微课程的建设。

（2）网络学习空间。以在线学习为主线，搭建适应学生自主学习需要、支撑学习全过程的学习空间。为学生提供个人课程学习、社会交流和事务管理服务，增强学生网上校园的归属感。2013年底，国家开放大学将为359万名在籍学生提供网络学习空间服务。

（3）网络教学团队。以专业为基础，以课程为单位，组建网络教学团队，开展网上导学、助学和促学活动，实施网上教学。同时，开设网络教师空间，方便教师在线开展教学事务管理、团队交流协作和课程教学，为教师网上教学、交流互动、资源共享提供支持。

（4）网络支持服务。国家开放大学已经启动建设覆盖全国各分部、地方学院、学习中心的，基于网络的，一站式、一体化的，一线座席、远端座席、专家座席相结合的“云呼叫”远程接待中心，为用户提供全天候、全过程、全方位、个性化的远程接待服务，构建以课程教学过程为主的学术服务和以咨询服务、学生工作为主的非学术服务相结合的网络学习支持服务模式。

（5）网络考试考核。国家开放大学探索建立以过程性评价为主导，终结性评价和社会及用人单位评价相结合的多元学习评价模式。大力推进考试制度改革，加大形成性考试比重，降低终结性考试比重，加强知识和技能的应用评价。目前，已经启动数字化试题库和网络考试平台建设，支持随学随考、预约考试。

（6）网络教学管理。国家开放大学将创建全方位、立体式教学管理体系，支撑国家开放大学总部、分部、地方学院、学习中心以及联盟合作机构基于网络开展教学、教务、评估等的全员、全程管理和服务，实现数字化、智能化、便捷化教学管理，为管理者的科学决策提供详尽数据，提高管理效率。

随着六网融通模式的逐渐形成，国家开放大学启动首批专业招生，六网融通模式将在国家开放大学体系内全面投入运行。

（四）数据中心建设与应用

1. 数据中心建设

为彰显国家开放大学信息化支撑能力，学校高标准建设了能服务千万级用户访问、十万级用户的数据中心。数据中心按GB 50174-2008《电子信息系统机房设计规范》C级标准设计、建设，建筑面积524平方米。机房内新购服务器均已实现虚拟化管理，实现了面向总部各单位以计算资源为单位的IT服务。

2. 数字化学习体验中心

学习体验中心面向全社会开放，配备完善的教学软硬件设施，聚合优质海量的教学资源，为体验者搭建一个高仿真的远程协作学习环境，为社会公众和学习者提供一个走进国家开放大学、了解国家开放大学的窗口，学习者在体验中心可以体验到多样化学习方式，享受到优质海量学习资源。学习体验中心划分为六个区域，分别从学习者注册、资源学习、远程协作与交互、自主体验、虚拟时空交互等方面囊括了体验活动的全过程。学习体验中心运用先进的技术手段，全面展示国家开放大学的信息化支撑水平，描绘国家开放大学的未来学习方式，引领远程教育模式的创新发展。

（五）学分银行建设

为了落实《教育规划纲要》中提出的“搭建终身学习立交桥”的要求，国家开放大学于2012年3月13日正式成立学分银行管理办公室（学分认证中心），在人员、经费及相关政策上给予大力支持。目前，学分银行管理办公室承担教育部“国家继续教育学习成果认证、积累与转换制度的研究与实践”项目，组建了以教育部原副部长周远清领衔，多位业内知名专家以及行业部委、高职院校、继续教育领域和培训机构专家构成的高层次专家队伍，按照边研究、边实践、边产出的原则扎实推进各项工作。

该项目得到了36家行业部委和教育培训机构的大力支持，在基础情况调研、专业规则及信息查询建设等方面取得了一些成果。一是完成对15个国家和地区的学习成果认证、积累与转换制度案例研究，完成我国区域学习成果认证、积累与转换制度等实践研究。完成制度设计报告、基础调研报告、专项报告等19篇。二是完成学分银行“一站两库”（门户网站、标准库和终身学习档案库）的建设，覆盖国家开放大学本专科专业库180个，课程5 000余门，试点学生13 000余名的个人信息档案，学习成果数据16 600余条，课程互认案例740余个，实现了数据查询。完成中央电大26个双证改造专业的专业规则和30多个证书规则入库。完成中央电大350多万名本专科在校生和2万多名中专在校生的学习账户建立工作。三是研发了教育部干部培训学分制管理平台，为教育部干部培训成果的积累提供支撑。

5

四、小结

开放大学是我国继续教育的重要组成部分，是我国继续教育信息化的重要支持领域。与一般高校不同，开放大学从创立的那一刻开始就具有鲜明的信息化特征，信息化不仅融入了开放大学的教学过程，而且是开放大学运行、管理的重要支撑，甚至已经成为开放大学创新人才培养模式必不可少的支持环境。

目前，我国已经正式批准筹建北京开放大学、上海开放大学、江苏开放大学、云南开放大学和广东开放大学等多所开放大学。在我国继续教育信息化建设中，开放大学的地位必将进一步凸显，成为我国终身教育体系的重要支撑。

第三节　企业教育信息化发展状况

在我国大中型企业中，企业教育信息化的普及率日益提升，数字化学习（e-Learning）随着信息社会的快速发展而展现它的优势。企业e-Learning的出现使得学习变革更加方便和容易，同时使得企业员工学习覆盖率大大提高，未来e-Learning或将承担企业教育70%的工作量。目前在我国，e-Learning发展迅速的行业主要有银行业、通信业、外资企业、高新技术企业。

我国企业发展e-Learning主要可以分为以下几个阶段：2000—2003年的起步阶段，主要表现为借鉴美国e-Learning的发展经验和特征，希望能迁移和生发出本土的e-Learning产业；2004—2006年的尝试阶段，主要表现为e-Learning逐渐被中国企业认可，中国银行、中国电信、中国移动等大型企业率先实施了企业e-Learning；2007年至今的发展阶段，表现为随着大型企业持续不断地应用e-Learning和大量中小企业对其的了解和尝试，e-Learning迎来了一个大发展的时期。在这个时期，企业对e-Learning有了更加深入的理解和认识，在e-Learning应用和投资上也更加理性化，并形成了自己的e-Learning政策和制度，建立了很多稳固的组织和专业团队。从我国企业e-Learning的发展过程来看，其主要特征如下。

第一，我国企业e-Learning的应用飞速增长。从2005年到2010年，我国企业员工的年在线学习时长增长率是27%，在线学习人次增长率是65%。之所以飞速增长，是因为e-Learning这种学习方式能为企业大幅度降低培训成本，特别是那些跨地域的以及分支机构比较多的企业，采用e-Learning方式能极大地节约培训成本。例如，中国工商银行在全国各地有33万名职工，将近10 000个营业厅，采用网络学习的方式，即便是与局部集中学习相比较，成本也会降低许多。

第二，e-Learning方式基本实现了企业的全员学习。e-Learning能够极大地提高培训的覆盖率。一般来说，企业的面授培训遵从"二八定律"，即20%的人能够得到学习的机会，因此基层员工得到的学习机会很少。而e-Learning方式的应用极大地改变了这一状况，e-Learning的边际成本几乎接近于零，多增加一个员工，基本上不增加成本。因此，e-Learning方式使得以前的企业中高层员工才能享有的学习机会向基层扩散，使得培训覆盖率可以达到100%，即实现全员培训。

第三，提高了员工学习的自主选择性。e-Learning可以提供随时随地的学习，为员工学习的个性化选择提供了可能。员工可以随时随地学习，可以在办公室之外的地方学习，也可以将时间"化零为整"进行学习。为员工培训开设的课程一般都备选数目众多，员工具备更多的挑选权利：可以挑选自己感兴趣的内容，可以挑选自己认为比较优秀的课件。如中国电信学院现有6 000—7 000个网络课件，员工的个性化学习选择空间相当大。

第四，企业中的e-Learning部门已经成为企业教育机构的关键枢纽。在中国电信学院、中国邮政网络学院等大型企业内部，网络学习部门成为企业大学最核心的单元，成为与其他部门信息沟通的桥梁。教学信息化管理、知识管理、虚拟社区等功能都需要依赖e-Learning在线部门去实现，e-Learning成为整个企业教育部门整合的工具。e-Learning已经成为企业教育部门中的重要支柱。作为企业教育部门的负责人，不仅仅需要掌握传统的HRD（人力资源主管）领域知识，更需要了解学习技术领域知识，了解混合式学习模式。

一、企业教育信息化现状

（一）企业市场

1. 企业教育信息化资金投入

企业对e-Learning项目的资金投入数量是判断企业对e-Learning重视程度的指标，可以为企业对于e-Learning的投入和整体规划带来参考。本节沿用了常用的计算方式，即只计算企业培训预算总支出中e-Learning部分所占的比例。从e-Learning所占支出资金的比例变化中，可以了解企业对e-Learning应用的重视程度。当前一些企业有采购学习管理系统的集中大额支出，在统计结果中将这部分支出按企业应用软件采购相关办法进行分摊，从而尽可能地真实反映企业对e-Learning的投入情况。

截至2012年底，企业在e-Learning方面的投入比例呈现继续加大的趋势。有相当比例的企业e-Learning投入占整个培训预算的比例接近20%。企业的整体培训预算中80%的支出仍然为传统培训的支出，如图5-10所示。

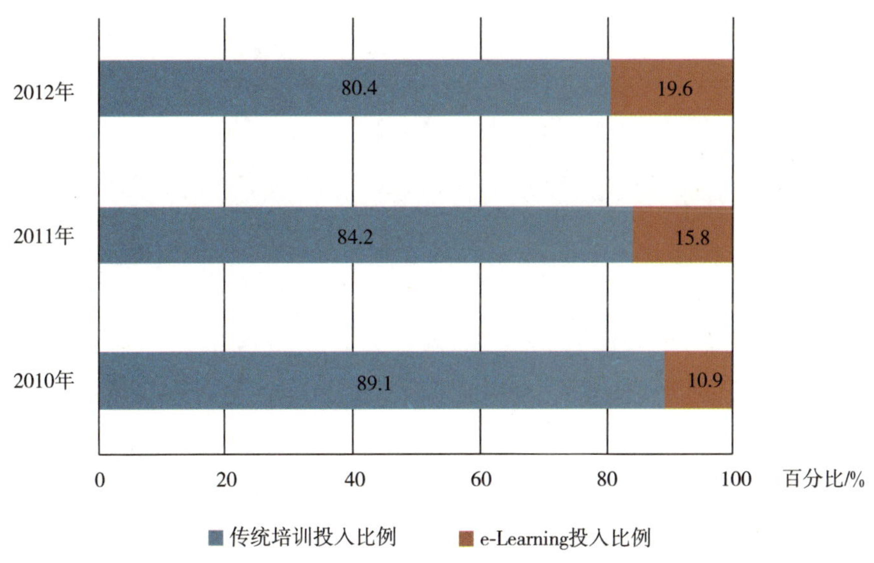

图5-10　企业传统培训预算投入与e-Learning预算投入比例统计情况

2. 企业教育信息化市场情况

e-Learning企业应用市场继续扩大，稳步发展。从企业e-Learning项目支出以及服务商营业收入两个方面，可以统计e-Learning占整个市场的份额。保守估计，2012年企业e-Learning市场份额约为20亿元，增幅比去年有所增加。虽然很多企业减少了对培训预算的支出，但是在e-Learning的投入上仍然继续加大，多数企业认为e-Learning的作用之一就是降低培训成本。这也是很多以面授培训业务为主的服务商不得不引入e-Learning培训方式的原因之一，具体情况如图5-11所示。

带动市场增长的主要力量是企业持续增加的需求，企业教育平台的采购与升级、内容的开发与采购、e-Learning运营推广以及其他新技术的应用等需求均有增加。受云计算产业发展的影响，2012年新进入e-Learning企业应用市场的企业数量继续增加，多数为传统行业向e-Learning业务领域的延伸，包括传统培训公司和咨询公司转型、传统软件和IT服务公司转型、国外e-Learning产品和服务商的进入以及新的创业公司等，而退出的企业数量明显减少。此外，投资也开始关注e-Learning企业应用领域，时代光华、凯洛格等公司在2012年实现了融资计划，预计资本力量的介入将会加速行业的整合和规范。

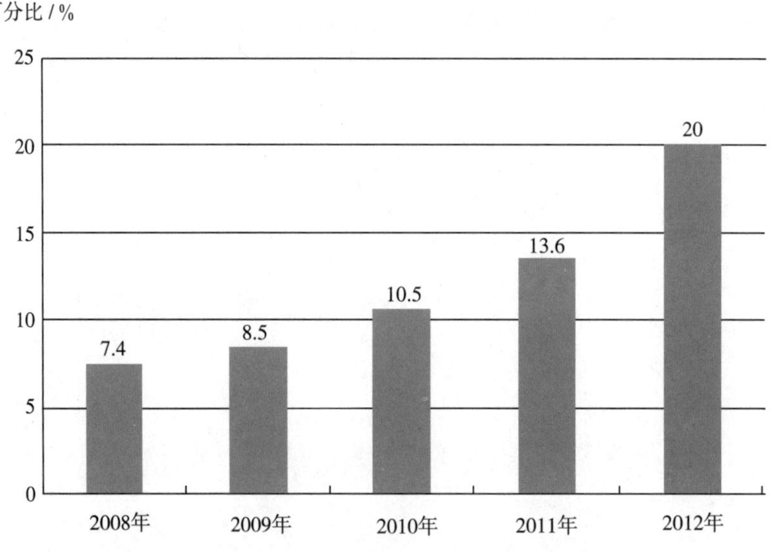

图5-11　历年e-Learning企业应用市场份额统计

3. 企业教育信息化主要挑战

针对企业在e-Learning应用中所面临的主要问题的调查发现，企业所面临的问题更加多元化。调查结果显示（如图5-12所示），2012年企业在e-Learning应用上所遇到的最突出问题是如何让e-Learning应用更好地支持非正式学习。访谈显示，很多企业对于在线学习、培训管理等方面的应用已经进入成熟期，随着社会化学习、移动学习的兴起，企业需要系统整合这些学习方式，在e-Learning非正式学习应用上有所突破。另外，49%的企业认为e-Learning缺少创新的应用模式，传统的在线学习缺少新意；44%的企业认为e-Learning对于员工缺乏吸引力，特别是忙碌的业务人员，很难有时间参加在线学习；42%的企业认为缺少优秀的e-Learning课程内容，现有内容不能吸引员工；39%的企业认为缺少评价手段，既包括e-Learning整体评价，也包括在线学习效果的评价；36%的企业认为缺乏系统规划也是企业e-Learning应用的主要问题和障碍，主要包括e-Learning如何与绩效紧密结合，如何与知识管理战略结合等。e-Learning如何与面授培训结合、缺少资金支持、缺少领导支持、缺少专业人士、部门配合不够等也是部分企业有效开展e-Learning应用的问题和障碍。

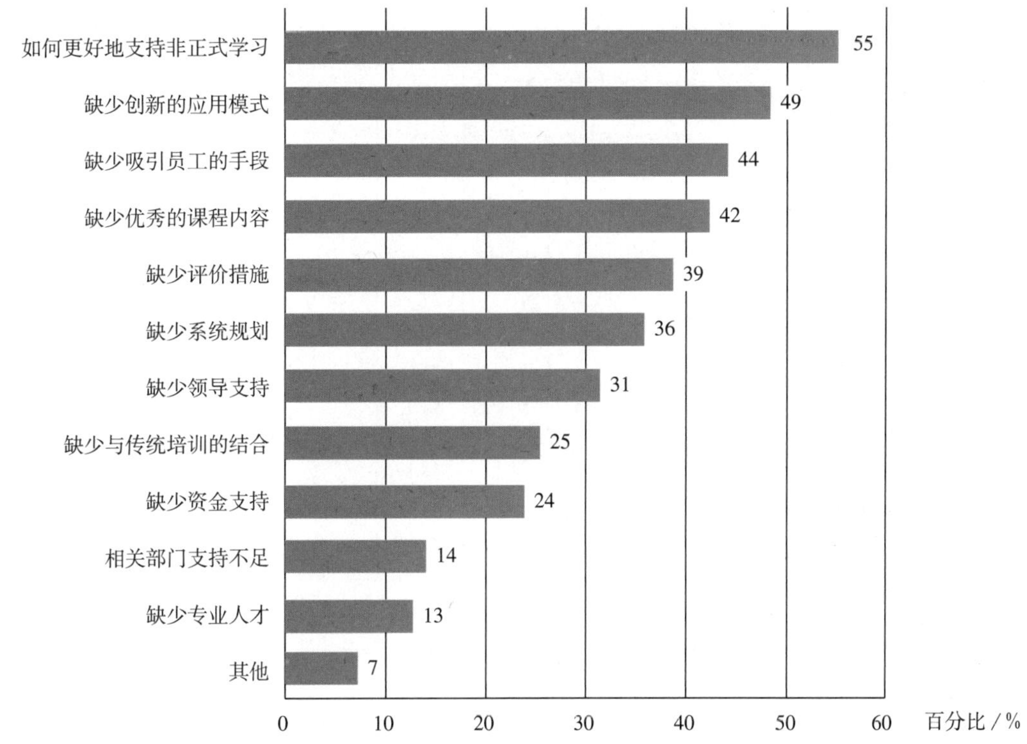

图5-12　企业e-Learning应用的主要问题和障碍统计

（二）学习与需求

1. 企业教育信息化需求

企业在未来1—2年内最想引进的学习技术如图5-13所示：53%的企业希望能够引入问答式知识库系统，虽然比上一年有所下降，但仍然排在首位；49%的企业希望能够引进移动学习，这些企业主要希望通过手机、平板电脑能够正常登录学习管理系统并能够学习课件资源；43%的企业希望引进微博系统或新型的学习社区，希望借助于微博实现交流互动、成立学习小组、构建专家网络等；33%的企业希望在组织内部建立数字图书馆，希望电子书能够成为一种重要的数字化学习资源。另外，企业对维基（Wiki）、博客、BBS论坛、视频分享、3D游戏化学习等均有潜在的应用需求，但需求程度相比前几种要低一些。

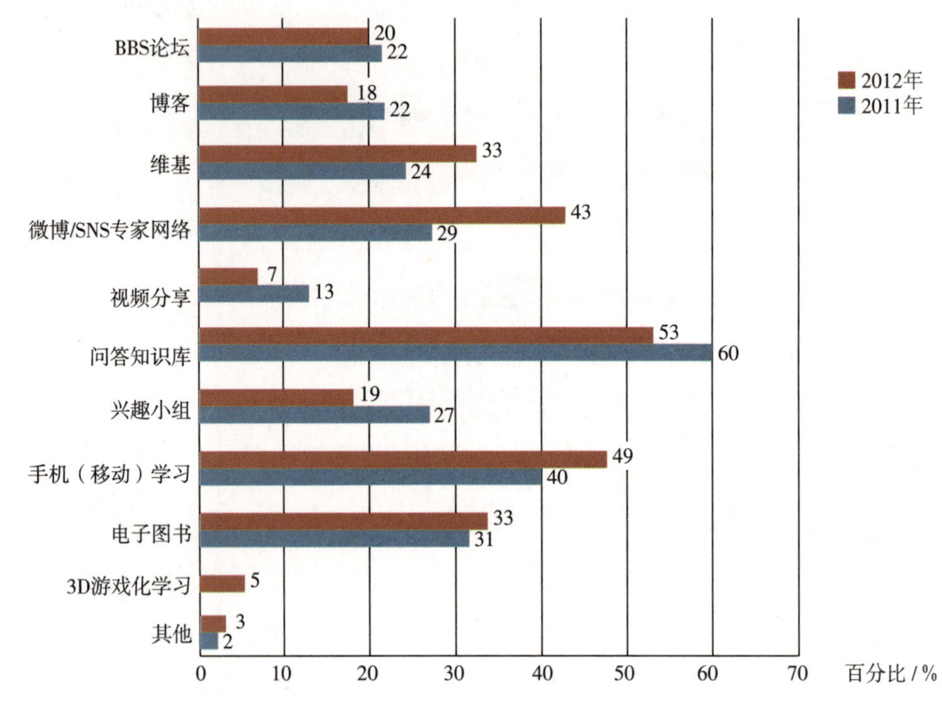

图5-13　企业希望未来引进的学习技术/模式统计

2. 学习模式

e-Learning模式主要分为在线异步点播学习、在线同步学习、混合式学习、利用光盘学习、移动学习等。

目前，较为常见的e-Learning模式有六种，如图5-14所示。在线异步点播学习是应用最多的模式，同比仍有所回落，主要是更多新的学习模式为企业带来更多选择机会；排在第二位的是混合式学习模式，很多企业在面授培训中加入在线学习活动，如学习相关课件、参与网络互动等；在线同步学习的模式连续三年处于增长状态，但在整体学习模式中所占的比例仍不够大；增幅最快的是利用移动终端传递培训内容的模式，随着移动学习的成熟，很多企业开始重视基于智能手机、平板电脑的移动学习；利用光盘传递培训内容的模式连续三年呈现减少趋势。目前，信息技术也在不断改变传统培训和课堂培训，方式方法越来越多，如通过电子白板互动，通过课堂发放平板电脑进行互动等。一些企业将课堂培训与远程培训进行了高效率的整合。例如，在中国石化干部管理学院，几乎每个教室都有直播系统，学习者可以选择参加课堂培训或远程培训。

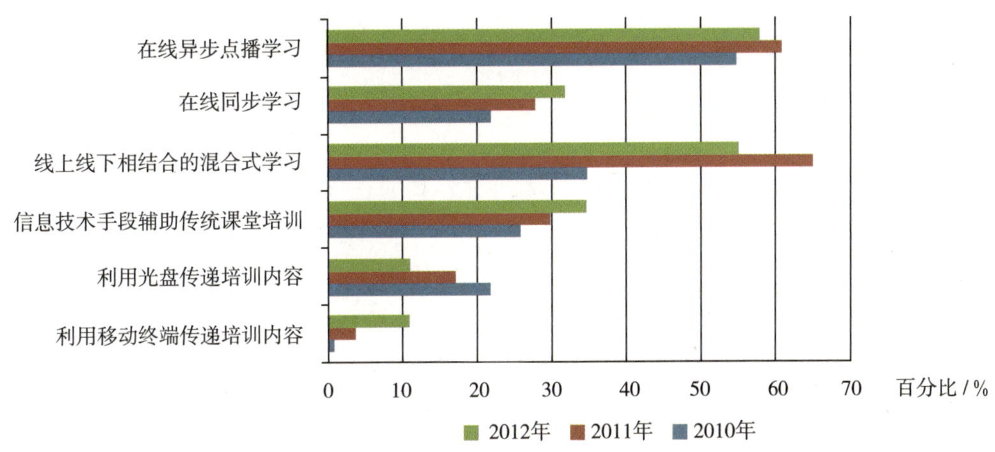

图5-14　企业e-Learning模式统计

3. 非正式学习

针对如何通过e-Learning更好地开展和支持非正式学习，我们通过访谈了解到企业在推动相关学习活动过程中遇到的困惑。

非正式学习内容涵盖较广，不同企业的需求也有很大不同。根据目前掌握的最新情况，80%的企业希望能够找到综合解决工学矛盾的办法，很多企业已经实施了多种非正式学习的系统或方案，希望在应用效果上能有所提升。企业对非正式学习的具体需求排在第一位的是社会化学习，社会化学习又包括很多具体方式，如BBS社区、博客、微博等以交流协作为核心的系统，多数企业希望能够建设一体化的综合学习社区，将多种方式集中在一起；排在第二位的是移动学习，同样，企业需要的是整体解决方案，能够让在线学习与移动学习无缝结合，通过移动学习的便利性提升传统在线学习的使用效果；第三位是如何继承企业知识库，企业需要理清知识库、课件库与学习社区之间的关系，让知识库中的内容能够被广泛使用。其他企业需要整合和完善的非正式学习包括案例库、电子图书以及问答库等，具体情况如图5-15所示。

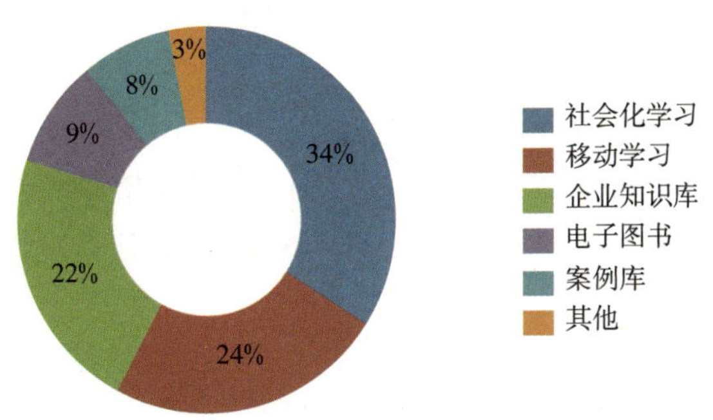

图5-15　企业非正式学习需求程度统计

总之，针对非正式学习，企业最需要的是一体化综合解决方案，而不仅仅是其中的某一种方式。

（三）课程资源

1. 课程资源情况概述

e-Learning的内容主要指在线课程以及其他形式的在线学习资源。学习内容建设是e-Learning应用的重要工作，通常企业在教育管理系统上线之后，开始将工作重点转向在线课程的开发建设。

有关企业在课程体系建立、课程开发模式、课程数量等方面的调查统计结果显示，2012年企业e-Learning内容建设与应用呈现出如下特点。

首先，在内容开发建设上，企业对e-Learning内容的投入资金持续增加。在e-Learning运营管理费用中，内容开发所占比例最大。2012年，企业应用SaaS租用课件的模式比购买课件的模式增长快。一个明显的特征是SaaS租用模式开始走向部门级采购，很多企业的业务部门直接采购专业和管理类课件。此外，企业内部课程开发需求明显增加。企业普遍认识到快速开发课件是知识沉淀的有效方式，再加上课件开发工具的推广和普及，引发了企业内部课程开发需求的增加。

其次，在内容形式上，2012年课件等学习资源的内容呈现形式继续朝多样化发展。除了常见的各种合规培训、知识型课件之外，一些企业开始开发高端的技能训练课件，通过模拟、游戏等形式提升学习者工作技能。另外，随着智能手机、平板电脑的普及，很多企业开始考虑课件资源呈现形式的多样化，计划将传统课件转化为基于Android、苹果iOS等移动操作系统的学习内容的需求明显增多。从国内课程资源学习接受程度的相关研究结果中可以知道，短小的课件以及视频课件的接受程度是最高的。

最后，在内容资源的应用上，自主学习模式的效果普遍不佳。课件资源普遍通过必修课的形式应用。目前，课件应用在企业中呈现两种趋势：一种趋势是，课件应用成为非正式学习的素材，一些企业开始将课件进行结构化调整，以知识点为单位进行切割，新的素材被应用在知识库中；另一种趋势是，课件应用成为正式学习的辅助手段，应用于混合式学习或员工辅导。一些企业尝试将在线课程完成情况作为报名参加相关面授课程的条件，取得了很好的效果。

2. 课程资源数量

企业拥有的e-Learning资源数量难以统计。针对标准化在线课程进行统计，发现在线课程是e-Learning内容的主要形式之一。企业在规划及建设e-Learning时，经常遇到的困惑是不知道拥有多少门在线课程是合理的。

在已经实施e-Learning的企业中，90%的企业在线课程的数量在10至1 000门，拥有百门左右课程数量的企业比例最多，如图5-16所示。拥有超过500门以上课程的企业均为大型集团企业，而且内部开发课程占有很大的比例。除了企业规模与课程的拥有数量有一定关系之外，行业、地域等特征与企业拥有e-Learning课程数量没有直接关系。访谈企业普遍认为，e-Learning课程的绝对数量与e-Learning应用的深度、质量之间没有关系，不能通过e-Learning课程数量来衡量e-Learning应用是否成功。

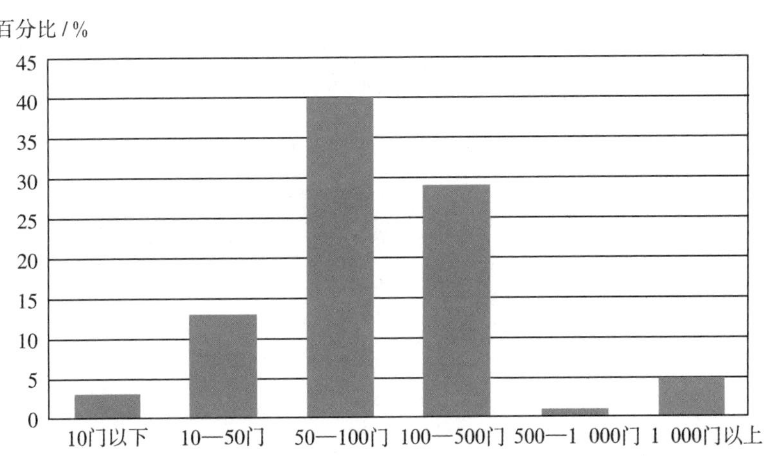

图5-16　企业拥有e-Learning课程的数量统计

3. 课程资源形式

在线课程主要指e-Learning课件，其形式主要指在学习终端的呈现技术。常见的e-Learning课件形式包括Flash动画、视频、HTML（超文本标记语言）、交互式仿真模拟等。

从目前掌握的情况来看，企业e-Learning课件主要以视频或三分屏课件和Flash课件形式为主，企业接近70%的课件由这两种呈现形式构成。2012年，这两种形式的课件比例均有所增加。进一步调查显示：对于委托服务商开发的课件主要以Flash动画形式为主；内部开发的课件则以三分屏讲授类课件为主；传统HTML课件占8%，比2011年明显减少。另外，随着HTML5开始走向成熟，部分企业考虑移动终端的兼容性，有计划采用HTML5的格式开发课件。一旦支持HTML5的浏览器达到一定的普及程度，HTML类型的学习资源将有广阔的应用空间，特别是HTML5在实现多媒体动画效果上和对移动操作系统的支持上均有明显的优势。交互式仿真模拟课件以及游戏化学习课件受开发成本高、难度大等方面的影响，应用普及率不高，约有7%的比例，同比有所增加，如图5-17所示。

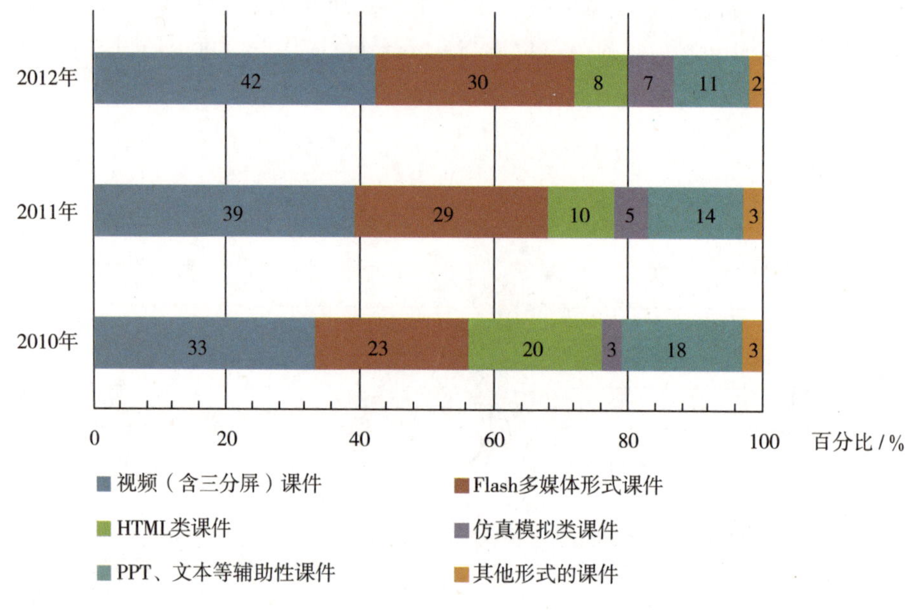

图5-17　企业应用的不同e-Learning课程类型的统计

4. 课程资源构成

企业在线课程内容主要分为通用类和专业类两种。通用类在线课程包括管理技能、IT技能、语音技能等；专业类在线课程包括适用于企业内部的专业领域的课程，如技术课程、产品及研发类课程等。

从2012年不同内容的在线课程的数量情况来看，专业类课程所占比例最高，平均比例为59%，比2011年增加了6个百分点；通用类课程所占的比例为37%，较2011年有所下降，如图5-18所示。进一步的访谈显示，企业课程内容类型比例与企业e-Learning应用时间长短有一定关系，处于e-Learning应用初级阶段的企业通用类课程比例较高，而e-Learning应用较为成熟的企业专业类课程远远高于通用类课程的比例，部分企业专业类课程的比例超过80%。

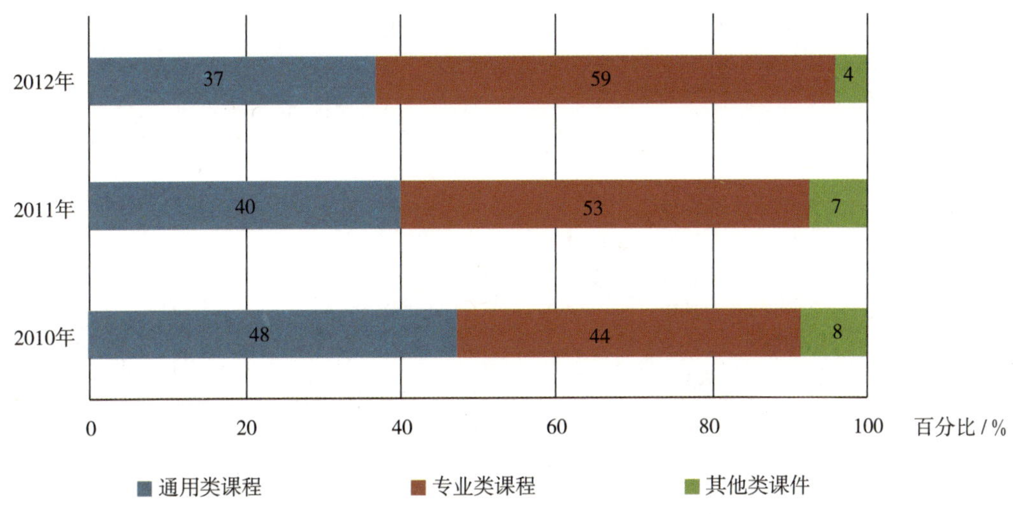

图5-18 企业e-Learning课程内容类别统计

5. 课程资源建设投入

e-Learning内容资源建设需要企业有持续的资金投入，投入资金主要用于e-Learning课件开发与采购。根据2011年企业在e-Learning内容建设上的投资预算调查情况来看，企业在课程资源建设上的投入包括通用课件的购买和租用、专业在线课程的开发以及相关的数字资源建设。

从最近三年企业e-Learning建设情况来看，企业在e-Learning内容投入资金的比例与企业规模成正比。在e-Learning内容开发上，25%的企业投入的资金少于50万元，37%的企业投入的资金为50万—100万元，31%的企业投入的资金达到100万—500万元，仅有7%的企业投入的资金超过了500万元。进一步的调查分析显示，企业在e-Learning内容开发上的投入呈现增长趋势，但投入占整体培训预算的比例还很低，仍有较大的增长空间。针对外部采购、委托开发、内部开发三种常见的e-Learning课程开发模式，2012年企业e-Learning课程建设方式的调查结果显示：49%的课程为内部开发课程，比2011年有所增加；排在第二位的是通用类课程的采购和租用，占29%；22%的课程是委托外部服务商进行开发的，如图5-19所示。

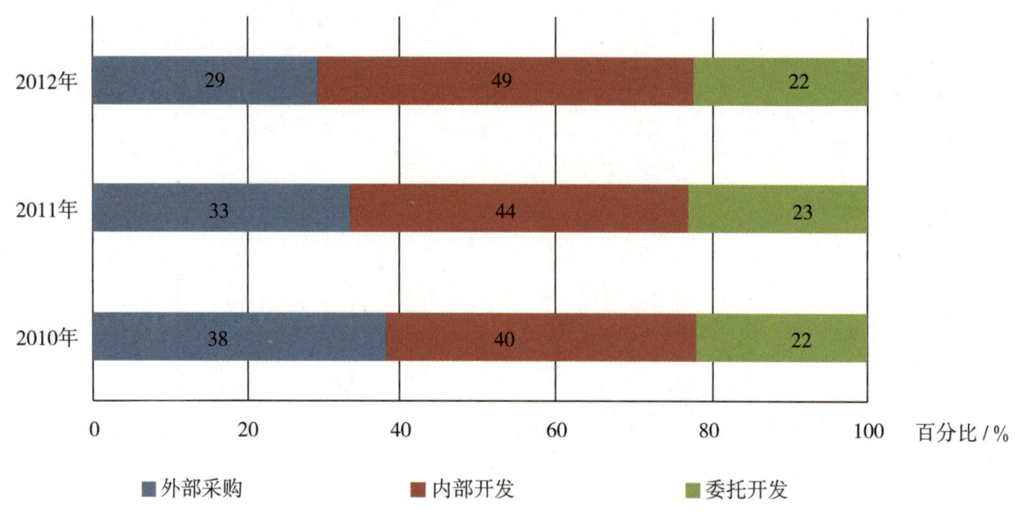

图5-19 企业e-Learning课程建设方式情况

6. 课程资源的标准与规范

企业e-Learning课程相关标准与规范的应用情况包括e-Learning课程的技术标准、开发流程规范以及质量评价体系三个维度。

从技术标准角度来看，课件打包规范已经不是e-Learning应用与推广过程中面临的主要问题，绝大多数企业的e-Learning课程都符合SCORM1.2标准。符合AICC标准的课件数量已经越来越少，该标准已经逐步被SCORM1.2标准所取代。移动学习的兴起使得多媒体呈现标准再次成为企业关注的焦点，由于Flash不兼容苹果操作系统，使得课件在移动终端的使用受到限制。虽然一些服务商推出了技术解决方案，但业界人士认为这仍然只是过渡性方案，普遍认为在课件多媒体呈现标准上HTML5更值得期待。

从企业内部的课件开发的流程及制度来看，超过65%的企业制定了课件开发的流程规范。进一步访谈结果显示，多数企业制定的规范为简单的制度类规范，仅有少数企业参照ADDIE教学设计流程制定了较为完善的课程开发规范。调查显示，仍然有30%的企业，尽管已经开始内部e-Learning课程的开发，但没有任何课件开发流程规范。

企业对于课件质量评价标准的需求巨大。有40%的企业不知道如何评价e-Learning课件的质量。企业如果没有建立统一的课件质量评价标准，将在课件采购、验收与评价上出现困难。通常，课件质量评价标准包括内容、教学设计、媒体呈现、技术、交互等方面，企业可以参照第三方机构的研究，快速建立起课件质量的评价指标。

7. 课程资源应用

企业e-Learning课程主要应用模式包括员工自主学习、有考核要求的强制性学习、辅助面授培训（混合式学习）、辅助企业教练（Coaching）等方面。

根据目前掌握的2012年企业e-Learning课程资源的应用最新情况，绝大多数企业

e-Learning课程应用形式是多样化的，如：比例最高的是满足员工自主学习的需要，70%的企业自选课程资源主要用于员工的自主学习，但这一比例比2011年有所下降；60%的企业对于e-Learning课程有一定的考核要求，具体方式包括必修课制度、业务考核、积分要求、岗位认证等；51%的企业表示e-Learning课程会用于辅助面授培训，即开展混合式学习，这一比例比2011年有所增加；19%的企业将e-Learning课程用于员工辅导或辅助企业教练，即用于一对一员工指导，这一比例也有显著提升。进一步的调查访谈显示，一些企业开始探索如何将在线课程与学习地图、个人发展规划相结合，并期望这些方式能够成为促进学习者自主学习的动力。

（四）管理

1. 技术支持与维护

企业e-Learning系统的开发与升级主要由技术厂商提供服务，而日常运营维护以及面向学习者的技术支持则主要由企业内部技术人员来负责。

从目前了解到企业e-Learning系统的技术支持以及运营维护的情况来看，在受访企业中有40%选择了企业IT或技术部门提供相关技术支持与系统日常运维，这一比例持续下降；有35%的企业由培训部门自行负责技术支持与系统运维；有一定数量的企业采取的做法是一般性技术问题由培训部门的技术人员负责，而诸如安全、网络带宽、系统稳定性等技术问题则由技术部门负责；有25%的企业选择了外包方式，所有与技术相关的问题均由技术服务商解决。大规模应用e-Learning的大型企业中，多数企业建立了Call Center服务中心，以解决技术咨询问题。随着SaaS与云计算服务逐步成熟，企业在e-Learning技术上可能会出现新的选择。中小企业采用SaaS模式的e-Learning服务会避免很多技术问题的困扰。

2. 运营管理团队

大型企业实施e-Learning后均会建立负责e-Learning运营管理的团队。中小型企业几乎没有专职人员负责e-Learning的运营管理，主要由培训管理员兼职管理；大型企业几乎均配备了不同职能的专业人员，负责e-Learning的运营管理，很多企业还成立了网络培训中心、网络学院或网络大学等组织机构，全面负责e-Learning的运营管理。有关负责e-Learning运营管理的人员情况的调查显示，企业中专职运营管理者的数量与企业规模之间关系紧密，规模越大的企业，e-Learning运营管理者的人数越多。调查显示：58%的企业负责e-Learning运营管理的人数为1—5人；30%的企业负责e-Learning运营管理的人数为5—10人；7%的企业负责e-Learning运营管理的人数超过10人；近5%的企业没有设立专职的e-Learning运营管理人员，由指定的培训管理员兼职负责e-Learning应用。

从目前了解到的情况来看，企业e-Learning运营管理人员主要有e-Learning技术、内容、应用推广与认证考核等几类不同岗位。调查显示，多数e-Learning专职人员，仍要负责传统培训的相关事务，随着e-Learning应用的普及，这些人员的工作负荷普遍较重。

2010年，相关调查统计结果显示，企业每一万名员工就需要一名专职e-Learning管理者。随着e-Learning应用的深入，这一比例会继续提升。2012年，在一些新兴IT和能源企业中，不足千人规模的企业就已经配置了专职的e-Learning管理员。

企业e-Learning应用效果与e-Learning运营管理人员的知识和技能水平、行业经验等有很大关系。由于e-Learning属于跨学科新兴领域，加之信息技术与学习技术发展很快，e-Learning运营管理人员必须保持一定的学习能力，不断更新知识和技能，才能够适应岗位工作的需要。

根据目前了解到的情况，80%的企业希望通过专业化培训来提升e-Learning运营管理人员的知识和技能水平；75%的企业希望加强与同业者交流来获得知识和技能的提升，2012年很多企业开始走访e-Learning应用较好的标杆企业，通过跨界交流来学习先进经验；50%的企业希望通过参加行业专业研讨会来获得知识和技能的提升；15%的企业希望通过专业网站或媒体来提升相关的知识和技能。

3. 推动措施

通常，企业e-Learning投入应用后要制订和执行推动措施。企业推动e-Learning 的应用一般分为两个阶段，即学习管理系统上线后的集中推广，以及建立长效的推广机制。就企业是否制订e-Learning的长短期推广计划以及推广的效果进行的调查显示，在平台上线初期，78%的企业进行了集中的推广活动，主要措施包括举办发布会、集中培训、各种形式的政策宣讲等。绝大多数企业在系统上线初期取得了良好的推广效果。在长效推广机制方面，69%的企业选择了奖励与强制措施相结合的综合推广方式；29%的企业选择以绩效达标等模式为主的强制性推广措施，包括建立必修课制度、积分达标要求等；18%的企业以奖励性措施为主，没有绩效考核要求。此外，35%的企业发动业务部门推动e-Learning应用，例如，给业务部门提供独立的平台使用权限，举办培训和推广活动等。28%的企业结合人力资源的绩效政策来推动e-Learning应用，如结合岗位认证制度推出在线课程及考试等。调查显示，外资企业较少采用推广措施，其e-Learning定位以提供学习服务为主，员工根据自己的意愿选择合适的学习方式。

企业对于e-Learning制定的一些使用原则或政策会影响到整体应用的效果。例如，有关e-Learning网站的开放权限的调查显示：20%的企业教育平台只是对企业的内部网络进行开放，或者外网只能通过VPN（虚拟专用网络）形式访问，使得员工无法在家中或其他环境中学习，影响了学习的效果；一些企业的某些特殊岗位无法使用电脑和网络，员工难以参加在线学习；约25%的企业不允许在工作时间学习，员工只能在休息时间学习，学习时间的限制也会影响到学习的效果。

二、企业教育信息化分析

终身教育、学习型社会是我国教育中长期发展规划追求的目标。终身教育的理念包含全民学习、个性化学习、随时随地学习，其目标是促进个人发展、社会进步与经济增长。这个理念和目标特征与e-Learning特征非常吻合。事实上，e-Learning已经成为我国建立终身教育体系的主要信息载体。现在，越来越多的城市建立了终身教育城市网，如上海市建立了终身教育网，北京市建立了领导干部在线学习中心。无论是对于企业还是对于社会，e-Learning会随着信息技术的快速发展而逐渐展现它的优势。未来，企业e-Learning将是企业终身教育的主要方式。有不少企业e-Learning培训量已经达到50%以上，甚至有的企业e-Learning培训量达到60%—80%，这个比例以后会越来越高。即便是在金融危机的情况下，培训总量下降的企业比例有26.6%，不变的有33.3%，上升的有40%，但是，e-Learning培训量对于所有的企业来说都是上升的。由此可见，e-Learning一定是未来企业教育的发展方向。但是，与e-Learning迅速发展的趋势以及e-Learning部门承担的工作量不相协调的是，企业专门负责e-Learning的人员较少，相对整个部门来说只有十分之一的人员或者更少。这对于e-Learning的未来发展是一个巨大的挑战。

（一）教育信息化动机分析

在我国，企业e-Learning大约从2000年开始进行。企业开展e-Learning的目的对企业e-Learning的实施推广具有重要影响。根据统计资料，按照被调查企业的选择排序，有下列目的，见表5-7。

表5-7　企业开展e-Learning的目的

目的	所占比例/%
降低培训成本	77
提高培训覆盖率	77
促进知识管理	54
个性化学习机会	46
随时随地学习、方便性	31
组织扁平化	8
为构建企业大学打基础	8

第一，降低培训成本。集中学习的成本相对较高，特别是在跨地域分支机构比较多的企业，采用e-Learning方式极大地节约培训成本。如中国邮政集团公司在全国各地有接近一百万名员工，采取局部集中学习方式成本相当高。一般来说，e-Learning方式的成本

5

是集中面授成本的六分之一到三分之一。

第二，提高培训覆盖率。边际成本接近于零是网络学习的经济学特征，多增加一个员工，e-Learning方式的培训基本上不增加成本。另外，e-Learning没有地域的限制，使得以前的企业中高层员工才能享有的学习机会向基层扩散。

第三，促进知识管理。知识管理是企业e-Learning的核心，也是企业大学的核心。传统的知识管理以纸张为媒介，而e-Learning方式将大大加快企业知识整理与知识传播的速度与效率。

第四，为员工提供更多的个性化学习机会。用e-Learning方式进行学习，课程的备选数目众多，员工具备更多的挑选权利：可以挑选自己感兴趣的内容，可以挑选自己认为比较优秀的课件。

第五，随时随地学习、方便性。这是e-Learning的基本属性，可以随时随地学习，可以在办公室之外的地方学习，也可以将时间化零为整进行学习。

第六，组织扁平化。组织扁平化是企业变革的需要，也是企业e-Learning带来的一个新的特征。在一些传统企业，特别是国有企业，层级化管理导致的后果是管理行政化而非专业化，上下信息传递环节太多导致效率低下。而企业e-Learning提供了网络学习、沟通、交流平台，企业所有员工包括总裁在网上学习与分享。这提高了不同层级的沟通和交流，使得管理变得更加快捷、直接、高效。

第七，为构建企业大学打基础。世界500强企业80%以上成立了企业大学，目前国内成立企业大学的企业接近500家。成功的企业大学，对于企业e-Learning项目的实施也非常重视，项目效果也非常优秀，如中国电信学院e-Learning项目、爱立信学院e-Learning项目等。企业教育数字化是建立企业大学的必要条件，从培训中心到企业网上大学，再从企业网上大学到企业大学，将是成立企业大学的必要路径。

（二）行业与教育信息化

目前我国有四个类别的企业在线学习比较成功，得到广泛的应用，也受到员工的普遍欢迎。第一类是电信、保险、银行类企业，如中国电信、中国工商银行、中国平安保险（集团）股份有限公司等。这些企业的普遍特征是企业员工规模大，企业的分支机构多，实施企业e-Learning的优势相当明显，一方面节约了资金，另一方面有效提高了员工学习的覆盖率。例如中国电信、中国邮政集团，这些企业实施e-Learning有着客观的必要性，当然也有着天然的行业优势。第二类是高新技术产业企业，如华为公司等。一方面，由于技术的变化速度很快，高新技术产业的员工需要不断学习掌握新技术，对于学习的需求比一般行业的员工要急迫；另一方面，高新技术产业的员工的平均年龄较小，对于信息技术的掌握水平更高一些，在线学习意识也更强一些。第三类是外资企业，如爱立信学院、摩托罗拉大学、西门子管理学院、诺和诺德制药公司等。这些外资企业的e-Learning系统移植于总部，不需要重新建立。由于外来企业文化的原因，这些企业的主动学习性较强。第四类是航空业。航空公司空乘人员经常在世界各地活动，而且必须在工作之外的时间进行学习，从工作特点上适合使用e-Learning。目前，国内越来越多的航空业企业e-Learning项目开展得非常好，也有越来越多的航空业企业关注移动学习，未来移动学习将可能首先在航空业得到大面积的突破与发展。行业集群e-Learning将是企业e-Learning的发展趋势之一。上下游产业链上的企业或者同一行业企业共建企业大学或者企业e-Learning，这也是国外企业大学与企业e-Learning的一种发展趋势。无论是建立企业大学或者企业e-Learning，企业必须达到一定的规模。较小的企业通过联合来形成规模，从而降低每个企业的成本，是一种有效的选择。另外，产业链的上下游企业共建企业大学与企业e-Learning，可以产生知识上的互补，对于企业知识的系统构建非常有意义。我国前不久成立了中国通信业企业大学教学研究会，就是一个明显的例证。

（三）教育信息化影响因素

我国企业e-Learning发展历程从2000年开始到现在10多年时间，大多数企业e-Learning发展处于初期阶段。在这些企业当中，有很多因素影响了企业e-Learning的发展。每一个企业开展e-Learning的运作模式尽管不尽相同，但也有着一些共性。从目前掌握的情况来看，影响企业e-Learning发展的因素较多，具体见表5-8。

表5-8　影响企业e-Learning的因素

影响因素	所占比例/%
领导重视程度	83
与人力资源绩效考核相结合的政策	73
服务器与网络速度	59
e-Learning成效评估	55
员工e-Learning的意识	49
课件的针对性与形式	49
与业务部门的合作	39

第一，领导重视程度。绝大多数企业认为领导重视程度是企业e-Learning发展的决定性因素。在实际情况下，发展良好的企业e-Learning的一个明显的特征就是领导高度重视与高度支持。

第二，与人力资源绩效考核相结合的政策。员工学习如果能与人力资源管理结合起来，学习与绩效考核挂钩，必将提高员工参与学习的积极性。因此，企业培训部门或者企业大学与企业人力资源管理部门需要在业务上保持紧密联系。

第三，服务器与网络速度。在线学习需要通过服务器与网络，因此服务器的性能便成为关键。如果服务器登录缓慢，或者在线学习服务器响应缓慢，员工将逐渐失去学习的兴趣。在线学习是以一定的硬件条件为基础的。

第四，e-Learning成效评估。这一因素直接影响领导的重视程度以及后续的投入。企业重视投资回报率，对于企业的每一项投入，企业希望能有可以预期的回报。然而，由于企业的绩效提高很可能不是单纯的学习因素造成的，因此对于学习的回报很难评价，特别是在线学习的回报评价。但是，如何科学地衡量与评估e-Learning效果是一个必要而且重要的研究与实践课题。

第五，员工e-Learning的意识。从目前了解到的情况来看，企业员工的学习意识并不是非常浓厚，原因可能是多方面的。一方面，员工还停留在面授学习的经验水平，缺乏e-Learning的意识；另一方面，员工对于信息技术的掌握程度不高，对于电脑和网络的熟练程度制约了他们采用e-Learning。从成功的企业e-Learning经验来看，在e-Learning推广初期，采取一定的强制性政策，虽然对于员工是被动学习方式，但是很有必要。

第六，课件的针对性和形式。目前，我国成人教育的目标导向非常明确，学习内容和课件设计要满足员工的实际需求，能帮助解决员工在工作等方面的实际问题，同时在形式上要便于接受。如果授课内容没有针对性，课件形式呆板，缺乏案例支持和课堂互动，员工对学习便缺乏兴致，也容易产生疲劳感。

第七，与业务部门的合作。一般来说，企业e-Learning项目应该由业务部门提出，由e-Learning部门组织实施。项目实施的效果，也需要从业务部门得到反馈。因此，项目需要两个甚至两个以上的部门高度合作。跨部门之间的合作模式与机制是否完善会影响企业e-Learning能否发展。

（四）企业教育信息化特征

根据目前了解到的国内企业优秀的e-Learning项目情况，较为成功的e-Learning项目具有如下主要特征。

第一，项目目标与企业发展战略一致。偏离企业发展战略的e-Learning项目不能得到企业决策层的重视与支持。因此，e-Learning项目需要紧密结合企业战略、业务流程，真正服务于企业中长期发展需求。

第二，企业高层重视与参与。这是e-Learning项目获得成功不可缺少的要素。高层指的是企业副总裁职位以上的领导成员。高层不仅需要公开支持学习，还需要将学习目标作为绩效目标的一部分。高层亲自参与学习过程，如担任教师或者演讲者，更能激发和带动企业项目的有序实施，并较好地达到预期成效。

第三，与人力资源体系进行关联。企业e-Learning同人力资源政策进行适度关联，可以有效推动e-Learning在企业员工中的普及程度。企业e-Learning和绩效考核关联，更能够提高员工学习的积极性与主动性。

第四，良好的项目组织、项目执行与项目实施。对象分析明确，教学设计得当。对象分析是教学设计的一个重要环节，了解对象的特征，以及分析对象的需求，对于项目的设计与组织非常重要。对于项目完成之后是否达到预期目标、用户满意度如何，要进行评估。成功的企业e-Learning项目非常注重学习效果，特别是强调通过学习促进员工行为的改变，从而提高企业绩效。这是成功的企业e-Learning根本所在。

第五，优秀的课程资源以及学习技术支持。关于课程资源，王根顺等分析了英国开放大学的质量保证体系，也对企业e-Learning的课程资源发展提出一些观点。他们认为，课程是决定企业大学e-Learning是否成功的关键因素之一，企业大学课程的出发点是强化企业的核心发展战略和核心业务能力，通过课程使得员工具备学习、沟通和合作、思维创新和解决问题、自我管理、信息处理的能力①。

第六，重视知识沉淀与企业文化构建。通过e-Learning，企业能形成一定程度的知识沉淀。知识管理既是企业e-Learning的未来趋势，也是企业大学的核心所在。企业知识沉淀有多种实现方式，譬如针对学员的作业与练习进行加工与整理、编写教材、论坛帖子加工等。企业e-Learning项目对于企业文化的构建起促进作用，企业文化又对企业e-Learning起到很好的推动作用。优秀的企业文化是主动学习的环境与土壤。

1. 从被动学习到主动学习

企业e-Learning面临的一个挑战是如何将员工的被动学习转变为主动学习。从了解到的基本情况来看，大多数企业的e-Learning是政策驱动，属于被动学习。例如，有的企业明确规定e-Learning必须满足的时间，必须在网上学习多少必修课程并且完成考试等等，这是典型的被动学习方式。在企业e-Learning发展的第一阶段，通过一些制度上的设计促进员工形成在线学习意识，是一个必要的选择。

北京市干部教育网硬性规定北京市局级和处级干部必须每年学习40小时。有一些企业则将e-Learning与职业路径生涯、岗位胜任能力结合起来，形成一种内在的学习驱动性。部分企业采用的这种方式从策略上来看是上升了一大步。中国工商银行将在线学习与员工职业发展路径相关联，新进员工到企业之后，人力资源部门将告诉他们以后的职业发展路径，在以后的职业生涯中，每发展一步，必须要获得哪些职业资格，以及怎么获得这些资格。人力资源部门组织员工在线学习并且在线进行考试，将其作为员工获得职业资格证书的途径，资格证书两年有效，从而保证员工不断地进行知识更新与持续学习。e-Learning与企业文化也是密切相关的，开放、共享的企业文化会促进e-Learning的发展，相反，狭隘保守的企业文化将是e-Learning发展的障碍。

2. Web2.0理念

Web2.0是博客、Wiki、SNS等应用技术和共享、协作、大众化等应用理念的结合。Web2.0有以下特征：第一，用户作为共同开发者。“用户参与”是Web2.0的一个重要原

① 王根顺，马莉. 英国开放大学的质量保证经验对我国企业大学e-Learning的启示［J］. 黑龙江教育，2008（22）：186-188.

则，用户不再只是被动的信息接收者，也是网络的建设者与内容的开发者，用户的参与把Web1.0时代静态的互联网变成动态的交互。第二，集体智慧得到重视。Web2.0提倡发挥集体智慧，主张开展协同工作，认为互联网应为协同工作提供平台，如支持多人协同写作的Wiki等。第三，社会化网络的实现工具。根据六度分隔理论（Six Degrees of Separation），每一个体的社交圈都可以不断扩大，最终成为一个大型网络，逐渐演化成社会化网络（Social Network）。Web2.0所提供的功能将成为人们社会生活的一部分，成为构建社会化网络的一个重要工具。Web2.0鼓励用户参与、注重集体智慧等思想与建构主义学习理论提倡自主学习、关注协作学习等观点是一致的。未来的企业e-Learning，即e-Learning2.0，需要根植于Web2.0理念的土壤之上。企业e-Learning只有让大众积极参与，才具有生命力；否则，仅仅管理人员充当搬运工的角色——将课件购置回来放到平台上去，而员工丧失参与的主动性与热情，那么将是低层次的学习模式。

企业e-Learning2.0区别于企业e-Learning1.0的地方有三。第一，在平台功能设置上，强调互动与方便大众参与；在资源共建上，积极鼓励员工创造优秀课件。第二，强调学习者主动参与。e-Learning2.0学习环境应为学习者更多地参与学习活动提供机会，适应不同学习者的学习风格，根据学习者的个性特征来选择学习方式、学习工具和学习内容，将学习的控制权尽可能地交给学习者。要设计优秀的学习活动与学习策略，让每一位员工尽量自愿主动地参与到学习中来。第三，支持协作学习。e-Learning2.0学习环境应当很好地支持协作学习，提供学习者之间交流与协作的机制，促进虚拟实践共同体的构建。

3. 知识管理

知识管理为企业实现显性知识和隐性知识共享提供新的途径。知识管理是利用集体的智慧提高企业的应变和创新能力，在提高企业工作效率、避免由于企业人才流失而造成的不良影响等方面有不可或缺的作用。e-Learning是动态的，同时又需要将学习过程中员工的知识积淀保留下来，这一过程需要每一位企业e-Learning管理者提出切实可行的知识管理办法。知识管理包括几个方面的工作：建立知识库；促进员工的知识交流；建立尊重知识的内部环境；把知识作为资产来管理。e-Learning与知识管理是一个问题的两个方面，两者是融合的、相辅相成的。e-Learning的作用体现在两个方面：一方面员工通过学习提高个人的知识和能力，另一方面促进企业的知识构建，二者相辅相成。员工自己创造的资源课件、员工在论坛上的反思与讨论、员工结合工作的经验与总结，都是企业知识管理体系的有机组成部分。优秀的企业e-Learning必然和知识管理结合在一起。其中，怎样利用e-Learning平台将员工的隐性知识转化为显性知识是一个难点，而e-Learning交互策略对于知识的转化尤为关键。交互强调通过学习环境来增强学习者的学习过程，按照对象的不同分为个性交互和社会性交互。个性交互主要是学习者通过网络等手段与网络学习环境中的学习资源、学习对象之间的交互。社会性交互主要是学习主体与学习环境的学生和教师的交互。根据交流对象的多寡，交互分为个别化信息交互和集体信息交互两类，这两种类型的交互对学习者学习兴趣的激发和学习活动的保持有较为重要的作用。个别化信息交互主要指在学习过程中学习主体与学习同伴（或教师）个人之间的交流，集体信息交互主要是指在学习过程中学习主体与群体的交流。

（五）宝钢企业教育信息化实施经验

在信息社会的今天，e-Learning是建立企业大学的必要条件。宝钢人才开发院大力推广网络培训，开展的网络培训330项，40%左右的培训项目部分或全部采用网络培训方式进行。网络培训班级数和培训人次稳步提升，呈现出良好的发展态势。现已实现全员进行网上学习，学员满意率持续上升。宝钢现有的网上课件资源主要有员工开发、企业大学开发以及购买现成的课件三个来源，其数量（时间）各占三分之一。在宝钢，负责网上学习的员工有6名，占整个人才开发院员工数量的3.3%。目前，网上学习方面的年度支出占整个开发院年度支出的6%。人才开发院希望借鉴和引用国内外企业成功实施案例和成熟的国际网络教育技术标准，创建面向集团全体员工、多语言支持、集多种培训模式于一体、培训课件分布式管理的e-Learning系统，实现集团范围内的培训资源共享。目前，宝钢e-Learning系统已经具有学员学习、教师教学、知识资源管理、学习交流、消息管理、培训管理、数据报表处理、周边系统集成以及跟踪评价管理等多个功能模块，如图5-20所示。

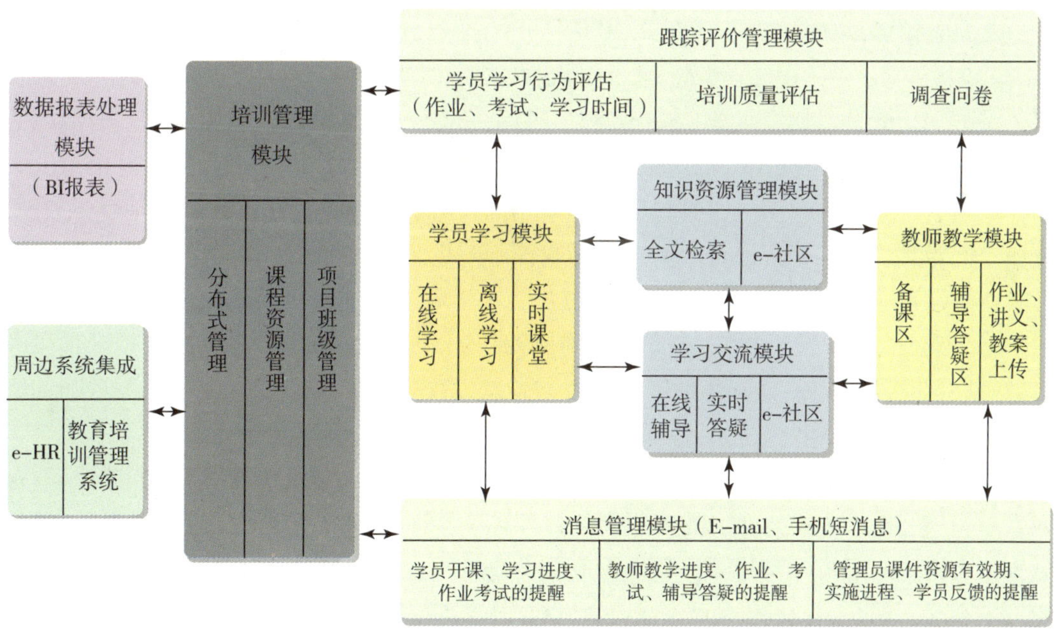

图5-20　宝钢e-Learning系统功能模块

为更好地推动网上学习，宝钢人才开发院实施了嵌入式学习，在一些任职资格培训中加入网络学习内容，参加正式面授之前必须完成网络学习；对新进公司员工实施为期一年半的网络学习，近一百门课程可供员工选择；对于一些基础性课程，要求某些指定的员工必须参加网络学习，如非财务经理进行财务知识培训；每年制订网络课程开发计划，明确提出一定阶段后课程中网络课程的比重。

宝钢e-Learning正在进行一些新的探索，e-Learning的建设基于三个考量。首先，让e-Learning成为员工学习和发展的平台。结合线上人才测评的结果库与学习地图，为员工制订个性化的学习发展计划，促进企业员工能力的发展，为公司人才发展战略服务。其次，建立员工学习门户。对于员工本人来说，可以进行一站式的学习，让学习更方便、更轻松；对于其直接主管而言，可以编制员工学习需求、管理员工学习计划、监控员工学习进程、查询员工学习结果、参加培训评估；对公司高管而言，可以全盘掌握公司的学习和能力发展状况，了解相关员工的个人学习和发展动态，通过集先进学习理念、学习模式和管理思想于一体的学习门户达到对正式学习与非正式学习的管理。最后，通过e-Learning建设知识共享、传播平台。e-Learning平台成为课程学习的平台、交流研讨的平台以及资源查阅的平台。

三、案例分析

（一）案例一：组织驱动的企业教育信息化案例分析

中国电信的e-Learning平台是于2003年开始投资建设的，2004年初投入使用，至今已经过多次升级。中国电信实施e-Learning的主要目的是提高培训覆盖率，促进绩效管理，促进知识管理。网上大学由中国电信学院在线学习教研中心管理和运营。中国电信e-Learning（又称中国电信网上大学）是中国电信学院的核心产品之一。员工登录网上大学首页之后，可以看到学院以打包形式不定期推荐给员工的课程资源，包括课程、案例、文档等，并且将这些资源进行分类。中国电信学院用此方式将资源推送给学员的优点是，员工在登录网上大学以后，即使不去找资源，也能够看到比较优质的资源，从而使员工的学习具有针对性。网上大学首页涵盖了检索功能、通知模块以及各类品牌培训项目入口，每周都会精选一些案例张贴出来，并与最新资源库链接。学院专门有人负责筛选资源，每个星期都会从各分公司上传的材料里遴选一些精品，推荐给员工。

中国电信网上大学同期开展多个品牌培训项目，有“天翼大讲堂”“添翼振翅”“对话发展”“光点星课堂”等，覆盖不同层级学习对象。其中“天翼大讲堂”“对话发展”分别以大讲堂与多方互动形式，覆盖中高层管理人员；“添翼振翅”以实时营销案例解析的形式覆盖一线营销人员；“光点星课堂”以小型课堂形式覆盖基层员工和管理者。目前，实时互动学习平台能支持8 000人以上同时在线参与学习。

中国电信网上大学目前累计有7 000多个电子课件。各省（自治区、直辖市）分公司和地市分公司都有权限上载电子课件，上载之后由所在公司的培训管理人员对课件质量进行审核，通过之后进行发布。然后，网上大学学习服务中心每周会从分公司上传的400

多个课件里面挑选优秀课件推荐给在线学习教研中心，中心再从中寻找精品课程，推荐给所有员工。网上课程分类由学院来规定，其他级别管理员没有权限修改。所申报课程必须在学院大类之下；如果没有对应大类，可以放在待分类中，然后由学院专业人员帮助转移，也可以申请增加分类，但新增分类在通过审核之前不被认可。学院不定期会进行课程清理和整顿工作。对课程的打分是员工自愿的。

中国电信学院认为知识管理方面最重要的运营经验是激励员工进行分享。同时，为了促进网上学习，学院也制定了相应的管理政策。例如，学院制定了针对资源库的《资源管理办法》《培训管理办法》，制定了分阶段的成套验收标准，也制定了约束供应商的《电子课件开发管理办法》，其中规定了供应商所提供的课件必须符合的徽标位置、时长等标准，还有一些团队管理办法等。

1. 项目分析

“大规模在线岗位技能认证”项目从2007年6月开始一直持续到现在，由中国电信人力资源部与中国电信学院共同负责管理，其他参与部门包括集团公司各专业部门、直属单位以及中国电信集团31个省（自治区、直辖市）公司（包括下属地市分公司）。参与该项目学习的员工来自中国电信集团31个省（自治区、直辖市）公司下属所有地市分公司，参与人数超过12万人。该项目选择e-Learning方式的原因是：成本低，效率高；便于快速统一标准、规范流程；能够快速于在线认证基础上建设集团统一的认证试题库；便于各级公司认证流程监控及认证结果上报；中国电信培训管理流程已固化到在线学习平台，便于认证体系与培训体系有效融合，促进企业绩效管理水平。

该项目的目标是：改变企业传统的认证手段和模式，利用电子化手段管理企业认证流程，建立基于网络的电子认证档案，从而规范与统一全集团认证工作；利用互联网手段普及认证资格，提升员工岗位胜任能力，增强企业竞争力；有效节省时间，节约成本，提高认证效率；通过在线岗位认证机制，给员工提供个人职业生涯发展的辅助指引平台。

e-Learning项目为企业战略服务，这是企业e-Learning的主要特征。项目按照企业战略、业务流程展开，这样既具有针对性，又容易得到企业高层、参加学习的员工的支持与配合。“大规模在线岗位技能认证”项目紧跟中国电信业务发展需求，配合员工发展实际进度，从战略角度与公司发展保持一致。战略性具体体现在，第一是目标一致性。项目目标与企业发展战略一致，岗位认证项目紧密结合企业战略、业务流程。第二是高层参与。这是组织学习获得成功不可缺少的要素。中国电信的部门领导不仅公开支持项目学习，还将学习目标作为绩效目标的一部分。第三是关联性。该项目学习内容与员工实际工作结合紧密，岗位认证结果与员工绩效直接挂钩，颇受员工重视。第四是政策支持。为了支持该项目，公司内部制定了相应的政策、支持措施和宣传手段。

2. 项目设计与实施

第一，具有完善的顶层设计。中国电信“大规模在线岗位技能认证”项目是一个持续性项目，涉及集团、省（自治区、直辖市）公司、分公司等多种不同层级单位的不同角色。网络平台上专门设计了一套考试系统，用来支持岗位技能认证操作。为了保证认证的实施，省（自治区、直辖市）公司和分公司都安排有相应管理部门，不同级别管理部门的权限不同，由电信学院指定各个管理部门要认证的岗位和专业，并由各个管理部门管理题库。由直线经理对员工报名资格进行审核。由于考评与绩效相关，而直线经理是员工的直接上司，所以审核流程与人员晋升挂钩。省（自治区、直辖市）公司的考试既可以在线上进行，也可以在线下进行。如果是在线上进行，员工必须提交个人晋升计划，如什么时间学习什么内容、理论上学到了哪个层级、能力上提高到了什么程度等。学习过程中直线经理可以随时随地进行监控。员工根据个人岗位专业和等级情况，可根据要求报考各级岗位的技能认证，原则上需要拿到下一级证书才能报考上一级认证。认证案例库庞大，并与现有网上大学知识管理平台的案例库分离。公司的培训管理人员在考核时看到有代表性的案例，可以把它复制到知识管理平台的案例库。中国电信制定了全集团统一的认证标准，它同时是一个基础岗位认证模型。网络体系中还体现出一些跟行政考核相关的像试卷审批、认证编号管理、认证情况汇总、绩效管理等工作，供分公司管理员使用。如果直线经理出差或是近期不能上网，没法到线上审批员工报名资格的话，直线公司的行政管理人员有权代办。认证过程中，有些岗位不需要提交案例，这就反映出认证类别差异。阅卷则由各省（自治区、直辖市）公司按集团统一规定自行操作，认证通过比例不做限制，按规定分数线评定。学院通过网上大学试题管理保证每个员工在自动抽卷时获得同等难度和区分度的试卷。集团级管理员可以通过认证系统非常清晰地监控各级单位认证情况，查询各级单位不同时期岗位技能认证种类以及报名人数、参加人数、通过人数和线下认证人数。

第二，从资源、平台、技术上对学习项目予以支持。

学习资源支持：在本项目的“能力提升”环节，学习者可以通过认证专用课程（电子课件，由培训管理者指定或由员工自己选学）的学习、相关辅助材料（电子案例、电子文档，由系统自动关联）的学习达到既定学习目标。网上大学提供认证专用课程资源库，支持员工的岗位能力提升学习。

平台与技术支持：网上大学有专门的学习服务中心，在各级管理人员的使用和员工的学习过程中，提供热线电话和电子邮箱两种方式的技术支持，电话接听时间从每天8：30到17：30，24小时电子邮件支持。技术支持基本能够满足学员需求。一般来说，初次参加认证的学员通常在考试时操作问题较多，从2008年起每轮认证考试前下发考试操作电子手册，组织模拟考试，使该类问题大幅度减少。中国电信的在线岗位技能认证体系能够很好地支持全集团岗位技能认证工作，并随着系统的硬件、软件多次优化，相关服务不断完善，基本满足该企业常规管理工作，所有功能均经大量用户使用并验证其效果，尤其是自动分发试卷、自动策略组卷、自动阅卷、断电数据保护、失误操作数据保护等功能受到所有省（自治区、直辖市）公司的欢迎。认证试题库在多年认证后也达到一定试题和组卷策略保有量，为以后的认证考试奠定了内容基础，大大降低了专业部门编写、组织试题试卷的工作量。另外，由于平台连续多年进行大规模岗位技能认证，促使各级公司将认证相关辅导课程、资料、案例与试题等都陆续上传网上大学，供员工在能力提升阶段学习或参考，因此，积累的大量认证用培训资源可持续供应后续员工认证时使用，并逐步形成认证专用资料库。

学习支持工具：本项目中，系统提供支持学员学习的工具有学习案例提交与审阅体系、在线课堂实时授课与辅导系统、专用聊天室辅导、知识社区论坛相关版块答疑。学习支持的策略有：在认证报名阶段，由报考者的直线经理进行资格审批，并在学习者能力提升阶段，监控其学习进度，辅导其学习，同时对学习者提交的学习案例进行审阅；各级公司组织岗位技能认证相关在线或混合培训，由内训师专门负责在线辅导。

第三，实施过程中伴以大量的项目创新。

技术方面的创新：中国电信学院在进行考试下推时，系统在1台中心考试服务器、6台大区分布式考试服务器、14台省（自治区、直辖市）公司分布式考试服务器之间，按照下推单位自动就近就空闲选择服务器，并根据网络管理中心所设定的分布式考试服务器管辖范围及调度策略，将考试、试卷及考生信息自动推送到其所属的分布式考试服务器上。同时保留手动调整功能，从而实现自动负载均衡。考生登录网上大学进行考试时，系统将自动引导进入相应的分布式服务器参加考试，考生也可直接登录相应的分布式考试服务器进行考试。

学习方法的创新：突破了学员自己通过书本自学或面授学习的形式，引入在线课程学习、在线接受教师辅导、在线与其他同专业学员交流共同提升的形式，使学员的学习从单一方式进入了协作方式，有效提高了学员的学习积极性以及解决问题的效率。

项目组织的创新：在认证公告报名阶段，网上报名时间快，反馈流程短，审批简单；在能力提升阶段，直线经理负责制的管理机制促使直线经理真正参与到下属员工的个人能力培养与提升过程中，起到辅导与监督作用，使直线经理在企业的培训体系内发挥应有作用；在考试阶段，在线考试的形式利于试卷保密与管理，灵活的自动策略组卷使每个员工在考试现场抽到的试题不一样，有效降低作弊的概率；在结果应用阶段，电子证书的两年有效期管理使得员工必须参与动态认证才能保持证书的长期有效，从而使员工的知识结构得到快速更新。

3. 项目总结

“大规模在线岗位技能认证”项目是组织驱动的企业教育信息化中具有典型性和富有成效的项目之一。具体来说，本项目有以下几个特点。

第一，岗位技能认证促进在线学习，在线学习提高岗位认证率，人力资源政策是本项目推广与实施的关键。在企业e-Learning发展的第一阶段，用一定的企业政策手段去引导、驱动与检验学习是非常有必要的。从组织的角度看，学习的目的是为了提高组织绩效，因此，用绩效考核的方式来驱动与检验学习，其中，岗位技能认证是绩效考核的一种重要的方式。这也是本案例的特色。

第二，重视知识管理。知识管理是企业e-Learning的核心，也是企业大学的核心。传统的知识管理以纸张为媒介，而e-Learning方式将大大提高企业知识整理与知识传播的速度与效度。知识管理为企业实现显性知识和隐性知识共享提供新的途径，知识管理是利用集体的智慧提高企业的应变和创新能力。另外，知识管理在提高企业工作效率、避免由于企业人才流失而造成的不良影响等方面有不可或缺的作用。

第三，项目的目标与企业发展战略一致，并且高层充分重视与参与。偏离企业发展战略的e-Learning项目不能得到高层的重视与支持，因此，学习项目需要紧密结合企业战略、业务流程。高层重视与参与是组织学习获得成功不可缺少的要素。在本项目中，项目由中国电信集团公司人力资源部与中国电信学院共同提出，而项目的内容是各级管理者高度重视的员工岗位胜任能力建设与发展。

第四，基于Web2.0理念，充分发挥省级分公司、基层分公司的主动参与性。Web2.0是博客、Wiki、SNS等应用技术的组合，但更重要的是共享、协作与大众化的理念。Web2.0的主要特征就是用户作为共同开发者，集体智慧得到重视。在这个项目里，集团网上大学管理者充分授权，支持省级分公司、基层分公司上传优秀的课件、案例。

第五，高投资回报率。投资回报率是收益与投资的比例。由于本项目参与人员众多以及组织得当，投资回报率达到980%。这也说明，e-Learning在大型国有企业的发展中具有旺盛的生命力。

（二）案例二：策略驱动的企业教育信息化案例分析

天狮集团网络学院隶属于该集团企业大学——天狮集团国际商学院。天狮集团是一家涉足多行业的跨国企业集团，在110个国家和地区建立了分公司，其业务辐射190多个国家。天狮集团国际商学院是从集团培训处逐步发展起来的，具备独立法人资格，院长是天狮集团总裁。天狮集团国际商学院的定位是协助组织实现企业价值最大化和股东利益最大化，其作用主要体现在六个方面：战略、品牌和文化的宣传者；管理人才的培养者和指导者；企业战略实施的推动者；员工职业素养的提升者；客户、供应商、合作伙伴的服务提供者；员工职业生涯的设计者和指导者。

天狮集团网络学院由天狮集团国际商学院主导构建，委托北京一家科技公司提供基准版及个性化功能的定制开发。该平台是天狮集团国际商学院发展过程中技术上的一种支持，目前分别在天津、伦敦、新加坡三地服务器部署了集团版、区域版中英双语系统。已建平台可覆盖全球六大区域，为各属地员工提供在线学习与考试、离线学习与考试、个人学习履历查询、认证查询、资源下载等服务，并初步实现了培训管理的全面E化。在全球金融危机的特殊时间段，很多跨国企业、国有企业、民营企业在企业教育的经费、培训量方面都有所缩减，而天狮集团正相反，主要原因是公司业绩仍然处于增长态势，而且高层比较重视学习和人才培养，这也给企业e-Learning的发展带来了契机。天狮集团将e-Learning纳入到全球化学习中，即配合面授、全球巡讲等手段，以e-Learning平台这种技术手段来推行全球化学习。提高培训覆盖率、促进绩效管理和知识管理是天狮集团实施e-Learning的目的。对于天狮集团来说，最大的问题是解决学习的全球化问题，对于海外分公司，存在时间和空间的差异，如果不采用一些技术手段，甚至公司的一些战略意图都不能得到有效传递与贯彻，通过e-Learning方式可以辅助公司将战略性的信息及时落地。e-Learning培训不是为了锦上添花，而是为了解决企业最实际的问题。

1. 实施设计

（1）e-Learning平台设计方面。天狮集团e-Learning的特征可以描述如下：技术上，以分布式为体系架构，重点解决地域访问速度问题；功能上，平台功能以实用为主，缺乏胜任能力模型方面的依据。天狮集团最初在总部部署了一套系统，由于海外访问速度出现了一些问题，于是在伦敦和新加坡专门开发区域版的系统。区域版的系统在画面上几乎没有图片，搭建平台的目的是为了区域员工打开网页速度快，以免影响学习效率。目前，对于上述三个系统，员工均可以自由选择，集团版的内容比海外版的内容丰富。伦敦和新加坡部署的是离线系统，课程是下载的离线包，离线包下载到当地，可以支持断点续传，学完之后回传数据，不受任何影响，包括全球的考试都能够支持。目前天狮集团e-Learning平台可以覆盖六个大区，即亚太区、欧亚区、欧洲区、美洲区、非洲区、中国区。三个服务器两套系统都支持在线或离线的考试、个人学习履历查询、认证查询、资源下载。e-Learning平台客户端界面功能以实用为导向，模块位置顺序多从学员关注角度出发。平台的搭建符合SCORM1.2标准，任何格式的文件都可以放上去。胜任能力模型是企业教育的重要理论基础，员工学习是为了弥补自身能力和所在岗位需要的能力之间的差距。企业e-Learning平台的设计也是建立在胜任能力基础之上，而天狮集团e-Learning平台现阶段缺乏相关模块的支持。天狮集团实施e-Learning平台有以下几个主要目的。第一，扩大培训的覆盖率。在海外有很多当地的员工，如果他们对本集团的企业文化不了解，会导致他们对企业没有归属感，所以扩大培训覆盖率对于企业的发展很重要。第二，打破时间和空间的壁垒。实现海内外同步培训，打破了时间和空间壁垒。第三，推动企业文化、业务知识在全球范围内宣传。第四，固化培训流程与简化培训操作。通过e-Learning平台进行培训，会很容易解决固化培训流程问题。从培训管理的角度看，e-Learning培训方式节省人力。第五，降低培训成本。虽然天狮集团国际商学院最初购买与实施e-Learning平台并没有刻意追求降低培训成本的问题，但培训成本的降低已是不容忽视的结果，如差旅费、讲师费的节省等。第六，整合资源。将优秀的培训管理、资源、讲师等整合在一起。

（2）学习支持设计方面。在学习支持方面，由于人员配备不足等原因，天狮集团

5

e-Learning平台目前还没有开设论坛、聊天室等功能模块，因此对于学习内容方面的线上支持不是太多，还是采取线下支持的方式，学员如有问题，可以通过电话询问。e-Learning平台给员工提供全天候学习的机会，员工既可以在公司学习，也可以在家学习。有一些离线课程，每位员工都有自己的密码，必须本机登录，下了机器就不可以再登录。离线课程必须登录到平台上，把它下载下来，这给员工学习提供了很大的时间自由度。

2. 活动策略设计

企业e-Learning的一个最大困难就是不能充分发挥员工的主动性，平台和课件都有了，但是员工参与程度不高，没有有效地发挥e-Learning应有的功能和作用。因此，e-Learning实施策略以及有效的活动设计，就非常有必要，这也是近年来e-Learning研究的一个核心领域。天狮集团e-Learning部门具有较为成功的活动设计经验与策略。

一是依靠高层支持和带动。在天狮集团，关于e-Learning方面没有明确的政策性条文，但是总裁对于开展e-Learning项目很支持，很多高层都会参与学习和考试。高层的参与和他们选课的积极性会带动所在部门和整个公司员工的参与。二是鼓励员工进行体验式学习。e-Learning的推广低调进行，没有通过部门领导强制要求，而是让员工切身感受，从而主动参与学习。员工之间彼此促进，部门之间彼此激励、带动。三是跟进集团战略规划。e-Learning在推广时选择了最佳的时机，配合集团总裁的战略指引讲话。将总裁的讲话制作成e-Learning课件形式并放到平台上，组织全体员工进行学习，并在线考核，快速帮助员工了解平台、熟悉功能，所以首期推进是基于项目的，学员在学习过程中熟悉平台功能并逐渐会使用平台。四是配合线下的面授培训。将对管理层开展的一些面授课程，制作成e-Learning课件并放到平台上。面授结束后，员工如有遗忘，可以随时利用平台继续复习。面授课程的考核工作量很大，所以进行线上考核，通过这种方式，可以帮助集团高层管理人员了解平台、熟悉功能，对e-Learning的推广会产生促进作用。五是新员工线上培训。新员工培训采用线上线下结合的方式，实现新员工入职两天内便可接受线上培训，以最快速度帮助新员工进入工作角色。线上考核通过者，方可进入面授阶段。六是接口人培训。组织核心业务部门接口人参加平台功能培训，并协助其完成本部门的培训管理，对平台利用率较高的部门给予表彰并在OA上发布，以营造竞争氛围。七是海外版平台推进。基于海外的网络状况，及时开发了海外版学习平台，快速覆盖更广阔的区域。配合集团主推项目，开展线上学习及考试。例如，对于集团总裁亲自过问的“计划与总结E化”项目，在开展了七场近千人的面授培训后，将课件及操作指导放在e-Learning平台上供学习和复习，并组织全员在线考核。

3. 平台应用策略设计

学员根据实际需要自主选择服务器与平台版本。平台的版本根据集团的实际情况有所不同，集团版因为网络状况良好，所以有一些丰富的多媒体资源供学员浏览学习，支持在线学习及考试，且功能全面。由于网络等问题，海外版只支持离线学习及考试，界面及功能相对简单，能够适应当地的管理需求，不牵涉到认证、素质模型。

从系统功能设计来看，天狮集团国际商学院的e-Lcarning平台具有以下几个特色。

一是个性化功能设计。个性化选择是符合天狮集团特色的，如作业模板下发与提交。有一些培训课程并不适合考试，便会考虑作业模板的形式。除了作业模板，员工经常会提交一些心得体会，写得较好的学员也会得到一些奖励。再如，培训班上传资料。天狮集团国际商学院希望能把所有的资料电子化，所以每一个培训班的文档资料会全部上传到服务器上保存。

二是适当的激励机制。阶段性地进行学习数据的统计分析，并配合激励手段，如设立突飞猛进奖，奖励一个月内学分增长速度最快的人。当然，课程需要和学分结合，一门课一般会有结业考试，通过考试后获得学分。

三是引导需求。网络学院把管理权限下放到不同层级的管理培训人身上，采取以点带面、树立标杆的方法。例如，质量中心有一些质量方面的内容需要向全体员工普及，网络学院则需要帮助质量中心去做推广，这须与质量中心负责人交流，然后质量中心派一位专门负责人和网络学院对接，授权质量中心该员工做管理员。部门通过平台来传播课程内容，这也是体现部门管理水平的一个机会，所以就会带动更多的部门主动和网络学院合作。网络学院辅助推广部门知识，提供平台支持。这也会使网络学院不再被动。各部门参与意愿强烈后，逐步导入规范性管控。部门推广采用引导需求方式，海外也开始推广。最初集团海外推广难度很大，没有什么机制能够控制、激励各部门。当海外看见集团总部利用平台开展学习和管理卓有成效时，参与的主动性也提高了，主动找到网络学院寻求合作。所以这种方式能够引导各部门的需求，进而调动各部门参与的主动性。

四是e-Learning课程期限设置。e-Learning课程放在线上公布的时间和频率是有规定的，比如设置开放周期限制，而不是永久放在平台上。通常一门课程会设置两周的开放时间供学员学习，两周后撤掉。这种期限设置能够起到督促的作用。

4. 考核策略设计

天狮集团e-Learning平台的课程包括线上课程和线下课程，采用学分制，以选修课和必修课的形式，课件按时长和难易程度来界定学分，学员学习结束后需要通过考核才能获得该门课程的学分。讲授课程的人负责出题，网络学院集中做成试题库，随机抽取试卷。关于线上课程和线下课程的比例，根据不同的对象而有所差别。一般按高层管理人员、中层管理人员、基层管理人员来划分课程并规定学分要求。对于高层管理人员，要求线下课程多一些；对于基层的员工，要求线上课程多一些。一般来说，高阶管理能力需要互动建构，更倾向于线下方式，而基础知识类和低阶技能类，则侧重于线上方式。

此外，在基层管理人员和中高层管理人员个人学分目标达成率、团队成员学分目标平均达成率方面，考核也设置了相关要求。学分目标达成率如果小于100%，基本上不评优、不提薪、不提职，同时年度个人绩效考核成绩递减10%。如果大于100%，基层管理人员年度学分排名前5%，可以给予奖品鼓励；年度学分排名6%到50%，奖励8个学分并计入下一个学年，还有一定的奖品；年度学分排名51%到100%，年度个人绩效考核成绩递增2%。

5. 项目实施

案例选择了“总裁指引学习及在线考核”进行研究。这个项目时长约十天。项目负责部门是天狮集团国际商学院，由全球人事行政中心总经理批准，对象为全体员工。此项目开展的目的如下：一次性扫清学员登录障碍；帮助学员快速认知并使用平台；快速理解并掌握总裁战略指引核心内容。在设计项目具体内容之前，开展了需求分析。因本项目培训的内容是关于总裁对企业的战略指引的讲话，从民营企业性质看，总裁的权威性很高，员工无一例外自愿参加学习和考试，从而提高员工对企业战略的了解，有利于自身的绩效目标与组织一致，且对自身发展十分有益，所以对培训内容的需求度很高。

在项目执行的过程中，学习环境良好，网络保持畅通，保证学员学习顺畅、持续。学员在学习的过程中所使用的时间可以是工作时间，也可以是非工作时间。此培训课程内容时长1小时，考试时间是45分钟。在项目宣传方面，项目开展的宣传和策划活动主要是通过OA平台发布通知，在学员内部也可通过相互宣传使员工皆知本培训项目。在学习覆盖率方面，预计参加此项目学习的人数为1 094人，实际参加的人数达到全额1 094人，在项目实施的覆盖率方面达到了100%。在学习资源方面，在此项目中为学习者提供的学习资源主要是线上课件内容，课件形式是视频格式。在技术支持方面，因本项目实施的目的之一是帮助学员认识并使用平台，所以保证24小时电话服务，以使学员学习顺畅。如果部分学员忘记密码，导致登录障碍，IT部门人员也会随时帮助初始化。在学习支持方面，发布登录、学习、考试的路径及注意事项，而且在平台上发布了操作帮助文档。

从实施效果来看，学员的满意度超过90%。从学习者自身角度看，学员是不喜欢考试方式的，但是本项目的考试方式并没有降低学员参加学习的积极性。项目提出者（天狮集团国际商学院）的满意度为100%。同时，此项目的效果使总裁对此项目和这种学习方式相当满意。企业高层在管理评审会议上给予表扬，并要求今后继续采用这种方法帮助员工学习。

e-Learning价值体现不断提升。“总裁指引学习及在线考核”项目的内容是关于企业文化建设及战略指引的，天狮集团是民营企业，总裁的战略指引及总裁对公司的愿景是每位员工都十分想知道的。但从整个总部员工数量来看，采用面授的方式是不能够实现普及学习的，包括在教室、讲师数量等方面都无法实现。从学习时限来看，总裁讲话精神，部分员工半年后才通过面授学到，时间滞后非常严重。采用e-Learning方式进行培训，解决了上述的问题。从培训经费的角度看，采用面授培训所需投入的经费会很高，差旅费、讲课费、场地费等，但采用e-Learning方式，在此项目中经费投入几乎是零，因平台是早已购买好的，课程内容是录制总裁讲话，无须购买。节约成本可以说是采用e-Learning的优点之一。从考试角度看，如果不借助e-Learning平台，而采用纸笔考试，阅卷量太大，难以实现全员批改。

天狮集团的特点之一是全球性，这对于天狮集团的企业教育提出了新的挑战，比如如何克服地域、时间的限制。合适的解决方案就是采取e-Learning的方式。本案例中，企业e-Learning部门是在企业大学——天狮集团国际商学院的框架之下。战略服务性是企业e-Learning项目区别于高校e-Learning项目的一个主要特征。从天狮集团的e-Learning项目实施可以看出，项目的战略性强，因此容易得到高层的重视，特别是民营企业总裁的亲自参与，对于推广与实施项目起到至关重要的作用。因此，高层重视是天狮集团e-Learning项目的一个重要特色。有效的活动设计对于企业e-Learning的发展至关重要。天狮集团国际商学院采取了大量的策略与活动，在平台的推广、员工的应用、适当的考核等各个方面积极推广e-Learning模式。

总的来说，目前大多数企业e-Learning还远远未到主动学习阶段，有效的学习策略与活动设计是当前大多数企业需要重视的地方。同时必须看到，即使是国际性企业的e-Learning案例，Web2.0理念仍没有深入到企业e-Learning应用中，平台上的互动功能缺失，资源共建上还没有充分发挥员工的积极性。这也为未来企业e-Learning的发展提出了一些具体要求，主要体现在三个方面：其一是平台功能设置上，强调互动与方便大众参与；其二是资源共建上，积极鼓励员工创造优秀课件；其三是设计有效的学习活动与学习策略，让每一位员工自愿主动地参与到学习中来。

四、小结

企业教育信息化是信息技术在企业员工在职培训过程中发挥支持作用的典型体现，是建设全民学习、终身学习的学习型社会的内在需求。发展企业教育信息化对于提升我国继续教育信息化总体水平和建设终身教育体系都具有重要意义。

第四节　总　　结

信息化对传统教育体系的影响越来越广泛和深入，信息化环境下的教育变革与创新已成为不可阻挡的必然趋势。在这方面，以网络教育为代表的高校继续教育先行一步。网络教育是我国教育领域应用信息化手段最为广泛、最为深入的一种教育形式，在信息技术应用、数字资源开发、信息化教学管理和办学模式创新等方面都取得了显著成效。

开放大学的成立是2012年我国教育信息化建设具有里程碑意义的标志性事件。开放大学以信息化手段全面支撑办学过程各环节，是我国继续教育体系的重要组成部分，也是信息技术对教育发展具有革命性影响的典型体现。然而，也应该看到，相比于世界知名开放大学而言，我国开放大学建设尚处于起步阶段。以信息化为支撑，办好开放大学，是我国继续教育信息化必须关注的重要发展主题。

企业教育信息化已逐步实现由点到面的发展，从少数企业的自发行为逐步变为全行业的自觉行为。企业数字化学习在企业培训中的重要地位正被越来越多的企业所认知，数字化培训在企业培训投入中的比例也明显提高。然而，也应该看到，相比世界发达国家而言，我国企业教育信息化发展水平仍有待提升。

总体而言，相比世界发达国家，我国继续教育信息化水平依然较低，还不能适应我国“工业化、信息化、城镇化和农业现代化”的建设需求。为实现建设现代国民教育体系、形成学习型社会的目标，必须对继续教育信息化予以充分重视。

第六章　教育管理信息化发展状况

教育管理信息化是推动政府转变教育管理职能、提高管理效率和建设现代学校制度的有力手段。部署和应用教育管理信息系统，建设教育管理公共服务平台，有助于优化教育行政部门的工作流程，有助于推进教育行政部门和学校的规范管理，有助于强化教育服务、加强教育监管，有助于提升教育管理机构面向学生、教师、家长和社会公众的服务能力。

1989年10月31日，国家教委发布《关于颁发〈国家教育管理信息系统总体规划纲要〉的通知》，开始推动建立国家教育管理信息系统。此后，各级教育行政部门和各级各类学校开始了教育管理信息系统建设，不过大多以自主分散建设为主。2010年7月29日发布的《教育规划纲要》高度重视教育管理信息化，明确提出了“构建国家教育管理信息系统”的目标。2010年，教育部启动“教育服务与监管体系信息化建设”项目，开始对国家教育管理信息系统进行顶层设计。

目前，我国教育管理信息化工作已经确立了“两级建设、五级应用”的发展思路。两级建设是指在教育部和各省级教育行政部门分别建立国家级和省级数据中心，建设数据集中、系统集成的统一应用环境。五级应用是指各类教育管理信息系统均同步统一部署国家、省、地市、县、学校五级系统，其中国家级系统部署在国家级数据中心，省、地市、县、学校级系统部署在省级数据中心，技工院校国家级系统、省级系统分别与教育部国家级系统、省级系统对接，供国家（教育部、财政部、人社部等部门）、地方和学校使用，实现系统在全国的全面覆盖，确保系统数据的准确和完整①。

本章从国家教育管理信息系统建设情况和地方教育管理信息化发展状况两方面介绍我国教育管理信息化的整体现状和发展思路。

第一节　国家教育管理信息系统建设情况

一、国家教育管理信息系统建设2012年度进展情况

国家教育管理信息系统建设主要依托“教育服务与监管体系信息化建设”项目持续推进，贯彻通过中央信息系统规划和建设带动全国信息系统的部署和应用的战略。《国家

① 《教育部、财政部、人力资源社会保障部关于进一步加强教育管理信息化工作的通知》（教技〔2013〕2号）。

教育管理信息系统建设总体方案》和《省级教育数据中心建设指南》于2012年完成编写工作。通过调研和讨论，初步确定了国家教育管理信息系统按照“两级建设、五级应用”体系进行建设的总体思路。两级建设是指在教育部和各省级教育行政部门分别建立中央级和省级数据中心，建设数据集中、系统集成的统一应用环境。五级应用是指各类教育管理信息系统均同步统一部署中央、省、地市、县、学校五级系统，其中，中央级系统部署在中央级数据中心，省、地市、县、学校级系统部署在省级数据中心，供中央、地方和学校使用，实现系统在全国的全面覆盖，确保系统数据的准确和完整。

“教育服务与监管体系信息化建设”项目在2010年完成了顶层设计。2012年结合教育部各司局的业务需求和原有系统的建设情况，教育部教育信息化推进办公室组织信息中心完成了《“教育服务与监管体系信息化建设”项目信息系统调整方案》。

“教育服务与监管体系信息化建设”项目分为三大类，即基础设施（含公共平台）子项目、支撑保障子项目和业务信息系统子项目。2012年主要信息子系统的总体进展情况见表6-1。

表6-1 “教育服务与监管体系信息化建设”2012年主要信息子系统的总体进展情况

系统名称	功能模块	项目进展
1. 公共支撑保障系统	数据中心建设	二期工程完成
	门户系统与应用集成	项目实施
	统一编码管理信息系统（机构）	项目实施
	教育基础数据库管理系统建设	项目启动
	教育电子认证	项目启动
2. 学生管理信息系统	学前教育信息管理系统	项目实施
	中小学学生学籍管理系统	项目实施
	中职学校学生学籍管理系统	项目实施
	学生资助管理信息系统	项目实施
	学生体质健康标准管理信息系统	项目实施
	学位与研究生教育信息管理与服务平台	项目准备
3. 教师管理信息系统	教职工管理信息系统	项目启动
	干部人事人才管理信息系统	项目启动
4. 学校（含办学条件）相关系统	全国中小学校舍信息管理系统	项目实施
	直属高校基本建设管理信息系统	项目准备

续表

系统名称	功能模块	项目进展
5. 专项业务信息系统	教育统计管理信息系统	项目实施
	教育决策支持统计服务系统	项目实施
	学校建设规划地理信息系统	项目准备
6. 其他业务管理类信息系统	来华留学生服务平台	项目准备
	出国留学生管理信息系统	项目准备
	外事管理信息系统	项目准备
	外籍教师数据库管理系统	项目准备
	高校网络信息管理系统	项目启动
	国家语言文字信息管理系统	项目实施

（一）“教育服务与监管体系信息化建设”取得重要的阶段性成果

通过一年的不懈努力，探索出了较为可行的工作机制，建立了良好的沟通机制，形成了较为完整的信息化基础设施及保障体系，陆续启动了核心的业务信息系统建设，为国家教育管理信息系统建设提供坚强有力的支撑和保证。

1. 重要的基础性建设已形成较为完整的体系

强化国家教育管理信息系统总体规划设计，进一步完善了《国家教育管理信息系统建设总体方案》；完成了数据中心的总体设计及二期工程设计与建设；逐步推进门户系统与应用集成项目建设，建立综合服务平台，编制了统一用户、应用集成、数据交换等9个标准规范；基本完成信息系统总体规划设计和教育基础信息数据库规划设计；启动系统总集成项目和教育基础信息数据库管理与服务系统的建设。

2. 核心业务信息系统已经启动，并取得实质性进展

重点建设学生类信息系统。学前教育信息管理系统和中小学学生学籍管理系统一期已完成建设，中职学校学生学籍管理系统和学生资助管理信息系统已进入招标阶段；教职工管理信息系统和干部人事人才管理信息系统建设已启动；开展全国中小学校舍信息管理系统二期建设；完成了教育统计管理信息系统、学校（机构）管理信息系统、直属高校基本建设管理信息系统的前期建设，同时开发了教育事业统计信息系统数据采集客户端，对学校（机构）编码信息库进行整理。

（二）电子政务取得明显成果

1. 教育部机关信息化基础设施建设和运行维护服务

加强了数据中心基础设施运维管理能力，最大化整合资源，内存能力超过3 TB，存储能力接近200 TB。数据中心全年受理业务65起，共计完成305台虚拟主机的创建与

变更，目前共开通各类应用系统80余个，处理各类安全攻击事件30余起。

严格遵守机关信息化基础设施各项运维管理制度，保障机关信息化基础设施的安全运行，及时有效地为办公及各项业务的开展提供了信息技术支持和保障，首次实现机关网络机房全年无中断运行。

2. 教育部门户网站

受权发布教育部各类政府信息，并有效地通过新闻发布会、新闻通气会公开信息情况；信息公开专栏主动公开公文类信息467条；直播教育部新闻通气会25场、访谈6场；通过网站与公众互动，共处理网民各类政策咨询14 300余人次，处理网民邮件3 200余封，答复网民留言191条；改版门户网站，实行中英双语版。

3. 机关办公自动化建设与应用

完成了门户系统、公文管理系统、档案管理系统、部领导活动安排、部领导信息专阅、文件共享系统等涉密内网的应用系统开发工作；开发了教育部优秀公文评选系统、机关办公用房信息管理、重点工作电子台账系统、新闻宣传工作考评系统、出差管理系统等。

二、教育部与省级教育行政部门的数据互通与共享情况

在教育部与省级教育行政部门数据互通与共享方面，完成电子公文与信息交换系统建设，启动了教育管理数据交换平台建设。2011年，教育部、教育部直属单位、地方教育行政部门、高等学校共1 200余家单位完成了电子公文与信息交换系统建设，初步形成了覆盖全国的教育电子公文与信息交换体系，基本涵盖了文件起草、审批、签章、发送、接收、管理等整套公文传输流程，实现了各级单位之间公文和信息的安全电子化交换与传输，对于提高文件信息交换效率、节约办公资源发挥了重要作用。

教育管理数据交换平台建设已经完成方案制订，正在部分省、直辖市与教育部信息中心之间进行实验性测试。

三、教育管理信息安全工作

教育部批准成立教育信息安全登记保护中心，挂靠在教育部教育管理信息中心。

教育部教育管理信息中心作为公安部批准的教育行业信息安全等级保护测评专业机构，具备对教育信息系统进行信息安全等级保护测评资格。

教育部教育管理信息中心推动教育行业等级保护工作，开展教育网络与信息安全工作专项调研，组织召开在京部分高校网络与信息安全座谈会；对教育部、教育部直属单位、省级教育行政部门和部属高校门户网站进行常态化监测，发布安全监测周报；加强自身能力建设，不断完善实验室设施，提高机构质量管理；开展等级保护测评、安全服

务的业务与市场拓展；落实跟进等级保护及其他安全服务项目，完善教育Web应用安全监控平台，启动安全监测个性化服务推广工作。

第二节　地方教育管理信息化发展状况

地方教育管理信息化发展以地方教育管理信息系统建设和应用为主要内容。近几年，各地教育信息化建设重点逐步由偏重硬件建设向强化应用和人员培训转变，加快建成了一批面向各级各类教育的管理信息系统，从基础设施、应用系统和保障措施三个环节全面提高了教育管理信息化建设水平，显著加大了国家教育管理信息系统的管理辐射能力。

一、基础设施

基础设施是教育管理信息系统有效部署和应用的基础保障，为政务信息发布、公文电子化流转提供可靠的使用环境和支持。全国各地教育管理信息化基础设施建设情况良好，基本具备信息化管理的相关条件和环境。

功能设计全面、集成多种管理平台接口的政务外网不仅能够实现公文的实时流转，还能实时发布重要的政务信息。尤其是具有管理平台接口的政务外网能够实现远程办公，是管理信息化基础设施建设的重要内容。全国教育行政部门政务外网总体建设情况较好，多数教育行政部门都建有政务外网。截至2012年底，不同级别教育行政部门政务外网建设情况见表6-2。可以看到，省级教育行政部门的建设情况好于县级教育行政部门。

表6-2　政务外网建设情况（按单位所属级别划分）　　单位：%

单位级别 \ 建设进度	已建	在建	未建
省级	88.46	11.54	0
县级	65.42	5.30	29.28

政务内网主要为领导决策和指挥提供信息支持和技术服务，并承担公文、应急、值班、邮件、会议等办公业务，具有良好的安全性、稳定性。建成统一的政务内网数据中心，能促进信息资源共享，辅助领导决策，提升行政水平和效率，是实现教育管理信息化的重要条件之一。目前，各级教育行政部门的政务内网建设情况见表6-3。可以看出，在政务内网建设方面，各级教育行政部门还处于逐步发展阶段，还有很大的提升空间。

表6-3　政务内网建设情况（按单位所属级别划分）　单位：%

建设进度 / 单位级别	已建	在建	未建
省级	73.08	7.69	19.23
县级	44.16	13.31	42.53

政务专网是教育行政部门的非涉密内部办公网，主要用于非涉密公文、信息的传递和业务流转，是教育行政部门公共服务与内部业务流转的衔接。是否建有政务专网在一定程度上反映了教育行政部门实现电子化办公的能力。目前，仅有30%左右的教育行政部门建立了政务专网，不同级别的教育行政部门政务专网建设情况差异不大，整体情况见表6-4。

表6-4　政务专网建设情况（按单位所属级别划分）　单位：%

建设进度 / 单位级别	已建	在建	未建
省级	32	4	64
县级	26.64	6.25	67.11

政务内网中一般包含教育行政管理涉密信息，而政务外网一般用于发布和在线业务办理。有超过半数的教育行政部门没有对本单位的政务内网和外网实施物理隔离。不同级别的教育行政部门政务内网和外网实施物理隔离的情况见表6-5。可以看出，省级教育行政部门在政务内网和外网之间实施物理隔离的比例更高。

表6-5　政务内网和外网实施物理隔离的情况（按单位所属级别划分）　单位：%

是否物理隔离 / 单位级别	是	否
省级	83.33	16.67
县级	46.72	53.28

政务外网、内网、专网之间信息交换方式的不同，在很大程度上决定了网络之间传输数据是否具有安全性，以及能否实现网络之间实时信息交互。高效的信息交换方式能提高工作效率，保证数据的安全传输，促进外部资源的有效利用。科学地选择政务外网、内网、专网之间信息交换方式尤为重要。目前，各级教育行政部门政务外网、内网、专网之间信息交换方式的选择情况如图6-1所示，可以看出，手工交换方式仍是政务外网、内网、专网之间信息交换的主要方式。

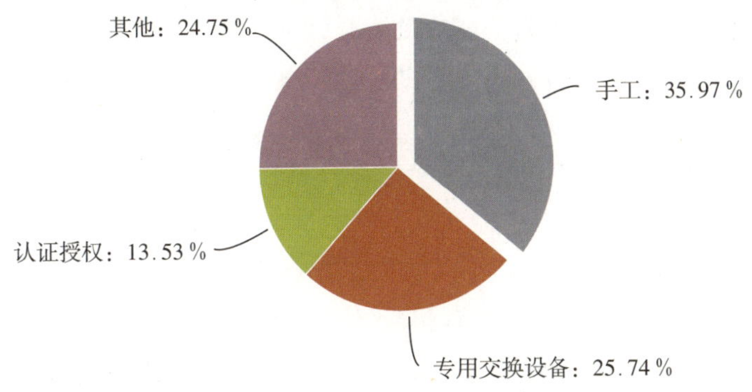

图6-1　政务外网、内网、专网之间信息交换方式统计

截至2012年底，我国各省级教育行政部门政务外网、内网和专网的总体建设情况良好，政务外网、内网、专网之间的信息交换方式多数采用的是手工方式，也有部分采用专用交换设备。

是否建有数据中心机房，在一定程度上反映了教育行政部门在教育信息的集中处理、存储、传输、交换、管理等方面的能力。数据中心机房在承接外部信息、发布教育信息、安全有效地管理各种教育信息方面发挥着重要的作用。

多数教育行政部门均已建设数据中心机房，不同级别单位的数据中心机房建设情况见表6-6。省级教育行政部门建有数据中心机房的比例明显高于县级教育行政部门，这与国家教育管理信息系统“两级建设、五级应用”的基本思路一致。但也应该看到，不少县级教育行政部门建有数据中心机房。应该逐步考虑资源整合，增强省级数据中心机房的能力。

表6-6　数据中心机房（按单位所属级别划分）　　单位：%

建有数据中心机房 单位级别	是	否
省级	88	12
县级	61.65	38.35

随着移动办公需求的日益增长，无线网络建设也成为各级教育行政部门关注的方向。目前，各级教育行政部门统一部署无线网络的具体情况见表6-7，57.69%的省级教育行政部门未建立统一部署的无线网络，县级教育行政部门这一比例更高，超过80%。

表6-7　统一部署无线网络单位比例（按单位所属级别划分）　　单位：%

统一部署无线网络 单位级别	是	否
省级	42.31	57.69
县级	18.35	81.65

是否配备安全防范设备或者安装相应的安全软件，是反映教育行政部门信息安全管理水平的重要指标。安全防范设备或软件有助于保障教育管理信息的安全传输，防止非授权访问、冒充合法用户、破坏数据完整性、干扰系统正常运行、利用网络传播病毒、线路窃听等问题的发生。因此，配备安全防范设备或软件是教育管理信息化建设的必要环节。

各级教育行政部门安全防范设备和软件的建设情况，如图6-2所示。可以看出，防火墙和防病毒软件在各级教育行政部门中使用率相对较高，入侵检测系统在省级教育行政部门中得到了较为普遍的应用，但在县级教育行政部门中应用率较低。除此之外，信息过滤与审计系统、反垃圾邮件系统等也得到了不同程度的应用。总体来说，省级教育行政部门的部署和应用水平好于县级单位。

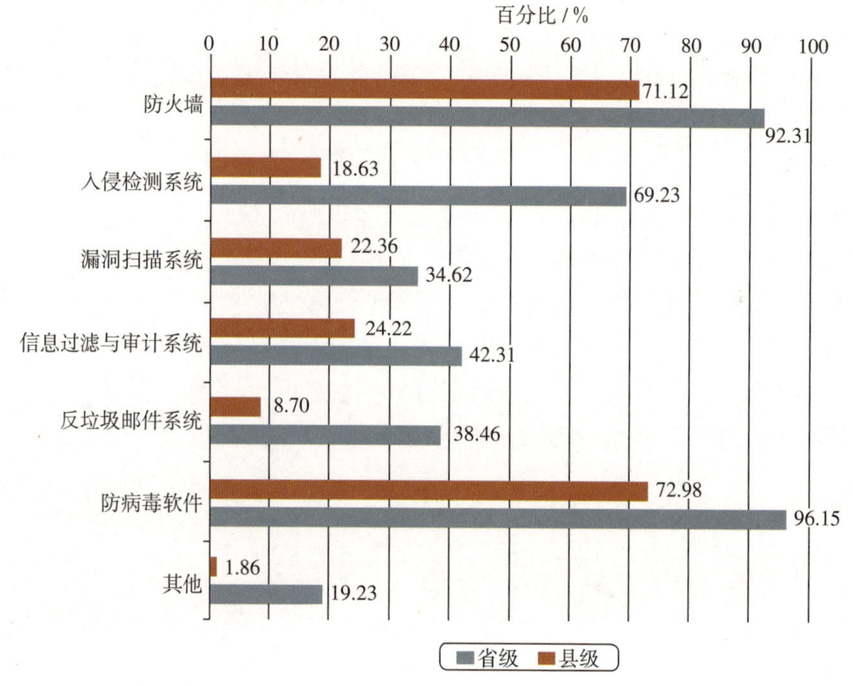

图6-2　安全防范设备和软件（按单位所属级别划分）

二、应用系统

教育管理信息系统的主要效能体现在各类应用系统的实际部署和应用中，应用系统的建设和使用水平在很大程度上决定了教育行政部门管理信息化建设水平的高低。按照功能定位不同，应用系统可以分为公共应用信息系统和业务应用信息系统两大类，前者专注于管理信息系统的一般功能，后者与教育行政部门的业务环节的关联更为紧密。各类系统的成功应用，对于教育管理信息的发布、内部公文的流转、数据的分析和决策、科研信息的管理、财务经费的管理、各种人事档案的存储和管理都起着重要作用。

全国教育行政部门现有公共应用信息系统的总体情况，如图6-3所示。其中，使用内部公文流转系统和信息发布与管理系统的教育行政部门的比例相对较高，分别为54.76%和63.69%；其次是财务管理系统和网络视频会议系统；使用科研信息系统、统一用户管理与身份认证系统、数据管理与分析系统、会议管理系统、电子签章系统的教育行政部门的比例相对较低。

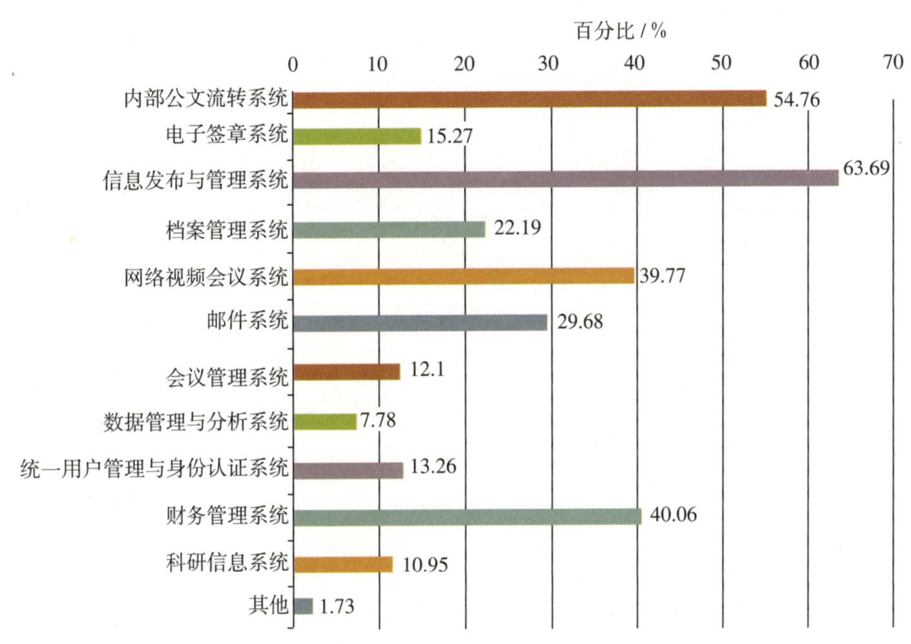

图6-3　现有公共应用信息系统

不同级别教育行政部门公共应用信息系统建设情况，如图6-4所示。在省级教育行政部门中，使用信息发布与管理系统的最多，达到92.31%；其次是内部公文流转系统、网络视频会议系统和邮件系统。在县级教育行政部门中，使用信息发布与管理系统、内部公文流转系统的相对较多。

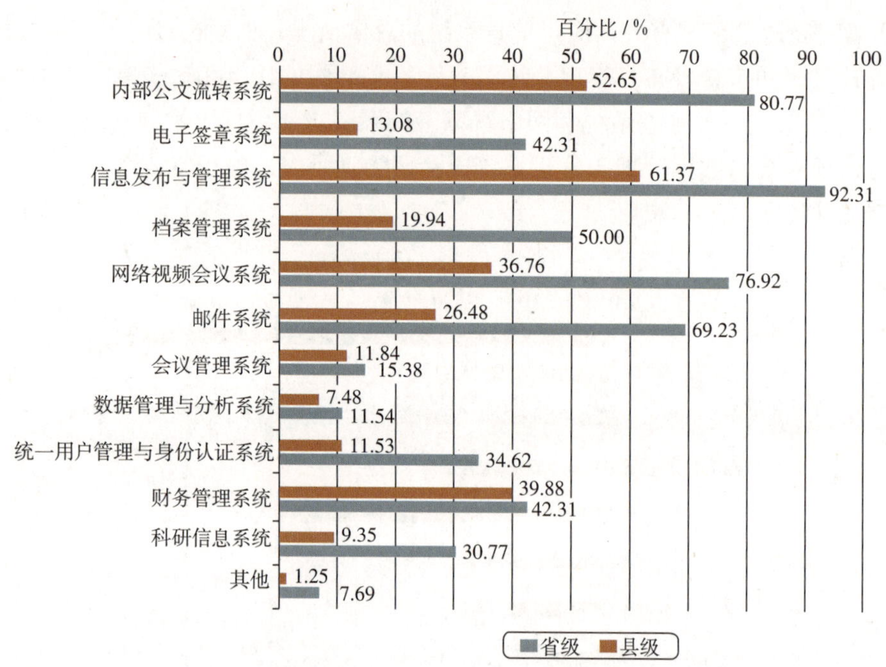

图6-4 现有公共应用信息系统（按单位所属级别划分）

各级教育行政部门最常用的应用系统是信息发布与管理系统，占64.89%，其次是内部公文流转系统和财务管理系统，其他系统的使用相对较低，具体情况如图6-5所示。

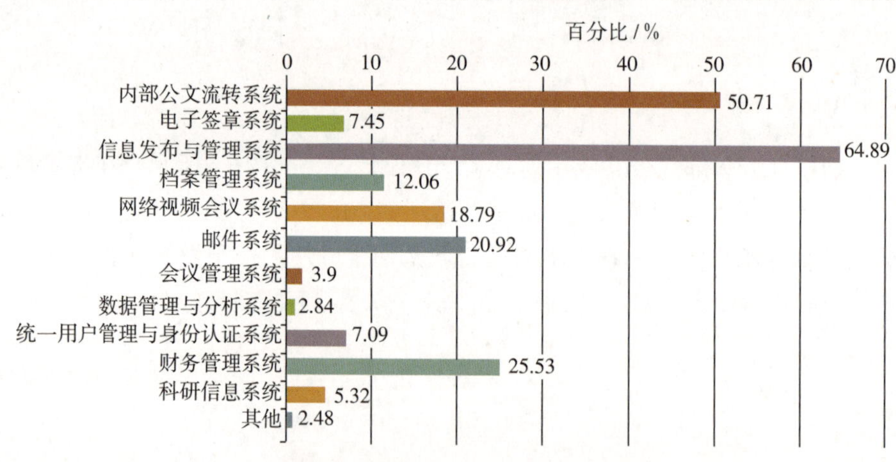

图6-5 最常用的公共应用信息系统

公共应用信息系统是解决省级教育行政部门普遍存在的“信息孤岛”“信息烟囱”现象的有效手段，通过采用统一的规划和标准，能促进信息资源的有效共享，支持跨部门、跨地区的业务协同，发挥信息化的综合效益。

在教育行政部门的信息化建设中，业务应用信息系统的作用是存储各级各类教育机构的学生、教职员工的基本信息，进行教育信息的统计，监督各级各类教育机构的教学工作，保证教育教学工作的有序进行。

截至2012年底，全国各级教育行政部门业务应用信息系统的情况如图6-6所示。

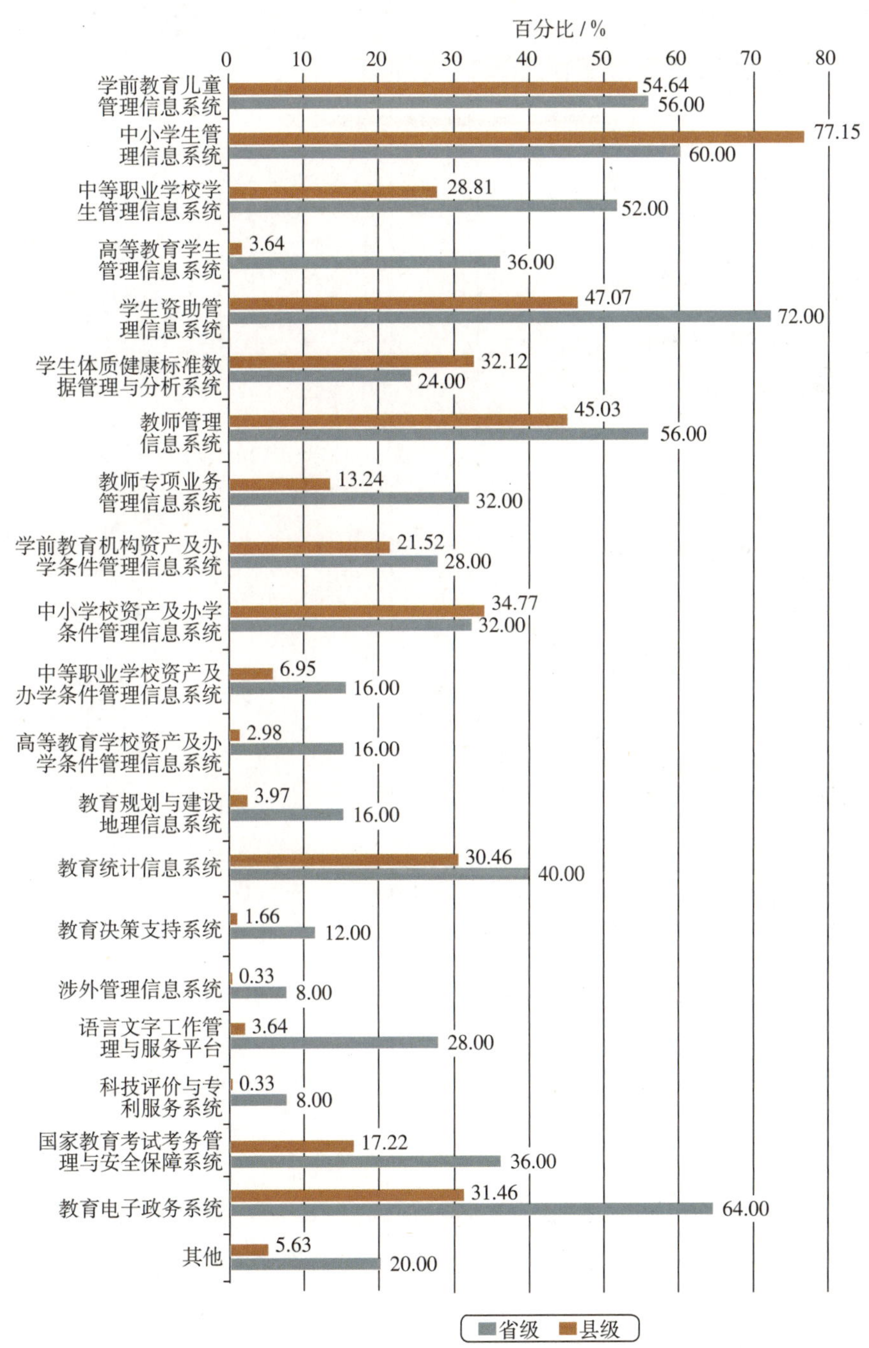

图6-6　现有业务应用信息系统（按单位所属级别划分）

不同级别教育行政部门与上下级部门信息数据交换的业务应用信息系统的情况，如图6-7所示。可以看出，与学生信息相关的管理信息系统占比较高。

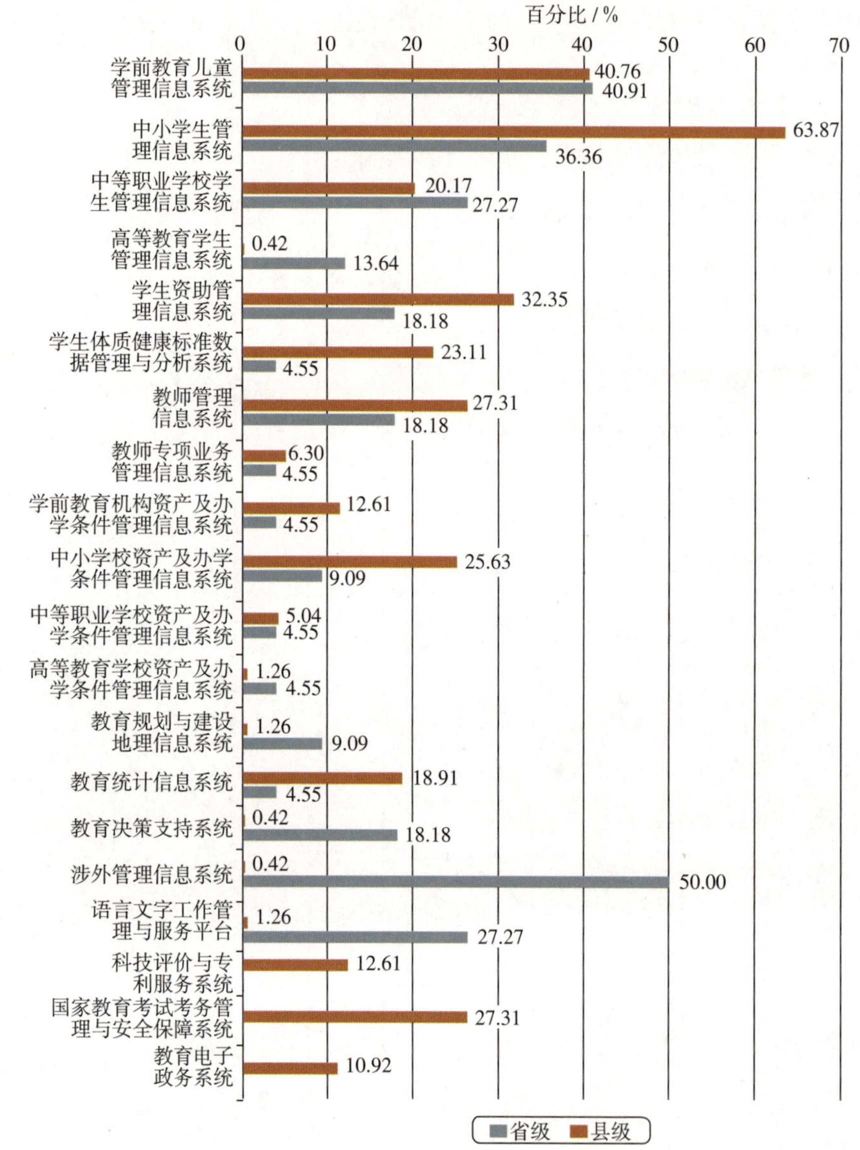

图6-7　与上下级部门信息数据交换的业务应用信息系统（按单位所属级别划分）

教育行政部门是否建有与上下级部门信息数据交换的专门平台，在一定程度上反映了教育行政部门在教育信息共享、交互、传递方面的能力。上下级部门之间信息数据交换的专门平台在公众服务、市场监管、决策支持等方面的信息共享上，发挥着重要的作用。

多数教育行政部门均建有信息数据交换的专门平台，省级教育行政部门的情况好于县级单位，具体情况见表6-8。

表6-8　与上下级部门信息数据交换的专门平台（按单位所属级别划分）　单位：%

单位级别 \ 数据交换平台	有	无
省级	72	28
县级	51.12	48.88

教育信息公开目录对于大众了解教育行政部门的工作职能和工作范围、最新的教育政策和教育动态有重要的作用。全国教育行政部门信息公开目录建设总体情况，如图6-8所示。

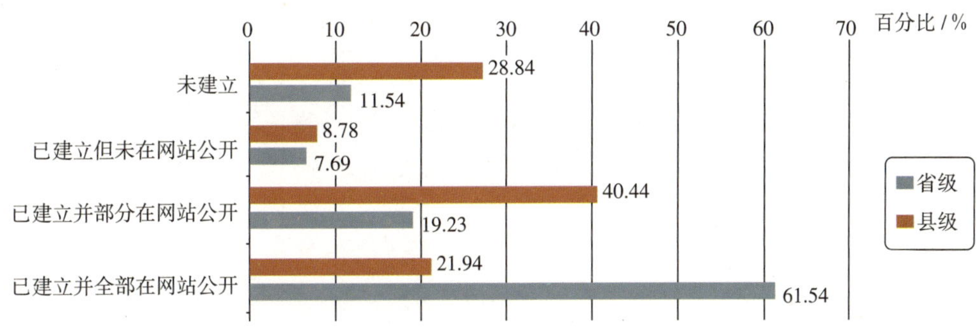

图6-8　信息公开目录建设情况（按单位所属级别划分）

全国教育行政部门网站上公布的接受社会监督的信息总体情况，如图6-9所示。

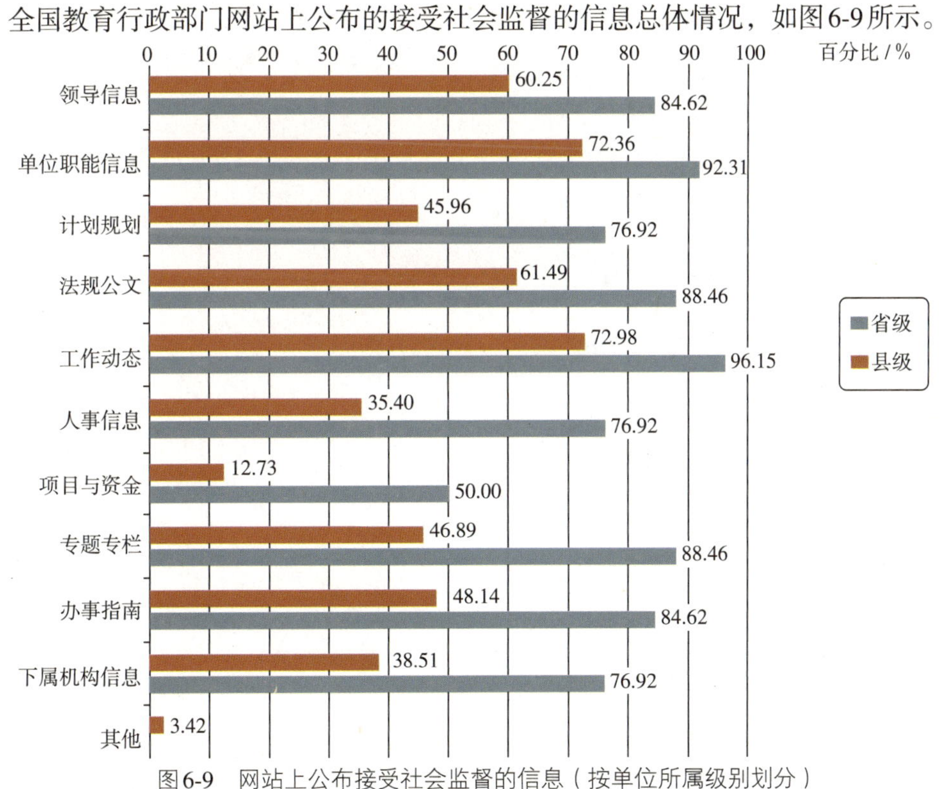

图6-9　网站上公布接受社会监督的信息（按单位所属级别划分）

不同级别教育行政部门网站上提供的在线办事服务情况，如图6-10所示。省级教育行政部门提供在线办事服务的比例远远高于县级教育行政部门。省级教育行政部门中，提供表格下载、在线查询、政务公开申请、在线咨询的比例都较高。

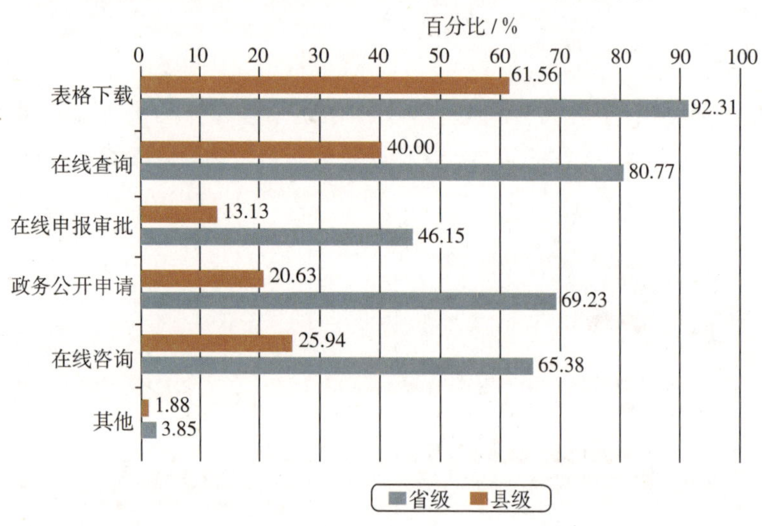

图6-10　单位网站提供的在线办事服务（按单位所属级别划分）

教育行政部门网站上实现在线查询业务与否，在一定程度上反映了教育行政部门对外提供公共服务的能力。提供完备的在线查询系统不仅有利于外界获取各种教育信息，也有利于教育行政部门及时公布相应的教育行政法规和公众所需的各种信息。不同级别教育行政部门的单位网站实现在线查询业务的情况，如图6-11所示。

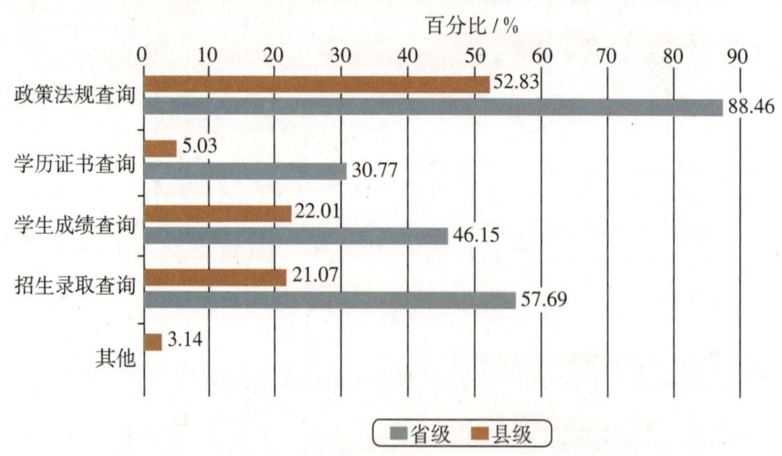

图6-11　单位网站实现的在线查询业务（按单位所属级别划分）

在线申请审批系统的建立不仅有利于提高教育行政部门的工作效率，而且还简化了工作流程。相关系统的建设在一定程度上反映了教育行政部门处理教育管理信息的能力。各级教育行政部门网站实现在线申报审批业务的情况，如图6-12所示。

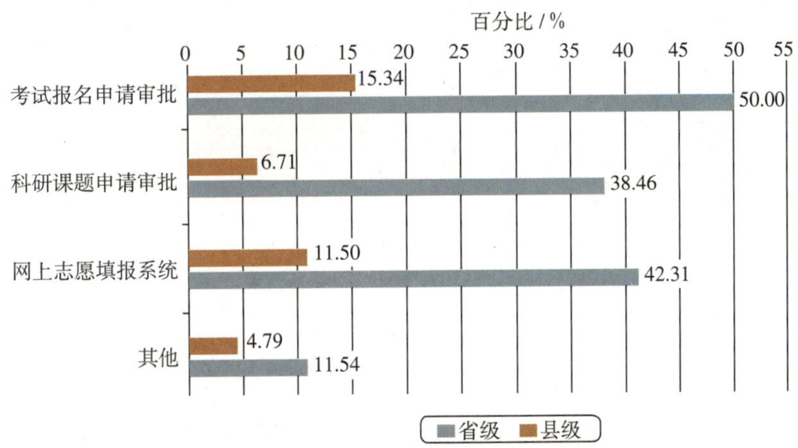

图6-12　单位网站实现在线申报审批的业务（按单位所属级别划分）

三、保障措施

教育行政部门设立信息化工作领导小组，对统筹、协调、指导地区教育信息化建设工作，制定地区教育信息化工作的方针、政策、规划，统筹、协调地区各类教育信息化推进实施工作，研究、解决教育信息化工作中的重大问题有重要推动作用。

全国各级教育行政部门都非常重视教育信息化的相关工作，91.4%的教育行政部门设有信息化工作领导小组。不同级别教育行政部门信息化工作领导小组设立情况，见表6-9，所有省级教育行政部门和大多数县级教育行政部门均设立了信息化工作领导小组。

表6-9　信息化工作领导小组设立情况（按单位所属级别划分）　　单位：%

设立信息化领导小组 / 单位级别	是	否
省级	100	—
县级	90.71	9.29

教育信息化工作主管领导、信息化工作机构的级别高低，在一定程度上可以反映教育行政部门对教育信息化的重视程度。省级教育行政部门中，约有半数的单位信息化工作主管领导级别为正厅级，将近三分之一的单位信息化工作主管领导级别为副厅级。县级教育行政部门中，58.52%的单位信息化工作主管领导级别为科级，具体情况如图6-13所示。

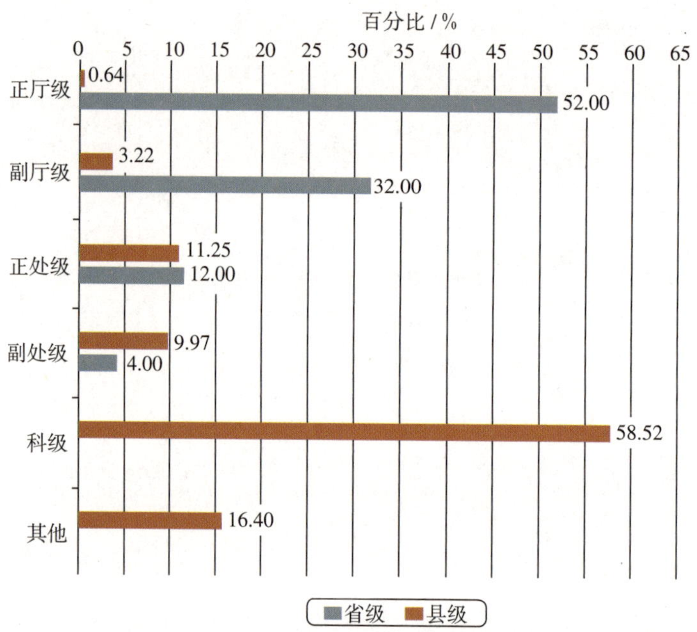

图6-13　信息化工作主管领导级别（按单位所属级别划分）

信息化工作机构专职人员规模能够从一定程度上反映教育行政部门在各项业务中的服务和人员保障支撑能力。这些专职人员能够在信息系统及数据库维护、信息化相关设备维修、人员培训等方面提供服务，为地区教育决策提供数据支持。截至2012年底，省级教育行政部门人员规模较大，有52.00%的单位专职人员规模大于或等于10人，而县级教育行政部门多数单位相关人员规模在5人以下，如图6-14所示。

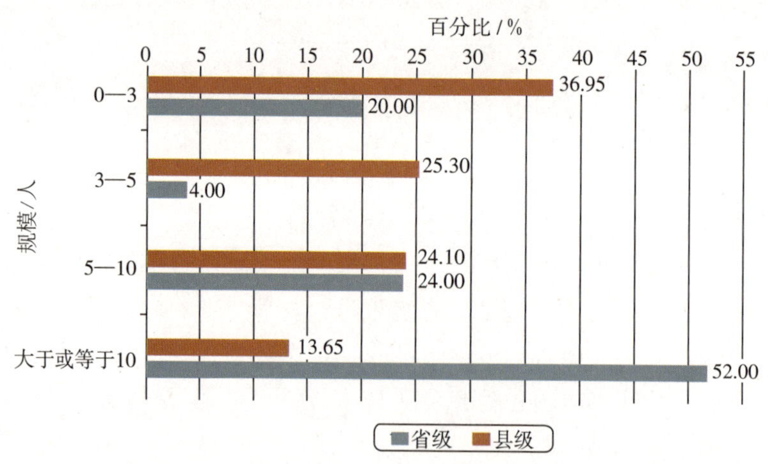

图6-14　负责信息化工作的机构专职人员规模（按单位所属级别划分）

教育信息化规划的制订和实施对于指导教育行政部门的信息化工作有重要引导作用。教育信息化规划重在提出各级各类教育改革和发展中适合运用信息技术解决的重点和难点问题，以及解决这些问题的思路和方案，提出与教育现代化发展目标相适应的、体现“信息技术对教育革命性影响”的教育信息化发展战略、推进思路和实施方案，是教育行政部门落实信息化顶层设计、实施信息化建设过程的一个必要前提。因此，各级教育行政部门对教育信息化规划的制订和实施均较为重视。目前，多数单位已经发布或正在制订相应规划，并积极推动规划的实施，总体情况见表6-10、表6-11。

表6-10　教育信息化规划制订情况（按单位所属级别划分）　　单位：%

信息化规划 / 单位级别	已发布	制订中	无相关规划
省级	47. 83	52.17	—
县级	34.54	53.29	12. 17

表6-11　教育管理信息化规划实施情况（按单位所属级别划分）　　单位：%

信息化规划实施 / 单位级别	得到有效实施	基本得到实施	实施部署中
省级	25	8.33	66.67
县级	19.1	25.84	55.06

各省级教育行政部门教育信息化规划建设情况，见表6-12。截至2012年底，约50%的省级教育行政部门已发布教育管理信息化规划，且多数已在实施过程中。

表6-12　省级教育行政部门教育信息化规划建设情况

省、自治区、直辖市	教育信息化规划制订情况		教育信息化规划实施情况		
	已发布	制订中	得到有效实施	基本得到实施	实施部署中
北京	√		√		
天津	√				√
河北	√				√
内蒙古		√			√
辽宁		√			√
吉林		√		√	
黑龙江	√				√

续表

省、自治区、直辖市	教育信息化规划制订情况		教育信息化规划实施情况		
	已发布	制订中	得到有效实施	基本得到实施	实施部署中
上海	√		√		
江苏	√				√
浙江	√		√		
安徽	√		√		
福建	√		√		
江西		√			√
山东	√				√
河南	√		√		
湖北		√			
湖南	√			√	
广东	√				√
广西		√		√	
海南		√		√	
重庆		√			√
四川		√			√
贵州		√			
云南		√			√
西藏		√			√
陕西	√				√
甘肃	√				√
青海		√			√
宁夏					√
新疆		√			√

各级教育行政部门信息安全相关管理机制和措施总体情况，如图6-15所示。

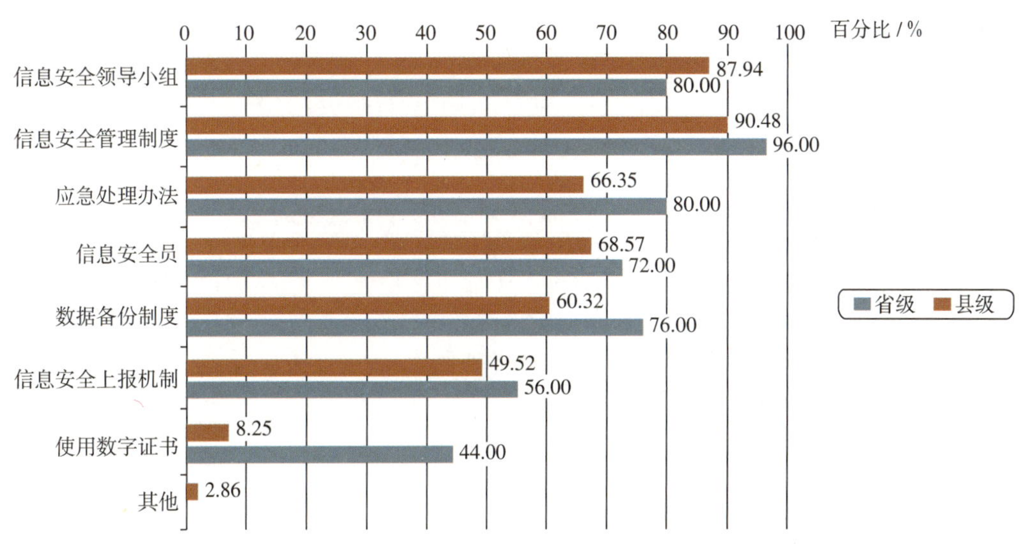

图6-15 信息化安全相关管理机制和措施（按单位所属级别划分）

各级教育行政部门管理信息化建设遵循《教育管理信息化标准》等国家或行业信息技术标准的总体情况，见表6-13。

表6-13 管理信息化建设遵循国家或行业信息技术标准的情况（按单位所属级别划分） 单位：%

是否遵循标准 单位级别	完全遵循	部分遵循	未遵循
省级	54.17	45.83	0
县级	60.74	34.88	4.65

信息技术类产品投入的多少，可以在一定程度上反映教育行政部门对管理信息化的重视程度。2012年，各级教育行政部门在信息化产品上的投入情况如图6-16所示。

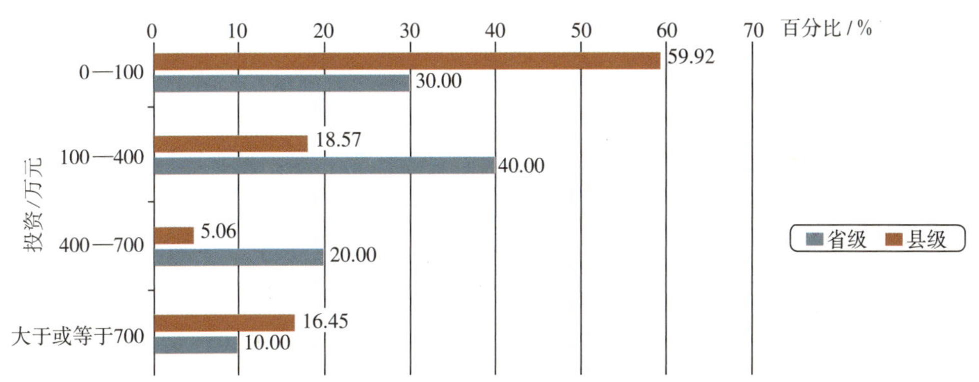

图6-16 信息技术类产品投资（按单位所属级别划分）

在信息技术类产品投资主要方向中，排在前三位的分别是硬件、网站建设和软件，其次是系统维护与升级等，如图6-17所示。可以看出，省级教育行政部门由于具备相对较好的基础条件，因此投资方向较为均衡，而县级教育行政部门仍处于硬件建设为主的发展阶段。

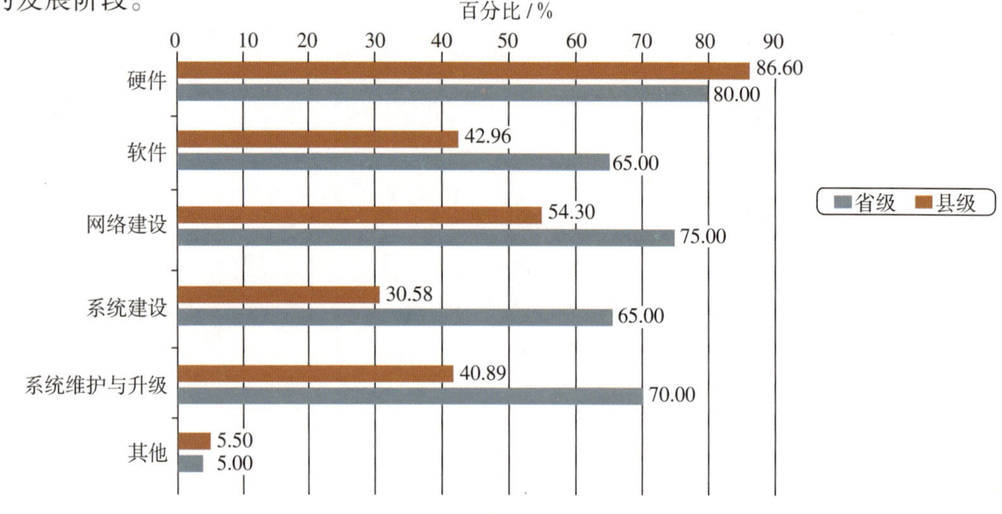

图6-17　信息技术类产品投资主要方向（按单位所属级别划分）

对实施教育管理信息化后的效果进行分析，有利于正确评价实施管理信息化的效果，及时了解在部署和应用教育管理信息系统过程中遇到的问题，引导教育管理信息化建设朝科学、合理、有效的方向发展。

教育行政部门实施教育管理信息化后对内部办公效率的影响如图6-18所示，超过50%的教育行政部门认为内部办公效率有显著提升。在对外业务办理效率方面，超过50%的教育行政部门认为有显著提升，如图6-19所示。实施教育管理信息化后，有42.14%的教育行政部门认为公众对教育工作的满意度显著提升，总体情况如图6-20所示；办公费用也有明显降低，如图6-21所示。

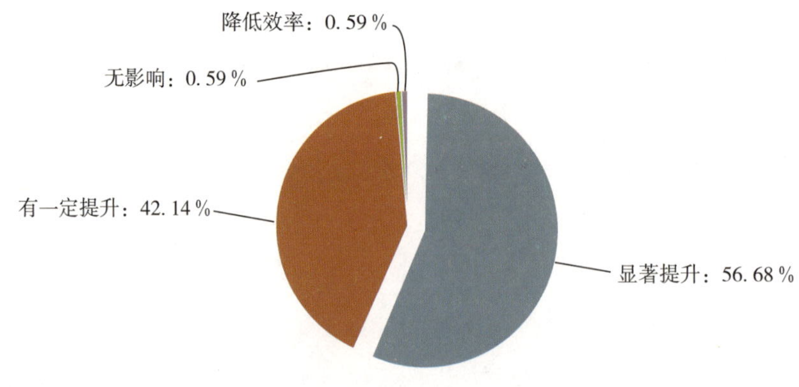

图6-18　实施教育管理信息化后内部办公效率

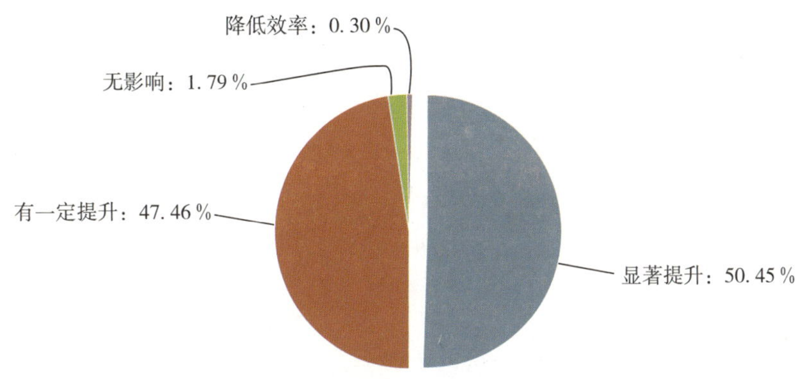

图6-19 实施教育管理信息化后对外业务办理效率

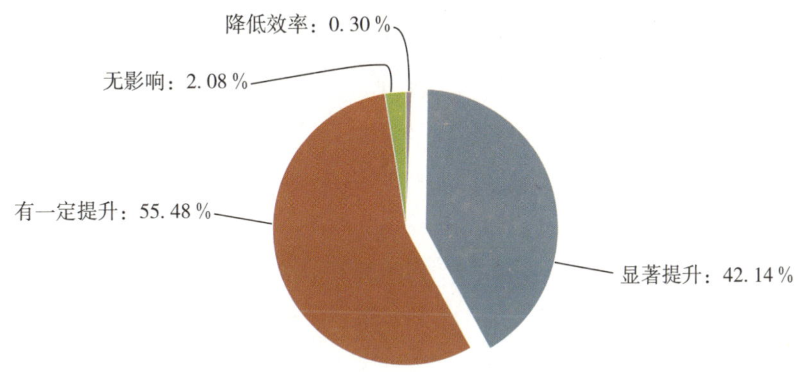

图6-20 实施教育管理信息化后公众对教育工作的满意度

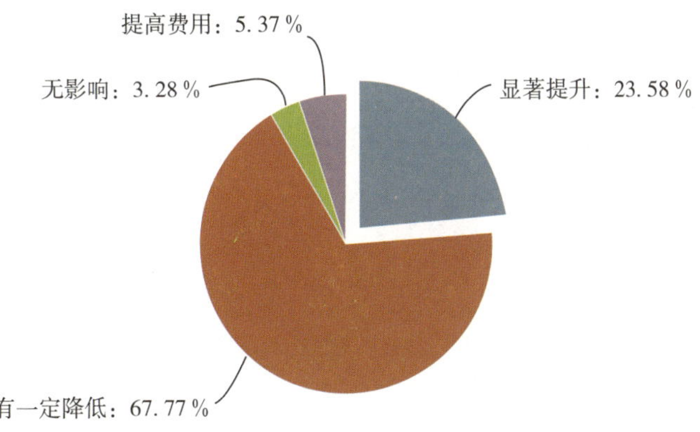

图6-21 实施教育管理信息化后办公费用

全国各省级教育行政部门信息化实施效果总体情况，见表6-14。实施教育管理信息化后，各省级教育行政部门认为，内部办公效率、对外业务办理效率、公众对教育工作的满意程度都得到了提升，而办公费用降低了。这表明，教育管理信息化的作用已经得到较为广泛的认同。

表6-14　省级教育行政部门信息化实施效果自评

省、自治区、直辖市	内部办公效率	对外业务办理效率	公众对教育工作的满意度	办公费用
北京	↑	↑	↑	↓
天津	↑↑	↑↑	↑↑	↓↓
河北	↑	↑	↑	↓
内蒙古	—	—	—	—
辽宁	↑↑	↑	↑	↓
吉林	↑	↑	↑	↓
黑龙江	↑↑	↑↑	↑↑	↓↓
上海	↑	↑	↑	↓
江苏	↑↑	↑	↑	↓
浙江	↑↑	↑↑	↑	↓
安徽	↑↑	↑↑	↑↑	↓↓
福建	↑↑	↑↑	↑↑	↓↓
江西	↑↑	↑↑	↑	↓
山东	↑	↑↑	↑	↓
河南	↑	↑	↑	↓
湖南	↑↑	↑↑	↑↑	↓
广东	↑↑	↑	↑	↓
广西	↑	↑	↑	↓
海南	↑	↑	↑	↓
重庆	↑↑	↑	↑	↓
四川	↑	↑	↑	↑
贵州	—	—	—	—
云南	↑	↑	↑	↓

续表

省、自治区、直辖市	内部办公效率	对外业务办理效率	公众对教育工作的满意度	办公费用
西藏	↑	↑	↑	↑
陕西	↑	↑	↑↑	↓↓
甘肃	↑	↑	↑	↓
青海	↑↑	↑↑	↑	↓
宁夏	↑↑	↑	↑	↓
新疆	↑↑	↑	↑	↓

注：“↑”表示有一定提升，“↑↑”表示显著提升，“↓”表示有一定降低，“↓↓”表示显著降低，“—”表示未填写该项。

总的来说，各地通过统一部署教育管理信息系统，融入先进教育管理理念和科学规范教育管理模式，通过政务外网、内网、专网将教育管理信息化逐步延伸到广大农村和信息化建设薄弱学校，极大地缩小了各县市区之间、城市和农村学校之间、学校内部人员之间的管理水平差距。同时，各级教育行政部门也已经逐步认识到教育管理信息化的重要性，并逐步从信息化建设中获益。

第三节　总　　结

教育管理信息化是推动政府转变教育管理职能、提高管理效率和建设现代学校制度的有力手段，建设国家教育管理信息系统是支撑教育管理现代化的基础工程。

2012年的国家教育管理信息系统建设正处于自主分散建设向整体推进建设发展的过渡阶段。总体来说，当前阶段国家教育管理信息系统建设具有如下几个特点。

一、国家教育管理信息系统建设总体规划基本完成，业务信息系统建设取得初步进展

《教育信息化规划》从总体上对国家教育管理信息系统进行了定位与规划，《国家教育管理信息系统建设总体方案》则从指导思想、建设目标、建设任务、总体架构与技术路线、两级建设与五级应用体系、组织与实施等方面进行了顶层设计。在中央级系统建设方面，贯彻从中央级信息系统建设带动全国建设的战略，教育部于2010年9月正式发布《“教育服务与监管体系信息化建设”项目（小金教工程）顶层设计方案》，并开始正式推动各块业务信息系统建设。截至2012年底，已启动了学前教育、中小学生学籍、中等职业教育学生、学生资助、学生体质健康、教师、中小学校舍、教育机构等15个管理信息系统的建设，其中5个系统已完成一期开发、部署和数据采集；教育部数据中心建设

已完成两期工程并投入使用；初步建成了全国教育机构数据库、中小学校舍数据库、学生体质健康标准数据库等6个基础数据库，收录数据达5.3亿条，逐步开始为教育管理和决策、教育重大项目实施提供支撑。此外，教育部发布了《教育管理信息 教育管理基础代码》等7个教育行业标准。但是，目前信息系统与业务结合的紧密程度还不够，深入应用服务不足。不少信息系统虽然建成，但应用水平不高，有待进一步提升。

二、各地教育管理信息系统建设蓬勃发展，不平衡现象还很突出

各地教育管理信息系统建设近年来得到较大发展，各种管理信息系统，包括学前教育儿童管理信息系统、中小学生管理信息系统、中等职业学校学生管理信息系统、高等教育学生管理信息系统、学生资助管理信息系统、学生体质健康标准数据管理与分析系统、教师管理信息系统、各类学校资产及办学条件管理信息系统、教育规划与建设地理信息系统、教育决策支持系统、国家教育考试考务管理与安全保障系统等都得到不同程度的应用。但是，各地教育管理信息系统的发展还很不平衡，首先是区域差别较大，各地发展水平很不平衡，其次是不同信息系统之间应用水平差异较大，最后是各地、各级系统间数据互通程度较低。根据教育部“两级建设、五级应用”的发展思路，地市级及以下的教育行政机构以应用为主，不提倡独立建设管理信息系统，因此，应该着重加强应用，促进系统整合、互联互通，同时，也应转变发展思路，突出服务意识，注重教育管理信息化与教育教学信息化的一体化发展。

总的来说，我国教育管理信息化发展较快，但是前期各地各校信息系统分散建设导致的信息不畅问题较为严重。教育基础数据标准不一，采集不足，聚合不够，现有教育管理业务系统的差异较大，难以互通，“信息孤岛”现象较为普遍。因此，教育部将教育管理公共服务平台列为教育信息化亟待建设的“两平台”之一，以深度整合信息资源为基础来发展教育管理信息化，是推进教育治理体系和治理能力现代化的重要依托。

第七章　教育信息化公共支撑环境

教育信息化公共支撑环境，涵盖面向全国所有教育机构乃至向全社会提供各种教育相关信息的传输、存储、交换、共享和安全保障服务，支撑各级各类教育中教学、科研、管理等信息化应用的综合技术环境。教育信息化公共支撑环境，既包括传统意义上教育信息基础设施的硬环境，如公共教育信息网络、教育资源公共服务平台等，也包括支持各类教育信息平台和技术系统可持续发展的软环境，如教育信息化的标准体系等。

构建完善的教育信息化公共支撑环境，可以为各类学习者提供稳定可靠的教育应用服务、健康充实的教育信息资源、先进高效的教育科研环境，支撑以学习者为中心的各种教学模式的改革与创新，支持以终身学习为目标的学习型社会的构建。

本章首先介绍教育信息网络的总体发展情况，然后从CERNET、CEBSat、国家教育资源公共服务平台和教育信息化标准体系四个方面，介绍我国教育信息化公共支撑环境整体发展状况。

第一节　教育信息网络总体状况

目前，我国教育信息网络的基本状况是：CERNET和CEBSat覆盖全国，互联互通，初步形成了“天地合一”的教育信息传输网络。但是，CERNET主干网的通达范围主要是全国各省会城市和主要计划单列市，主要服务对象是高校，尚没有能力为全国各级各类学校和其他教育机构提供接入服务。CEBSat虽然覆盖全国，但主要是单向广播式传输，难以满足各级各类学校的宽带双向互联网接入要求。一些经济较为发达的省市和部分西部省会城市利用地方财政或中央财政专项支持，搭建起了省级教育网或教育城域网，但还未能无缝覆盖到县一级地区，而且网络管理、安全防范、内容审核等方面也很难到位。高校以外的广大中小学、职业学校、培训机构等各级各类教育机构，大多通过当地电信运营商接入互联网。

在数量最为众多的中小学，学校宽带网络出口方式有电信、联通、移动等多种方式。其中，电信网所占比例最大，达47.62%，联通为27.65%，选用移动、教育网等作为网络出口的学校相对较少。

在职业学校，选择电信网的学校最多，比例超过60%，其次是联通，比例超过35%。可以看出，多数职业学校还是以电信运营商网络为主要网络服务提供方，这一点与中小学情况类似。

在高校，绝大多数学校选择教育网、电信或联通，其中以教育网比例最高，超过80%，其次是电信，超过70%，再次是联通，超过60%，多数高校部署了两种以上的接入方式。可以看出，由于教学、科研工作的需要，高校接入教育网的比例明显高于职业学校和中小学。

因此，从我国教育信息网络的现状和发展需求来看，仅靠CERNET和CEBSat，或仅靠电信运营商，都难以解决全国所有学校和其他教育机构的宽带接入问题，只有统筹促进教育网、公众网、卫星网各种公共信息网络的升级换代、互联互通和有机融合，才能面向全国所有学校和其他教育机构提供宽带网络接入服务。具体而言，包括如下内容：首先，要加快CERNET和CEBSat的升级换代进程，形成更强的基础支持能力。其次，要加强区域教育基础网络的建设，根据各地的经济发展水平和现实条件，充分利用公共通信传输资源，建设省级或者市级的教育信息网络，高速连接所有教育机构。最后，积极协调各相关产业和部门，结合国家互联网发展战略，整合教育信息网络资源，改进运维管理机制，推动建立绿色、安全、可管可控的教育信息网络，实现可持续发展。

第二节　中国教育和科研计算机网

CERNET是由国家投资建设、教育部负责管理、清华大学等高校承担建设和运行的全国性学术计算机互联网，是全国最大的公益性计算机互联网。通过“211工程”、中国下一代互联网示范工程（CNGI）等一系列国家重大项目建设，CERNET已经成为世界上最大规模的国家级学术网，在教育信息化中发挥了越来越重要的作用，成为国家教育信息化的基础平台，并推动我国下一代互联网研究。

一、CERNET发展历程

CERNET始建于1994年。在国家一系列重大工程项目的支持下，在各级领导关怀下，经过全体科研和技术人员的艰苦努力，CERNET从无到有，由小变大，从弱到强，已经成为我国互联网技术的研究试验基地、教育信息化的基础平台和国家信息基础设施的重要组成部分。

1994—1995年，在“CERNET示范工程”项目的支持下，通过租用64 Kbps数字数据网（Digital Data Network，DDN）专线，CERNET主干网建成了，连接分布在8个城市的10个主干网节点，接入108所高校，获1996年国家教委科技进步一等奖、1997年国家科技进步二等奖。1996—1998年，相关高校承担国家“九五”科技攻关项目“计算机信息网络及其应用关键技术研究”，在CERNET环境下完成了我国第一批互联网技术的科技攻关，取得了一批重要研究成果，获2001年中国高校科学技术进步一等奖、2001年国家

“九五”重大科技成果奖。

1997年启动的“CERNET主干网升级工程”，利用国家卫星传输通信资源，使CERNET主干网升级至2 Mbps以上，覆盖了全国20多个城市。1998年实施“211工程”一期“中国教育和科研计算机网地区主干网和重点学科信息服务体系”项目，CERNET建成了遍布全国36个城市的网络运行和管理体系。CERNET主干网采用卫星信道和DDN线路相结合的组网方式，传输速率4 Mbps以上，连接分布在全国36个城市的38个CERNET主干网节点，接入500多所高校。

1999年，国家实施《面向21世纪教育振兴行动计划》，并启动“中国教育和科研计算机网CERNET高速主干网建设”项目。2000年，采用先进的密集波分多路复用（Dense Wavelength Division Multiplexing，DWDM）技术和同步数字体系（Synchronous Digital Hierarchy，SDH）技术，建成总长13 000多公里的CERNET高速传输网，传输容量最高可达到双向80 Gbps。基于CERNET高速传输网，CERNET高速主干网的传输速率达到2.5 Gbps，地区网传输速率则达到155 Mbps以上。2003年，“211工程”二期CERNET建设项目开始实施，使CERNET高速传输网的传输速率最高可达到双向800 Gbps，CERNET主干网的传输速率达到2.5—10 Gbps，地区网传输速率则达到155 Mbps—2.5 Gbps。

2007年10月，“211工程”三期高等教育公共服务体系建设项目“中国教育和科研计算机网主干网和重点学科信息服务体系升级扩容工程”开始立项，2011年9月项目正式启动。“211工程”三期CERNET建设项目的总体目标是：“全面提高中国教育和科研计算机网的技术水平和服务能力，扩大传输网络的覆盖范围和传输容量，提高主干网高速接入能力和核心节点的性能，建立可靠的网络运行管理和安全保障系统，完善重点学科信息资源服务系统，提升服务全国高等教育和高校重点学科建设的能力，使其成为达到世界先进水平的国家教育科研信息基础设施。”该项目是贯彻落实教育部2012年发布的《教育信息化规划》中“教育信息化基础能力建设行动计划”的具体举措。实施CERNET主干网升级换代，将更好地为全国教育信息化提供主干网接入服务。

CERNET不仅是教育信息化的基础平台，也是我国开展互联网技术创新的实验平台。早在1998年，相关高校依托CERNET就率先在国内开展了下一代互联网技术研究，先后承担了一批国家下一代互联网研究项目和试验网建设项目。特别是2003年以来，相关高校先后承担国务院批准、国家发改委等七部委联合组织的CNGI一系列网络建设和技术试验项目。2004年底，率先建成开通的CNGI-CERNET2已成为当时全球最大的纯IPv6下一代互联网，一批创新性技术成果和国际标准引人注目，推动了我国下一代互联网的科技进步并跻身国际先进行列。取得的研究成果于2004年、2006年、2008年连续三次被评为国家十大科技进展，2007年“中国下一代互联网示范工程CNGI示范网络核心网CNGI-CERNET2/6IX”获国家科技进步二等奖。

二、CERNET建设情况

（一）CERNET主干网建设情况

截至2012年12月底，CERNET拥有主干线光纤超过30 000公里，实际安装传输网设备超过17 000公里。CERNET高速传输网不仅为CERNET主干网提供单波可达100 Gbps的通信基础设施，同时也有力地支持了中国下一代互联网示范工程核心网CNGI-CERNET2等国家重大项目。CERNET已经成为国际上少数拥有自己的光纤传输网的国家级学术网络，标志着CERNET的传输和承载能力已经达到或接近发达国家水平。

基于CERNET高速传输网提供的传输线路，CERNET主干网连接38个核心节点，覆盖全国31个省、自治区、直辖市的36个城市，主干带宽达到10—100 Gbps。CERNET在北京、上海和广州各设立了一个与国内其他网络互联的网络互联点，与中国科技网（CSTNET）、国内主要电信运营商的公众互联网实现了互联，提高了国内网络互联的可靠性和网络访问性能。自1995年以来，CERNET在北京设立唯一的国际出口，与美国、欧洲、亚太地区的学术网实现互联。目前，CERNET与国内其他互联网的互联带宽超过59 Gbps，与国外和我国港澳地区网络的互联带宽超过35 Gbps。据统计，CERNET拥有IPv4地址数为1 701万个，注册EDU.CN域名数为4 026个。CERNET通达全国200多个城市，联网的教育机构、科研单位等超过2 000个，服务用户超过2 000万人。CERNET已经成为与世界同步、高效快捷的高等教育公共服务体系的重要组成部分，成为推动中国高等教育整体水平提升的重要支撑。

根据教育部2012年发布的《教育信息化规划》，为贯彻落实教育信息化基础能力建设行动计划，实施CERNET主干网升级换代，更好地为全国教育信息化提供主干网接入服务，清华大学等高校在教育部的领导下积极推动实施“211工程”三期：高等教育公共服务体系建设项目的CERNET升级扩容工程。该期建设内容主要包括以下七个方面。

1. 传输网扩展和扩容

为满足CERNET主干网的带宽增长需求，扩大CERNET传输网覆盖范围，提升设计容量，提高带宽业务能力，将已经建成的CERNET高速传输网向西部扩展，使DWDM系统从原来覆盖23个省、自治区、直辖市扩大到覆盖29个省、自治区、直辖市；通过扩容和新增设备，提高DWDM系统的传输能力，使CERNET传输网设计容量达到800 Gbps，并具有升级到1.6 Tbps的能力；为CERNET主干网提供10—100 Gbps带宽线路。

2. 主干网升级和扩容

在CERNET高速传输网扩展和扩容基础上，进一步实现CERNET主干网的升级和扩容。根据网络流量增长需求以及传输能力，将主干网38个核心节点分成三类（一类节点8个，二类节点16个，三类节点14个），连接一类节点的带宽达到100 Gbps以上，连接二类、三类节点的带宽达到10 Gbps以上，其中乌鲁木齐和拉萨节点的带宽为2.5 Gbps，具备升级到10 Gbps的能力。在此基础上，进一步提高网络的可靠性，增加冗余线路和冗余设备，每个核心节点配置核心路由器各2台，进一步改善主干网性能，使得核心节点交换能力达到1 Tbps以上，主干网总带宽达到1 Tbps以上。

3. 高速接入体系和核心节点环境建设

CERNET主干网升级和扩容的同时，在全国36个城市的38个主干网核心节点建立CERNET高速接入系统。为1 000所高校提供100 Mbps以上接入能力，为其中100所高校提供1 Gbps或10 Gbps高速接入能力。为提高系统的可靠性，在每个节点配置接入路由器各2台，并配置速率为100 Mbps/1 Gbps/10 Gbps的高速、高密度接入能力。CERNET主干网核心每个节点的运行环境，包括机房、供电、空调等，得到进一步改善。

4. 国际国内互联系统建设

为进一步改善目前CERNET国际国内互联互通条件，建设CERNET国际国内互联系统，在位于北京、上海、广州的国内互联点配置国内互联路由器各2台，实现与国内公众互联网的高速互联；在位于北京的国际出口处配置国际互联路由器2台，实现与国际互联网的高速互联，并建设稳定可靠的国际互联管理系统。通过项目建设，CERNET国际国内互联总带宽达到100 Gbps，其中国际互联带宽达到20 Gbps。

5. 高性能网络管理和安全保障系统建设

在“211工程”二期建成的CERNET主干网运行安全基本保障系统基础上，建立和完善高性能网络管理和安全保障系统，在38个主干网核心节点以及4个国际国内互联点等共42个点部署分布式网络管理系统、主干网有害行为监测系统、应急响应协同服务系统，对网络运行状态做到“知情可控”，加强安全防范能力，提高服务质量，保证CERNET主干网的稳定可靠运行。

6. 公共网络应用基本支撑系统建设

基于CERNET主干网，已初步建立CERNET公共网络应用基本支撑系统，包括CERNET安全服务系统和CERNET视频服务系统。建立视频服务中心，在38个节点提供高质量、强交互的远程呈现视频服务，为视频应用提供网络性能保障和视频管理服务。为各类教育信息化应用系统提供公共支撑服务，提高网络使用效益。

7. 重点学科信息服务系统升级和扩展

在“211工程”二期建立的重点学科信息服务系统基础上，进一步升级和完善重点学科信息服务平台。在CERNET网络中心以及北京、上海、广州建立分布式信息服务节点，扩展重点学科信息资源系统，对已经建立的14个重点学科信息资源系统扩容，并新增40个重点学科资源系统。高校重点学科信息服务系统总计覆盖54个重点学科点。

目前“211工程”三期CERNET建设项目已经进入主体实施阶段，共改造了38个核心节点的机房环境；实施了17 000多公里的CERNET传输网扩容，在国内首次开通了单波100 Gbps传输业务；进行了CERNET主干网升级，在国内首次开通了连接北京、上海等八个城市的12条100 Gbps线路，CERNET成为国际上继美国Internet2之后第二个开通100 Gbps的国家级学术网。在开展CERNET建设项目的同时，保证了CERNET主干网的安全稳定运行，推动了CERNET与国内外其他互联网的互联互通。

（二）CERNET流量情况

2012年，CERNET主干网入流量（经38个核心节点流入主干网的合计流量）为134.42 Gbps，出流量（经38个核心节点流出主干网的合计流量）为141.20 Gbps，具体情况如图7-1所示。

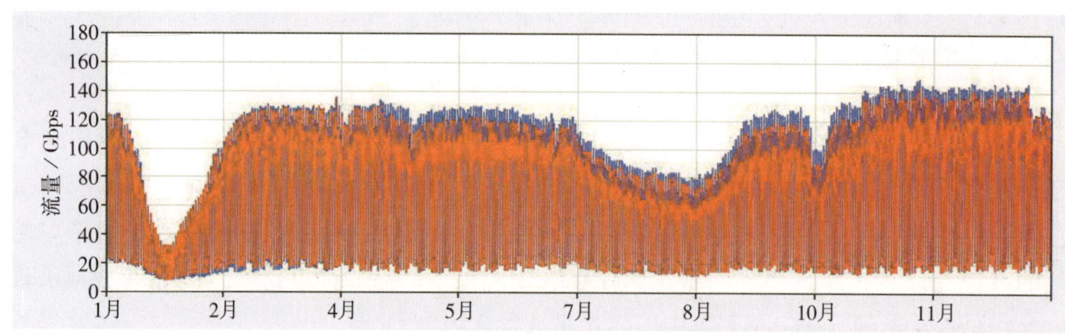

图7-1　2012年CERNET主干网流量

2012年，CERNET国内互联入流量（经3个国内互联点流入主干网的合计流量）为42.05 Gbps，出流量（经3个国内互联点流出主干网的合计流量）为34.06 Gbps，具体情况如图7-2所示。

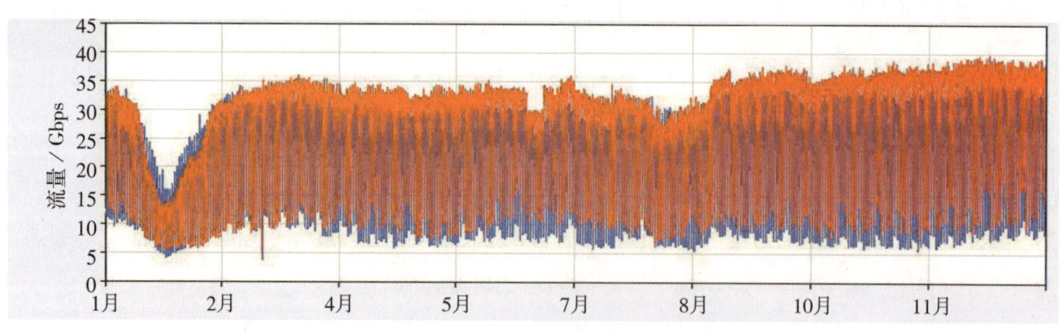

图7-2　2012年CERNET国内互联流量

2012年，CERNET国际互联入流量为9.72 Gbps，出流量为6.02 Gbps，具体情况如图7-3所示。

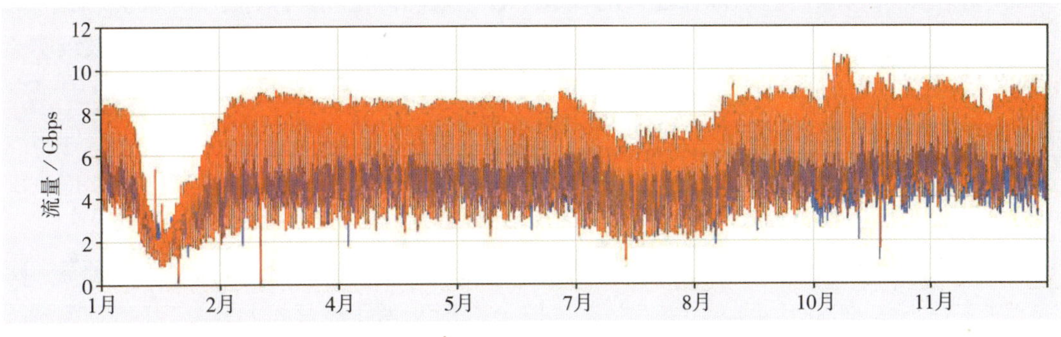

图7-3　2012年CERNET国际互联流量

（三）CERNET运行管理体系

CERNET主干网运行管理体系由CERNET网络中心和38个分布在全国36个城市的CERNET核心节点组成。设立在CERNET网络中心的CERNET网络运行中心（CERNOC），具体负责CERNET主干网的运行、维护和管理，实行每天24小时运行值班制，负责主干网的配置管理、故障管理、性能管理、安全管理和计费管理，包括状态监控、故障处理、性能分析、安全管理等。

1999年，CERNET建立了我国第一个网络安全紧急事件响应组织CCERT（CERNET紧急响应组），形成分布式管理和运行结构，在CERNET核心节点安装了入侵检测系统，为全网提供网络服务安全性检查、网络运行日志、网络安全咨询和网络安全问题紧急处理。通过“211工程”二期的建设，依托CERNET网络运行管理体系，建成覆盖38个节点的CERNET主干网运行安全基本保障系统，包括分布式的网络流量监测系统、网络入侵检测系统、应急响应服务系统和基础安全服务系统，为CERNET主干网的安全可靠运行、防范各种网上不当行为以及CERNET上各类重要教育信息化应用提供必要的安全保障服务和支持。

（四）CERNET支持应用情况

CERNET为我国高校师生提供全面的互联网服务，为高校重点学科建设提供先进的科研与教学环境，支持国家大型教育信息化工程，如中国高等教育文献保障系统（CALIS）、高等学校仪器设备和优质资源共享系统（CERS）、高等学校招生网上录取系统、中国教育科研网格（China Grid）、大学数字博物馆、远程教育系统等，成为我国重要的互联网研究平台与人才培养基地，为我国教育信息化提供公共支撑环境。CERNET支持教育科研重大应用具体情况如下：

中国高等教育文献保障系统是“211工程”高等学校公共服务体系的重要组成部分，下设4个全国文献信息服务中心、7个地区文献地区服务中心和1个东北地区国防文献服务中心，实现了高校信息资源的共建共享。

高等学校仪器设备和优质资源共享系统是“211工程”高等学校公共服务体系的重要组成部分，包括1个位于北京的全国优质资源项目管理中心，2个分别位于上海、武汉的区域中心，以及10余所重点高校建设的校级平台。入网的优质资源包括33所高校的1 200余台（单价超过80万元）大型仪器设备、217门国家精品课程，以及200余个国家级实验示范中心的信息。

高等学校招生网上录取系统从2001年起依托CERNET正式投入使用，每年处理的考生人数超过1 000万人，录取高校新生数超过500万人，是世界上规模最大的网上招生录取应用系统。

中国教育科研网格是“211工程”高等教育公共服务体系的建设内容，自主研发了网格公共支撑平台CGSP，集成了分布于全国13个省份20所重点高校的计算、存储、数据、软件等信息资源，建立了聚合计算能力达到16万亿次、存储能力达到180 TB的网格环境，并开发部署了一系列具有重要影响的典型网格应用，为重大科学研究和学科建设提供了先进技术手段和重要基础平台。

百万册数字图书服务系统（CADAL）是“中英文图书数字化国际合作计划”的重要内容，是“211工程”高等教育公共服务体系的建设内容。目前数字化保存了100余万册图书文献，其中中文图书文献资源87万余册，英文图书文献资源15万余册，多媒体资源8万余件，存储容量约10 TB。已吸引全球80多个国家的用户，日均点击量已达30万次，日均浏览图书近4 000册，服务人数100万人以上。

大学数字博物馆建设工程以30所高等院校10万余件优质教学标本和特色藏品为基础资源，涵盖地球科学、人文科学、生命科学和科学技术四大领域，建成了以图片、动画、音视频等多媒体信息和科学规范的专业描述为主体的28个大学数字博物馆，以藏品为知识节点构建了跨学科的立体知识网络，形成多学科融合的数字博物馆体系。

远程教育系统是教育部实施“现代远程教育工程”的重要建设内容，全国共有67所高校被批准设立网络学院，设置了3 000多个校外学习中心，实现了东部优质教学资源向西部输送，成为我国终身学习体系的重要组成部分。

中国教育和科研计算机网门户系统（www.edu.cn）面向全球互联网用户提供丰富的教育信息资源与服务。目前，系统的日均页面访问量达到970万次，最高达到2 500万次；日均独立访问IP地址数达到60万个；日均流量达到150 Mbps。

三、CNGI-CERNET2/6IX建设和支持应用情况

中国下一代互联网示范工程CNGI示范网络核心网CNGI-CERNET2/6IX是由国务院批准、国家发改委等七部委联合组织的CNGI的重要组成部分，已经成为我国研究下一代互联网技术、开发重大应用、推动下一代互联网产业发展的关键性基础设施。截至2012年底，CNGI-CERNET2主干网共有34个IPv6自治域，IPv6地址总数达到18个/32位，IPv6域名总计188个。CNGI-CERNET2的接入单位达到300多个，其中包括100个

CNGI高校驻地网和200多个学校、科研院所等，这些单位通过专线或隧道方式接入CNGI-CERNET2，IPv6用户总计超过200万人。

（一）CNGI-CERNET2/6IX情况

1. CNGI-CERNET2主干网

中国下一代互联网示范工程CNGI示范网络核心网包括6个主干网，连接分布在22个城市的59个核心节点，CNGI-CERNET2是其中最大的主干网，连接了分布在全国20个城市的25个核心节点，如图7-4所示。CNGI-CERNET2主干网全面支持IPv6协议，于2004年开通并投入运行。目前，核心节点之间的互联带宽以2.5 Gbps为主，其中北京—武汉、武汉—广州、武汉—南京、南京—上海等链路为10 Gbps。核心设备与接入设备之间的连接带宽为2.5—10 Gbps，平均每个节点接入设备可提供的接入能力为1 Gbps × 24。

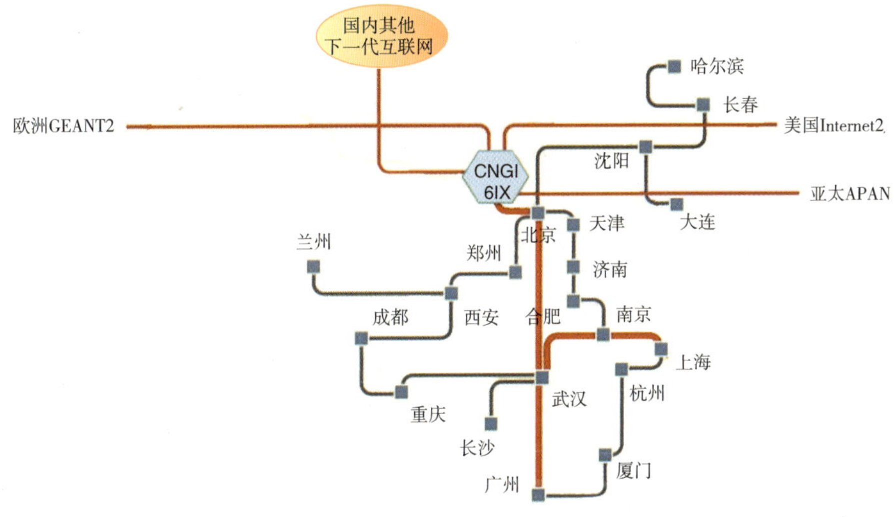

图7-4　CNGI-CERNET2主干网拓扑

2012年，CNGI-CERNET2主干网入流量（经25个核心节点流入主干网的合计流量）为64.02 Gbps，出流量（经25个核心节点流出主干网的合计流量）为70.42 Gbps，具体情况如图7-5所示。

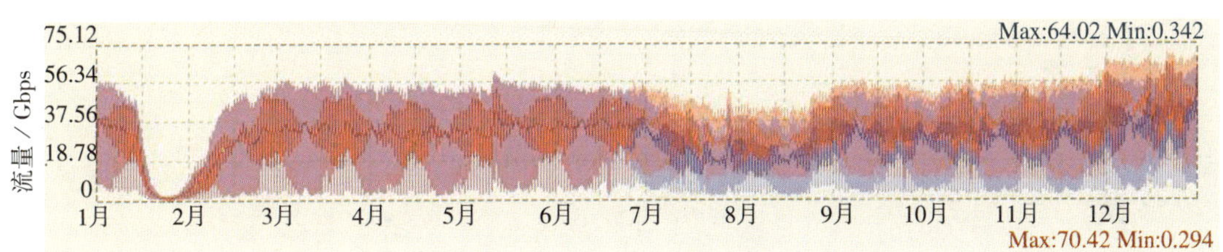

图7-5　2012年CNGI-CERNET2主干网流量

2. CNGI-6IX互联中心

中国下一代互联网示范工程CNGI示范网络核心网包括两个国际国内互联中心，分别设在北京和上海。设在北京的CNGI-6IX于2005年底开通并投入运行，高速连接了中国电信、中国联通、中国移动的CNGI示范网络主干网，以及中国科技网等学术网和研究试验网，并与国际下一代互联网学术网美国Internet2、欧洲GEANT2和亚太地区APAN实现了高速互联，如图7-6所示。

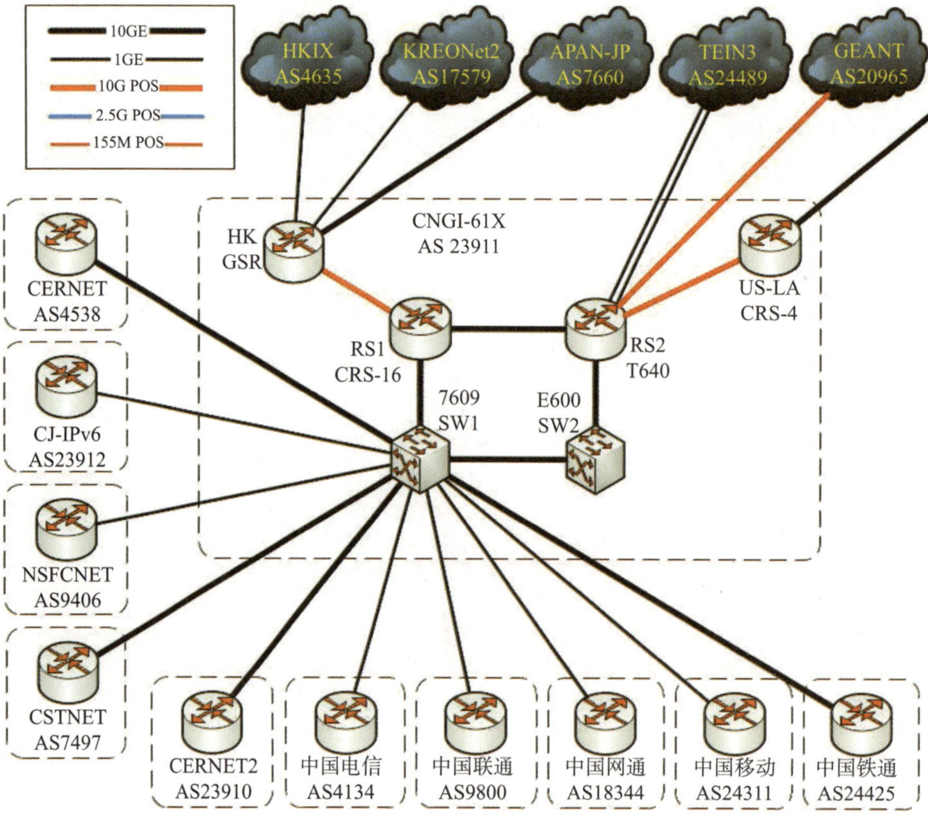

图7-6　CNGI国际国内互联中心CNGI-6IX

2012年，CNGI-6IX入流量为6.270 Gbps，出流量为8.472 Gbps，具体情况如图7-7所示。

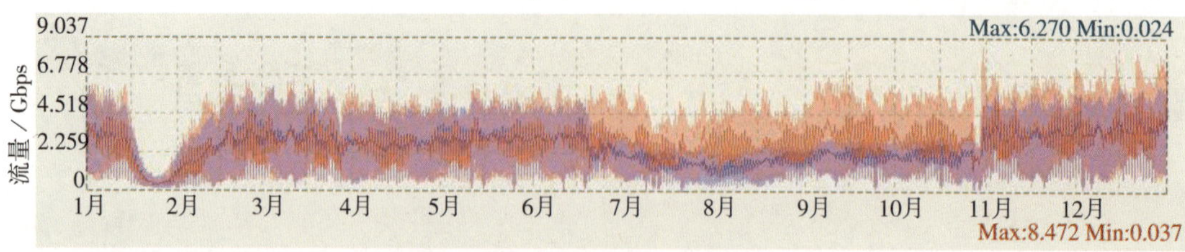

图7-7　2012年CNGI-6IX国际流量

（二）CNGI-CERNET2/6IX取得的创新性成果

2006年9月，CNGI示范网络核心网CNGI-CERNET2/6IX项目通过了教育部组织的科技成果鉴定，取得了多项重大创新成果。

（1）在国际上首次提出“建设纯IPv6大型互联网主干网”的技术路线，设计和研制成功大型纯IPv6互联网主干网CNGI-CERNET2，是目前世界上规模最大的纯IPv6大型互联网主干网。在世界上无成功经验的情况下，项目解决了大规模IPv6主干网拓扑结构和路由设计、地址和域名规划、网络调试测量、网络管理等技术难题，为我国下一代互联网的技术试验和应用示范提供了大规模网络环境。

（2）确定并实施了“以国产IPv6核心路由器为主组建大型IPv6主干网”重大技术决策，在研制中解决了大规模互操作测试等技术难题，实现了国产IPv6核心路由器中大规模跨域路由（BGP）、互通互操作、统一网管，设计和研制成功大规模使用国产IPv6核心路由器的全国主干网，国产IPv6核心路由器的比例达到80%。CNGI-CERNET2/6IX已成为我国下一代互联网国产网络设备的重要试验和应用基地之一。

基于CNGI-CERNET2/6IX，有关高校突破下一代互联网关键技术，取得了多项重大创新成果。

（1）突破真实源地址验证关键技术。针对互联网体系结构安全设计缺陷带来的安全可信重大技术问题，在国际上首次提出“基于真实IPv6源地址的网络寻址体系结构”，推动国际互联网标准化组织（IETF）成立专门工作组SAVI（Source Address Validation Improvement），提交国际标准草案20项，其中1项为正式标准RFC5210，3项为IETF工作组标准。

（2）突破IPv4向IPv6过渡关键技术。针对IPv4与IPv6协议不兼容带来的IPv6过渡重大技术问题，在隧道技术方面，在国际上首次提出“4over6过渡技术”，推动IETF成立专门工作组Softwire，主导形成3项IETF正式国际标准（RFC4925、RFC5565、RFC5747）和4项IETF工作组标准草案；获得11项国家发明专利授权；完成4项中国通信行业标准；在翻译技术方面，在国际上首次提出“IVI翻译过渡技术”，向IETF提交国际标准草案12项，5项获得批准（RFC6052、RFC6144、RFC6145、RFC6219和RFC6791）。

CNGI-CERNET2/6IX取得了多项重大创新，总体上达到世界领先水平。形成国际标准的下一代互联网关键技术，已经向华为、中兴、华三、锐捷、神码、比威、思科等国内外相关网络设备厂商进行技术转移，研制的产品在CNGI-CERNET2主干网和100个校园网进行了大规模部署。

（三）CNGI-CERNET2/6IX支持下一代互联网领域国家重大项目

依托已经建成的CNGI-CERNET2/6IX，上百所高校在教育部的领导下开展下一代互联网技术创新和应用示范，2012年完成了国家科技支撑计划重大项目“可信任互联网”和列入中央拉动内需计划的CNGI重大项目“教育科研基础设施IPv6技术升级与应用示

7

范”，通过了国家项目验收。取得的标志性成果如下。

（1）建成100个完成升级改造并实现IPv6普遍覆盖的校园网，IPv6用户规模超过200万人。实现了100所学校校园网IPv6全面升级和普遍覆盖，百校IPv4/IPv6双栈覆盖率平均为97%，达到了IPv6在校园网上的普遍覆盖。IPv6网络流量持续增长，接入CNGI-CERNET2主干网的IPv6总流量超过50 Gbps，已经达到接入CERNET主干网的IPv4总流量的1/3。培育了我国首批IPv6用户，百校IPv6用户总计超过200万人，为园区网IPv6升级及培育IPv6用户提供了宝贵的经验。

（2）研制完成IPv6网络运行管理与服务支撑系统，在100个校园网及CNGI-CERNET2/6IX实现规模应用。在全球率先实现了自主研发的IPv6网络支撑系统在100个校园网以及CNGI-CERNET2主干网的大规模联合部署与应用；形成了较为完整的IPv6下一代互联网在基础设施、运行管理和重大应用等方面所需的网络支撑与服务平台；在IPv6管控、IPv6过渡、IPv6网络服务等方面试验验证了网络的可管理性、可控制性和安全性；成套的IPv6网络运行管理与服务支撑系统部署在100个正常运行的校园网上，为公众互联网IPv6升级改造及规模商用进行了必要的技术准备。

（3）2008年开通了IPv6奥运官方网站镜像站点，成为我国面向全球IPv6重要应用示范。在此基础上，升级改造和开发了一批重要的教育科研IPv6网络信息资源与应用。综合运用IPv4/IPv6双协议栈、IPv4/IPv6反向代理以及翻译技术等技术方法，实现了教育科研门户网站、重点学科信息资源、大学数字博物馆、高等学校网上招生等10项重要教育科研网络信息资源和应用的IPv6升级；开发了基于IPv6的视频直播点播、高清视频会议、无线宽带通信等10项新的下一代互联网教育科研重大应用示范；带动了1 300多个校园信息资源和应用系统IPv6升级，为100个校园网提供了上千个IPv6信息资源与应用服务。为网站系统IPv6升级改造及IPv6应用服务进行了有益尝试。截至2012年12月23日，全球IPv6 Enable 认证的网站总计1 918个，中国有523个，排名第一。其中高校获认证网站473个，占国内总量的90%。

（4）开通了IPv6下一代互联网国际高速互联。升级了CNGI示范网络核心网CNGI-CERNET2/6IX的接入能力和互联能力，支持100所学校1 Gbps以上带宽接入，实现了中美下一代互联网10 Gbps高速互联。升级后的100个IPv6校园网和CNGI-CERNET2/6IX构成了全球范围的下一代互联网科技创新试验平台，有力地支持了科技支撑计划“可信任互联网”等一批国家项目的研究与试验。

（5）实现了产学研协同创新，推动了下一代互联网产业发展。向华为、中兴等著名网络设备制造企业提供了形成国际标准的自主创新技术，向中国电信等著名电信运营企业推广应用技术，基本形成了产学研协同创新模式，推动了我国下一代互联网产业发展，培养了大批下一代互联网技术研发、网络运行等方面的人才，为我国实现下一代互联网大规模商用奠定了重要基础。

（四）CNGI-CERNET2/6IX 支持国际交流与合作

依托CNGI-CERNET2/6IX建成下一代互联网国际试验环境，支持了多项重大国际合作项目以及学术交流活动。

通过中美下一代互联网高速互联，连接了CNGI-CERNET2、CERNET和中国科技网，以及美国的下一代互联网重要学术网络Internet2、NLR（National LambdaRail）和ESNET（Energy Sciences Network）等，支持了高速网络测量技术试验、高清视频传输应用示范和大数据传输应用示范等，产生了重要的国际影响。依托中美学术网的高速互联，CERNET与美国国家自然科学基金会资助的互联网研究计划GENI（Global Environment for Network Innovations）签署了战略合作协议书，使CNGI-CERNET2成为GENI国际合作平台的重要组成部分，为未来互联网的研究提供国际范围的测试和验证环境。

CERNET作为中国学术网的代表，参加欧盟第六和第七框架计划TEIN2/TEIN3（Trans-Eurasia Information Network）和ORIANT等项目，负责管理和运行跨欧亚信息网TEIN2/TEIN3主干网，为中国以及亚太地区国家与欧洲各国开展国际交流与合作提供高速互联服务。这是中国的科研管理机构首次被授权管理国际性互联网络，也是国际上对我国管理并运行大规模学术网络能力的肯定。

2008年四川汶川特大地震灾害发生后，利用中欧高速互联线路，使欧洲联合研究中心卫星观测的高分辨率的灾区遥感图片实时传送到中科院对地观测中心，为抗震救灾及时提供了重要信息。通过中欧下一代互联网高速互联，国内大学和科研机构与法国、德国、意大利、西班牙等十多个欧盟国家开展国际科研合作，主要包括：中国科学院高能物理研究所与欧洲核子研究中心（CERN）在大型强子对撞机网格计算等宽带网络应用的合作；北京华大基因研究中心与英、美、德等国共同发起成立国际千人基因组计划（1 000 Genome Project），绘制了迄今为止最详尽的、最有医学应用价值的人类基因组遗传多态性图谱；欧洲与中国羊八井宇宙射线观测站的合作；荷兰阿姆斯特丹大学与中国武汉大学、东南大学共同举办的技术竞赛；等等。

CNGI-CERNET2/6IX支持了我国下一代互联网科学研究、技术试验与应用示范，为我国参与全球范围的技术创新提供开放性试验环境，为我国实施“高等学校创新能力提升计划”打下了良好基础。

四、小结

CERNET是我国教育信息基础设施的重要组成部分，在我国教育信息化体系中处于基础性地位，对实现“宽带网络校校通”具有重要支持作用。

第三节　中国教育卫星宽带传输网

一、CEBSat背景情况

1998年，为贯彻落实中央关于21世纪社会主义现代化建设的重大战略部署，实施科教兴国战略，国务院批转了教育部《面向21世纪教育振兴行动计划》。该计划将现代远程教育工程作为重大工程之一，将形成开放式教育网络、构建终身学习体系确立为工作目标。2000年10月，由国家财政投资、中国教育电视台负责建设并完成的CEBSat正式开通。

目前，CEBSat是我国乃至全世界最大的卫星教育平台，是国内唯一一个国家级卫星节目传送平台。CEBSat的建成和使用，为广大基层单位、边远贫困地区、少数民族地区提供了优质教育资源和信息服务，对于服务党和国家的中心工作具有重要意义，特别是在推进全国党员远程教育、全国文化信息资源共享、全国中小学教育信息化等方面，发挥了重要作用。

2008年12月31日，刘延东同志在视察中国教育电视台时，要求中国教育电视台充分发挥CEBSat的独特资源优势，为办好人民满意的教育做出贡献。

2010年，中共中央办公厅、国务院办公厅颁发的《教育规划纲要》中明确提出“中国教育卫星宽带传输网升级换代”，以更好地发挥该网在实现教育现代化、教育信息化中的重要作用。

二、CEBSat系统功能

（一）总体系统功能

CEBSat的总体功能包括：

（1）数字电视、IP数据广播和语音广播能力。具备传输8套电视、8套广播、25套以上IP数据广播的能力。其中，IP数据广播支持IP课件（IP-C）类频道、IP信息（IP-I）类频道和IP电视（IP-TV）类频道的播出，根据转发器带宽及频道带宽实际安排，可负载30套左右IP数据广播节目。

（2）编码复用传输。实现标准的MPEG2编码、复用、IP封装和传输。

（3）安全监控。从前端和接收端两个方面对所传输的信号和节目进行实时监测，加强节目传输安全保障。

（4）媒体资产管理。管理播出平台资源，提供对视音频、各类文件等资料的存储、管理、检索、调用等多种功能，达到资料保存及资源共享。

（5）初步的台内网络互联。实现与中心资源库的数据传输。

（6）科学完整的终端设备检测。建立了对终端设备技术质量检测的测试系统。

（二）建设阶段

CEBSat经过教育振兴行动计划一期建设和农村党员干部现代远程教育主前端播出基础设施建设，已经建成较为完善的集电视、语音广播、IP数据广播于一体的教育宽带多媒体广播网。

教育振兴行动计划一期建设，1999年启动，历经一年多，初步建成了教育宽带多媒体广播网，主要建设项目包括：一是建立集电视、语音广播、IP数据广播于一体的教育宽带多媒体广播网；二是建立与国内外技术相结合的条件接收系统；三是实现与CERNET高速连接，并为CERNET主要节点学校传输远程教育节目提供服务；四是建立卫星上行中继传送系统，实现“鑫诺1号”卫星Ku波段传送；五是建立CEBSat的网上教育资源服务系统；六是购置一套卫星电视上行转播车系统；七是建立电视接收终端、IP数据接收终端检测系统，制定技术规范；八是建立教育电视节目包装和虚拟演播室制作系统；九是建立教育部会议电视系统的卫星网络传送部分。

教育振兴行动计划一期建设于2003年1月通过了专家验收。项目建设取得了以下成果和经验：一是完成了项目建设，系统运行性能稳定、可靠，应用规模不断扩大，充分发挥了项目投资效益和CEBSat规划；二是CEBSat规划合理设计先进；三是重视支持和发展国内信息技术的研发和应用，取得多项成果；四是CEBSat建设符合国情，适应了信息化和远程教育发展要求，为我国基础教育、高等教育、职业教育等各类教育提供了广泛的服务，有力支持西部扶贫项目；五是经费使用合理。

农村党员干部现代远程教育主前端播出基础设施建设于2005年启动，历经一年左右时间完成项目可行性研究、招标、系统建设，并由教育部、财政部配套建设了硬盘播出系统。

农村党员干部现代远程教育主前端播出基础设施建设建成基本完善的播出平台，实现播出、传输、资源管理及安全监控功能，基础配套设施满足播出平台中近期发展需要。目前建有的系统包括：党员远程教育数字专用频道编码复用系统、IP数据广播系统、播出系统、媒体资产管理系统、安全监控系统，以及中国教育电视台广播电视硬盘播出系统。

农村党员干部现代远程教育主前端播出基础设施建设于2006年10月通过了中国教育电视台组织的专家验收，2006年11月通过了全国党员干部现代远程教育工作办公室组织的检查评估，2012年11月通过了中组部组织的竣工验收。

（三）更换卫星上行站，提高上行能力

2004年以前，中国教育卫星宽带传输平台上行天线小（7.5米），功率低，能力小，常常因为技术、天气等原因给安全播出带来各种安全隐患。在中央领导和教育部、国家广电总局重视下，2004年2月28日零点云岗上行站正式换站成功，并投入运行。2004年7

月1日，主备站正式投入使用，每个站上行功率都达到了2 000瓦以上，天线使用口径达13米，上行功率大大加强，提高了卫星上行安全系数。

（四）建立和完善应急预案

为认真贯彻落实国务院、国家广电总局、教育部关于安全播出的指示精神，中国教育卫星宽带传输平台制定了《公共突发事件应急预案》《安全播出协调预案》《中国教育电视台安全播出报告词标准用语》等一系列安全播出保障制度。

为使得广播电视安全播出人员熟悉安全播出的工作流程、操作规范和维护要求，并全面提高事故判断、突发事件应急处理、运行管理健全播出保障等方面的能力和水平，中国教育电视台2005年组织传输中心所有员工参加了国家广电总局“安全播出”培训班，所有员工以优异的成绩取得了国家广电总局人事教育司颁发的结业证书，做到“持证上岗、业务熟练”。中国教育电视台定期组织员工进行培训演练，使所有值班员工熟记预案，在紧急事件发生时，要求员工做到遇事不慌、从容应对。

（五）实施转星工程

2007年7月15日，国家广电总局决定将教育系统“鑫诺1号”CEBSat纳入全国转星总体方案，由此启动了教育系统转星调整工作。按照国家广电总局转星工作统一部署，中国教育电视台于2007年7月25日前完成转星应急并发系统搭建，8月1日正式开通卫星节目的并发，9月24日前转星主前端系统正式投入使用。新疆教育电视台和甘肃远程教育网络中心两地远程教育节目通过总局地面光缆传输至中国教育电视台核心机房，统一打包上星播出。文化部“全国文化信息资源共享工程”节目纳入CEBSat播出。

（六）卫星双向互动平台建设

2008年底，中国教育台启动卫星双向互动平台系统建设，目前建立了1个卫星通信主站，能支持1 000个远端站，并可扩展至支持10万个远端站点。建设规模包括1个冗余备份的DVB-RCS宽带卫星主站及300个远端站。

中国教育电视台卫星双向互动平台系统支持卫星通信协议及IP协议，采用星状网络拓扑结构，能够提供卫星因特网接入、IPTV（交互式网络电视）流媒体、VOIP语音通信、远程教育等远程双向互动业务。

（七）CEBSat应用示意图

CEBSat的应用，如图7-8和图7-9所示。

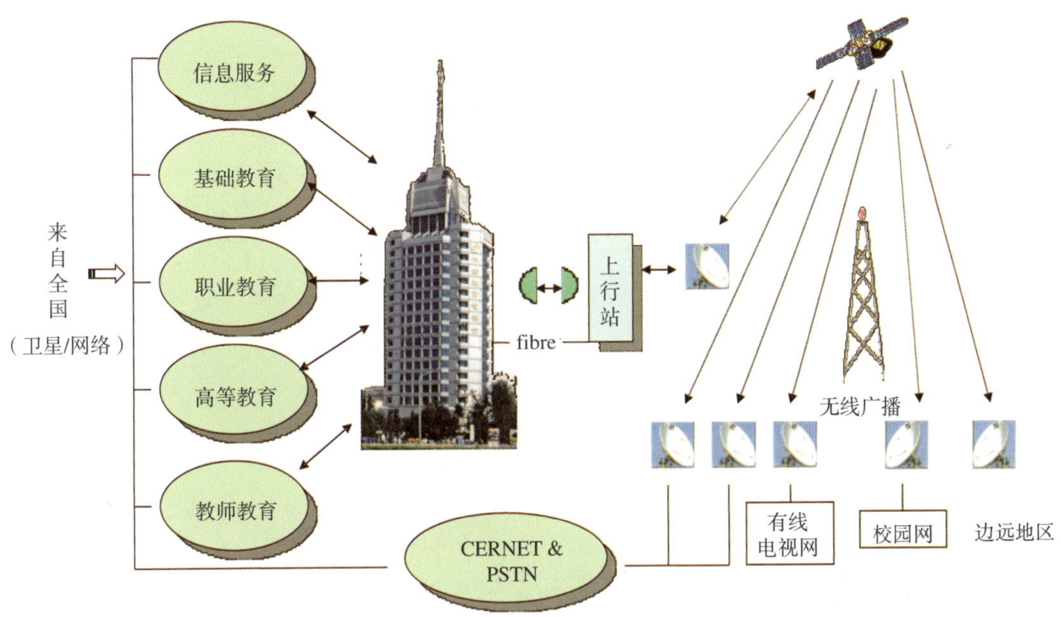

图7-8　CEBSat传输示意图

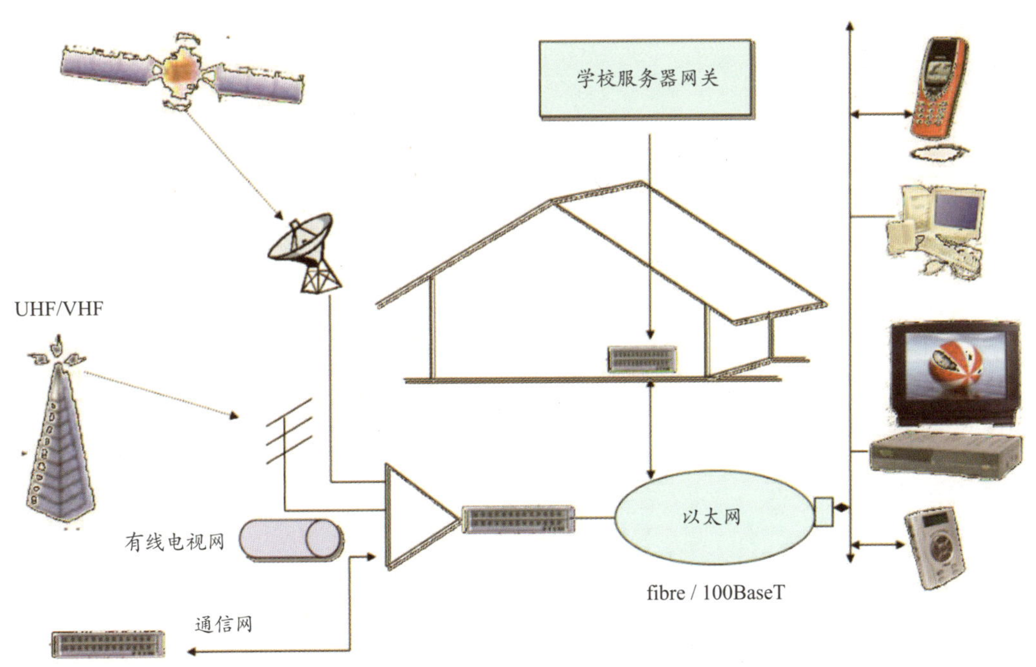

图7-9　CEBSat应用示意图

（八）播出方式

CEBSat为IP数据广播，有以下三种应用方式。

IP流媒体：前端编排播出，站点实时收看，农村党员干部现代远程教育流媒体、文化信息资源共享流媒体、北京大学医学网络教育流媒体等属于此方式。

IP课件：多媒体文件传输，“目录搬家”，站点按需离线浏览，农村党员干部现代远程教育课件、中小学课件等属于此方式。

IP信息：图片和文本传输，海量绿色信息，站点离线浏览，部队“蓝网工程”、部队“绿网工程”等属于此方式。

三、CEBSat带宽资源情况

CEBSat现租用“中星6B”和“亚太6号”4个转发器，每个转发器带宽38 Mbps（不含一套节目使用“中星9号”村村通工程3 Mbps）。

截至2013年1月，中国教育电视台使用卫星资源的情况是：一套电视节目（“中星6B”卫星C波段S15转发器），二套、空中课堂频道备用电视节目播出（“中星6B”卫星C波段S15转发器），一套、二套、空中课堂频道电视节目（“亚太6号”卫星Ku频段K4转发器），学习超市卫星双向（“亚太6号”卫星Ku频段K6转发器），太阳花流媒体（“亚太6号”卫星Ku频段K8转发器），双向小站和中国教育电视台应急传输使用（“中星6B”卫星C波段S15转发器、“亚太6号”卫星Ku频段K8转发器），共计96.56 Mbps，见表7-1。

表7-1　CEBSat卫星资源使用情况

卫星	资源总量	转发器	项目	实际带宽/Mbps	使用情况
中星6B（C波段）	8 Mbps/36 MHz	S15	“蓝网工程”“绿网工程”	3.85	在用
			传送CETV-1电视节目	5.5	在用
			备用传送CETV-2、空中课堂频道电视节目	11	在用
			“蓝网工程”“绿网工程”备用带宽	3.85	在用
			C波段应急播出通信	10	在用
亚太6号（Ku波段）	38 Mbps/36 MHz	K4	传送CETV-1、CETV-2、空中课堂频道电视节目	14.3	在用
			中组部党员干部现代远程教育项目	7.44	在用
			文化部全国文化信息资源共享工程项目	4.05	在用
			中央电化教育馆农村中小学教育教学资源项目	9.9	在用

续表

卫星	资源总量	转发器	项目	实际带宽/Mbps	使用情况
亚太6号（Ku波段）	38 Mbps/36 MHz	K6	学习超市卫星双向	38	在用
	38 Mbps/36 MHz	K8	太阳花流媒体	1.76	在用
			“蓝网工程”“绿网工程”	1.65	在用
			中央电大八一学院士官远程教育项目	1.342	在用
			新疆维吾尔自治区教育厅远程教育项目	4.4	在用
			甘肃省教育厅远程教育项目	5.5	在用
			北京大学医学网络教育学院远程项目	1.8	在用
			中央电大远程教育项目	2.2	2013年1月7日终止传送
			北京农林院远程教育项目	1.98	
			北京市第十九中学同步课堂远程教育项目	1.1	
			Ku波段应急传送	10	在用
			双向卫星应急通道	6	在用
中星9号		4A	传送CETV-1电视节目	3	

四、覆盖情况

CEBSat现有卫星接收站点七十余万个，直接服务于近一亿名农村中小学师生、两千万名党员群众、数十万名部队官兵。目前正在运行的卫星双向传送试点达三百余个。CEBSat有效覆盖人群达四亿人，用户几乎覆盖我国所有省份，特别是广大西部、偏远农村和边疆海岛地区。CEBSat已成为我国农村地区的教育信息化基础传输体系和最主要的推动力量，大大提升我国欠发达地区教育质量，缩小数字鸿沟，促进教育公平。CEBSat已发展成为我国最大的军队远程教育服务平台，为士官提供免费培训，解决军队后顾之忧。CEBSat站点覆盖处在深山老林、雪域高原、戈壁沙漠等偏远艰苦地区的部队基层组织，覆盖西沙群岛、南沙群岛等边疆海域和数百艘舰艇，特别是通过卫星跳转方式，使得我国远赴索马里海域的保护舰队也能接收到相关教育信息。卫星教育信息化建设已具备灾难应急教育能力，CEBSat分别在2003年“非典”期间、2008年汶川大地震期间和2010年玉树地震期间开展应急教育，成为教育信息化服务于灾难应急的成功案例。

五、资源播出情况

CEBSat每年播出课件资源5 000 GB、教育视频10 000小时（不包含CETV-1、CETV-2、空中课堂频道的电视节目），将优质教育资源不断送往广大中西部及农村偏远地区，让广大农村地区共享优质资源，营造公平教育环境，对提升我国欠发达地区教育质量、缩小数字鸿沟、促进教育公平发挥了积极作用，见表7-2。

表7-2 CEBSat资源播出情况

序号	项目或单位	主要内容	2012年播出情况
1	中国教育电视台	一套、二套、空中课堂频道电视节目，学习超市卫星双向、太阳花流媒体、双向小站和中国教育电视台应急传输使用	一套：每天24小时，全年7 872小时 二套：每天15小时，全年4 920小时 空中课堂：每天19小时，全年6 935小时 太阳花在线：4 592小时
2	中组部党员干部现代远程教育项目	面向农村党员干部提供远程教育服务，包括：学习贯彻十八大精神、全国优秀电教片、政治理论、政策法规、典型经验、经营管理、实用技术、农村卫生、计划生育、科普知识、文化体育	IP流媒体全天播出约22小时，每周约154小时，全年约8 030小时；IP数据每周16.5 GB，全年约858 GB
3	文化部全国文化信息资源共享工程项目	为农村中小学师生提供中央电化教育馆制作的远程教育节目，包括《动画欣赏》《百家讲坛》《培训专栏》《聚焦三农》等节目	IP流媒体全天播出约9小时，每周约63小时，全年约3 285小时；IP数据每周8.7 GB，全年约452 GB
4	中央电大八一学院士官远程教育项目	面向广大士官播出中央电大八一学院课程	IP数据全天24小时播出，每周35 GB，全年1 820 GB
5	部队“蓝网工程”	为边远基层部队、哨所和海上执行任务的远洋舰艇官兵传送当日报刊及士官学习培训课程	IP数据每周5 GB，全年260 GB
6	部队“绿网工程”	为边远基层部队、哨所传送当日报纸信息及士官学习培训课程	IP数据每周5 GB，全年260 GB
7	中央电化教育馆农村中小学教育教学资源项目	为农村中小学师生提供中央电化教育馆制作的远程教育节目	IP数据每天24小时播出，每周7 GB，全年364 GB

续表

序号	项目或单位	主要内容	2012年播出情况
8	新疆维吾尔自治区教育厅远程教育项目	传输新疆中小学远程教育和新疆党员干部现代远程教育两大节目	新疆中小学远程教育节目每周播出100小时，全年5 200小时 新疆党员干部现代远程教育节目：每周播出108小时，全年5 616小时 全年累计播出10 816小时（约500 GB）
9	甘肃省教育厅远程教育项目	同时通过地面和卫星两类信道向全省各级各类学校提供包含小学一年级到高中三年级各门学科的教育教学文本及多媒体参考资料	每年传送各种教育教学节目资源约400 GB
10	北京大学医学网络教育学院远程项目	帮助临床人员解决实际工作问题的课程	每天约3学时，每年播放约180学时课程，目前已积累2 000多学时教学资源；IP数据每周5 GB，全年260 GB
合计	IP流媒体11 315小时，IP数据5 154 GB（不含中国教育电视台卫星一套、二套、空中课堂频道播出的电视节目）		

六、CEBSat各使用单位情况介绍

（一）全国党员干部现代远程教育工程（IP流媒体、IP课件和IP信息三种形式）

2003年7月，中共中央组织部下发了关于印发《农村党员干部现代远程教育试点工作方案》的通知（中组发〔2003〕22号）。2004年元旦，农村党员干部现代远程教育卫星数字专用频道试开播。

截至2012年10月，全国共建立了705 042个终端接收站点（卫星、电信、有线三种模式）。全国党员干部现代远程教育卫星数字专用频道设有政治、经济、文化、社会、生态文明、党的建设和综合内容等7个板块，22个一级栏目，32个部委和单位参与节目制播。

2012年6月30日，经中共中央政治局委员、书记处书记、组织部部长赵乐际同志批准，共产党员网—全国党员干部现代远程教育频道正式开通。互联网与卫星网实现了“双网并播”，受众范围进一步扩大，教育方式更加灵活。

（二）全国农村中小学现代远程教育工程（IP数据广播）

2001年2月，教育部和李嘉诚基金会共同启动实施“西部中小学现代远程教育工程项目暨教育部现代远程教育扶贫示范工程”，依托CEBSat，共建立1万个能够直接接收优质教育资源和信息的教学示范点。

2003年，教育部、国家发改委、财政部共同实施了农村中小学现代远程教育工程试点工作。2004年3月3日，国务院批转教育部《2003—2007年教育振兴行动计划》（国办发〔2004〕5号），明确实施“农村中小学现代远程教育计划”。2005年7月初，全国农

村中小学现代远程教育工程全面启动。截至2007年底，该工程共配备教学光盘播放设备401 028套、卫星教学收视系统278 737套、多媒体设备44 566套，覆盖中西部农村教学点78 080个、农村小学250 552所、农村初中29 729所。2013年秋季开学前，全国范围内建设完成6.7万个教学点数字教育资源，完成“教学点数字教育资源全覆盖”项目。

（三）全国文化信息资源共享工程（IP流媒体）

2002年4月，文化部、财政部在全国文化工作会议上联合下发《关于实施全国文化信息资源共享工程的通知》，全国文化息资源共享工程正式启动。2007年7月，全国文化信息资源共享工程纳入CEBSat转星方案中。

截至2012年10月，中央和地方财政累计投入资金63.87亿元。该工程已建成1个国家中心、33个省级分中心、2 840个县级支中心、28 595个乡镇基层服务点、60.2万个行政村基层服务点，数字资源总量累计136.4 TB，建成地方特色专题资源库207个、各类视频资源55 670部。服务汇集农村、社区、校园、军营、企业、机关，累计服务超过12亿人次，受到了广大基层群众的普遍欢迎和好评。

（四）“绿网工程”（IP数据广播）

1998年，国家发展计划委员会、国家信息中心、西安交通大学、中国教育电视台与解放军总参有关部门密切协作，由国家信息中心组建了“绿网工程”卫星数据广播编发中心，为解放军总参部队提供包括《星空放送》在内的公益性综合信息节目。2000年，CEBSat建成后，“绿网工程”即转至该网播出。2001年11月，“绿网工程”通过验收鉴定。

（五）“蓝网工程”（IP数据广播）

为了解决困扰边远分散部队官兵获取信息难、收看当日新闻难、接收教育节目难、接收娱乐节目难的“四难”问题，在教育部、解放军总政治部等的支持下，海军“蓝网工程”于2006年10月27日正式启动。

目前，“蓝网工程”通过国家“中星6B”卫星C波段及“亚太6号”卫星Ku波段发送，覆盖海军西沙、南沙等1 600多个边远分散单位，覆盖海军3 000多个基层单位、1 500多间学习室和几百艘水面舰艇，传送理、工、农、文、医、法等10个学科共580多个专业的远程教学内容，被官兵形象地称为“没有围墙的士官大学”“空中大学堂”“信息直通车”“空中立交桥”。

（六）八一学院士官远程教育（IP数据广播）

2000年，在全军实行士官制度改革的情况下，为了进一步加强士官队伍素质，解决士官队伍的培训问题，总参首长与教育部领导共同研究决定，通过CEBSat进行卫星传输八一学院士官远程教育课程，开展士官在职学历教育和非学历教育。

目前，士官远程教育已基本覆盖全军，建立近900个教学站点，参加学历教育、职业资格培训和各类实用技能培训学习的士官及其他军人13万余人，共有7万余名士官学员获得在教育部电子注册的国家开放大学颁发的毕业证书和人社部颁发的职业资格证书。

（七）北京大学医学网络教育学院（IP数据广播）

北京大学医学网络教育学院成立于2000年10月，隶属北京大学，是从事远程医学教育的专业机构，学院先后实现了卫星传输、互联网、局域网等多渠道远程学习方式。2001年8月，北京大学医学网络教育学院医学教育视频课程在CEBSat正式播出。2007年1月，改为IP流媒体播出。2013年6月1日，终止传输合作。

（八）新疆中小学远程教育IP数据播出通道（IP数据广播）

2002年10月，经教育部科学技术司批准，CEBSat为新疆维吾尔自治区教育厅提供中小学远程教育IP数据播出通道。

新疆中小学远程教育覆盖全疆15个地（州、市）的4 800多所中小学、幼儿园，解决了新疆中小学、幼儿园布局点多、面广、线长、建设困难等诸多实际问题。该通道共设2个视频频道、1个数据频道，内容是维吾尔语、哈萨克语等教育教学节目，每周共播出100小时，全年累计播出各类教育教学资源节目5 450小时（490.5 GB），互联网链路覆盖到乡中心校以上，通过新疆远程教育网全年累计进行各类教师培训10多万人次。新疆党员干部现代远程教育同时使用该网络进行传输，接收用户达到250万户。

（九）甘肃中小学远程教育IP数据播出通道（IP数据广播）

2002年10月，经教育部科学技术司批准，CEBSat（6B转发器）为甘肃省教育厅提供IP数据播出通道。甘肃省发挥省、市、县三级教育信息资源中心的作用，建立了1 TB教学资源的基础教育资源库，并通过甘肃省教育网和甘肃教育卫星宽带网向全省农村中小学免费播放。截至2011年，甘肃省456万名学生享受到了现代远程教育传播的知识，农村中小学现代远程教育工程实现了全覆盖。

七、CEBSat在教育信息化重大项目中的应用情况

（一）在农村中小学现代远程教育工程的应用情况

1. CEBSat助推教学点数字教育资源全覆盖

为了解决我国目前农村6.7万余个教学点的教学需求，2012年，中央电化教育馆、中国教育电视台按照《教育部等九部委关于加快推送教育信息化当前几项重点工作的通知》中“实现教学点数字教育资源全覆盖”要求，在CEBSat使用的“亚太6号”卫星K4转发器“农远工程”8 MHz带宽基础上，整合剩余的2 MHz带宽，实现了教学点数字资源全覆盖。

教学点全覆盖项目由中央电化教育馆从全国各级电化教育馆和其他单位汇聚教学资源，经过筛选整合后，通过CEBSat向教学点播发，为全国6.7万余个教学点提供小学一至三年级、每周82学时的人民教育出版社或江苏教育出版社出版的优质教育资源。

2. CEBSat促进高校间优质教育资源共享

2012年，全国教师教育网络联盟公共服务平台通过CEBSat学习超市双向卫星频道，解决高校间因互联网带宽限制无法满足优质教育资源便捷共享的问题。卫星双向频道使用的“亚太6号”K6转发器，主站出向载波带宽28 Mbps，入向载波带宽5 Mbps，主站支持以64—256 Kpbs的速率进行回传，可提供互联网服务、互动课堂直播、在线视频等服务。已完成北京师范大学、华中师范大学、华东师范大学、东北师范大学、西南大学、陕西师范大学6所高校的部署。

（二）在农村党员干部现代远程教育工程的应用情况

截至2012年底，主前端播出平台累计播出了IP流媒体节目48 000小时，IP数据7 200 GB，IP信息400 GB。

1. 完善党员远程教育服务体制机制

在播出管理制度建设上，制定了保证安全播出等系列化的12项制度，包括《硬盘播出系统操作规程及应急处理》《IP播出系统操作规程及应急处理》《安全监控系统操作规程及应急处理》《核心机房规章制度》《上载系统操作规程及应急处理》《重点保障期党员流媒体播出操作规程及应急处理》等。

完善技术队伍组织机构，并形成了队伍培训模式。培养了由六十多人参加的平台播出、技术保障、内容监评和软件服务四支专职队伍。定期对专业技术人员进行前期和在岗培训。

2. 增强农村党员远程服务能力

投资近1 200万元对农村党员专用频道进行了外电改造工程，增强了播出安全和重大节目、重要会议等的同步转播能力。基本实现了通过流媒体频道同步转播，解决农村党员干部和群众实时收看国家重大新闻和事件的问题。

中国教育电视台正在建设的教育新媒体云计算平台是我国首个多网融合、多终端应用的教育云计算平台。中国教育电视台与中国教育报刊社联合创办的《中国教育手机报》在全国100多份手机报中质量名列前茅，已公开刊发700余期，每年发送700多万人次。

八、小结

CEBSat是我国教育信息化公共支撑环境的重要组成部分，与CERNET一起构成了“天地一体”的教育信息基础设施。在我国教育信息化体系中，CEBSat对促进优质教育资源共享，尤其是面向农村边远地区的资源共享发挥了重要作用。

第四节　国家教育资源公共服务平台

云计算作为新一代信息技术变革的重要推手，使信息技术更加简单、易用，知识普及的成本大幅下降，在教育领域有广阔的应用前景，是促进教育资源共建共享和普及网络学习空间的基础支撑。以云计算技术为依托建设国家教育资源公共服务平台是顺应发展趋势的必然选择。

国家教育资源公共服务平台建设是一个全新的系统的工程，涉及教育界和社会各方面。教育部组织相关单位，多次召开专题会议进行研究，并与相关部委沟通后，开始建设国家数字教育资源公共服务平台及资源中心。国家教育资源公共服务平台将按照“统一规范、统一用户、多级服务、共享互通”的机制，采用云计算技术，与各地方平台、企业平台一起，共同构建国家教育资源公共服务平台。2012年主要推进的具体工作包括以下几项。

一、研究探索规模化教育资源公共服务模式

中央电化教育馆作为国家教育资源公共服务平台及资源中心的建设与应用推动的责任单位，在教育部科学技术司领导下，从抓应用模式研究开始，设计、建设和推广平台应用，研究探索能在教学实际中规模化应用的服务模式。根据教育教学改革和发展的实际需要，为了促进信息技术与教育教学的深度融合，落实应用驱动和机制创新的工作思路，中央电化教育馆提出专递课堂、名师课堂、名校网校和网络协作教研四个类型的十种服务应用模式（如图7-10所示），推动不同地区和学校因地制宜，利用国家教育资源公共服务平台开展多种网络条件下的教与学的规模化应用，促进“优质资源班班通”和“网络学习空间人人通”。

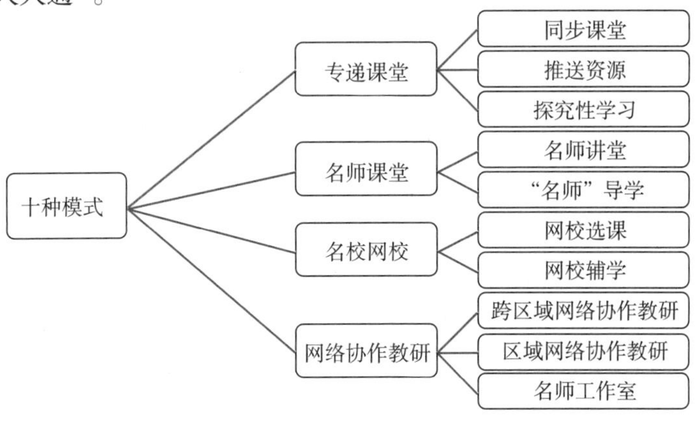

图7-10　规模化云服务十种模式

（一）专递课堂

模式1：同步课堂。同步课堂模式主要用于帮助农村边远地区义务教育学校开足开好国家课程标准规定课程。

模式2：推送资源。推送资源模式主要为广大教师推送支持课堂教学的优质教育资源，促进教师积极运用信息技术，提高教育教学质量。

模式3：探究性学习。探究性学习模式是指学生利用平台提供的智能导航工具在教师组织下进行探究性学习。

（二）名师课堂

模式4：名师讲堂。名师讲堂模式主要用于名师讲解学科重点难点，帮助学生更好地达成学习目标。讲授内容以各学科重点难点和期末总结为主。

模式5："名师"导学。"名师"导学模式通过将教师课堂讲授与智能学习系统（"名师"）的诊断和导学相结合，实现差异化教学和个性化指导，提高学生的学习能力。

（三）名校网校

模式6：网校选课。网校选课模式是利用国家数字教育资源公共服务平台，汇聚基础教育名校和职业教育示范校资源，开设网络学校，为学校集体组织学生选修高中网络选修课程和职业学校新开专业网络课程提供服务。

模式7：网校辅学。网校辅学模式是指学生根据个人兴趣爱好和学习需要，选修名校网校课程，满足学生个性化学习需求。

（四）网络协作教研

模式8：跨区域网络协作教研。跨区域网络协作教研模式是利用国家数字教育资源公共服务平台提供的虚拟教研社区功能，组织不同区域教师开展协作教研活动，实现交流学习、优势互补、共同提高。

模式9：区域网络协作教研。区域网络协作教研模式主要用于帮助各地将本地常规教研活动迁移到国家数字教育资源公共服务平台上进行，缓解教师参加教研活动的工学矛盾，有效提高本地教研效率和效果。

模式10：名师工作室。名师工作室模式用于有组织地开放特级教师和学科骨干教师实名制教师空间，为广大教师有针对性地选择与自己教育教学相关的专家或专家团队进行持续的教学科研提供服务。

二、探索数字教育资源共建共享机制

研究探索通过多种方式汇聚优质数字教育资源，提供开放、公平、具有权威性的资源交流交易环境，逐步改变以往以政府投入项目建设为主的资源建设模式，探索"政府引导、市场驱动、教育需求、多方参与"的资源共建共享机制，逐步形成"企业竞争提供、政府评估准入、学校自主选择”的资源建设与共享的新格局，有效满足教育教学实际对优质数字教育资源的需求。

（一）汇聚优质资源邀请

2012年7月，中央电化教育馆向资源开发和建设企业发布了《关于汇聚优质资源的邀请函》。这一邀请得到了全国相关企业的积极响应，有四十多家单位提交了参与汇聚申请，并对资源汇聚工作提出了宝贵的建议和意见。为实现优质数字教育资源在平台上的相互共享、广泛传播和有效利用，中央电化教育馆组织专家制定了国家教育资源公共服务平台合作伙伴准入管理办法，帮助资源开发者和应用服务提供者通过公共服务平台扩大服务用户，提高服务质量；制定国家教育资源公共服务平台教育资源与应用服务审查办法，逐步形成高效和高可信度的审查流程；将工作流程转化为公开和高效的接入或导入平台的系统，保障资源质量，确保为学校教师和学生所提供资源的政治性、科学性和实用性，并能开展在线评审和用户评价；与相关企业一起研究，初步确定了国家教育资源公共服务平台汇聚资源和各种应用服务接入的相关规范。

（二）教育资源共建共享联盟

2012年6月，在深圳召开的部分省级电化教育馆馆长座谈会上，与会者对教育资源共建共享联盟相关工作进行了讨论，通过了资源建设与共享联盟章程，为建立教育资源共建共享联盟奠定了基础。数字教育资源共建共享联盟是推动资源建设、应用和服务科学发展的紧密协作组织，由全社会致力于数字资源建设和应用推广的企事业单位自愿组成。各参与单位紧密合作、互惠互利，共同推进优质数字教育资源共建共享事业。联盟致力于建立资源的应用者、服务者和建设者之间的桥梁，促进资源应用、服务和建设的科学发展；建立资源应用、服务、建设单位与政府间的沟通渠道，为资源应用、服务和建设提供良好的政策环境。联盟成立后，将从鼓励多方参与、规范资源相关标准、汇聚优质资源、平台应用试点推广、建立优良的市场与政策环境五个方面推进教育云服务的建设与应用。

（三）网络课程及资源征集

2012年9月，教育部办公厅发布《关于开展优秀网络课程及资源征集活动的通知》（教技厅函〔2012〕69号），面向社会广泛征集基础教育、职业教育和继续教育领域的网络课程及其配套资源，评审认定后将采取后补助、奖励等形式予以支持。本次资源征集共收到各省（自治区、直辖市）、大学、公司、国家部委及直属单位报送的各类资源共计9 491条。

（四）国家基础教育资源网

升级改造国家基础教育资源网，整合相关资源，推动中央和地方教育系统内资源共享，广泛吸纳社会优秀内容资源和服务，为开不出、开不齐规定课程的地区和学校提供所需资源，为有条件的地区和学校重点提供探究性学习资源和个性化智能导学资源。截至2012年底，国家基础教育资源网注册用户数近100万人，新增资源5万多条，用户下载资源次数1 100万次。同时，国家基础教育资源网还通过卫星为中西部农村地区27.5万所中小学和2.5万所少数民族学校提供资源服务。2012年，处理邮件12 563封，接听电话11 309个，接收手机短信12 048条，建立71个QQ群（共计9 270人）。

为了更好地总结广大教师应用数字教育资源开展教学的成功经验，进一步扩大教师应用数字教育资源的规模，帮助教师养成积极使用现代信息技术和优质资源开展教育教学的习惯，有效促进信息技术与教育教学的深度融合，2012年12月，中央电化教育馆下发《关于开展首届全国基础教育数字资源应用、交流、推广活动的通知》，组织开展首届全国基础教育数字资源应用、交流、推广活动。本次活动依托国家数字教育资源网，面向所有注册的中小学教师，主要开展以基础教育数字教育资源应用为主的展示、评选、推广等活动。活动以基础教育数字教育资源应用、交流、推广为抓手，提高教师教育信息化素养和能力，促进信息技术与教育教学的深度融合。

三、建设国家教育资源公共服务平台及资源中心

按照教育部的工作安排，中央电化教育馆在2011年先后组织召开了基础教育资源共享平台试点工作会和国家数字教育资源公共服务平台专家研讨会，对推进资源建设与共享和国家教育资源公共服务平台总体思路进行了座谈研讨，形成了多项阶段性工作成果，为后来的工作打下了坚实的基础。

2012年10月，教育部会同其他八个部委联合发出了《关于加快推进教育信息化当前几项重点工作的通知》（教技〔2012〕13号），对全国落实国务委员刘延东9月在全国教育信息化电视电话会议上讲话要求进行了全面的战略部署，要求建设国家教育资源公共服务平台及资源中心。

在《教育规划纲要》加快教育信息化进程的战略部署下，教育部组织中央电化教育馆等有关单位，于2012年初启动国家教育资源公共服务平台建设工作。经过近一年的努力，中央电化教育馆会同华中师范大学、华中科技大学、中国移动集团公司等合作伙伴，初步完成平台初期基本的系统开发和基础设施准备工作。国家教育资源公共服务平台于2012年12月正式开通上线试运行，教育部副部长杜占元出席开通仪式并讲话。他指出，国家教育资源公共服务平台在提供资源上传下载服务的基础上，强调以学习空间为核心的资源推送，把不同用户所需要的适当资源送入不同的个人空间，以教师的教学空间应用带动学生、家长和学校的应用，在“宽带网络校校通”的基础上，促进“优质资源班班通”和“网络学习空间人人通”。国家教育资源公共服务平台的开通和不断完善将构建起我国“以公共服务平台为引导，以学校应用为主体，以社会各方共建共享为支撑”的教育资源建设与应用新体系，让优质资源和创新应用惠及人人。

国家教育资源公共服务平台充分依托现有公共基础设施，利用云计算等技术，逐步推动与区域教育资源平台和企业资源服务平台的互联互通，共同服务于各级各类教育，为资源提供者和资源使用者搭建起网络交流、共享和应用环境。在国家教育资源公共服务平台的建设与应用过程中，将逐步探索"企业竞争提供、政府评估准入、学校自主选择"的资源建设新机制，逐步形成政府购买公益服务与市场提供个性化服务相结合的资源共建共享新模式，最大范围、最大程度地开放共享优质教育资源。

国家数字教育资源中心由从全国汇聚的优质资源元数据库和国家投资建设的本体资源库构成，实现全国各级各类教育优质数字资源的汇聚、审查和保存，按照目录集中和资源分布存储的方式，为学前教育、义务教育、高中教育、职业教育和高等教育提供数字资源服务。进入国家数字教育资源中心管理的资源，由中心审查认证和管理维护。国家数字教育资源中心将充分发挥汇聚资源的优势，提供基本资源推送、资源审查评价等公益性应用服务，并通过规范的门户呈现、用户管理和对公共服务平台实时监测，实现对公共服务平台的监管。2012年，结合国家教育资源公共服务平台工作，中央电化教育馆组织专门的队伍对国家数字教育资源中心相关需求、功能进行了研究，下一步将逐步完善规划设计。

四、开展国家教育资源公共服务平台规模化应用试点

按照《教育部关于开展教育信息化试点工作的通知》（教技函〔2012〕4号），结合国家教育信息化工作试点，为推进国家教育资源公共服务平台规模化应用，中央电化教育馆印发了《国家数字教育资源公共服务平台规模化应用试点工作方案》，在全国31个省、自治区、直辖市和新疆生产建设兵团开展国家教育资源公共服务平台规模化应用试点，试点工作为期3年。各地积极组织学校申报试点工作，经统计，共有9 000多所学校、40多万名教师和600多万名学生申报参加试点，详见表7-3。

表7-3　国家教育资源公共服务平台规模化应用试点申报情况

申报地区或单位	申报学校数/所	申报教师人数/人	申报学生人数/人
北京市通州区	61	7 427	61 398
天津市和平区	26	5 700	45 000
河北省石家庄市	364	26 433	462 991
山西省阳泉市	422	12 060	172 089

续表

申报地区或单位	申报学校数/所	申报教师人数/人	申报学生人数/人
内蒙古自治区鄂尔多斯市	189	15 000	194 470
辽宁省沈阳市	584	13 497	632 798
吉林省长春市	34	2 876	33 569
黑龙江省鸡西市	239	16 000	21 000
上海市嘉定区	未确定	未确定	未确定
江苏省如皋市	89	10 030	134 358
浙江省东阳市	148	6 763	116 466
安徽省淮北市相山区	38	1 714	30 755
福建省三明市三元区	20	1 304	15 600
江西省抚州市南丰县	151	2 956	45 988
山东省济南市历城区	150	6 904	96 939
河南省洛阳市	2 416	55 000	980 000
湖北省武汉市	1 003	68 900	766 900
湖南省株洲市炎陵县	29	1 386	18 216
广东省肇庆市	776	54 000	933 000
广西壮族自治区柳州市	170	8 500	163 000
海南省三亚市	163	5 164	86 466
重庆市石柱土家族自治县	102	5 181	94 083
四川省成都市青白江区	25	2 579	40 552
贵州省贵阳市小河区	46	1 142	33 320
云南省昆明市西山区	102	3 803	70 645

续表

申报地区或单位	申报学校数/所	申报教师人数/人	申报学生人数/人
西藏自治区拉萨市城关区	14	1 101	12 932
陕西省西安市	1 847	73 592	985 884
甘肃省张掖市临泽县	85	1 821	19 327
青海省西宁市城北区	17	747	13 630
宁夏回族自治区石嘴山市	137	6 816	104 238
新疆维吾尔自治区克拉玛依市	47	4 827	48 174
新疆生产建设兵团农十三师	12	1 170	13 381

为了做好国家教育资源公共服务平台规模化应用试点，2012年全国电化教育馆馆长会议还邀请了各省（自治区、直辖市）教育厅（教委）分管领导、国家教育资源公共服务平台规模化试点申请地区教育局局长，就开展规模化应用试点工作进行了部署。通过国家教育资源公共服务平台规模化应用试点，在试点地区推进公共服务平台常态化连片应用，以教师空间建设和应用为基础，有针对性地提供教学资源和学习工具，带动学生学习空间建设和应用，实现“资源班班通”和“空间人人通”，推动信息技术与教育教学的深度融合，形成网络条件下新型的教学方法和模式；研究数字教育资源汇聚机制，探索中央和地方政府购买优质资源，提供公益性服务的保障水平和采购方式；充分发挥社会各方力量，最大限度汇聚社会优质教育资源，研究探索教育资源共建共享、投入与支付机制，不断完善中央、地方、企业共同建设和应用优质教育资源的机制，推动教育信息化在试点地区的普及发展。

五、小结

以云计算技术为支撑建设教育资源公共服务平台是实现“优质资源班班通”和“网络学习空间人人通”必不可少的重要手段，对促进信息技术与教育教学过程的深度融合具有重要意义。

第五节 教育信息化标准体系

一、教育信息化技术标准发展概述

（一）教育信息化技术标准的发展现状

我国教育信息化技术标准建设工作经过十多年的努力，已经建立了具有一定深度和广度的体系框架，研制并颁布了一系列标准，并在应用与推广方面取得一定成果。2000年11月，教育部科学技术司组织有关高校专家策划现代远程教育技术标准化课题；2001年1月，教育部现代远程教育技术标准化委员会成立，2002年4月改名为教育部教育信息化技术标准委员会，简称CELTSC（China E-Learning Technology Standardization Committee）；2002年12月，经国家标准化管理委员会批准，成为全国信息技术标准化技术委员会教育技术分技术委员会，负责教育信息化技术类标准的建设。目前，CELTSC已建立较为完整的教育信息化技术标准体系，研制了60多项标准及草案，其中5项已成为国家标准，15项标准作为报批稿，即将发布为国家标准，立项国家标准10项。我国教育信息化技术标准（即CELTS）中约83%已完成草案，约44%完成征求意见稿，约28%完成报批稿，仅有7%左右获得国标号[①②]。CELTS框架包括指导性规范、学习资源、学习者、教学环境和教学管理五大类标准。

目前，CELTSC教育信息化技术标准工作组有八个，分别为：指导类标准工作组、学习资源类标准工作组、学习者类标准工作组、学习环境类标准工作组、教育管理类标准工作组、电子课本与电子书包类工作组、虚拟实验类工作组、多媒体教学环境类工作组。标准研制工作有一套较完整流程，其进程从组建课题组开始，如图7-11所示。

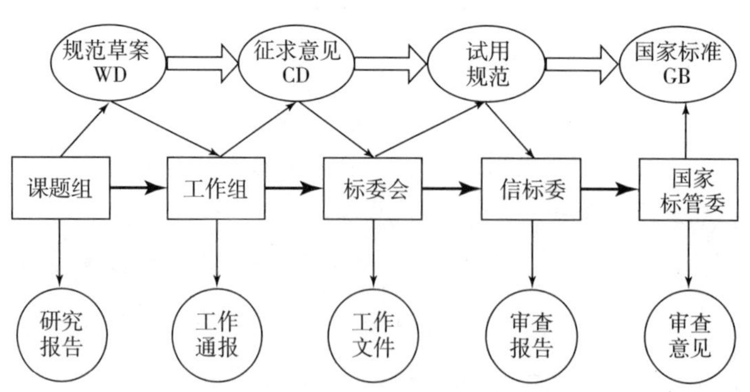

图7-11 标准工作规范流程

① 祝智庭. 网络教育技术标准研究［J］. 电化教育研究，2001（8）.

② 吴永和，何超，祝智庭，等. 高等教育信息化技术标准研究报告［R］. 北京：高等教育出版社，2012：3.

（二）教育信息化标准发展新方向

《教育规划纲要》指出："信息技术对教育发展具有革命性影响，必须予以高度重视。把教育信息化纳入国家信息化发展整体战略，超前部署教育信息网络。"《教育信息化规划》明确将教育信息化技术标准作为我国教育信息化发展的一项重要内容，建议加强教育信息化标准规范制定和应用推广。"完善和发展教育信息化技术类和管理类标准、信息化环境设备配置规范、教育信息化发展水平的评估类指标等系列标准规范。建设教育信息化标准测试与认证机构，加大标准推广应用力度。到2015年，形成初步完备的教育信息化标准规范体系，设立标准咨询培训、测试认证和推广应用服务机构。"

2012年11月，教育部科学技术委员会向教育部提交了《关于推动教育信息化标准建设和应用的政策建议》，建议尽快实施国家教育信息化标准建设和应用项目，并从七个方面予以政策支持：一是做好标准的顶层设计和体系规划研究；二是在标准体系框架下逐步建设完善教育信息化系列标准；三是从需求出发，项目驱动与可持续发展并重；四是推动机制创新，带动标准应用普及推广；五是建设服务保障体系，进一步完善教育信息化标准推广、培训、认证测试机制；六是在我国教育信息化标准框架下，积极参与和主持相关国际标准的研制工作；七是进一步确立标准化工作的重要地位，增加资金投入。

随着教育信息化发展，"校校通"计划、"班班通"、基础教育资源库建设、"农远工程"、"金教工程"等一批项目的实施为网络远程教育提供相关服务，如教育资源、学习服务、教育管理、学档管理，在国家、地区、学校和班级等层面为各级教育提供教育信息化服务。同时，教育信息化发展规划拓展了教育信息化标准研究范围，不仅包括技术标准，还涉及教育信息化管理类标准、信息化环境设备类的配置规范、教育信息化发展水平的评估类指标等，需要新的标准架构和研制新标准。尽管我国教育信息化技术标准提供了体系框架，但都是从技术层面提供体系架构和标准规范，还不能满足教育信息化发展的需要。

我国教育信息化标准的研究必须握住时代的命脉，继承已有标准体系中有价值的内容，对标准不断进行完善，同时也要不断研发出新的技术标准，以适应当前新技术、新应用的发展。此外，行业标准和地方标准作为对整个标准体系的补充，其研制也需要得到一定鼓励和肯定。

（三）教育信息化标准体系框架与组谱

1. 教育信息化标准体系框架

教育信息化标准主要包括教育指导类标准、学习资源类标准、学习环境类标准、学习者信息类标准、教育管理类标准以及其他与教育信息化相关的标准，如图7-12所示。教育信息化技术标准分为五大类，其中教育指导类标准作为教育信息化标准的指导规范，是标准体系中最基本的部分。学习资源类标准主要解决资源异构和互操作问题，以便实现学习资源共享、重用，减少重复开发的人力和财力浪费，提高学习资源的质量。学习者信息类标准是与学习者紧密相关的标准，主要对学习者的个人信息、学习经历、学习能力等以电子化的形式存档，有助于建立学习者的学习档案，有利于学习者的个性化学习、终身学习。学习环境类标准涉及与学习环境相关的项目，根据标准进行描述，在技术上实现统一、规范，解决互操作、异构等问题，达到环境的通用、共享。教育管理类标准主要针对教育信息化管理方面。为了能够满足教育信息化发展的需要，还需要扩张教育信息生态系统架构、领域教育应用标准、教育信息化环境建设标准和运行服务保障相关标准，形成目前的教育信息化标准蓝图。

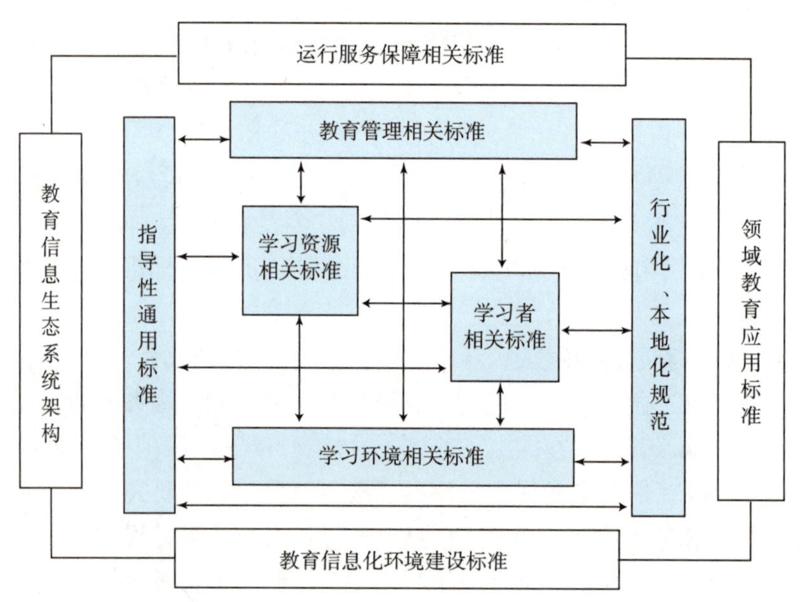

图7-12　我国教育信息化标准发展蓝图架构

2. 教育信息化标准组谱

教育信息化技术标准分成五大类，各类所包括的具体标准情况见表7-4。教育指导类标准包括体系架构与参考模型规范、术语规范、基于规则的XML绑定技术、标准本地化与实例化应用规范、学习系统体系结构与服务接口、虚拟实验框架与服务接口、电子书包体系框架等。学习资源类标准包括学习对象元数据、教育资源元数据、基础教育资源元数据应用规范、课程编列、内容包装、测试试题、学习设计、学习资源分类代码、电子课本信息模型、虚拟实验构件元数据等。学习者信息类标准包括学习者模型、电子档案袋、参与者身份标识、学力定义等。学习环境类标准包括学习管理系统、数字版权保护、数字权利描述语言、协作技术与协作学习、平台与媒体、电子书包终端通用规范、虚拟实验数据交换与构件封装等。教育管理类标准包括网络课程评价规范、教育服务质量管理、教育管理基础代码、教育管理基础信息、教育行政管理信息、普通中小学校管理信息、中等职业学校管理信息、高等学校管理信息标准、教育统计信息、教育管理信息交换体系、虚拟实验教学指导规范、虚拟实验智能评价等①②③。其中以专题方式组织系列标准，有电子课本与电子书包系列标准、虚拟实验系列标准、教育管理信息系列标准、多媒体教学环境工程建设系列标准，分别包含在教育指导类标准、学习资源类标准、学习环境类标准、学习者信息类标准、教育管理类标准五类中。

表7-4　现有教育信息化技术标准组谱

分类	项目号	项目名称	项目状态
指导类	CELTS-1	体系架构与参考模型规范	报批稿
	CELTS-2	术语规范	报批稿
	CELTS-4	基于规则的XML绑定技术	GB/ T 21364-2008
	CELTS-25	标准实施通则（技术报告）（本地化指南）	CD1.1
	CELTS-43.1	学习系统体系结构与服务接口　第1部分：抽象框架与核心接口	报批稿
	CELTS-43.2	学习系统体系结构与服务接口　第2部分：教育管理服务接口	CD1.0
	CELTS-43.3	学习系统体系结构与服务接口　第3部分：教育资源服务接口	CD1.0
	CELTS-46	教育管理信息标准体系架构规范	WD2.0
	CELTS-47	虚拟实验开发、评价及管理标准：服务接口	CD1.0
	CELTS-48	虚拟实验开发、评价及管理标准：框架	CD1.0
	CELTS-49-1	电子课本与电子书包的体系结构	WD2.0

① 吴永和，何超，祝智庭，等. 高等教育信息化技术标准研究报告［R］. 北京：高等教育出版社，2012：3.

② CELTSC. 标准文库［EB/OL］. http://www.celtsc.edu.cn/2012.10.18.

③ 2012年7月CELTSC工作会议决议暨第25届SC36会议预案［EB/OL］. http://www.celtsc.edu.cn/2012.08.

续表

分类	项目号	项目名称	项目状态
学习资源类	CELTS-3.1	学习对象元数据	GB/ T 21365-2008
	CELTS-3.2	学习对象元数据XML绑定	报批稿
	CELTS-3.3	学习对象元数据用户指南	CD2.0
	CELTS-8	课程编列	CD1.0
	CELTS-9.1	内容包装	GB/ T 26222-2010
	CELTS-9.2	内容包装XML绑定	报批稿
	CELTS-10.1	测试试题信息模型/测试试题信息模型	报批稿
	CELTS-10.2	测试试题信息模型XML绑定	CD2.0
	CELTS-26	虚拟实验开发、评价及管理标准：构件元数据	CD1.0
	CELTS-21.1	学习设计信息模型	报批稿
	CELTS-21.2	学习设计XML绑定	CD2.0
	CELTS-28	学习资源分类代码	报批稿
	CELTS-42	基础教育资源元数据应用规范	CD1.6
	CELTS-49-2	电子课本的信息模型	WD2.0
学习者类	CELTS-11	学习者模型	报批稿
	CELTS-12	电子档案袋	CD1.0
	CELTS-13	参与者标识符	GB/ T 21366-2008
	CELTS-14	学力定义	CD1.0
学习环境类	CELTS-7	虚拟实验开发、评价及管理标准：数据交换	CD2.0
	CELTS-16-1	协作技术 协作空间 第1部分：协作空间数据模型	CD1.0
	CELTS-16-2	协作技术 协作空间 第2部分：协作环境数据模型	CD1.0
	CELTS-16-3	协作技术 协作空间 第3部分：协作组数据模型	CD1.0
	CELTS-16-4	协作技术 协作学习通信 第1部分：基于文本的通信	CD1.0
	CELTS-17.1	平台与媒体标准分类代码	报批稿
	CELTS-17.2	平台与媒体标准分类代码XML绑定规范	报批稿

续表

分类	项目号	项目名称	项目状态
学习环境类	CELTS-19	企业接口	CD1.0
	CELTS-20	学习管理系统规范	NP
	CELTS-23	虚拟实验开发、评价及管理标准：构件封装	报批稿
	CELTS-27	自适应学习	NP
	CELTS-31	数字版权保护	CD2.0
	CELTS-32	数字权利描述语言	报批稿
	CELTS-44	LMS的JavaScript绑定规范	NP
	CELTS-49-3	电子书包终端的通用规范	WD2.0
	CELTS-53-1	多媒体教学环境建设规范：建筑物理、信息网络、供配电系统设计规范	送审稿
	CELTS-53-2	多媒体教学环境建设规范：音频系统设计规范	送审稿
	CELTS-53-3	多媒体教学环境建设规范：视频系统设计规范	送审稿
	CELTS-53-4	多媒体教学环境建设规范：多媒体智能中控系统技术规范	送审稿
	CELTS-53-5	多媒体教学环境建设规范：数字语言学习环境设计规范	送审稿
	CELTS-53-6	多媒体教学环境建设规范：数字语言学习环境设计规范	送审稿
	CELTS-53-7	多媒体教学环境建设规范：系统集成技术规范	送审稿
教育管理类	CELTS-15	虚拟实验开发、评价及管理标准：流程控制	WD2.0
	CELTS-22	网络课程评价	CD1.0
	CELTS-24	教育服务质量管理	CD2.0
	CELTS-29	教育管理基础代码标准	NP
	CELTS-30	教育管理信息数据代码	NP
	CELTS-34	中等职业学校管理信息标准	NP
	CELTS-35	普通中小学校管理信息标准	NP
	CELTS-36	幼儿园管理信息标准	NP
	CELTS-37	教育行政管理信息标准	NP
	CELTS-38	教育管理基础信息标准	NP

续表

分类	项目号	项目名称	项目状态
教育管理类	CELTS-39	教育管理信息交换标准	NP
	CELTS-40	教育管理信息系统互操作规范	WD1.1
	CELTS-45	教育卡应用规范	WD1.1
	CELTS-50	教育统计信息	WD1.1
	CELTS-51	虚拟实验开发、评价及管理标准：教学指导规范	WD2.1
	CELTS-52	虚拟实验开发、评价及管理标准：智能评测	WD2.1
注：项目号为标准规范统一标号，格式为CELTS-i.j，i代表子标准编号，j代表文档类型，一般来说，1表示信息模型，2表示绑定规范，3表示实践指南，4表示测试规范。项目状态是标准版本状态，表示为Xv：X代表版本，有研究计划（NP）、规范草稿（工作组讨论稿，WD）、征求意见稿（CD）、送审稿（DS）、报批稿（FDS）、推荐性国家标准（GB/T）；v代表版本号，如1.0、1.6、2.0。			

（四）教育信息化相关标准研制

2012年，教育信息化技术标准研制重点是围绕电子课本与电子书包系列标准、虚拟实验系列标准、教育管理信息系列标准、多媒体教学环境工程建设系列标准等开展相关工作。

1. 电子课本与电子书包系列标准

2010年10月，由华东师范大学牵头向全国信息技术标准化委员会申报成立电子课本与电子书包标准专题组（以下简称专题组），由全国信息技术标准化技术委员会和教育部教育信息化技术委员会来联合组建。专题组建立了电子课本、虚拟学具、学习服务、学习终端和总体架构五个专题项目组，分别开展该标准的研制工作。专题组的研究组织架构，如图7-13所示。

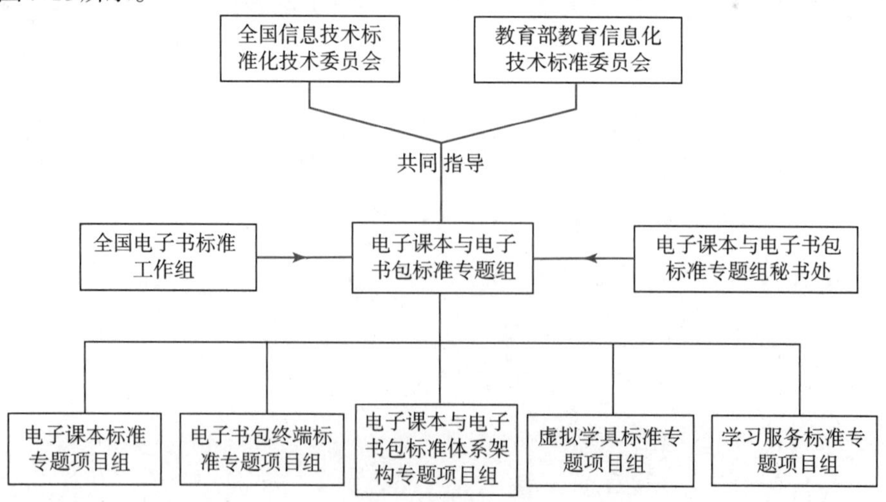

图7-13　电子课本与电子书包标准研究组织架构

目前，已有华东师范大学、中国标准化研究院、中国电信、英特尔公司、外语教学与研究出版社等五十家企业和高校参与专题组工作。

2012年,《电子课本与电子书包总体框架》《电子课本信息模型》等申报国家标准制订计划，已通过全国信息技术标准化技术委员会审查并上报至国家标准化管理委员会。电子课本与电子书包标准专题组秘书处总结了各项目组研制标准情况，如图7-14和表7-5所示。

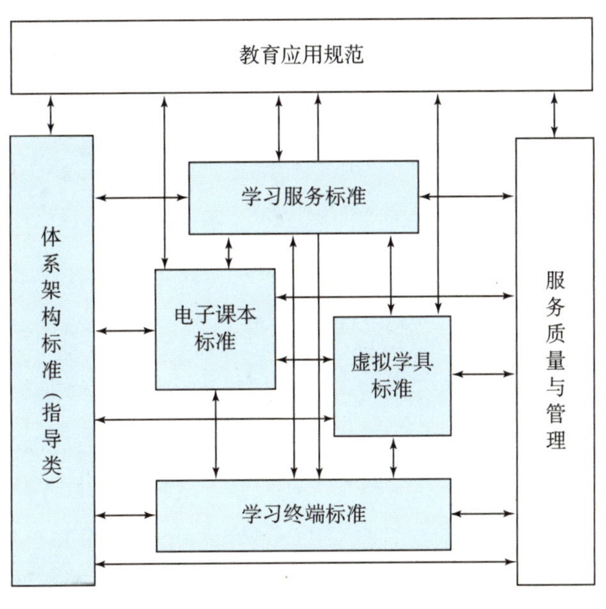

图7-14　电子课本与电子书包标准体系框架

表7-5　电子课本与电子书包标准制订计划

序号	专题组标准项目编号	标准名称	所处阶段
1	ETESBS01-001	电子课本与电子书包总体框架	国标申报
2	ETESBS01-002	电子课本与电子书包术语	初步制订
3	ETESBS01-003	电子课本与电子书包引用组谱	初步制订
4	ETESBS01-004	电子课本与电子书包标准应用指南	调研
5	ETESBS02-001	电子课本信息模型	国标申报
6	ETESBS02-002	电子课本概念模型	初步制订
7	ETESBS02-003	电子课本元数据	初步制订
8	ETESBS02-004	电子课本内容包装	调研
9	ETESBS02-005	电子课本内容清单及子内容聚合	初步制订

续表

序号	专题组标准项目编号	标准名称	所处阶段
10	ETESBS02-006	电子课本XML绑定和最佳实践指南	初步制订
11	ETESBS02-007	电子课本内容扩展	初步制订
12	ETESBS03-001	电子书包终端硬件规范	初步制订
13	ETESBS03-002	电子书包终端操作系统规范	初步制订
14	ETESBS03-003	电子书包终端标配软件规范	初步制订
15	ETESBS04-001	虚拟学具分类规范	初步制订
16	ETESBS04-002	虚拟学具描述规范	初步制订
17	ETESBS04-003	虚拟学具装配规范	调研
18	ETESBS04-004	虚拟学具聚合规范	调研
19	ETESBS04-005	虚拟学具测评规范	调研
20	ETESBS05-001	电子课本与电子书包学习服务总体规范	初步制订
21	ETESBS05-002	电子课本与电子书包学习服务XML绑定规范	调研
22	ETESBS05-003	电子课本与电子书包学习服务应用指南	调研

2. 虚拟实验系列标准

（1）虚拟实验教学标准体系。虚拟实验标准体系架构主要包括基础环境相关标准、数据资源相关标准、应用服务相关标准和评价管理相关标准，如图7-15所示。

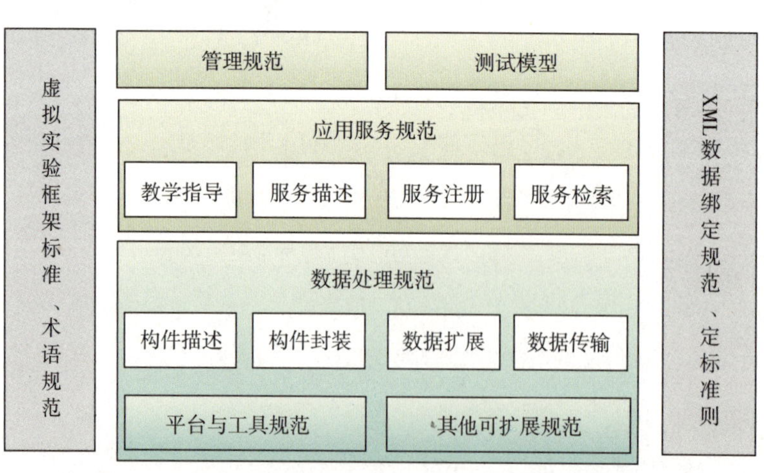

图7-15　虚拟实验标准体系结构

基础环境相关标准包括平台与工具、媒体与系统规范、基础框架标准、术语规范、XML绑定规范和实践指南等与基础环境相关的标准，在整个虚拟实验标准体系中处于基础地位。

数据资源相关标准主要包括构件描述、构件封装、场景描述、数据传输等与虚拟实验教学资源有关的标准，在虚拟实验标准体系中处于核心地位，主要服务对象是虚拟实验教学资源和系统的开发者。

应用服务相关标准主要包括教学指导、服务描述、流程控制、服务接口等与虚拟实验教学应用服务有关的标准，在虚拟实验标准体系中处于控制地位，主要服务对象是虚拟实验教学的管理者和教学者。

评价管理相关标准主要包括教学管理、质量评价等规范，在虚拟实验教学标准体系中处于指导地位，主要服务对象是虚拟实验教学的管理者和教学者。

总体而言，虚拟实验相关标准和规范为虚拟实验资源的开发者提供了统一的标准，以统一开发者的行为，达到资源基本属性结构的一致性，并为学习者、教学者和管理者等各类用户提供了提升使用效率、降低交互成本的途径；同时，也为不同虚拟实验教学系统之间实现数据的共享和互操作提供了支持。

（2）虚拟实验标准化工作进展。虚拟实验标准工作组已提交的规范/标准有10项，包括：

——框架/术语：虚拟实验框架标准，虚拟实验术语标准；

——数据处理：虚拟实验元数据标准，虚拟实验构件封装标准，虚拟实验流程控制标准，虚拟实验数据交换规范，虚拟实验工作流规范；

——应用服务：虚拟实验服务接口标准，虚拟实验评价测试规范，虚拟实验教学指导规范。

3. 教育信息管理系列标准

教育管理信息标准体系结构如图7-16所示，主要包括：

（1）规定了教育管理信息系列标准的体系结构和技术规范的《教育管理信息标准体系架构规范》；

（2）规定了教育管理信息中基本的、公用的信息组合和代码的基础标准，主要包括《教育管理基础代码》和《教育管理基础信息》；

（3）面向教育管理各应用领域的应用标准，如面向教育行政部门的《教育行政管理信息标准》、面向各级各类学校的学校管理信息标准（如《高等学校管理信息标准》和《中等职业学校管理信息标准》等）；

（4）其他必要的技术规范，如《教育管理信息交换体系》等。

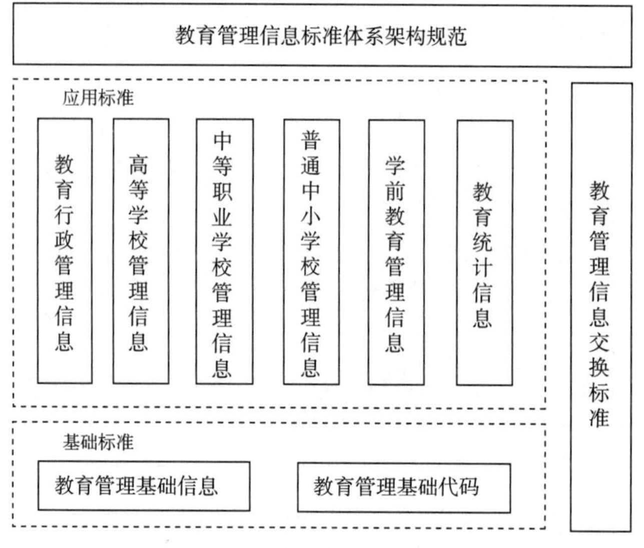

图7-16　教育管理信息标准体系结构

在“教育服务与监管体系信息化建设”项目的支持下，通过一百多位专家两年多的努力，教育管理信息标准的体系结构初步建立，《教育管理信息标准体系架构规范》等九个标准完成研制，其中《教育管理基础信息》等七个标准于2012年3月15日由教育部发布为教育行业标准。这标志着教育管理信息系列标准的研制工作取得了阶段性的成果。

4. 多媒体教学环境工程建设系列标准

多媒体教学环境工作组完成了《多媒体教学环境工程建设规范》的研制，分别包括：建筑物理、信息网络、供配电系统设计规范；音频系统设计规范；视频系统设计规范；多媒体智能控制系统技术规范；数字语言学习环境设计规范；系统集成技术规范。

5. 其他新立项标准

2012年7月，CELTSC工作会议确定准备立项的标准：第1部分，学习对象元数据V2.0、学习系统体系结构与服务接口；第2部分，教育管理信息服务接口、学习系统体系结构与服务接口；第3部分，学习资源访问服务接口、学习资源统合包装组谱、数字化学习对象语义描述和教育云框架。

二、教育信息化标准的应用推广情况

（一）教育信息化标准的应用概述

2012年，全国信息技术标准化委员会、教育部教育信息化技术标准委员会随同电子课本与电子书包标准专题组、教育管理类标准工作组、虚拟实验类工作组、多媒体教学环境类工作组开展相关应用推广工作。教育部教育信息化技术标准委员会召开了一次工作会议。电子课本与电子书包标准专题组联合企业开展了较多工作。而教育管理类标准工作组、虚拟实验类工作组、多媒体教学环境类工作组完成了相关标准的研制任务。虚拟实验系列标准通过科技部项目结题验收，教育管理信息系列标准中的七个标准作为教育行业标准予以发布，多媒体教学环境系列标准中的六个标准通过教育行业标准的审查。

（二）CELTSC的工作

CELTSC秘书处以教育管理类标准工作组和多媒体教学环境类工作组的工作为重点，完成教育管理类和多媒体教学环境类这两个系列标准在CELTSC内的审查和部颁标准的发布。

2012年7月，CELTSC召开工作会议，形成11项会议决议，包括指导类工作组决议、学习资源类工作组决议、学习者类工作组决议、学习环境类工作组决议、教育管理信息类工作组决议、多媒体教学环境类工作组决议、电子课本与电子书包类工作组决议、虚拟实验与学习工具类工作组决议、网站更新、增补八位CELTSC专家委员、参加ISO/IEC JTC1/SC36会议预案等。

CELTSC网站完成改版工作，改版后的网站在信息发布、文档管理等方面更加完善，并能为各工作组提供工作平台；新的网站（http://www.celtsc.edu.cn/或http://www.celtsc.org/）于2012年9月投入运行。

（三）电子课本与电子书包标准专题组工作

2012年，电子课本与电子书包标准专题组召开了两次专题组工作全体会议、一次调研会和两次应用研讨会，参加一次电子书工作组会议，组织了一次专题组联盟参展，发布了《中国电子课本与电子书包标准体系研究报告》白皮书，讨论了《全国电子课本与电子书包标准应用与教育创新示范学校（草案）》。电子课本与电子书包标准应用和推广工作得到进一步推动。

1. 组织召开电子课本与电子书包标准专题组第五次全体会议

2012年7月3日，电子课本与电子书包标准专题组第五次全体会议在北京召开，来自中国电子技术标准化研究院、华东师范大学、汉王科技股份有限公司、方正集团、人民教育出版社、英特尔（中国）有限公司、中国电信北京研究院等26家单位的55名代表参加了会议。

会议形成6项决议，包括：在2012年底前编制完成电子课本与电子书包标准体系研究报告；在数字学习终端和电子课本方面推动标准应用工具的开发和应用指南的编制；邀请多家出版单位同步开发基于标准的电子课本，与相关单位联合推动基于标准的终端测试工作，推进电子课本与电子书包标准应用；等等。

2. 组织召开电子课本与电子书包标准教育应用示范校研讨会

电子课本与电子书包标准专题组邀请与会各相关单位对《关于组织实施“电子课本与电子书包标准应用与教育创新示范校”的通知（讨论稿）》提出建议。与会人员就讨论稿展开讨论，各个企业代表积极提出建设性意见。会议有效地推动了标准应用的示范校筛选工作。

3. 组织召开电子课本与电子书包标准专题组第六次全体会议

2012年12月20日，电子课本与电子书包标准专题组第六次全体会议在浙江杭州召开，由全国电子课本与电子书包标准专题组主办。来自中国电子技术标准化研究院、华东师范大学上海数字化教育装备工程技术研究中心、英特尔（中国）、浙江万朋、杭州源朝科技、汉王科技、壹人壹本、华师京城、外研社、华东师范大学出版社、方正集团、DELL中国等48家单位的近80名代表参加了本次会议。会议讨论了《全国电子课本和电子书包标准应用与教育创新示范学校（草案）》和《中国电子课本与电子书包标准体系研究报告》。最后会议形成标准研制推进、标准应用推广和标准会议安排等三个方面八项决议，其中六项决议将有效推进电子课本与电子书包标准的应用与推广工作。

4. 组织召开第二届电子课本与电子书包教育应用交流研讨会

2012年12月21日，第二届电子课本与电子书包教育应用交流研讨会在浙江杭州源清中学举行。会议听取了电子课本与电子书包标准专题组组长关于电子课本与电子书包技术标准与应用的报告，发布了《中国电子课本与电子书包标准体系研究报告》白皮书，宣布“全国电子课本与电子书包标准应用与教育创新示范校”项目启动。会议有效推进电子课本与电子书包的标准研制、产业发展和教育创新应用，以“标准引领产业发展，技术促进教育创新”为宗旨，促进我国电子课本与电子书包的相关产业发展和教育信息化发展。

（四）虚拟实验系列标准

虚拟实验系列标准完成科技部项目结题验收，同时在华中科技大学等十余所高校联合开发的多学科虚拟实验教学平台中得到了实际验证和完善。该平台是“十一五”国家科技支撑计划项目“虚拟实验教学环境关键技术研究与应用示范”的研发成果，主要面向物理、化学、计算机等六大类学科提供统一的虚拟实验教学环境和跨学科的公共虚拟实验教学平台。虚拟实验教学标准体系在该平台的研发和应用中发挥了基础性作用，平台上所有学科的虚拟实验教学场景和构件资源都采用了统一的后台描述和服务接口。

（五）教育管理信息系列标准

教育管理信息系列标准中的七个标准发布。教育部发布《关于发布〈教育管理信息 教育管理基础代码〉等七个教育信息化行业标准的通知》（教技〔2012〕3号）。《教育管理信息 教育管理基础代码》《教育管理信息 教育管理基础信息》《教育管理信息 教育行政管理信息》《教育管理信息 普通中小学校管理信息》《教育管理信息 中职学校管理信息》《教育管理信息 高等学校管理信息》《教育管理信息 教育统计信息》等七个教育信息化相关标准，作为教育行业标准予以发布，并自发布之日起施行。教育部2002年发布的《教育管理信息化标准 第1部分：学校管理信息标准》同时废止。

（六）多媒体教学环境系列标准

多媒体教学环境系列标准中的六个标准通过教育行业标准的审查。2012年9月，全国信息技术标准化委员会教育技术分技术委员会审查通过《多媒体教学环境 第1部分：基础条件》《多媒体教学环境 第2部分：音频系统》《多媒体教学环境 第3部分：视频系统》《多媒体教学环境 第4部分：智能控制系统》《多媒体教学环境 第5部分：数字语言学习环境》《多媒体教学环境 第6部分：系统集成》等六个教育行业标准。

三、教育信息化标准国际交流与合作

（一）教育信息化国际标准研究概况

国外教育信息化标准研究颇为活跃，诸多机构从事教育信息化（学习技术）相关标准研究工作，其中较有影响的有教学管理系统全球学习联合公司（IMS）、高级分布式学习网络（ADL）、国际电气和电子工程师协会学习技术标准委员会（IEEE LTSC）、ISO/IEC JTC1/SC36等。其中，ISO/IEC JTC1/SC36 研制的学习、教育和培训的信息技术（ITLET）系列标准对各国在同领域的标准研制上有重要影响。IMS是一个全球性的非营利学习技术标准研究组织，其研究并颁布的标准涉及学习技术各个方面，同时研究进展也较快，例如IMS元数据（Metadata）和内容包装（CP）等。ADL颁布的SCORM规范近乎成为事实上的行业、企业标准，在国际数字化学习领域得到了广泛应用。IEEE LTSC研究的学习技术标准已形成了IEEE 1484标准体系，其中IEEE LOM标准得到了业界的广泛认可。基于ISO/IEC JTC1/SC36 ITLET的分类办法，国际教育信息化标准可分为：词汇/术语，协作与智能技术、学习者信息，管理与传输，品质保证与描述框架，支持技术与标准集成，文化、语言和行为。欧盟成员国家和日本、韩国、加拿大等国积极采纳ISO/IEC JTC1/SC36标准（简称SC36标准）。与此同时，欧洲出现了满足正式学习和非正式学习的发展方向，欧洲教育网格架构（ELeGI）中有正式学习和非正式学习架构，学习内容应用领域正逐步融合。

（二）国际教育信息化标准

ISO/IEC JTC1/SC36是国际标准化组织（ISO）和国际电工委员会（IEC）共建的联合技术委员会（JTC1）下的第36分技术委员会，负责制定学习、教育和培训领域信息技术标准（Information Technology for Learning, Education and Training, 简称ITLET），以国家成员体作为参与单位，目前有45个成员国，其中包括22个正式成员国和23个观察成员国。为了更有效地促进教育信息化技术标准的研制、发布和推广，SC36目前下设7个工作组和1个特别工作组，分别负责词汇、术语（WG1），协作与智能技术（WG2），学习者信息（WG3），管理与传输（WG4），品质保证与描述框架（WG5），支持技术与标准集成（WG6），文化、语言和行为（WG7）等方面的工作。其具体关系结构如图7-17所示。目前，ISO/IEC JTC1/SC36包括34个正在研究的标准项目，自1999年成立以来，已召开了25次全体会议，正式发布了30项国际标准。

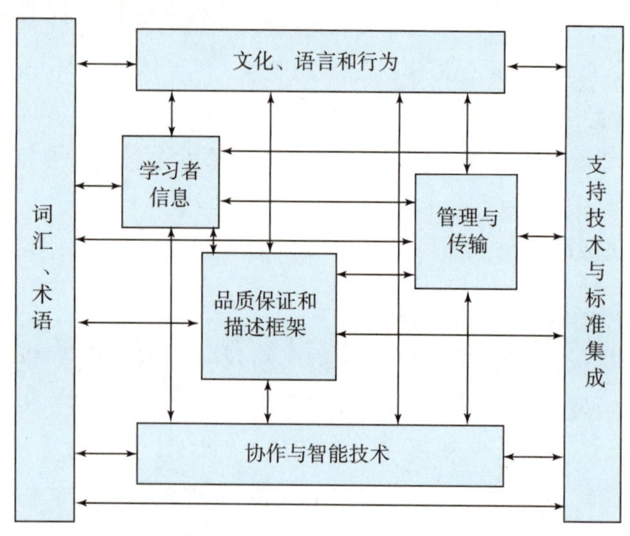

图7-17 国际教育信息化标准体系

词汇、术语类标准对学习、教育和培训领域的术语进行规定。ISO/IEC JTC1/SC36 ITLET和IEEE LTSC在这方面有较为深入的研究。常见的词汇、术语标准包括ISO/IEC 2382-36：2008等。

协作与智能技术标准规定了学习、教育和培训环境中使用IT方面的学习者协作和智能技术。这方面的研究主要包括协作空间（数据收集和协作环境的重用）、学习者间交互（点对点方式或小组方式）和代理间通信（协作环境中基于代理的接口）。该类标准包括 ISO/IEC 19778-1：2008、ISO/IEC 19778-2：2008、ISO/IEC 19778-3：2008、ISO/IEC 19780-1：2008和ISO/IEC TR 29127：2011等。

学习者信息类标准是对学习者的数据模型、绑定、编码、应用程序接口、协议等方面进行的规定。该类别标准包括学习者信息模型、电子学档、学习能力信息模型等。

管理与传输类标准侧重于为学习资源制作多部分元数据标准。目前，该类标准主要体现为学习资源元数据、内容包装标准，如IEEE LOM、IMS Metadata、ISO/IEC 19788 MLR、IMS CP和ISO/IEC 12785 CP等。

品质保证和描述框架类标准主要是学习、教育和培训领域尤其是数字化学习开发标准方面的，用以提供质量标准、框架的指引和支持功能，如《信息技术 学习、教育和培训 质量管理、保证和度量 第1部分：通用方法》《信息技术 学习、教育和培训 质量管理、质量保证和质量度量 第3部分：参考方法和度量》《信息技术 评估服务中信息技术（IT）运用的实施规则》等。

支持技术与标准集成类标准用以帮助学习、教育和培训领域的利益相关者选择和结合基本和重要的信息技术，使这些技术可以捆绑集成在一起，来确保该系统以互操作的方式支持学习、教育和培训领域利益相关者的要求，如ISO/IEC 24725-1（国际标准引用组谱框架）、ISO/IEC 24725-2（商用权利描述语言的标准引用组谱）、ISO/IEC 24725-3（平台与媒体标准引用组谱）等。

文化、语言与行为类标准偏重于参与者的细节信息，以便更好地适应世界上各个地区的需求，它规定了学习系统在可访问性等方面应满足的内容，如《信息技术 数字学习、教育和培训中个性化的适应性和可访问性 第1部分：框架和参考模型》等。

（三）国际标准的交流与合作

1. 国际标准合作交流概况

CELTSC作为ISO/IEC JTC1/SC36对口成员单位，组织我国专家积极参加国际标准制定工作。我国3名专家为工作组召集人，1名专家为研究组联合召集人，1名专家为临时研究组联合报告人，9名专家为项目编辑；参与制定国际标准13项，承担国际标准制定工作4项。我国提出并且主导制定的国际标准ISO/IEC 24725-1（支持技术和规范整合 第1部分：框架）和ISO/IEC 24725-3［支持技术和规范整合 第3部分：平台和媒体分类（PMT）］已经正式发布，2012年我国提出并且新获得立项的两项国际标准ISO/IEC TR 18120 e-Textbook（电子课本）、ISO/IEC TR 18121 Virtual Experiment（虚拟实验）也正在顺利推进。

2. 参与制定国际标准情况

2012年，我国专家以项目编辑身份参加国际标准的制定，分别为：ISO/IEC 2382-36：2008/Adm.1：2010（E）（词汇补篇），处于DAM投票中；ISO/IEC 2382-36（词汇第二版），处于DIS草案文本；ISO/IEC 29187-2（IS）（信息生命周期管理和电子数据交换个人信息的隐私保护需求），处于起始阶段；ISO/IEC 29187-3（IS）（多语种词汇），处于起始阶段；ISO/IEC 20006-1（IS）（能力总体框架和信息模型），CD投票通过；ISO/IEC 20006-2（IS）（能力信息模型），CD投票通过；ISO/IEC 19788-1/Amd.1（第1部分：框架/补篇1），完成了DCOR 1. FDIS 准备阶段；ISO/IEC 19788-6（第6部分：获取、分配和知识产权元素），CD2 准备阶段；ISO/IEC 19788-10（第10部分：获取、分配和知识产权元素应用轮廓），处于准备阶段；ISO/IEC 12785-1/Cor.1（第1部分：内容包装/勘误1），处于准备阶段；ISO/IEC 30119-1（第1部分：电子测验质量框架），NWI新工作项目提案通过；ISO/IEC 30119-2（第2部分：用例应用指南），NWI通过；ISO/IEC 24751-1（第二版第1部分：框架），工作组讨论稿；ISO/IEC 19796-4（第4部分：最佳实践和实施指南），处于PDTR。

我国专家提出并作为项目编辑身份主持两项国际标准制定，分别为ISO/IEC TR 18120 e-Textbook（工作组讨论稿）和ISO/IEC TR 18121 Virtual Experiment（工作组讨论稿）。

3. 参与国际标准会议情况

2012年3月，ISO/IEC JTC1/SC 36/WG1（词汇）工作组会议在法国巴黎召开。法国、中国、加拿大、韩国等八个国家的十余名代表参加了本次会议，我国专家余云涛代表中国参加了会议。会议着重讨论了ISO/IEC 19788-1：2011《信息技术 学习、教育和培训 学习资源元数据 第1部分：框架》、ISO/IEC 24751-1：2008《信息技术 在网络学习、教育和培训中的个性化适配性和可访问性 第1部分：框架和参考模型》等标准中词汇的融合问题，并最终形成ISO 2382-36《信息技术词汇 第36部分：学习、教育和培训》第三版。

2012年9月7日至15日，ISO/IEC JTC1/SC36第25届全体会议及工作组会议在韩国釜山召开，中国电子技术标准化研究院余云涛、杨瑛，华东师范大学祝智庭，清华大学郑莉等组成的中国代表团一行12人参加了会议。中国代表团取得了丰硕的成果：

——我国提出并获立项的电子课本和虚拟实验两项新标准的研制工作顺利推进，确定了项目编辑和进度安排；

——中国电子技术标准化研究院余云涛被任命为WG4副召集人，并且确定为ISO/IEC 19788-6、ISO/IEC 19788-10项目编辑，同时担任数字内容相关的数字学习服务研究项目联合召集人；

——中国电子技术标准化研究院杨瑛确定为ISO/IEC 19796-4项目编辑；

——华东师范大学吴永和确定为ISO/IEC 30119-1和ISO/IEC 30119-2项目编辑；

——清华大学杜婧确定为ISO/IEC 29187-2联合编辑和ISO/IEC 29187-3第一编辑；

——华东师范大学顾小清确定为ISO/IEC 20006-1、ISO/IEC20006-2联合编辑；

——华中师范大学吴砥和华东师范大学吴永和确定为ISO/IEC TR 18121 Virtual Experiment项目编辑；

——华东师范大学顾小清确定为ISO/IEC TR 18120 e-Textbook项目编辑。

我国专家积极参与国际标准研制工作，在多个标准中承担项目编辑的工作。因此，我国在ISO/IEC JTC1 SC36国际标准化工作中的影响力也逐步体现。

目前，在ISO/IEC JTC1 SC36任职的我国专家主要包括：

——祝智庭，WG6联合召集人；

——吴砥，WG6联合召集人；

——余云涛，WG4副召集人。

四、小结

教育信息化标准是教育信息化建设的重要保障，在国际上受到普遍的重视。我国教育信息化标准体系建设经过十余年的发展已经取得一定成绩，但仍存在标准测试认证机制缺乏、采标率有待提升等问题，有待在后续工作中持续改进。

第六节　总　　结

经过多年发展，我国教育信息化公共支撑环境已经具备一定基础，形成了初具规模的信息化公共服务环境，为支撑各级各类教育中教学、科研、管理等信息化应用提供了支持。

一、教育信息网络基础设施已有一定基础，提升需求依然较大

连接各级各类学校和其他教育机构的电信运营商网络广泛普及，成为广大中小学和职业学校的主要网络服务提供商，同时也为高校提供了较好的网络支持环境。CERNET成为高校教育信息网络的重要支撑，是国际上少数拥有自主光纤传输网的国家级学术网络，部分关键指标已达到或接近发达国家水平。通过CERNET升级扩容工程，高速传输网向西部扩展，高校接入能力进一步提升，与国内公众互联网以及与国际互联网的高速互联能力得到加强，为各类教育信息化应用系统提供公共支撑服务。CEBSat服务于广大农村边远地区中小学和教学点，促进了我国基础教育的均衡发展。CEBSat每年为广大中西部及农村偏远地区输送大量优质教育资源，为满足我国目前农村6.7万余个教学点的基本教学需求提供了有力支持，对缩小数字鸿沟、促进教育公平发挥了积极作用。

然而，目前我国教育信息网络基础设施依然还很不完善，相比于发达国家差距明显，各级各类学校接入带宽普遍不足，多数学校只是基本解决了有无问题，区域发展水平还很不平衡，网间互联互通也十分有限，网络服务质量还需进一步提升。

二、教育资源公共服务平台初步建成，普及应用成为当前重要发展目标

国家教育资源公共服务平台初步建成，进一步创新资源共建共享服务机制，让基层使用者方便、快捷实现即需即用，是后续的主要目标。中央电化教育馆以10种服务应用模式为基础，推动不同地区和学校因地制宜，利用国家教育资源公共服务平台开展多种网络条件下的教与学的规模化应用，促进“优质资源班班通”和“网络学习空间人人通”，着力打造“企业竞争提供、政府评估准入、学校自主选择”的资源共建共享机制，为资源公共服务平台的后续发展打下了基础。

然而，也应该看到，与教育管理公共服务平台直接面向教育行政部门、学校提供业务支持和面向公众提供公共信息服务不同，教育资源公共服务平台的建设和应用过程更为开放，如何扩大用户规模，形成有效的资源共建共享机制，实现可持续发展，是后续必须关注的重点问题。

三、教育信息化标准体系不断完善，行业影响力有待进一步彰显

根据技术发展趋势和应用发展需求，教育信息化标准体系不断完善。通过联合企业、学校和科研机构，在标准研制和推广阶段关注产业发展和教育应用，逐步形成“标准引领产业发展，技术促进教育创新”的新模式，同时积极关注和参与国际标准制定工作，提升国际合作水平，参与国际竞争。

然而，目前我国教育信息化标准体系的发展水平还较为有限，不少标准虽有发布，但执行不够，缺乏评测认证机制，采标率较低，对行业发展的影响力还未充分彰显。

总的说来，我国教育信息化公共支撑环境不断得到完善，社会服务能力和相关体系建设得到加强，可持续发展机制和社会效益提升依然是后续发展需要关注的重点内容。

第八章　教育信息化支撑人才队伍

队伍建设是发展教育信息化的重要内容。教育信息化的各项工作最终需要通过专门的技术队伍、教师队伍、管理队伍来落实，素质水平高、可靠稳定的队伍是教育信息化可持续发展的根本要素。我国教育信息化正在从重视“物”的配备（关注技术、计算机、网络、软件、资源库等等）转移到以“人”为中心，教育信息化支撑人才队伍建设关系到整个信息化环境下的教育质量，是教育信息化建设的核心工程。

在新的发展阶段，培养学生信息化环境下的学习能力、提高教师应用信息技术进行教育教学的水平、建设专业化技术支撑队伍、提升教育信息化领导力、优化信息化人才培养体系等是人才队伍建设的重要内容。我们既要以更广更全的人力资源观指导信息化队伍的建设，也要建立更广泛的联合，使每一位教育工作者的信息化水平得到不同程度的发展，全员参与，最终让每一个教师和学生成为推进基础教育信息化过程中的核心力量。

本章从教师信息技术应用能力培训、教育信息化专业技术支撑队伍建设、学科与人才培养体系建设三个方面介绍我国教育信息化支撑人才队伍的整体发展状况。

第一节　教师信息技术应用能力培训

影响教育信息化实施效果的核心要素是人。教师的信息技术应用能力在教育信息化发展中占据重要地位，对教育信息化发展全局具有决定性影响。正因如此，教育部很早就开始重视教师信息技术应用能力提升，推动实施了一系列重要计划。

2004年12月，教育部颁布《中小学教师教育技术能力标准（试行）》，对中小学教学人员、技术人员和管理人员的信息技术应用能力进行了规定。这是我国中小学教师信息技术应用能力方面的第一个专业能力标准。2005年4月，教育部发布《关于启动实施全国中小学教师教育技术能力建设计划的通知》（教师〔2005〕5号），正式启动中小学教师教育技术能力培训。随后，教育部师范教育司（现更名为教师工作司）积极推动该计划的落实，逐步推进培训、考试、认证三方面的工作，取得了显著成果。全国中小学教师教育技术能力建设计划项目办公室在教育部教师工作司的直接领导下，按照“总体规划、分步实施、学用结合、注重实效”的原则，以《中小学教师教育技术能力标准（试行）》为依据，以全面提高中小学教师教育技术应用能力、促进技术在教学中的有效

8

运用为目的，坚持培训、考核、认证三位一体，大力推进全国中小学教师教育技术能力建设计划（以下简称“计划”）的实施，广大中小学教师教育技术应用能力水平得到显著提高。

一、工作进展和成效

（一）600多万名教师接受培训，开展培训的省份超过了97%

经过2005—2006年9个省级单位的试点，2007年培训开始在全国逐步展开，2008年培训规模进一步扩大。截至2012年12月底，绝大部分省、自治区、直辖市开展了“计划”的培训工作。累计培训607.3万人，约占应培训人数的77%。项目实施地区覆盖全国31个省、自治区、直辖市。

（二）资源的系列化建设成果，为培训工作的推进奠定了重要基础

根据“计划”推进的要求，中央电化教育馆的项目办公室按照教育部教师工作司的要求，依据《中小学教师教育技术能力标准（试行）》，组织各方面专家完成了教育技术能力建设学科教师（初级）培训大纲的编写和审定，教材的编写、试用与审定、出版，以及培训辅助资源的开发，形成了相对完整的教学人员培训资源体系。初级培训以解决教学问题为主线，把教学设计、教学实施和教学评价贯穿培训全过程，把计算机基本知识与技能、文字处理、演示文稿的制作等与上好一节课的教学设计要求结合起来，推动了全国上下从一般的信息技术培训向信息技术在教学中应用的培训转变，得到了教师和教育管理者的广泛认可。

2007年，在认真总结初级版资源建设经验的基础上，项目办公室组织专家多次讨论和协商，完成了教学人员中级培训大纲的编制和颁发，完成了中级教材的编写、审定和试用、出版工作。培训内容主要包括：教学设计方案的制订；选择教学用的媒体，理解和熟悉信息化教学资源；信息化教学资源的收集与处理、集成与开发；教学设计的实施与评价反思；信息技术与课程整合问题；规划主题单元；设计研究性学习；创建并利用主题资源；设计单元学习评价，实施单元教学过程，展示成果与反思培训；等等。与初级版相比，中级版不仅在技术要求上提高了，更重要的是提高了教学设计的系统性和难度，把一节课的教学设计提升为一个单元的教学设计，同时加入了研究性学习的教学设计与实施。

为进一步帮助教师实现不离岗的高质量学习，教育部先后委托北京大学和华东师范大学研发网络课程（初级），组织完成了网络课程远程培训试验，为保证各地培训质量奠定了重要基础。2008年，由高等教育出版社开发的中级网络课程通过教育部组织的鉴定并投入使用，提供了“文本教材+配套光盘+网络培训平台”三位一体的立体化培训模式，为不同条件下的教师培训提供学习支持。

（三）成功实现了分学科、学段命题和大规模机考

针对教育技术能力建设计划的目标要求，教育部考试中心按照以考促学的要求，在多方面实现了创新。

（1）案例命题。每一套试卷均与中小学教师的一堂课紧密结合，围绕教案设计、资源准备、教学实施、教学评价四个典型环节，分别设计若干任务进行考核。

（2）网络管理。从网上报名、考场编排、上机考试到成绩和证书查询都通过网络完成。教育部考试中心建立了全国中小学教师教育技术水平考试（NTET）网站，为考试管理和考生服务提供高效和规范的工作平台。

（3）培考结合。培训和考试工作分别由中央电化教育馆和教育部考试中心组织，培训工作和考试工作相对分离，但内容一致，促进了以培促考、以考促培。

（4）评价服务。从首次考试开始，每一位参加考试的教师会得到一份评价报告，对教师在教学设计、资源准备、教学实施、教学评价等方面的能力进行评估，为教师进一步提高教育技术能力指出方向。

截至2013年1月，NTET共在16个省、自治区、直辖市开考18次，累计报考人数1 608 136人。其中，教学人员初级教育技术水平考试于2006年11月开考，截至2013年1月共组织18次，来自江苏、河南、重庆、海南、宁夏、广东、福建、辽宁、四川、西藏、青海、陕西、广西、云南和新疆的1 403 479人参加了考试，合格率为87%。教学人员中级教育技术水平考试于2009年9月开考，截至2013年1月共组织7次，来自辽宁、广东、河南、上海、青海、新疆、四川、广西的157 159名教师参加了考试，合格率为57%。参加考试的省、自治区、直辖市数量和历年考生人数总体呈现上升趋势，反映了“计划”正在稳步推进。

教育部考试中心采用巡考、座谈、网上调查等多种方式了解一线教师对考试的反馈意见。教师们普遍认为NTET对提高教师专业素质、改进教学质量和转变教学观念很有好处。不少教师表示，NTET涉及的软硬件教学资源注重应用能力，比单纯的信息技术考试更适合教师。参与调查的地方教育行政部门的相关领导反映，NTET与教学结合紧密，有利于提高教师的教育技术水平和教学能力。

（四）形成了推进教师教育技术能力发展的国家级、省级、地级、县级培训团队

在项目推进过程中，一方面，采用“塔式培训”，培养了国家级、省级、地级、县级骨干培训者。在面对面培训骨干过程中，全国教师教育网络联盟成员单位发挥了积极作用。另一方面，在远程培训推进的过程中，帮助教师一边学习教育技术，一边掌握网上学习的方法。教师教育信息化专家委员会的专家，特别是参与教材编写和命题的专家为“计划”付出了令人感佩的辛勤劳动。通过专家与一线培训骨干组成的团队的努力，教师、管理者理解了这一项目与计算机和信息技术培训的区别，在观念上实现了从信息技术向教育技术的转变，也为“计划”的深入开展奠定了人力资源基础。

（五）形成了在教育行政部门领导下的中央和地方相关单位相互协作机制

在“计划”推进的过程中，各省（自治区、直辖市）成立了从省（自治区、直辖市）到地（市），再到县的各级项目领导小组、项目办公室，协调教育培训机构、电教机构共同为提高教师教育技术能力、为提高学校教育教学质量而努力。不少地区从不习惯协作到从协作中尝到了“甜头”，工作积极性得到进一步的调动，“计划”网站（www.teta.com.cn）成为学习交流的重要场所。

在教育部教师工作司的领导下，“计划”实现了与英特尔公司合作未来教育核心课程培训项目的衔接，以及与微软公司合作微软“携手助学”教师培训项目的衔接，扩大了教育技术能力培训的多种选择和途径，促进了国家项目与国际项目相互学习，取长补短，共同提高培训质量。

二、各地的工作创新

在“计划”的推进过程中，各地结合实际，开拓创新，提供了许多可借鉴的经验。

（一）综合利用相关培训经费，积极推进“计划”实施

辽宁省将公共经费用于教师教育技术培训，综合利用“农远工程”经费，为项目学校培训1名主讲教师，推动培训工作在农村中小学校全面开展。广西壮族自治区在项目启动时，积极利用国际组织向西部地区提供的援助资金，共计投入2 500万元，对区内贫困地区中小学教师实行免费（免教材费、考试费、培训费）培训，使全区2.6万名教师的教育技术能力得到提升。四川省利用民族地区教育发展十年行动计划培训项目、农村远程教育项目、世界银行贷款/英国政府赠款项目在农村和民族地区积极开展教育技术培训，累计培训2万余名农村中小学教师。新疆维吾尔自治区通过与人事部门沟通，较好地解决了教育技术水平考试的认证与教师职称考试衔接问题，避免多头培训，提高了培训效益。

（二）学以致用，全面提升项目影响

广东省广州市利用教师培训网络优势，积极申请成为教育技术能力建设项目实验区，在推进教师网上学习教育技术的过程中，积极探讨通过“计划”促进中小学教师专业化发展，让教师一边学习技术，一边应用和反思，让教师学以致用。同时，广州市还探索了中小学教师远程培训在城乡、地区、学校之间均衡发展的策略与方法，即通过开展基于网络环境的教育技术区结对子、校际结对子，建立起稳定的城乡对口支援制度，实现教师教育优质资源共享，实现均衡协调发展。广州市总结实践经验，开发了网上学习的指导手册，累积了指导辅导员工作和通过三种角色相互配合保证学习质量的经验。

（三）因地制宜，选择合适的培训切入点

由于各地教育信息化、教育现代化发展水平以及以往培训的经历和需求存在一定差异，因此各地在实施“计划”时采取灵活策略，选择适当的培训层次，教育技术能力较好的地区直接进行中级培训。

上海市以农村教师教育培训为契机，在教育技术能力较弱的农村中小学校通过骨干培训带动了校本培训，大范围地开展教学人员信息技术应用能力中级培训。目前，培训已经从农村向城市推进。对于一部分达不到中级水平的教师，市里要求采取补课的方式给予帮助。北京市、浙江省也选择教学人员中级教育技术能力培训教材进行全员培训。广东省在部分偏远农村地区组织初级起点的培训，在珠江三角洲经济发达地区组织教学人员中级起点培训，这样既满足了不同地区的要求，也有效地实现了“计划”的目标。

（四）关注少数民族教师的教育技术能力提升

在缺少用少数民族语言文字编写的教育技术能力培训教材和相关资源的情况下，部分地区充分发挥自我能动性，在少数民族地区用少数民族语言积极开展信息技术应用能力培训。新疆针对本地区地广人稀、少数民族聚居的特点，分期分批用维吾尔语、哈萨克语进行教师教育技术培训。西藏、青海积极联合研发藏语资源，并开展了民族教师培训。

三、小结

经过几年的发展，中小学教师教育技术能力培训取得了很大成果，显著提升了教师应用信息技术开展教学的意识和能力，在培训组织方式和管理机制方面积累了大量宝贵经验，在培训内容、培训形式、考核方式等方面发现了需要进一步提升、改进的方向。

2013年底，教育部进一步启动“全国中小学教师信息技术应用能力提升工程”，对中小学教师能力提出了新的要求和期望。可以预见，随着教育信息化的深入发展，教师队伍的信息技术应用能力必将得到进一步提升，对发展教育信息化的支撑作用也将进一步显现。

第二节　教育信息化专业技术支撑队伍建设

教育信息化的实施过程涉及多种角色，除了教师、学生和管理者以外，教育信息化专业技术支撑队伍也是必不可少的重要组成部分，对于教育信息化的顺利实施具有重要支撑作用。

我国面向各级各类学校提供服务的教育信息化专业技术支撑队伍主要包括配备到省、地、县三级教育行政体系的电化教育系统、管理信息中心系统，以及各级各类学校的信息中心服务队伍。专业技术支撑队伍的存在对于保障教育信息基础设施运维、促进优质资源共建共享、开展教师信息技术应用能力培训等起到了中流砥柱的作用。

一、校外教育信息化专业技术支撑队伍建设

我国多数中小学、中职学校和部分高校由于财力、人力资源有限，自身能够保有的技术支持力量十分薄弱，或基本不具备技术支持能力，其所需的教育信息化支持服务在很大程度上需由外部解决，因此，校外教育信息化专业技术支撑队伍具有十分重要的作用。以下以电化教育系统为主进行介绍。

电教人员是我国基础教育信息化专业技术支撑队伍的中坚力量，是我国教育信息化建设的主要支持力量。我国已建成包括中央电化教育馆、32个省级电教机构、347个地级电教机构、2 957个县级电教机构在内的多级电教系统，逐步形成了一支体系完备的教育信息化专业支撑队伍，为建设多种形式的基础教育资源库、推进信息技术与课程整合、提高教师教育技术能力、开展农村中小学现代远程教育工程、促进教育均衡发展、加快教育信息化进程做出了重大贡献。

（一）各地机构现状和人员

1. 机构设置情况

（1）省级行政区全覆盖。全国31个省、自治区、直辖市，以及新疆生产建设兵团都设有电教机构。其中，有29个省级电教机构为独立法人单位，占省级电教机构总数的90.6%，如图8-1所示。

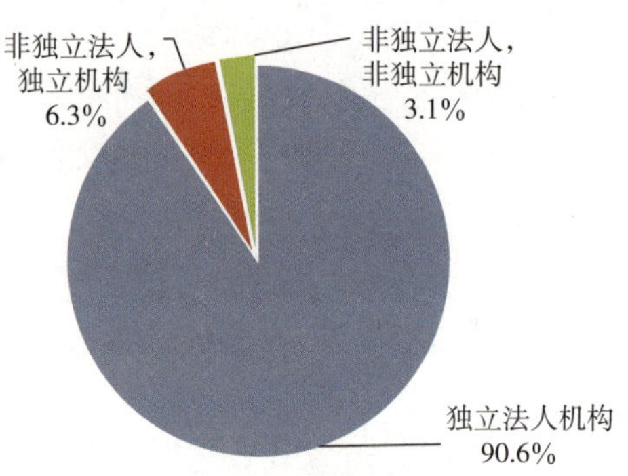

图8-1　省级电教机构性质

32个省级电教机构工作经费的来源：全额拨款事业单位27个，差额拨款事业单位5个，如图8-2所示。

（2）地级行政区全覆盖。调查显示，我国333个地级行政区都设置了电教机构，共有347个地级电教机构（包括新疆生产建设兵团14个师设置的电教机构，共14个）。其中，244个地级电教机构是独立法人单位，占总数的70.3%，44个地级电教机构为非独立法人的独立机构，占总数的12.7%，59个地级电教机构为地级教育局的一个职能部门，占总数

的17%，如图8-3所示。

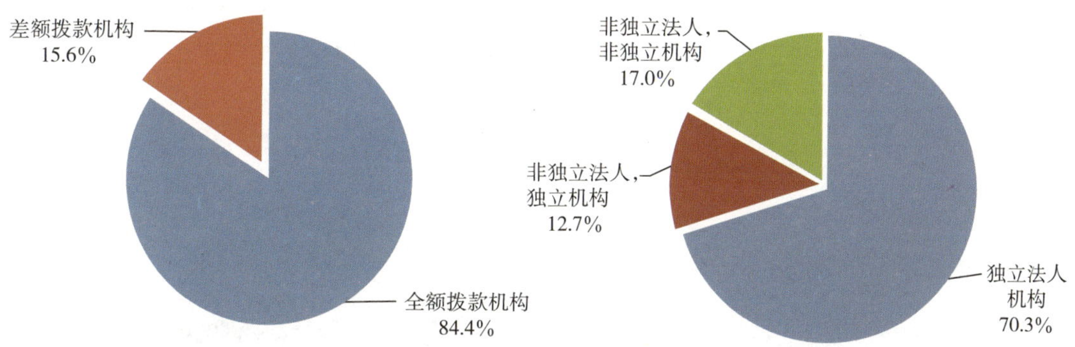

图8-2　省级电教机构工作经费来源　　　　图8-3　地级电教机构性质

从347个地级电教机构工作经费来源看，全额拨款的地级电教机构占96.5%，为335个，差额拨款的地级电教机构占2.6%，为9个，经费自筹的地级电教机构占0.9%，仅为3个，如图8-4所示。

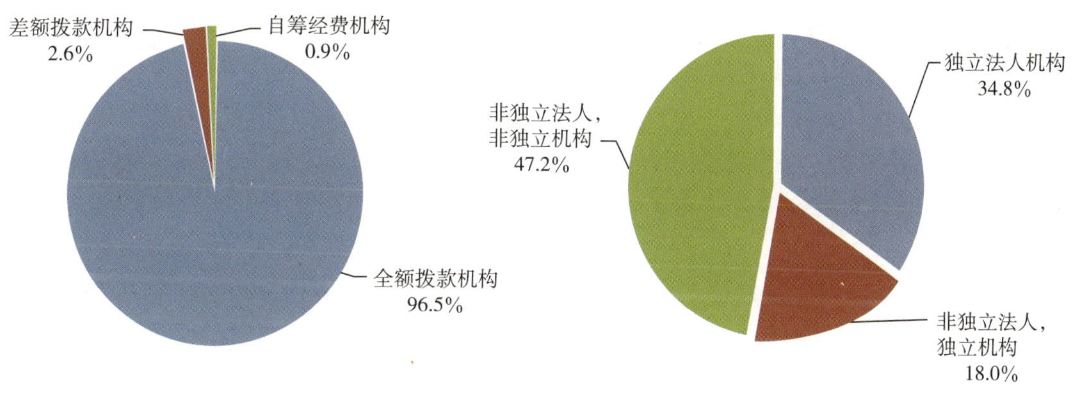

图8-4　地级电教机构工作经费来源　　　　图8-5　县级电教机构性质

（3）县级行政区基本覆盖。全国共有2 957个县级电教机构。（这个数字略超过国家统计局有关县级行政区划数，原因一是新疆生产建设兵团辖市级单位14个、农牧团场185个，二是有些地区近年设置经济开发区，社会管理服务部门也进行独立设置。）

2 957个县级电教机构中，1 028个是独立法人机构，占34.8%，531个是非独立法人的独立机构，占18.0%，1 398个作为县教育局内的一个部门承担电教工作，占47.2%，如图8-5所示。

县级电教机构的工作经费来源，92.5%为全额拨款，4.2%为差额拨款，3.3%为经费自筹，机构数量分别是2 735个、124个和98个，如图8-6所示。

由上述数据可见，全国电教系统已形成一个比较完备的体系，基本实现我国县及以上行政区划的全面覆盖。

2. 人员情况

（1）三级电教机构人员规模。目前全国省级、地级、县级这三级电教机构的从业人员共有23 226人。其中，省级电教机构合计1 573人，地级电教机构合计4 448人，县级电教机构合计17 205人，如图8-7所示。

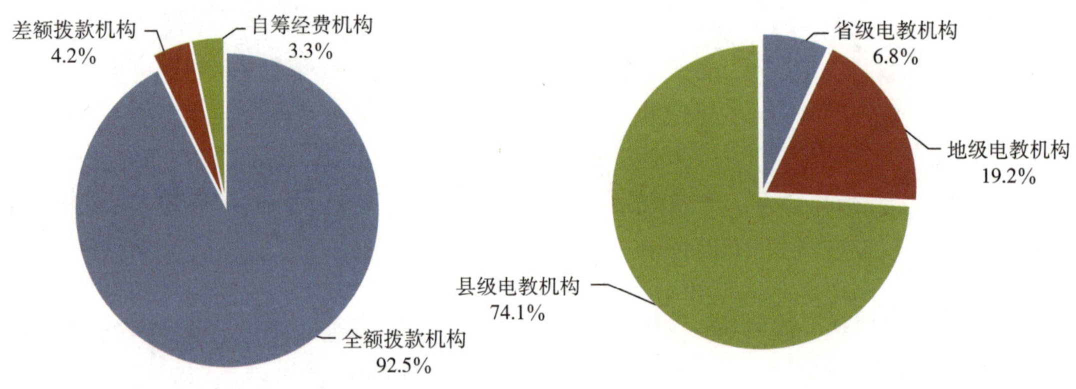

图8-6　县级电教机构工作经费来源　　　图8-7　全国三级电教机构从业人员

（2）国家编制内人员规模。全国三级电教机构国家编制内人员数量约占全国三级电教机构从业人员总数的90%，共计20 873人，其中事业编制人员共计20 526人，公务员编制人员共计347人。省级电教机构中，事业编制人员数量合计为1 229人；地级电教机构中，事业编制人员数量合计为3 910人；县级电教机构中，事业编制人员数量合计为15 387人。

（3）合同制聘用人员规模。现有三级电教机构从业人员中，合同制聘用人员数量为2 353人，约占全国三级电教机构从业人员总数的10%。其中省级电教机构累计聘用合同制人员340人，地级电教机构累计聘用合同制人员473人，县级电教机构累计聘用合同制人员1 540人。省级电教机构中，编制外聘用人员比例较高，达21.6%；地级、县级电教机构中，该比例分别为10.6%、9.0%。具体情况见表8-1。

表8-1　国家编制内人员与合同制聘用人员规模和比例

电教机构	国家编制内人员	合同制聘用人员	国家编制内人员	合同制聘用人员
	数量/人	百分比/%	数量/人	百分比/%
省级电教机构	1 233	78.4	340	21.6
地级电教机构	3 975	89.4	473	10.6
县级电教机构	15 665	91.0	1 540	9.0

（二）基本条件情况

1. 网站建设情况

所有省级电教机构、77.8%的地级电教机构、68.5%的县级电教机构都建有自己的网站，能通过独立域名提供网络信息服务。没有独立网站的地级电教机构有77个，没有独立网站的县级电教机构有932个。

2. 网络接入服务

在3 336个电教机构中，绝大多数通过网络接入服务的公司连接互联网。总体上看，通过中国电信接入互联网的有1 860个，占55.76%；通过新联通接入互联网的有982个，占29.44%。43.75%的省级电教机构、10.66%的地级电教机构、4.40%的县级电教机构可以通过CERNET接入互联网，见表8-2。

表8-2　三级电教机构网络接入服务提供商

电教机构		中国电信	新联通/网通	CERNET	其他	电教机构总数/个
省级电教机构	数量/个	24	17	14	6	32
	百分比/%	75.00	53.13	43.75	18.75	
地级电教机构	数量/个	235	105	37	21	347
	百分比/%	67.72	30.26	10.66	6.05	
县级电教机构	数量/个	1 601	860	130	199	2 957
	百分比/%	54.14	29.08	4.40	6.73	
合计	数量/个	1 860	982	181	226	3 336
	百分比/%	55.76	29.44	5.43	6.77	

3. 资源库建设

全国32个省级电教机构中建有资源库的为28个，占省级电教机构总数的87.5%；347个地级电教机构中建有资源库的为237个，占地级电教机构总数的68.3%；2 957个县级电教机构中建有资源库的为1 787个，占县级电教机构总数的60.4%。具体情况如图8-8所示。

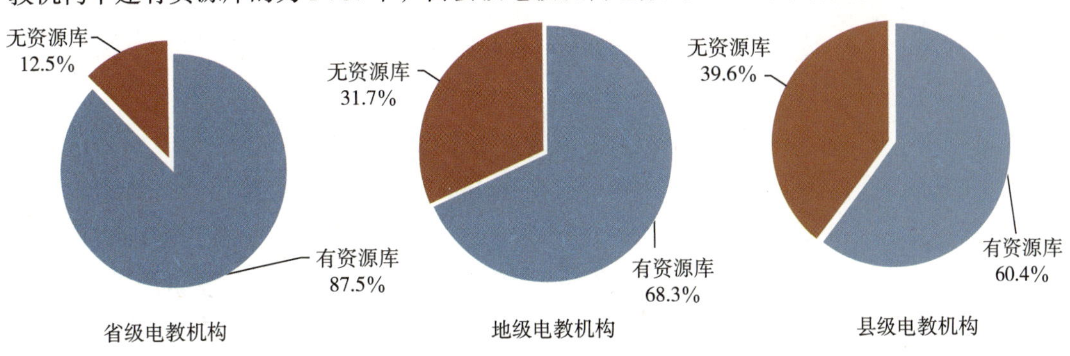

图8-8　电教机构资源库建设情况

按全国三级电教机构总数3 336个计算，2 052个（占61.5%）机构建有资源库，提供教育资源服务。其中，92.5%的资源库提供免费服务，只提供收费服务的资源库仅占1%。

（三）服务对象和主要职能

1. 服务对象

（1）全国三级电教机构服务对象。目前，全国三级电教机构中服务于义务教育的有3 304个，占99.0%；服务于高中教育的有2 813个，占84.3%；服务于学前教育的有2 588个，占77.6%；服务于中等职业教育的有2 147个，占64.4%；服务于特殊教育的有1 482个，占44.2%；服务于成人教育的有1 226个，占36.8%；服务于民族教育的有823个，占24.7%；服务于社区教育的有638个，占19.1%；服务于高等教育的有151个，仅占4.5%。具体情况如图8-9所示。

总体上看，全国三级电教机构能够提供全口径、面向全部教育类型的服务。

（2）省级电教机构服务对象。目前，全国32个省级电教机构中，100%都能服务于义务教育和高中教育；服务于中等职业教育的有24个，占75%；服务于学前教育的有23个，占71.9%；服务于成人教育的有21个，占65.6%；服务于特殊教育的有19个，占59.4%；服务于民族教育的有18个，占56.3%；服务于社区教育的有12个，占37.5%；服务于高等教育的有11个，占34.4%。具体情况如图8-10所示。

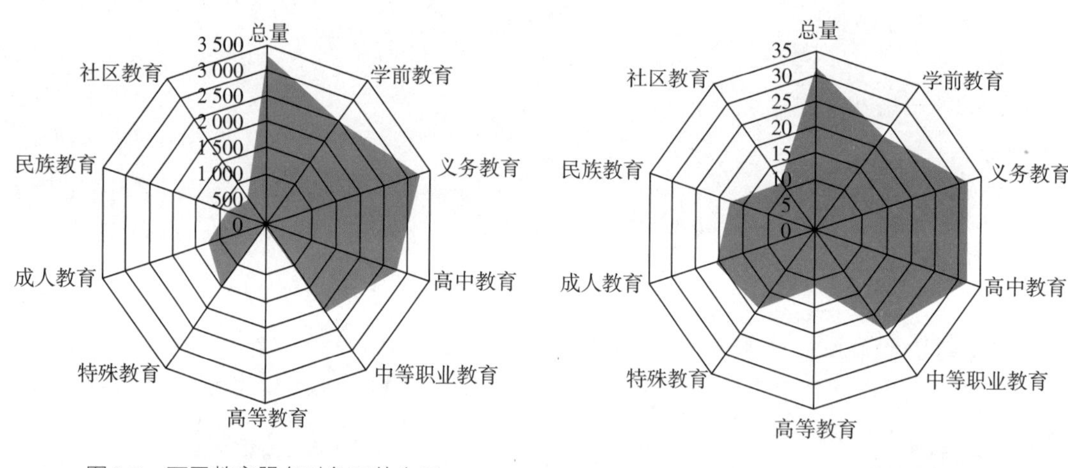

图8-9　不同教育服务对象下的全国三级电教机构数量

图8-10　不同教育服务对象下的省级电教机构数量

（3）地级电教机构服务对象。目前，全国347个地级电教机构中，服务于高中教育的有344个，占99.1%；服务于义务教育的有341个，占98.3%；服务于学前教育的有294个，占84.7%；服务于中等职业教育的有279个，占80.4%；服务于特殊教育的有256个，占73.8%；服务于成人教育的有156个，占45.0%；服务于民族教育的有146个，占42.1%；服务于社区教育的有74个，占21.3%；服务于高等教育的有58个，仅占16.7%。

具体情况如图8-11所示。

（4）县级电教机构服务对象。目前，全国2 957个县级电教机构中，服务于义务教育的有2 931个，占99.1%；服务于高中教育的有2 437个，占82.4%；服务于学前教育的有2 271个，占76.8%；服务于中等职业教育的有1 844个，占62.4%；服务于特殊教育的有1 207个，占40.8%；服务于成人教育的有1 049个，占35.5%；服务于民族教育的有659个，占22.9%；服务于社区教育的有552个，占18.7%；服务于高等教育的有82个，仅占2.8%。具体情况如图8-12所示。

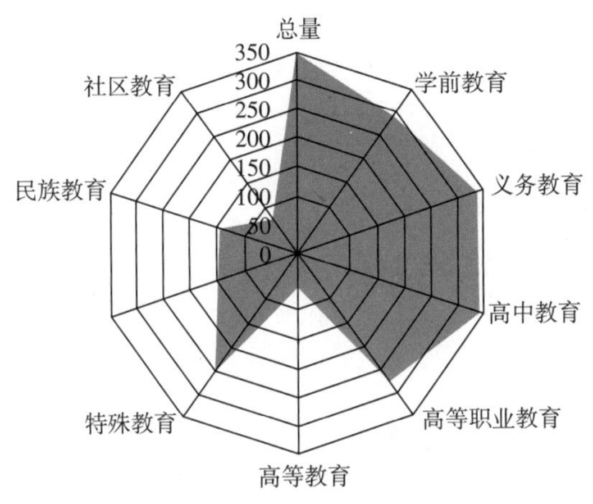

图8-11　不同教育服务对象下的地级电教机构数量

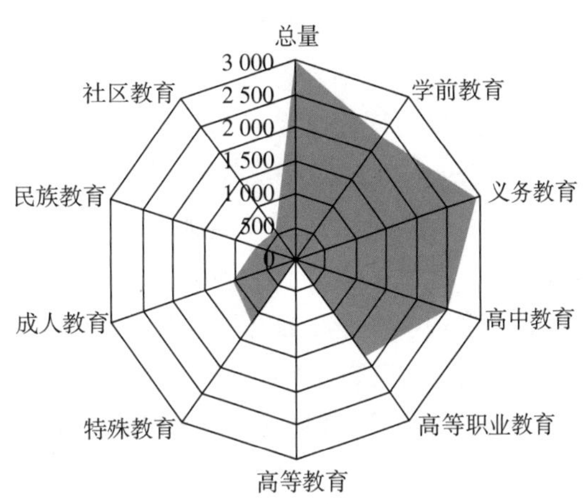

图8-12　不同教育服务对象下的县级电教机构数量

2. 主要职能

（1）信息技术与教育技术培训。信息技术与教育技术培训是全国电教机构的主要职能之一。从全国三级电教机构来看，100%的省级电教机构、98.9%的地级电教机构、95.5%的县级电教机构都有此职能，基本达到教育部副部长杜占元同志所提出的“县级作为信息化支持机构，要包括教师培训”的要求。

（2）技术支持与服务。技术支持与服务是全国电教机构的另一个主要职能。在全国三级电教机构中，3 078个电教机构具备此职能，占总数的92.3%；30个省级电教机构、330个地级电教机构、2 718个县级电教机构均具备此职能，分别占该级电教机构总数的93.8%、95.1%和91.9%。这与杜占元同志提出的“电教系统是能够把教育信息化延伸到基层的重要的支撑体系”的精神基本一致。

（3）教育信息化应用与研究。教育信息化应用与研究也是全国电教机构的主要职能之一。在全国三级电教机构中，3 040个电教机构具备此职能，占总数的91.3%；所有省级电教机构、340个地级电教机构、2 668个县级电教机构均具备此职能，分别占该级电教机构总数的100%、98.0%和90.2%。

（4）网络基础建设与终端配备。在全国三级电教机构中，2 583个电教机构具备此职能，占总数的77.4%；26个省级电教机构、300个地级电教机构、2 257个县级电教机构均具备此职能，分别占该级电教机构总数的81.3%、86.5%和76.3%。

（5）教育资源开发与管理。在全国3 336个电教机构中，有2 460个电教机构的工作职能包括教育资源开发与管理。在全国省级、地方级、县级电教机构中，以资源开发与管理作为主要职能的机构比例呈逐级递减的趋势（分别为96.9%、85.0%、72.2%），这与各级电教机构的资源开发与管理能力基本一致。

（6）教育管理信息系统研发与运维。在全国3 336个电教机构中，有2 146个电教机构的工作职能包括教育管理信息系统研发与运维。在全国省级、地方级、县级电教机构中，以教育管理信息系统研发与运维作为主要职能的机构比例也呈逐级递减的趋势，分别为81.3%、73.2%、63.1%。

（7）接受委托管理或实施项目。在全国3 336个电教机构中，有2 000个电教机构的工作职能包括接受委托管理或实施项目。在全国省级、地方级、县级电教机构中，以接受委托管理或实施项目作为主要职能的机构数量分别是30个、260个、1 710个，分别占该级电教机构总数的93.8%、74.9%和57.8%。

（四）信息技术教师和技术保障人员

全国3 336个电教机构合计服务中小学343 335所，服务中小学教师12 168 918人。

1. 信息技术教师规模

在这343 335所中小学中，信息技术专兼职教师有338 513人，占教师总数的2.78%，平均每所中小学配备1名信息技术教师。其中，省属学校层面，信息技术专兼职教师有9 550名，平均每所学校配备1.5名信息技术教师；地级所属学校，信息技术专兼职教师有26 282名，平均每所学校配备2.5名信息技术教师；县级所属学校，信息技术专兼职教师有302 681名，平均每所学校不足1名信息技术教师。

各级中小学信息技术专兼职教师数占各级中小学教师总数的比例基本持平，约为3%，见表8-3。

表8-3　各级专兼职信息技术教师规模和比例

	省级	地级	县级	合计
中小学校数/所	6 272	10 493	326 570	343 335
教师数/人	319 638	883 701	10 965 579	12 168 918
信息技术教师数/人	9 550	26 282	302 681	338 513
信息技术教师数占教师总数比例/%	2.99	2.97	2.76	2.78

2. 技术保障人员规模

在这343 335所中小学中，专职技术保障人员共142 834人，占教师总数的1.17%。其中，省属学校层面，专职技术保障人员有9 961人，平均每所学校配备1.6名技术保障人员；地级所属学校，专职技术保障人员有10 035人，平均每所学校配备1名技术保障人员；县级所属学校，专职技术保障人员有122 838名，平均3所学校才有1名技术保障人员。

省级、地级和县级中小学技术保障人员数占各级中小学教师总数的比例分别为3.12%、1.14%和1.12%，详见表8-4。

表8-4　各级技术保障人员规模和比例

	省级	地级	县级	合计
中小学校数/所	6 272	10 493	326 570	343 335
教师数/人	319 638	883 701	10 965 579	12 168 918
技术保障人员数/人	9 961	10 035	122 838	142 834
技术保障人员数占教师总数比例/%	3.12	1.14	1.12	1.17

二、高等教育信息化专业技术支撑队伍建设

与中小学、职业学校不同，高等院校人力、财力均较为充足，教育信息化发展条件较好，应用需求量也较大，因此一般不主要依靠校外支持队伍，而是自己建设信息中心、网络中心、教育技术中心等专门服务机构，建立一支专门队伍为学校信息化发展提供支持。当然，这也带来了机构过多、职能交叉的问题，因此高校内部信息化服务机构和队伍的整合在当前已成为趋势。不少高校都设立了一体化的信息化服务机构，并设立了副校级以上的信息化主管领导。

（一）政策保障

截至2012年底，全国有71.2%的高校制定了人员信息化技能保障政策。从图8-13可以看到，高校制定的人员信息化技能保障政策是多种形式的，在所有统计的高校中，制定人员定期信息化培训制度的高校占55.45%，制定人员信息化技能聘任要求的高校占41.91%，制定人员信息化工作水平考核办法的高校占24.42%。

8

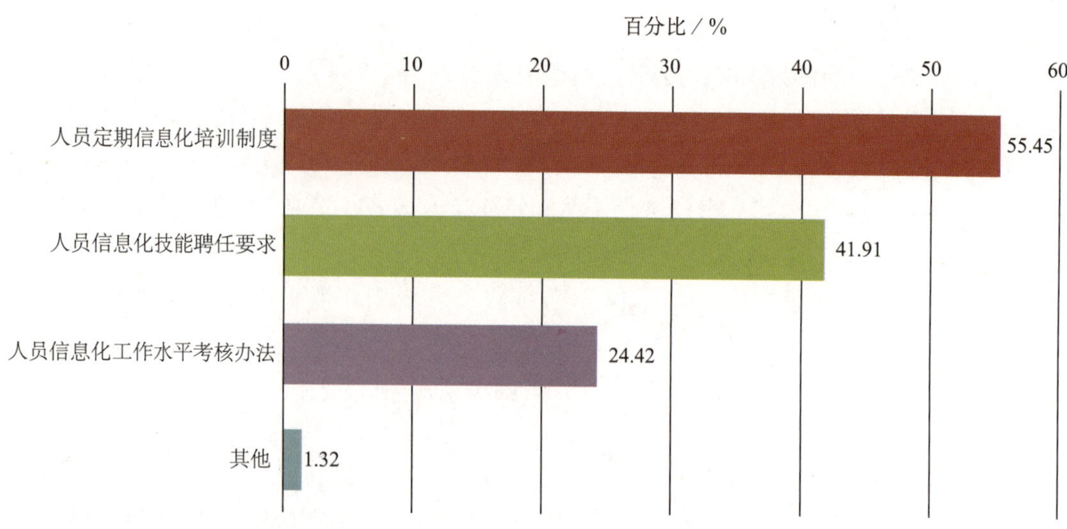

图8-13　高校制定的人员信息化技能保障政策

（二）信息化技术支撑全职岗位

全国高校信息化技术支撑全职岗位数量校均为17.23个。信息化技术支撑全职岗位数量大于或等于20个的高校占25.88%，如图8-14所示。

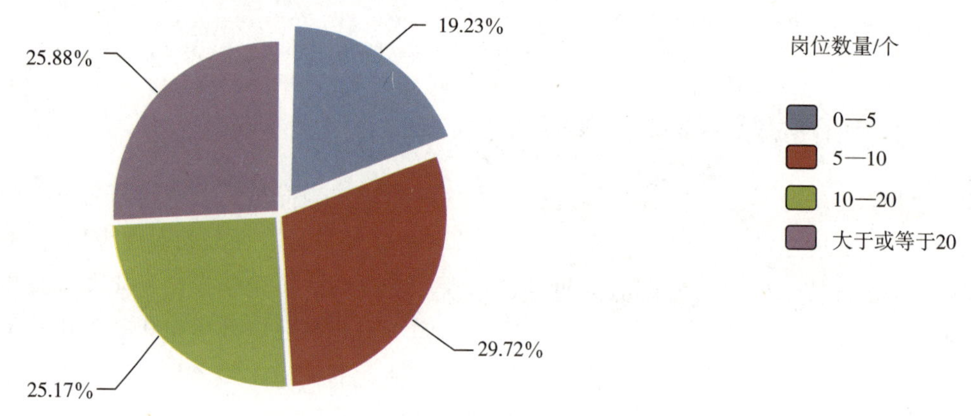

图8-14　高校信息化技术支撑全职岗位数量

在高校信息化技术支撑全职岗位数量这一指标上，各类高校差距较大（见表8-5），其中“985工程”高校具有较大优势，“211工程”高校和其他普通高校相对较少。

表8-5　高校信息化技术支撑全职岗位数量（按学校类型划分）

	“985工程”高校	“211工程”高校	其他普通高校
全职岗位数量/个	43.76	21.88	14.34

三、小结

教育信息化专业技术支撑队伍是教育信息化建设的基础支持力量，必须予以充分重视。一方面巩固提升现有队伍质量，另一方面弥补现有队伍的短板，从政策、机制等方面加强保障。稳定、高素质的专业技术支撑队伍，是我国教育信息化持续、快速发展的重要保障。

第三节　学科与人才培养体系建设

学科与人才培养体系是培养我国教育信息化领域专门人才的重要基础，是支撑我国教育信息化持续、快速发展的重要保障，在教育信息化支撑人才队伍培养体系中占据重要地位。目前，我国教育信息化人才培养的主要支持学科是教育技术学，全国有二百余所高校开设这一专业，该专业毕业生是我国教育信息化领域专门人才的重要来源。

一、教育信息化的支撑学科——教育技术学概述

教育技术学是研究教育技术现象、问题与规律的学科。它是在系统科学方法论指导下，主要运用现代教育理论、现代信息科学与技术，对教育教学活动中的问题进行分析，提出并实施解决问题的策略，以促进学习者学习、优化教育教学过程和提高教育教学绩效的学科。

（一）人才培养目标

教育技术学科的目标主要是培养掌握教育技术学科基础理论和专门知识，具有信息技术教育与培训能力、影视与多媒体创作能力、教育软件开发能力、数字化教育环境建设能力的各级各类学校信息技术教师、企业培训设计师、教育网络管理工程师、数字教育资源建设与管理者、教育影视与多媒体创作人员、教育软件开发人员等高级专门人才。教育技术学是教育信息化最直接的支撑学科，在培养目标的指引下，多年来为国家培养了大批教育技术事业的专业骨干人才，在教育技术多个领域取得丰厚的成果，促进教育信息化蓬勃发展，如图8-15所示。

（二）学科特色

教育技术学作为一门应用型交叉学科，融教育思想、传播理念和当代信息技术于一体，注重以多媒体、计算机和网络技术为代表的信息技术的教育应用和开发。它不仅关注技术在教育教学应用中的理论与方法问题，包括教育技术学科的理论基础、信息技术环境下的学习与认知规律、课程开发的理论与技术、计算机支持的协作学习、教学系统设计的理论与方法等，还关注信息科学与技术在教育教学中的实践与应用问题，包括远程教育、教育

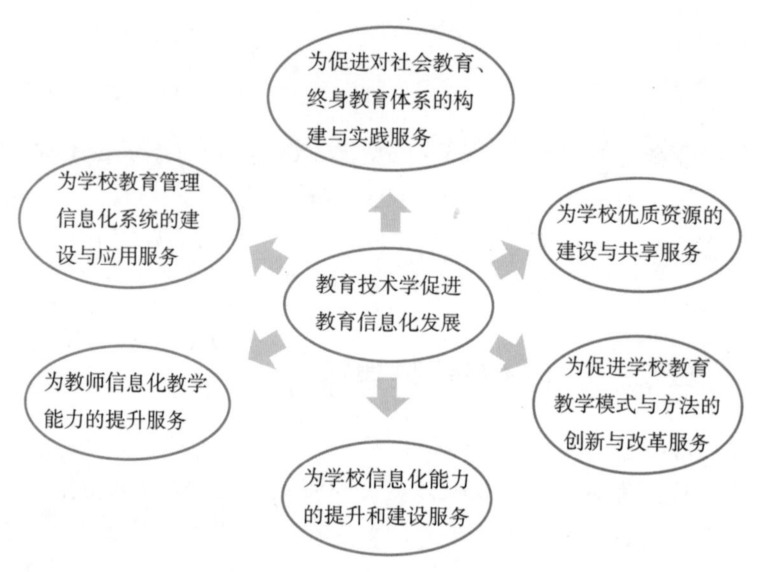

图8-15　教育技术学与教育信息化

信息化及其支撑技术、媒体技术及其教育应用、信息技术教育及企业培训等。

（三）发展历程

教育技术学通过不断吸收系统科学理论、传播学理论、教育学理论、心理学理论和电子技术、媒体技术、信息技术等研究成果，逐步开展对教育教学活动的设计、组织和实施的方法及方法论的实践和研究。几十年来，我国教育技术学科不断发展，建立了服务于教育现代化发展的教育技术学科专业的人才队伍，建立了从专科、本科、硕士、博士到博士后的完整的人才培养体系和多元化的理论体系。

1978年后，我国一部分高等学校相继设置了电化教育专业（专科）。1983年，经教育部批准，电化教育专业在华南师范大学开设，学制4年。该专业主要是为当时的高等师范大学、中等师范学校输送电化教育课程师资和为电化教育机构及教研部门培养业务骨干而开设的。1984—1985年，教育部又相继批准一些条件成熟的师范院校开设电化教育本科专业。1987年，国家教委发布《普通高等学校本科专业目录》，正式确定“电化教育”专业名称。1990年，北京师范大学正式提出“教育技术学专业”的名称及课程体系。20世纪90年代，电化教育教材委员会、中国电化教育协会等机构也相继成立，对我国电化教育事业的规范化发展起到了积极的推动作用。

1986年，国务院学位委员会批准北京师范大学、华南师范大学、河北大学招收教育技术学硕士研究生。1993年，国务院学位委员会批准在北京师范大学设立教育技术学博士学位授予点。之后，华南师范大学、华东师范大学、南京师范大学、西北师范大学、东北师范大学、华中师范大学、西南大学设立了教育技术学博士学位授予点，北京师范大学、华南师范大学、华东师范大学、南京师范大学、西北师范大学、东北师范大学建立了教育技术学博士后科研流动站。自1983年华南师范大学创办电化教育本科专业开始，教育技术学科专业建设从无到有、从少到多迅猛发展。目前，我国教育技术学专业建立了具有中国特色的专科、本科、硕士、博士到博士后科研流动站完整的人才培养体系。培养不同层次人才的院校的统计情况，见表8-6。

表8-6　教育技术学人才培养体系

	2008年	2012年
开设教育技术学的专科院校	44所	40所
开设教育技术学的本科院校	224所	216所
开设教育技术学专业硕士点院校	83所	91所
开设教育技术学专业博士点院校	8所	9所
教育技术学博士后科研流动站	6个	6个

至2012年，中国有9个教育技术学博士学位授予点，包括北京师范大学、华南师范大学、华东师范大学、西南大学、西北师范大学、华中师范大学、东北师范大学、南京师范大学等；在北京师范大学、华南师范大学、华东师范大学、西北师范大学、华中师范大学、南京师范大学，共设有6个教育技术学博士后科研流动站。其中，北京师范大学和华南师范大学的教育技术学为国家重点学科。

教育技术学科肩负着推动教育教学改革和发展的重要使命。广泛应用信息技术，开发与共享优质教育信息资源，构建现代远程教育与终身学习体系，对促进素质教育、推动教育公平与教育均衡发展、促进教育教学创新、提高教育教学质量、加快教育信息化进程、实现教育现代化和建立学习型社会具有至关重要的作用。

（四）发展任务

教育技术学的发展应该立足于当前国家对创新型人才的需求，以学科专业规范为保障，为促进教育的创新与变革提供支持。

1. 规范化与多样化相统一，研制符合学科发展需求的指导性规范

《高等学校理工科本科指导性专业规范研制要求》指出，指导性专业规范是推动教学内容和课程体系改革的切入点，是国家教学质量标准的表现形式。指导性专业规范是国家对本科教学质量的最低要求。因此，全国教育技术学教学指导委员会按照教育部《高等学校理工科本科指导性专业规范研制要求》，从本学科专业实际出发，结合当前我国经济社会发展对人才的需求和高等教育理工科发展形势，广泛深入地开展调研，研制出符合当前学科发展需求的指导性规范——《高等学校教育技术学专业指导性专业规范》。

该规范以系统科学方法、教学设计理论为指导，以教育技术学专业发展历史研究和现状调查为依据，确定本专业的职业定位、培养目标与规格，在此基础上设计本专业的能力体系和知识体系，并给出本专业推荐的课程体系、教学实践体系和创新训练体系。各专业

点可根据自己的办学定位、专业特色和社会需要，参照所推荐的培养方向课程组，自行确定专业方向并设计相应的课程体系。教育技术学主要方向的人才培养目标，见表8-7。

表8-7　教育技术学主要方向及其人才培养目标

方向	人才培养目标
教学系统设计	主要培养教学与训练系统的设计与开发能力，为毕业生在有关企事业单位从事课程开发与教学设计工作夯实专业基础
数字教育媒体	主要培养教育影视与多媒体作品的创作能力，为毕业生在有关企事业单位从事数字教育资源开发与管理、教育影视与多媒体作品创作、教育电子出版物编辑等工作夯实专业基础
信息技术教育	主要培养教育技术课程与信息技术课程的教学实施能力，为毕业生在各级各类学校从事信息技术学科相关的教学工作夯实专业基础
现代远程教育	主要培养现代远程教育资源与课程的设计与开发能力，为毕业生在各类远程教育机构从事网络课程设计、开发与管理工作夯实专业基础
教育软件工程	主要培养教育软件与平台的设计、开发能力，为毕业生在有关企事业单位从事教育教学软件的设计、开发和管理工作夯实专业基础
教育装备技术	主要培养教育装备与环境开发及管理能力，为毕业生在有关企事业单位从事教育装备和信息化教学环境的规划、维护与管理工作夯实专业基础

2. 学科发展与教育信息化实践紧密结合，创新教育信息化人才培养模式

国家教育信息化从基础设施与资源共建共享、信息化教学与学习方式以及人才培养模式创新等方面对教育技术学提出了明确的战略任务。教育技术学应承担起教育信息化的重任，明确新时期教育技术学的定位，注重学生培养模式的创新，培养出符合社会需求的创新型人才。

教育技术学专业人才的培养要体现知识、能力、素质协调发展与个性化发展的原则，特别强调学生的创新意识、创新思维、创新方法和创新能力的培养。创新培养的途径包括科技开发、学术研究、创新实践和创业实践等活动。创新人才培养应该融入教学实践过程之中。创新训练体系要以知识体系和实践体系为载体，选择合适的知识单元和实践环节，提出创新培养目标，构建系列创新训练项目，开设创新训练的专门课程，如创新思维和创新方法、本学科研究方法、大学生创新性实验等。同时应注重构建实践创新训练体系，加强教育技术学专业学生的实践创新能力，如图8-16所示。

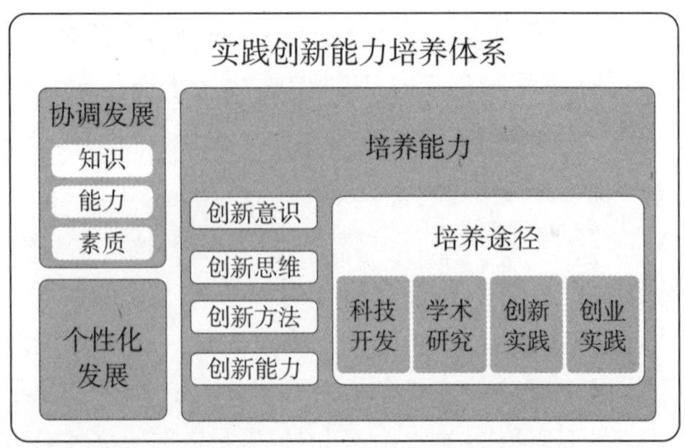

图8-16　教育技术学专业实践创新训练体系

二、国家重点学科、特色专业、教学实验基地

（一）国家重点学科

国家重点学科是国家根据发展战略与重大需求，择优确定并重点建设的培养创新人才、开展科学研究的重要基地，在高等教育学科体系中居于骨干和引领地位，充分体现全国各高校科学研究和人才培养的实力和水平，对推动学科发展、科技进步，促进我国经济、社会、文化发展和国防建设具有重要意义。截至2012年，华南师范大学和北京师范大学两所高校的教育技术学被审批为国家重点学科。

1. 华南师范大学

华南师范大学教育技术学专业创办于1983年，是新中国第一个教育技术学本科专业，是广东省名牌专业、广东省重点专业，是第一批国家级高等学校特色专业，具有学士、硕士、博士到博士后的完整人才培养体系。2001年，华南师范大学的教育技术学被评定为国家重点学科。目前，该学科有教授17名，副教授17名，博士生导师11名，硕士生导师26名，主要研究方向包括：教育电视、教育信息技术、未来教育、现代远程教育、教学设计理论与应用、认知与技术、学习科学与技术、信息化教学、计算机网络与教育应用。

近年来，该学科的综合实力不断提升，实现了教学与科研协调发展、教育与技术两个学科领域的协调发展。2007年以来，承担了教育技术学国家级特色专业、信息传播国家级实验教学示范中心等“国家质量工程”项目，拥有国家级教学团队1个、国家精品课程3门、国家双语教学示范课程1门。近几年来，累计获批国家级科研项目8项、省部级科研项目46项、国际合作项目6项。“211工程”重点学科建设项目设置了“现代教育技术基本理论与实践研究”和“教育信息化支撑技术研究”两个方向，在继续巩固和加强人文社会科学研究优势的同时，加快发展信息科学应用基础与前沿技术研究。

在人才培养上，华南师范大学教育信息技术学院充分发挥新中国第一个教育技术学本科专业、教育部第一批本科特色专业、教育技术学国家重点学科的优势，从2007年起以培养优秀的中小学信息技术教师为目标，以协同创新理念为指导，改革人才培养方案，创建了融“院校协同、院所协同、院政协同、院地协同、院企协同、国际交流”于一体的教育技术学国家级专业人才培养协同创新平台，创建了“五个三结合”协同创新教育技术学国家级特色专业人才培养模式，创建了“科学编队、顶岗实习、专项训练”三结合的教育技术学国家级特色专业教育实习模式，培养了大批能够胜任教育信息化建设和中小学信息技术课程教学的教育技术学专业高素质复合型人才，为我国同类型高校教育技术学专业的建设与改革起到了推动与示范作用。

2. 北京师范大学

北京师范大学于1984年正式建立教育技术学本科专业，1986年建立教育技术学硕士

点，1993年经国务院学位办批准，建立我国第一个教育技术学博士点。2001年，北京师范大学的教育技术学入选国家重点学科，在全国同类学科中居领先地位。目前，该学科有教授8名，副教授14名，博士生导师13名，硕士生导师19名，主要研究方向包括：教育技术基本理论、知识科学与知识工程、远程教育、计算机教育应用、计算机支持的协作学习、数字化学习技术与环境、教育信息化理论与实践。

近年来，该学科先后承担了国家科技攻关项目、国家863计划课题、国家自然科学基金项目、国家社会科学基金项目、全国教育科学规划项目、省部级重点项目、横向委托项目等200多项，以及联合国教科文组织、联合国开发计划署、联合国儿童基金会等国际性组织的国际合作项目近30项。多项研究成果获国家级和北京市教学成果奖，何克抗主持的“现代教育技术基础”、黄荣怀主持的“教育技术学导论”、陈丽主持的“远程教育学基础”、李芒主持的“学与教的理论”被评为国家精品课程。

在人才培养上，北京师范大学以培养学生掌握最新的信息技术、教育技术基本理论为基本目标，着力培养学生的程序设计能力、多媒体素材制作能力、教育信息化解决方案设计能力以及利用各种技术与资源促进人类学习的理论与方法，为国家输送了大量从事学科教学、信息技术教育应用、教育信息化解决方案、网络系统集成、教学软件系统的设计与开发等方面的人才。

（二）国家特色专业

除北京师范大学、华南师范大学外，自2007年起，浙江师范大学、黄冈师范学院、江苏师范大学、渭南师范学院、华中师范大学、四川师范大学等六所院校的教育技术学专业先后被审批为国家特色专业，其中四川师范大学、浙江师范大学在国家特色专业点的创建过程中逐步形成了自己的品牌特色，为同类型高校教育技术学专业的建设和改革起到了示范和带动作用，见表8-8。

表8-8　国家特色专业及其主要特点

特色专业	主要特点
四川师范大学教育技术专业	在人才培养方案和课程设置上突出教育信息技术； 全方位立体化的专业实践能力培养模式； 与基础教育学科教学深度整合，为新课程改革提供理念服务和技术支撑。
浙江师范大学教育技术专业	建立了毕业生跟踪调查机制，以了解本专业毕业生的工作适应性问题； 提出了“以工作能力为导向”的教育技术专业人才培养方案； 明确了“教育媒体开发与应用能力、教学设计与课堂教学能力、教育研究能力”三大专业核心能力。

（三）教育实验基地

教育实验基地的建设对人才培养、教学科研、学科建设、社会服务等有重要作用，它通过为学生提供不同形式、不同内容的实践任务，对加强学生动手能力、实践能力和创新能力的培养乃至提高高等教育质量具有重要意义，其主要作用见表8-9。

表8-9　教育实验基地主要作用

教育技术学相关教学基地/平台	主要作用
华南师范大学 信息传播实验教学中心	始终坚持“实践能力、创新精神、综合素养”的实验教学理念，形成了“课程体系、创新实践、平台扩展”三位一体的教学模式，培养出一大批具有宽厚的学科基础、富有创新精神和实践能力的高素质实践创新型传媒从业人才，满足了广东省急需大批高素质的信息传播实践创新型人才的需求； 充分利用学校和社会资源，建构校内外实验实践教学双基地，培养高素质的实践创新型人才； 充分发挥影像传播方向的优势，制作出大量广播电视节目，促进华南及港澳地区乃至全国影像传播的发展。
华东师范大学 教师教育实验教学中心	首次提出“1+3”框架模式（“1”为教学技能实训分中心，“3”为物理探究实验室、化学探究实验室和生物探究实验室），充分利用整合集成优势，有效促进师范生教育教学技能、实验教学研究能力、综合科学素养的全面发展与提高； 从未来教师专业发展的内在需求出发，以现代教育技术整合能力为核心，建设教师教育优质资源平台，构建具有鲜明特色的实验（实训）课程体系，有效培养师范生设计组织课程、反思探究教学、整合教育技术的能力和广博的科学素养，为成为优秀教师奠定坚实的基础； 坚持以学生发展为本，实现软硬件环境与资源的全方位开放，为学生提供“全员参与、全面体验、全程贯通”的指导与服务。
浙江师范大学 信息传播实验教学中心	坚持“一体化、多层次、开放式”的实验教学理念，形成了“实验教学、创新实践、应用拓展”三位一体的实验教学模式，构建了与理论教学有机结合、层次分明的实验教学体系，有效地培养了学生的信息素养和信息传播技能； 优化课内，强化课外，以开放实验为支撑，以创新项目为依托，以学科竞赛为延伸，三者有机联动，交叉互动，搭建提升学生实践能力和创新能力新平台，为全省高校学生提升多媒体作品设计与创作能力提供了公共平台，也是学校对外展示和交流的重要窗口； 充分发挥影像传播方向的优势，在影像传播人才培养和影像节目创作方面取得丰硕成果，有力促进了浙江省影像传播的发展； 改革创新管理体制和运行机制，实行“专管共用”，实现相关资源的有机整合和充分共享，大大提高实验设备的使用效益。

三、学科与人才培养的总体发展状况与趋势

（一）学科与人才培养的总体发展现状

1. 教育技术学专业建立了具有中国特色的完整的人才培养体系

经过长期的电化教育实践，通过不断吸收系统科学理论、传播学理论、教育学理论、心理学理论和电子技术、媒体技术、信息技术等研究成果，我国逐步形成一门新兴交叉

学科——电化教育学科，后来逐渐演变成教育技术学。自1983年华南师范大学开设电化教育专业开始，教育技术学专业建设从无到有、从少到多迅猛发展。目前，我国教育技术学专业建立了具有中国特色的从专科、本科、硕士、博士到博士后的完整的人才培养体系。

2. 初步形成了多元化的教育技术学理论体系

20世纪80年代至90年代初期是建立教育技术理论体系框架的阶段。1981年，教育部电化教育局在杭州召开“电化教育”课程教学大纲讨论会，南国农教授主持制订了“电化教育”课程教学大纲。大纲包括电教理论、电教媒体、电教教材编制、电化教学法、电教管理等。大纲为电化教育理论体系建构了框架，框架由“七论”构成：本质论（电化教育的本质）、功能论（电化教育的功能与作用）、发展论（电化教育发展史）、媒体论（现代教育媒体的开发与应用）、过程论（电化教育过程的规律）、方法论（电化教学方法和电化教育科学研究方法）、管理论（电化教育管理与评价）。此后，中国的各种教育技术学理论体系主要就是在此框架上建构和发展起来的。

3. 现代教育技术实验研究向整体、综合、广泛、纵深发展

改革开放以来，电化教育机构组织实施了由教育技术专家引领、广大教师参与的大规模的现代教育技术实验研究，研究向整体、综合、广泛、纵深发展：从20世纪80年代的媒体对比与专题为主的实验研究，发展到90年代以来的整体、综合为主的实验研究；从单项、单学科、个别年级、短周期的研究，发展到多学科、学校整体、长周期的研究；从单纯的教育技术人员进行的研究，发展到由各级领导、各学科教师、教学研究人员和教育技术人员共同参与的群体性研究；从单纯的教育手段，发展到既包括媒体、资源，又包括学与教的过程，既包括现代教育信息技术，又包括现代教育理论的整体、综合、优化的教育技术实验研究；从专注学校教育情景中的教育技术研究，发展到非正式教育、企业培训、军事和医疗卫生等诸多领域的教育技术研究。在理论联系实际的研究活动中，涌现出一批有影响的学校现代教育技术实验研究，如“四结合教学改革”试验研究、“电化教育促进中小学由‘应试教育’转向素质教育”实验研究、“全国中小学现代教育技术实验学校”教改项目等。

（二）学科与人才培养的发展趋势

1. 推动跨学科融合，加强跨学科合作

教育技术学是连接教育、心理、信息技术等学科的桥梁，融合各种思想和理论，与信息技术保持密切联系。随着教育改革进程的发展，教育技术学作为交叉学科的特点将越来越突出，学科特点决定了其研究主体和实践主体的多元化，需要来自教育、心理、教学设计、计算机技术、媒体理论等不同领域的专家和学者的共同研究和实践，进行开放式的讨论与合作。教育技术学专业人员多元化的特点要求我国必须建立跨学科合作，加强与计算机技术、心理、教育等领域的教育技术工作者以及工作在教育第一线的学科

教师的沟通，开展教育技术方面的实践和研究工作。我们要充分发挥教育技术的学科优势，选择具有全局性、战略性的重大工程，集中力量组织攻关，突破关键核心技术，从而探索建立多学科融合、多团队协同、多技术集成的重大研究课题。

2. 突出专业优势，探寻校企合作之路

教育技术学作为一门新型的交叉学科，必须走出学校，将触角延伸至企业教育与培训的领域。目前，教育技术学正在建设学校和企业合作的道路，联合建立教育技术实践基地。这样做一方面可以充分发挥科学研究的应用价值，提高教育技术专业人才的实践能力，另一方面也可借助教育技术学在绩效技术、知识管理、项目管理、人员培训等方面的优势为企业发展提供指导，充分发挥企业资金、技术优势，进而形成企业和院校的良性互动。这不仅使专业建设得到了发展，而且寻求到一条让学生走向社会的新出路。企业出资，学校为企业培养所需要的人才，使学校、企业都得到发展，学生有目的地学习和掌握专业知识，三方受益并最终达到“三赢”目的。例如，北京师范大学教育技术学院与北京金远见电脑技术有限公司强强联合，共同创建“教育技术产业化应用创新平台”，为院校与企业合作树立了典范。辽宁师范大学与香港科讯公司合作，建立校企合作的人才培养模式，寻求社会对人才需求的增值空间，将培养人才的教育平台延伸到企业。

3. 有机融合校内资源和校外创新力量，实现学科教学与高水平科研平台协同创新

积极推动高校、研究机构、政府教育信息化部门、地方中小学在教育技术学科人才培养方面的合作，创建高素质复合型培养协同创新平台，相互拉动、整体加强、共同发展。具体表现在以下几个方面：开展院校协同培养，充分实现学术资源共享；开展院所协同培养，吸纳教育技术学科前沿成果；开展院政协同培养，支持地方教育信息化建设；开展院地协同培养，支持基础教育信息化教学。

4. 增强国内外交流合作，促进教育技术人才培养模式与国际接轨

我国教育技术人才培养模式已逐步发展为多元化、国际化的培养模式。专家讲学、师资进修、学习交换、参加国际会议等方式可以为广大教育技术研究者提供国际学术平台，跨文化的国际交流有助于培养具有国际视野和国际交往能力的教育技术学专业人才。

四、小结

教育技术学是教育信息化建设的重要支撑学科，是我国教育信息化后备人才培养的基础依托。我国教育信息化人才培养体系已经初步形成，在教育信息化专业人才培养方面已取得较大成绩。面对新一轮教育信息化发展浪潮，我们有必要全面提升学科地位，改进学科知识体系，服务于教育信息化的最新发展趋势和人才培养需求。

第四节 总　　结

教育信息化建设离不开参与其中的技术人员、院校教师、管理人员等人力资源，同时也需要满足为我国培育大量优秀的信息化人才的实际需求。

一、在职教师能力提升机制不断完善，教师培训工作广泛开展

目前，我国教师教育技术能力培训人数已达600多万人，在各地相互协作、鼎力支持下，全国绝大部分省、自治区、直辖市均开展了相关培训。开发了教育技术能力建设学科教师（初级）培训大纲以及培训辅助资源，形成了相对完整的教学人员（初级）培训资源体系，突破传统考试形式，关注过程性评价，实现了大规模互联网机考。教师教育技术能力培训以全国教师教育网络联盟成员单位作为骨干培训基地，形成了国家级、省级、地级、县级骨干培训梯队。在教师教育技术培训过程中，教育部将培训与教师专业发展、教育均衡发展相结合，积极同国际大型公司合作，形成了政府行为与企业行为相结合、职能式管理与项目式管理相结合、教师培训管理行政渠道和业务培训渠道相结合的教师培训项目运行模式。但是，目前的培训规模还未实现全面覆盖，定期轮训的制度化建设有待进一步加强，与教师的职级评聘和考核体系的衔接不足，培训的内容、方式等也需要与时俱进、不断创新。

二、专业技术支持队伍初具规模

目前，我国已逐步形成了以电教馆系统和各级教育行政单位下属信息中心为主体，覆盖省、地、县三级行政区域，体系较为完备的基础教育信息化专业技术支持队伍，为建设多种形式的基础教育资源库、推进信息技术与课程整合、提高教师信息技术应用能力、开展农村中小学现代远程教育工程、促进教育均衡发展做出了重要贡献。高校信息化专业技术支撑队伍建设不断加强，相关政策保障、人员培训、岗位设置等均已具备一定水平。

三、学科建设和人才培育得到长足发展，创新和融合能力成为发展关键

以教育技术学为代表的支撑学科，多年来为国家培养了大批服务教育技术事业的专业骨干人才，为我国教育信息化发展做出了重要贡献。目前，教育技术学已发展成为一门应用型交叉学科，建立了较为完整的人才培养体系，初步形成了多元化的理论体系，现代教育技术实验研究向整体、综合、广泛、纵深发展。通过创新办学，部分院校的教

育技术学专业先后被审批为国家特色专业，甚至形成了自己的品牌特色，为同类型高校教育技术学专业的建设和改革起到了示范和带动作用。

总的来说，我国教育信息化支撑人才队伍建设不断加强，相关队伍建设不断完善，形成了以学科人才、技术队伍、管理队伍、教师队伍为支撑的综合性队伍，为发展教育信息化提供人才保障。

第九章　教育信息化发展体制机制

教育信息化是一项复杂的系统工程，涉及多个环节，需要组织协调各级政府相关部门、各级各类学校、企事业单位、社会团体等多方面力量。

经过十多年的发展，我国教育信息化建设虽然取得了显著成就，但在管理体制、运行机制等重大问题上还缺乏深入研究和持续探索，保障科学发展的政策环境和体制机制尚未形成，权责不清、各行其是、重复建设等现象依然存在。要保障教育信息化的可持续发展，必须在体制改革和机制创新方面下大功夫。

当前，我国教育信息化建设的基本思路是“一个核心理念，两个基本方针”，即以促进信息技术与教育教学的深度融合为核心理念，以坚持应用驱动和坚持机制创新为基本方针。

科学规范的体制机制是实现教育信息化可持续发展的根本保障。一方面，必须通过管理体制的改革，确立教育信息化工作的重要地位，建立健全教育信息化领导、管理与服务机构，形成权责明确、统筹有力、确能有效促进信息化与教育融合发展的全国教育信息化组织管理体系。另一方面，需要通过机制创新，调动社会和国内外各方力量，尤其是企业力量积极参与，同时依托高校和科研机构发展研究力量，协同推进教育信息化。本章从这两方面予以重点介绍。

第一节　行政管理体制

科学、规范的体制机制是实现教育信息化可持续发展的根本保障。近年来，教育信息化发展迅速，但受社会经济发展水平制约，还存在着缺乏长效投入机制、政策制度不完善、发展后劲不足、机制体制落后等诸多问题。因此，在新时期创新教育信息化机制体制，突破教育信息化发展中的管理瓶颈，既是迫切需要，也是必然趋势。管理体制机制的创新离不开各级教育行政部门的观念转变和切实引导，需要从机构调整着手，结合培训，逐步理顺管理体制和运行机制。

一、教育部教育信息化管理机构情况

（一）教育部设立教育信息化领导机构

教育部于2011年8月成立教育部信息化领导小组。领导小组组长由教育部党组书记、部长袁贵仁担任。领导小组下设教育信息化推进办公室，作为领导小组的办事机构，具体负责教育信息化推进工作。教育信息化推进办公室下设三个工作小组：综合组、项目协调指导组、教育管理信息化组。每组配备3—5名工作人员，组长由1名正处级干部担任。

教育信息化推进办公室具体职责为：组织落实《教育规划纲要》对教育信息化提出的各项任务和教育部关于教育信息化工作的重大决策与总体部署；开展教育信息化重大问题调研并向领导小组提出政策建议，统筹协调教育信息化推进实施工作；规划和推进教育信息网络和校园信息化基础设施建设、教育电子政务和学校管理信息化建设、优质教育信息资源开发与共享、教育信息化技术研发体系建设、教育信息化运维服务体系建设、教育信息化标准体系建设与应用、教育信息化评价指标体系建设和统计评估等工作；组织开展教育信息化宣传、普及与人员培训等。

（二）成立教育信息化推进工作部际协调小组

为推进落实《教育规划纲要》中关于教育信息化工作的总体部署与任务分工，加强部门间统筹协调，共同推进全国教育信息化工作，经报国务院领导同志同意，并经与有关部门协商，于2012年5月成立教育信息化推进工作部际协调小组（以下简称部际协调小组）（教技函〔2012〕32号）。

部际协调小组成员包括教育部、国家发改委、财政部、工信部、科技部、人社部、国家质检总局、国家广电总局、国防科工局。部际协调小组组长由教育部部长袁贵仁担任。

部际协调小组主要职责：落实国务院关于《教育规划纲要》任务分工中有关加快教育信息化进程相关内容（分工见国办发〔2010〕44号文件），统筹规划、协调推进教育信息化工作，研究解决推进过程中的重大问题；在各自职责范围内，大力支持教育信息化推进工作；共同推进教育改革和发展重大项目——“教育信息化建设”的实施。

部际协调小组采取不定期召开部际协调小组会议的形式推进工作。会议由部际协调小组组长召集并主持，由部际协调小组联络员负责筹备。教育部科学技术司司长、教育信息化推进办公室主任王延觉为部际协调小组联络员、会议召集人。部际协调小组办事机构设在教育部，具体工作由教育部教育信息化推进办公室承担。

二、地方教育信息化管理机构情况

（一）2012年省级教育行政部门信息化管理机构情况

1. 北京市教育信息化领导小组

北京市教育信息化领导小组由市教委领导牵头，成员由市教委科学技术与研究生工作处、市委教育工委办公室等部门的负责人组成。领导小组下设办公室，挂靠在市教委科学技术与研究生工作处。

2. 天津市教育信息化领导小组

天津市教育信息化领导小组由市教委领导牵头，成员由市教委科学技术处、人事处等部门的负责人组成。领导小组下设办公室，挂靠在市教委科技处。

3. 河北省教育信息化领导小组

河北省教育信息化领导小组由省教育厅领导牵头，成员由省教育厅办公室、财务处等部门的负责人组成。领导小组下设教育信息化推进办公室，挂靠在省教育厅办公室。

4. 山西省教育信息化领导小组

山西省教育信息化领导小组由省教育厅领导牵头，成员由省教育厅办公室、科研技术处、基础教育处等部门的负责人组成。科研技术处负责高等教育信息化，基础教育处负责基础教育信息化，行政综合工作由省教育厅办公室负责。

5. 内蒙古自治区教育信息化领导小组

内蒙古自治区教育信息化领导小组由自治区教育厅领导牵头，成员由自治区教育厅办公室、财务处等部门的负责人组成。领导小组下设教育信息化工作办公室，挂靠在自治区教育厅发展规划处。

6. 辽宁省教育信息化领导小组

辽宁省教育信息化领导小组由省教育厅领导牵头，成员由省教育厅办公室、财务处等部门的负责人组成。领导小组下设教育信息化推进办公室，具体工作由省教育厅科学技术处、教育信息中心和辽宁省电化教育馆承担。

7. 吉林省教育信息化领导小组

吉林省教育信息化领导小组由省教育厅领导牵头，成员由省教育厅办公室、发展规划处等部门的负责人组成。领导小组下设教育信息化推进办公室，挂靠在吉林省教育信息中心。

8. 黑龙江省教育信息化领导小组

黑龙江省教育信息化领导小组由省教育厅领导牵头，成员由黑龙江省教育学院、黑龙江广播电视大学等部门的负责人组成。领导小组下设办公室，挂靠在省教育厅教育信息化处。另设有专家组。

9. 上海市教育信息化领导小组

上海市教育信息化领导小组由市教委领导牵头，成员由市教委办公室、财务处等部门的负责人组成。领导小组下设办公室，挂靠在市教委科学技术处。

10. 江苏省教育信息化领导小组

江苏省教育信息化领导小组由省教育厅领导牵头，成员由各有关处室负责人组成。领导小组下设办公室，挂靠在江苏省电化教育馆（江苏省教育管理信息中心）。江苏省还成立了教育信息化推进工作厅际协调小组。

11. 浙江省教育信息化领导小组

浙江省教育信息化领导小组由省教育厅领导牵头，成员由省教育厅办公室、宣传教育处等部门的负责人组成。领导小组下设办公室，挂靠在浙江省教育技术中心。另设有浙江省教育信息化专家委员会。

12. 安徽省教育信息化领导小组

安徽省教育信息化领导小组由省教育厅领导牵头，成员由省教育厅办公室、发展规划处等部门的负责人组成。领导小组下设办公室，挂靠在省教育厅信息中心。另设有省教育信息化专家委员会。

13. 福建省教育信息化领导小组

福建省教育信息化领导小组由省教育厅领导牵头，成员由省教育厅科学技术处、发展规划处等部门的负责人组成。领导小组下设教育信息化推进办公室，挂靠在省教育厅科学技术处。

14. 江西省教育信息化领导小组

江西省教育信息化领导小组由省教育厅领导牵头，成员由江西广播电视大学、省教育厅财务处等部门的负责人组成。领导小组下设教育信息化推进办公室，具体工作由省教育厅发展规划处、江西省教育管理信息中心和江西省电化教育馆承担。

15. 山东省教育信息化领导小组

山东省教育信息化领导小组由省教育厅领导牵头，成员由省教育厅办公室、人事处等部门的负责人组成。领导小组下设教育信息化工作办公室，挂靠在省教育厅科研处。

16. 河南省教育信息化领导小组

河南省教育信息化领导小组由省教育厅领导牵头，成员由省教育厅办公室、发展规划处等部门的负责人组成。领导小组下设教育信息化推进办公室，挂靠在省教育厅科学技术处。

17. 湖北省教育信息化领导小组

湖北省教育信息化领导小组由省教育厅领导牵头，成员由省教育厅科学技术处、办公室等部门的负责人组成。领导小组下设办公室，挂靠在省教育厅科学技术处。

18. 湖南省教育信息化领导小组

湖南省教育信息化领导小组由省教育厅领导牵头，成员由省教育厅办公室、财务建设处等部门的负责人组成。

19. 广东省教育信息化领导小组

广东省教育信息化领导小组由省教育厅领导牵头，成员由省教育厅办公室、政策法规处等部门的负责人组成。领导小组下设办公室，挂靠在省教育技术中心。

20. 广西壮族自治区教育信息化领导小组

广西壮族自治区教育信息化领导小组由自治区教育厅领导牵头，成员由自治区教育厅办公室、自治区高校工委宣传部等部门的负责人组成。领导小组下设教育信息化推进办公室、基础教育信息化项目部、职业教育信息化项目部。其中，教育信息化推进办公室挂靠在自治区教育厅高校科研管理处。

21. 海南省教育信息化领导小组

海南省教育信息化领导小组由省教育厅领导牵头，成员由省教育厅办公室、发展规划处等部门的负责人组成。领导小组下设教育信息化办公室。

22. 重庆市教育信息化领导小组

重庆市教育信息化领导小组由市教委领导牵头，成员由市教委办公室、发展规划处等部门的负责人组成。领导小组下设教育信息化推进办公室，挂靠在市教委科学技术与研究生处。

23. 四川省教育信息化领导小组

四川省教育信息化领导小组由省教育厅领导牵头，成员由市教育厅办公室、计划财务处等部门的负责人组成。领导小组下设教育信息化推进办公室，具体工作由省教育厅科学技术处、四川省电化教育馆等承担。

24. 甘肃省教育信息化领导小组

甘肃省教育信息化领导小组由省教育厅领导牵头，成员由省教育厅办公室、发展规划处等部门的负责人组成。领导小组下设办公室，挂靠在省教育厅科学技术处。

25. 青海省教育信息化领导小组

青海省教育信息化领导小组由省教育厅领导牵头，成员由省教育厅办公室、人事处等部门的负责人组成。领导小组下设办公室，挂靠在省教育厅信息中心。

26. 宁夏回族自治区教育信息化领导小组

宁夏回族自治区教育信息化领导小组由自治区教育厅领导牵头，成员由自治区教育厅办公室、发展规划处等部门的负责人组成。领导小组下设办公室，挂靠在自治区教育厅办公室。

27. 新疆维吾尔自治区教育信息化领导小组

新疆维吾尔自治区教育信息化领导小组由自治区教育厅领导牵头，成员由自治区教育厅办公室、教育管理信息中心等部门的负责人组成。领导小组下设办公室，挂靠在自治区教育厅教育管理信息中心。

28. 陕西省教育信息化领导小组

陕西省教育信息化领导小组下设办公室，挂靠在省教育厅信息与学校保障工作处，承担有关具体工作。

29. 贵州省教育信息化领导小组

贵州省教育信息化领导小组下设教育信息化推进办公室，挂靠在贵州省电化教育馆，承担有关具体工作。

30. 云南省教育信息化领导小组

云南省教育信息化领导小组下设办公室，挂靠在省教育厅办公室，承担有关具体工作。

31. 西藏自治区教育信息化领导小组

西藏自治区教育信息化领导小组下设办公室，挂靠在西藏自治区电化教育馆，主任由自治区电化教育馆馆长担任，副主任由自治区教育厅财务处副处长、发展规划处副处长、教育厅办公室副主任担任。

32. 新疆生产建设兵团教育信息化领导小组

新疆生产建设兵团教育信息化领导小组由地方教育局领导牵头，成员由地方教育局发展规划处、办公室等部门的负责人组成。领导小组下设办公室，承担有关具体工作。

（二）2012年计划单列市教育行政部门信息化管理机构情况

1. 大连市教育信息化领导小组

大连市教育信息化领导小组由市教育局领导牵头，成员由市教育局办公室、学前教育处等部门的负责人组成。领导小组下设办公室，挂靠在市教育信息技术中心。

2. 青岛市教育信息化领导小组

青岛市教育信息化领导小组由市教育局领导牵头，正在组建当中。

3. 宁波市教育信息化领导小组

宁波市教育信息化领导小组由市教育局领导牵头，成员由市教育局各有关处室负责人组成。领导小组下设办公室，挂靠在宁波市学校装备管理与电化教育中心。

4. 厦门市教育信息化领导小组

厦门市教育信息化领导小组由市教育局领导牵头，成员由市教育局办公室、发展规划处等部门的负责人组成。领导小组下设办公室，挂靠在厦门市教育信息技术中心（厦门市教育事务受理中心）。

5. 深圳市教育信息化领导小组

深圳市教育信息化领导小组由市教育局领导牵头，成员由市教育工委办公室、市教育局办公室等部门的负责人组成。领导小组下设办公室，挂靠在深圳市电化教育馆。

三、教育信息化管理机制相关规范建设情况

教育信息化管理机制建设主要体现在信息化管理规范和技术标准两方面。

（一）管理规范

为规范“教育服务与监管体系信息化建设”项目的管理，教育部教育信息化推进办公室制定并发布了以下规范：

——《教育服务与监管体系信息化建设管理暂行办法》（教技厅〔2010〕1号）；

——《教育服务与监管体系信息化建设项目实施细则（试行）》（教技厅〔2012〕2号）；

——《教育服务与监管体系信息化建设财务管理办法（试行）》（教技厅〔2012〕2号）。

在此基础上，教育部教育信息化推进办公室结合项目管理实际，以上述的三个管理制度为基础，对有关工作流程进行了梳理和细化，组织教育部教育管理信息中心和监理服务商起草了七个管理规范。具体包括：

——《项目评审与立项工作流程》；

——《项目招投标工作流程》；

——《项目合同审批工作流程》；

——《项目合同付款流程》；

——《项目第三方测试送测工作流程》；

——《项目文件收集工作流程》；

——《项目档案及文档规范要求》。

（二）信息标准

教育部发布《教育管理信息 教育管理基础代码》等七个教育信息化相关标准（教技〔2012〕3号），作为教育行业标准，分别是：

——《教育管理信息 教育管理基础代码》；

——《教育管理信息 教育管理基础信息》；

——《教育管理信息 教育行政管理信息》；

——《教育管理信息 普通中小学校管理信息》；

——《教育管理信息 中职学校管理信息》；

——《教育管理信息 高等学校管理信息》；

——《教育管理信息 教育统计信息》。

（三）技术规范

为规范“教育服务与监管体系信息化建设”项目的技术实施过程，教育部教育信息化推进办公室组织教育部教育管理信息中心和安全服务商、门户系统与应用集成服务商编写了“教育服务与监管体系信息化建设”项目的有关技术规范，共十个。其中安全技术规范一个，门户系统与应用集成技术规范九个。具体包括：

——《应用系统开发安全规范》；
——《教育部应用系统运行环境指南》；
——《教育部统一用户认证规范》；
——《教育部门户集成开发规范》；
——《教育部统一用户管理规范》；
——《统一组织及用户信息规范》；
——《数据交换平台集成规范》；
——《应用监控规范》；
——《公用软件和组件接口规范》；
——《数据交换平台管理规范》。

四、国家组织的基层教育信息化领导培训情况

教育部依托国家教育行政学院，对地方教育局局长开展了多期教育信息化专业培训，重点提升基层教育行政领导的信息化领导力。2012年2月15日至3月6日第32期全国地市教育局局长班，培训规模为104名学员；2012年3月7日至27日第24期全国县市教育局局长班，培训规模为200名学员。“以教育信息化推进教育现代化”课程时间为一个单元（半天），课程内容为：结合我国教育信息化推进过程中存在的问题和先进地区的成功经验，介绍以信息化推动教育现代化的前沿理论与实践模式。授课教师为高校专家、教育行政部门领导、一线校长以及教育信息化先进地区的学员代表。

第二节　企业合作机制

企业是教育信息化服务和产品供应的主体，也是教育信息化技术研发和服务支持的重要参与者。《教育信息化规划》强调形成良性竞争的产业发展环境，吸引企业参与教育信息化建设，引导产学研用结合，推动企业技术创新，促进形成一批支持教育信息化健康发展、具有市场竞争力的骨干企业；同时，鼓励企业和社会力量投资、参与教育信息化建设与服务，形成多渠道筹集教育信息化经费的投入保障机制。在这方面，中国移动等知名企业已经取得了较好的合作成果。

中国移动与教育部于2011年9月15日正式签署战略合作框架协议，双方本着“政企联动，优势互补，支持教育，战略共赢”的原则，合力推进教育信息化提速发展。在随后的2012年，双方大力推进实质性合作，取得了一系列成果：在平台建设方面，为国家教育资源公共服务平台试点项目提供基础设施服务，按照教师100 GB、学生1 GB云空间的规划提供支持，该平台已于2012年12月28日上线开通；在教师培训方面，筹集了2 500万元以上资金，支持全国中小学教师信息技术能力提升培训国家级项目，计划到

2015年在全国培训20万名教师；在科研合作方面，设立专项科研基金超过6 000万元，与高校合作组建联合实验室，提升我国教育信息技术与装备研发能力；在工程建设方面，利用基础设施和资源优势，为“三通”工程提供支撑；在应用服务方面，提供“校讯通”解决方案，为超过20万所学校、家长、学生提供信息沟通、教学辅导、教务管理等多种服务。

此外，中国电信、中国联通、人教社、高教社、外研社、华为公司、华师京城公司、天闻数媒公司、科大讯飞公司等一批知名企业也都在教育信息化领域与政府、学校开展了一系列卓有成效的合作。

2012年9月底，教育部和深圳市政府在深圳会展中心联合举办了首届“全国中小学信息技术教学应用展演”活动。此次活动汇集了国内教育信息化行业知名企业，是我国教育信息化领域企业、政府、学校合作发展成果的一次集中展示，在国内外产生了广泛影响。

第三节　技术创新和战略研究机制

当前，我国教育信息化发展正迎来一个快速发展的契机，急需强有力的研究体系予以持续支持，因此，《教育信息化规划》第十章提出“建立教育信息化技术创新和战略研究机制”，明确提出将教育信息技术及装备研发与应用纳入国家科技创新体系，并发展专门的教育信息化战略研究机构，为教育信息化持续快速发展提供支持。

一、技术研发机构

技术研发是教育信息化发展的重要动力来源，当前，我国企业界投入教育信息化技术研发的力量相对有限。应充分汇聚高校和科研院所力量，深入研究符合信息技术支持下的认知特点与学习模式、适应我国教育教学实际发展需求的技术产品和解决方案，充分考虑学科交叉、地域覆盖等多方面因素，设立相应的创新研究中心和实验室，在学科部署和地域分布上形成体系，逐步建设能够承担我国教育信息化核心技术研发任务的技术研发支持体系，形成产学研一体化发展。经过前期建设，我国教育信息化领域的技术研发支持体系已经初具规模，形成了以国家级、省部级工程技术研究中心、重点实验室等为主体的完整体系。

二、战略研究机构

战略研究曾是我国教育信息化发展的薄弱环节，由于长期缺乏完整的基础性战略研究体系和专门的战略研究机构，教育行政管理部门很难对教育信息化的发展状况和实际效果进行有效的状态监控和及时的政策调整，对国内外发展战略和竞争形势，以及国内教育发展实际需求和信息化发展节奏也难以准确掌握，导致我国教育信息化的发展存在一定程度的粗放性。在我国教育信息化发展初期，由于忙于基础设施建设等紧迫任务，这一问题尚不十分显著，但随着我国教育信息化发展水平的逐步提升，今后十年，我国教育信息化的发展必然逐步实现从“粗放型”向“集约型”转变，对于教育信息化的战略研究需求也必然越来越大。以这一重要的发展契机为背景，建设专门的教育信息化战略研究机构，充分挖掘基础数据，开展状态监控、政策分析和效果评估，为国家宏观决策提供科学依据，为社会公众提供公共教育信息服务，是十分必要和可行的。鉴于此，教育部于2012年正式建立我国第一个教育信息化战略研究机构——教育部教育信息化战略研究基地（华中），并随后开展了一系列教育信息化战略研究工作。

第四节 总　　结

教育信息化是一项复杂的系统工程，涉及各级各类教育的多个层面，包括基础设施建设、资源开发与应用、标准化、技术研发、人才培养、国际合作等多方面工作，需要组织协调各级政府相关部门、各级各类学校、企事业单位、社会团体等多方面力量，与时俱进，创新体制机制，才能适应实际需要。

一、教育信息化管理体制不断完善，机制创新是后续发展重点

科学、规范的体制机制是实现教育信息化可持续发展的根本保障。虽然在各级教育行政部门的领导下，教育信息化已经有长足的发展，但面临新的发展形势，过去的教育行政部门和学校的管理体制呈现出不相适应的现象，突出表现为教育信息化工作的归口管理机构职责不清、条块分割、多头管理。

可喜的是，这一问题已开始受到各级教育行政部门和学校的普遍重视，管理体制机制的改革和机构重组等措施在一定范围内开展并收到实效，全部省级教育行政部门和大多数县市教育行政部门都设立了信息化工作领导小组。但是，在组织保障、队伍保障、经费保障等方面与当前阶段国家教育信息化发展需求还不相适应。具体表现在：第一，实体的管理协调机构依然缺失；第二，技术支撑机构队伍比较弱小；第三，经费支持特别是常规、持续经费支持不够。在今后一段时间内，进一步理顺教育信息化管理体制、创新发展机制，依然是我国教育信息化发展的重要主题之一。

二、企业合作机制不断深化，产业支持能力依然有待加强

目前，我国的教育信息化相关服务产业已经初具规模。以教育软件为例，教育软件

研发与营销已成为我国软件产业的重要组成部分。据保守统计，目前国内从事教育软件开发的厂商已超过200家，相关产品在3 000种以上。然而，产业发展仍面临诸多问题。在软件类型上，多数厂商热衷于开发技术门槛较低的学校信息化管理和服务软件，与学科教学深度融合的高水平学科教学软件和高质量教学资源、工具相对缺乏，多数企业技术背景较为浓厚，教育背景相对不足，低水平重复开发较多，产品同质化严重。企业与政府、学校的深度合作相对欠缺，技术和教育“两张皮”的情况比较普遍，产业支持能力总体较低。

三、教育信息化研究支持力量有所发展，协同创新机制亟待形成

相比于其他领域，我国教育信息化研究支持力量的建设起步较晚，但发展较快，目前已经依托高校和研究机构建立了一批研究基地，为教育信息化发展提供了一定支持。但是，由于缺乏统一规划和引导，现有研究力量总体较弱，研究基地数量少，研究团队分散，相比于我国教育信息化发展的实际需求来说还很不够。因此，充分整合高校、研究机构和企业的科研资源，面向我国教育发展实际需求，联合多方力量开展协同创新，是后续须关注的发展重点。

总的来说，我国教育信息化在管理体制、运行机制、发展模式等重大思路方面还需深入研究和持续探索，保障教育信息化科学发展的政策环境和体制机制尚未形成，企业合作机制和研究支持机制发展有待完善，还需进一步通过体制改革和机制创新推动形成教育信息化事业全面、协调、可持续发展的新局面。

附　录

把握机遇　加快推进　开创教育信息化工作新局面

——在全国教育信息化工作电视电话会议上的讲话

刘延东

（2012年9月5日）

同志们：

在全党全国喜迎党的十八大之际，我们召开新中国成立以来第一次全口径的教育信息化工作视频会，很有意义。首先，我代表党中央、国务院，向出席会议的各位代表和专家，向所有奋战在教育信息化领域的同志，以及关心支持教育信息化工作的有关部门和各界人士，致以诚挚的问候和良好的祝愿！

这次会议的主要任务是，按照教育规划纲要的要求，系统部署当前和今后一个时期教育信息化工作。这必将对推进教育现代化、建设教育强国和人力资源强国产生重要影响。刚才，贵州、四川、湖南和中国移动的4位同志，介绍了各自的做法和经验，听了很受鼓舞，很受启发。占元同志也就下一步教育信息化工作作了发言。下面，我讲四点意见：

一、教育信息化工作积极推进，在教育改革发展中发挥了重要作用

我国教育信息化事业伴随改革开放大潮起步，一直得到党中央、国务院的高度重视和亲切关怀。邓小平同志强调利用广播电视等手段发展电化教育的重要性和紧迫性，亲自批准成立了中央电化教育馆和中央广播电视大学，成为新时期教育信息化的先声。江泽民同志强调要以远程教育为依托，形成覆盖城乡的开放教育系统，提供多层次、多样化的教育服务，特别是互联网进入中国，推动电化教育迅速向以网络技术为基础的信息化教育过渡。新世纪以来，中央把信息化上升为国家战略，胡锦涛总书记强调要“以教育信息化带动教育现代化”，国家有关部门实施了一系列重大工程，教育信息化发展步入快车道，特别是近年来，教育信息化被提升到新的战略高度，开始从分散建设向整体规

划、统筹推进转型，促进教育改革发展的作用日益凸显。

一是新时期教育信息化的战略部署初步形成。教育规划纲要把教育信息化专设一章，列为十个重大发展项目之一。按照纲要的要求，我们坚持以应用为导向，以促进信息技术与教育教学融合为核心理念，形成了从顶层设计到重点工作的推进思路。教育部发布了第一个《教育信息化十年发展规划（2011—2020年）》，进行了系统部署，制定了“中国数字教育2020行动计划”，明确了“十二五”时期的基本目标。一些地方初步探索了政府引导、企业与社会力量参与的体制机制，呈现出新的发展气象。

二是教育信息基础设施初具规模。中国教育科研网、教育卫星宽带传输网、部分省区市教育网相互补充，与公共网络互联互通，覆盖全国、“天地合一”的教育信息骨干网络基本形成（“天网”是教育卫星数字专用频道；“地网”主要依托互联网和有线电视网）。其中，中国教育科研网成为世界最大的国家级学术互联网，连接2 000多所教育科研机构，用户超过2 000万人。百所高校承担建设的国家下一代互联网主干网建设取得重大进展，成为世界上规模最大的纯IPv6试验网，突破了网络地址资源瓶颈，为教育信息化长远发展开辟了广阔空间。高校校园网全面普及，不少中小学建有校园网，大多数农村中小学装备了信息终端设施，基础教育阶段学校平均生机比已由2008年的19∶1提高到2011年的13∶1，学校网络条件下的教学与学习环境逐步改善。

三是数字教育资源的开发与应用取得重要进展。初步形成覆盖各级各类教育的数字教育资源体系，促进了教育理念与教学方法的创新。义务教育领域，国家层面建设了近15 000学时的视频教育资源库，向所有农村中小学校免费提供，覆盖1.6亿农村学生。职业教育领域，开通信息资源网，促进了资源汇聚与共享。高等教育领域，绝大多数高校建立了教学资源库，1 800家图书馆共享服务，建成3 800多门国家级精品课程。国家开通“中国大学视频公开课网站”，已有75门、541集的国家级视频公开课上线供全社会免费学习。各地各学校也纷纷制作视频公开课上线服务。远程网络教育应用于农民工培训、干部培训和企业在职培训，已有数千万人通过网络形式接受了学历及非学历教育。前不久，在广播电视大学的基础上，成立了国家开放大学和北京、上海开放大学，这是利用现代信息技术支撑学习型社会建设的标志性成果。

四是教育管理信息化水平显著提升。信息化在教学、管理、科研等多个环节得以应用，改进了教育管理方式，提高了工作效率与服务水平。我们建成了世界上服务人数最多、结构最复杂的国家教育考试招生与安全监管信息化平台，每年为涉及数千万人的高招、中招录取提供服务，成为招生“阳光工程”的关键支撑。校舍信息管理系统提供了近41万所学校和教学点、212万栋建筑的抗震与加固信息，在校舍安全工程一开始，我们就要求建设全国联网的校舍信息管理系统，有效服务了校舍安全工程实施与管理。高校学籍管理和学历认证信息化平台，为学生和社会提供便利，遏制了伪造学历的不良现象。高校学生就业信息服务平台，为所有毕业生建立就业档案，成为学生就业工作不可或缺的支持平台。利用信息技术探索家校互动，为教师与家长及时交流和中小学生安全提供服务。

五是中西部教育信息化建设支持力度不断加大。国家把中西部地区和农村学校的信息化作为重要突破口，加大政策倾斜和扶持力度。财政部、发改委、教育部、科技部等部门实施西部大学校园计算机网络建设工程、农村中小学现代远程教育工程，建设了不同层次的信息基础设施。2010年以来，中央财政累计下拨32.6亿专项资金，在中西部农村薄弱校建设了近20万间多媒体教室。在对口支援中，很多东中部省份都把中小学多媒体教室建设、优质教育资源共享作为援建重要内容。这在一定程度上缩小了区域、城乡之间的“数字差距”。

六是信息化人才培养和应用技术培训持续推进。目前，全国高校信息技术相关专业在校生规模约为300万，中职学校相关专业在校生超过400万。近年来，中央和地方对550多万中小学教师进行了教育技术能力培训，2010年在国培计划中设立远程培训项目，通过信息技术手段对270万名中小学教师进行了学科培训，教师应用信息技术的能力普遍增强。信息技术教育在中小学校基本普及，100%的高中、95%的初中、50%的小学都已开设信息技术必修课。

总的看，多年来教育信息化工作取得积极进展，尤其是教育规划纲要颁布以来，教育信息化的重要性得到了全社会的广泛认可，加快发展的政策环境、投入保障和社会氛围日益形成，国家教育信息化试点工作全面启动，各地各校的积极性主动性进一步激发，为下一阶段工作奠定了良好基础。

二、深刻把握教育信息化面临的新形势新要求，切实增强责任感紧迫感

信息技术是当今世界创新速度最快、通用性最广、渗透力最强的高技术之一，信息化是对人类生产生活方式影响最为深刻、对世界文明影响最为深远的大趋势之一。新世纪以来，以网络技术为代表的技术革命席卷全球，构成了一幅波澜壮阔的历史景观。还没有一项技术像信息技术这样，对全人类产生如此广泛而快速的影响。工业革命已经200多年，但世界上还有相当多地区没有实现工业化，而互联网问世只有20年，就已经迅速覆盖全球。

当前，信息技术继续朝着数字化、集成化、智能化、网络化方向发展，信息技术革命与产业变革同时并发，历史性地聚集到一起，深刻改变着人们工作生活方式和国际政治经济军事格局。信息化带动了制造业革命，智能制造、绿色制造正在改变制造业的模式，引领着全球产业发展的新方向。信息化催生了新的商业模式，使技术、网络、应用、服务深度融合，衍生更多类型的生产生活服务业态，形成更加旺盛的消费和投资需求。信息化缩短了知识创新和技术转化的周期，有效促进学科交叉融合，实现全球研发、全球生产、全球配置，使知识的生产、应用、传播呈现出空前的速度和规模。信息化改变了人类认知和社会交往方式，即时通讯、网上购物、远程医疗、视频点播丰富了人们的生活。信息化加快了全球化进程，使全球化更加广泛、迅速、深入，人类同住地球村变成现实。信息化正在为人类开辟新的发展空间——“虚拟空间”，现实空间与虚拟空间的互联互通，极大拓展了人类的生存视野，数字化生存、虚拟世界成为人们生活不可或缺的部分。

当前，无论是发达国家还是发展中国家，都在着手布局信息化，力图抢占未来发展的战略制高点。信息化能力已经成为衡量一个国家或地区综合实力的重要标志。谁在信息化潮流中落伍，谁就会被时代所淘汰。中国曾数次与科技革命失之交臂，今天面对信息化的战略机遇，我们再也不能坐失良机！

教育信息化正是在全球信息化的大背景下产生的，信息技术的全面渗透深刻影响着教育理念、模式和走向，教育发展必须适应信息化时代的特征。在教育大国向教育强国迈进的进程中，加快教育信息化既是事关教育全局的战略选择，也是破解教育热点难点问题的紧迫任务。

第一，教育信息化是教育理念和教学模式的一场深刻革命。信息技术突破了学习围墙，扩展了学习的手段与范围，使师生拥有了获取信息的平等地位，有助于构建师生积极互动的教育新模式。可以说，信息技术的深度应用，迫切要求教与学的“双重革命”，加快从以教为中心向以学为中心转变，从知识传授为主向能力培养为主转变，从课堂学习为主向多种学习方式转变。我们必须主动适应这一转变，加快推动信息技术的全面应用，满足学习者的多样化与个性化需要，使教育更加体现以人为本。

第二，教育信息化是促进教育公平、提高教育质量的有效手段。公平与质量是教育改革发展的两大重点，也是社会关切的民生问题之一。我国城乡、区域和学校之间在师资水平、办学条件上存在明显差距。如果按照常规途径解决，需要一个相当长的过程。而教育信息化能够以较低的成本，将优质教育资源数字化，并依托互联网、卫星网、广播电视网、移动通信网等公共信息基础设施，便捷高效地向农村和边远地区扩散，较快实现优质教育资源共享。信息化也为提高教师专业水平创造了便利条件，广大教师通过网上培训、视频课堂、互动观摩，随时按需主动学习。尤其是边远地区教师能够零距离接触先进教学方法，提高教学能力。我们必须推动教育与信息化的融合，让更多人分享教育现代化的成果。

第三，教育信息化是创造泛在学习环境、构建学习型社会的必由之路。在知识经济时代，人类的学习方式发生了深刻变化，学习的时间、地点、内容、方式越来越成为自主选择。而传统的学校教育受时间、空间和教学模式所限，无法满足“终身性、全民性、泛在性、灵活性”等学习型社会的要求。教育信息化具有突破时空限制、快速复制传播的独特优势，一方面可以创造无所不在的学习环境，提供丰富多样的教育资源和个性化的学习支持，使所有学习者都能随时、随地、随需开展学习；另一方面可以将学习主体由在校学生向全体国民扩展，学习阶段由在校期间向人的一生延伸，再辅以学分积累、转换和认证机制，就能促进各级各类教育纵向衔接、横向沟通，打通学历教育和非学历教育的渠道，形成灵活开放的终身教育体系，为构建人人皆学、时时能学、处处可学的学习型社会提供有力支撑。

第四，教育信息化是当今世界越来越多国家提升教育水平的战略选择。上个世纪以来，教育信息技术开始在全球产生广泛的影响，出现了新的趋势和特点：

一是政府引导推动。美国在1996年就提出了教育信息发展计划，提出让100%的学校与互联网连通。2010年发布“变革美国教育：以技术增强学习”的《国家教育技术规划》，推动学习方式、评估方式和教学方式变革，以巩固和保持美国在全球的教育优势。去年在《美国创新战略》中提出“交通基础设施是工业经济竞争优势的一个主要来源，而数字基础设施是知识经济竞争优势的主要来源”，实施“网络学习改造计划”，以实现“教育技术的飞跃”。英国今年的科教预算中增加1.6亿英镑用于信息基础设施，帮助大学更简便地共享海量研究数据。日本2010年发布《教育信息化指南》，从学习、使用、提高教师指导能力等9个方面推进信息化运用。韩国去年推出“智慧教育战略”，投资20亿美元开发电子教科书、教师再培训、建立云网络，宣布到2015年所有学校的纸质课本将被电子课本取代。

二是集成社会资源构建资源库。一些国家统一标准和规范，分类整合教学资源，提供大型数据库检索服务；同时，鼓励各协会、学会、学术机构开发分类资源库，学校、公司、个人等网站也提供一定数量的数字教育资源。公众可通过政府主办的门户网站来访问和使用。

三是建设全民学习的开放平台。许多大学着眼于边远地区和低收入家庭，帮助他们掌握新知识、新技术。麻省理工学院的开放课程平台免费共享了30多个学科门类的2 000多门课程，吸引了世界100 多所大学参与。英国实施“学习网格计划”，图书馆、博物馆、档案馆、学校、社会机构等共同参与，共建服务全民的在线教育资源。日韩举办“开放大学”，没有入学考试和学习年限，学生自由选择学习时间和地点。

四是提高教师信息技术能力。美国10多年前就设立专门机构，制订标准，把30%的教育技术投入用于教师培训，大规模提升中小学教师的技术应用能力。德国设立地方性的教师计算机培训中心，由教师进修学院组织咨询团，对教师遇到的各种问题进行辅导。

国际教育信息化发展推动了教育体系的深层变革。在教学方式上，通过构建网络化的教学体系，使学习方式由被动式向主动式、互动式学习转变，泛在学习、移动学习、个性化学习逐渐成为现实。在教学资源上，通过构建智能化的平台，提升优质教学资源的开发利用水平，更低成本、更广范围共享，大大提升了学习效果和教育投入效率。在教育管理上，通过构建教学、管理、科研等信息化系统，实现扁平化管理，使教育管理更加科学精准。

面对教育改革发展的迫切需要，面对经济社会领域信息化的加快推进，面对日趋激烈的国际竞争，我国教育信息化发展还存在明显差距。一是一些地方和学校对推进教育信息化战略的重要性和紧迫性认识还不到位，信息化与教育改革发展的融合不够，在提高质量、促进公平中的作用没有充分发挥。二是优质教育信息资源总量不足，多头管理、重复建设、标准不统一问题比较突出，共建共享的有效机制尚未形成。三是基础设施不完善，各级各类学校尤其是农村中小学和职业学校宽带入网率不高。四是不少教师特别是农村教师应用信息技术的能力不能满足教育教学需要，培养培训力度亟需加大。五是统筹管理比较薄弱，经费保障机制不够健全。我们必须增强紧迫感责任感，把教育信息化作为国家信息化的战略重点优先部署，适应教育规划纲要全面实施的节奏和步伐，以教育信息化带动教育现代化，推动教育事业跨越式发展。

三、明确思路、抓住重点，切实加快教育信息化进程

今后十年教育信息化将进入加快发展的阶段，要高举中国特色社会主义伟大旗帜，以邓小平理论和“三个代表”重要思想为指导，深入贯彻落实科学发展观，坚持育人为本，以教育理念创新为先导，以优质教育资源和信息化学习环境建设为基础，以学习方式和教育模式创新为核心，以体制机制和队伍建设为保障，着重推进信息技术与教育教学的全面深度融合，使我国教育信息化整体上接近国际先进水平，为实现教育现代化、建设学习型社会和人力资源强国提供坚实支撑。

“十二五”期间，要以建设好“三通两平台”为抓手，也就是“宽带网络校校通、优质资源班班通、网络学习空间人人通”，建设教育资源公共服务平台和教育管理公共服务平台。这是当前教育信息化建设的核心目标与标志工程。为高质量完成任务，我强调以下六点：

第一，以科学发展观为指导，明确教育信息化的发展导向。教育信息化是教育发展的一次深层次变革，也是事关亿万学生切身利益的民生工程，必须树立科学发展理念，着眼信息社会的大趋势和我国的基本国情，在高起点上谋划，真正把好事办好。在实际工作中要把握好四个方面：一是坚持育人为本的核心理念。教育信息化与其他领域的信息化有本质不同，最终目的是服从和服务于培养人这一根本使命。信息化的设施建设、内容建设、运行方式都要符合学生特点和育人规律，尊重学生的主体地位，帮助学生平等、有效、健康地运用信息技术，实现快乐学习、健康成长，促进人的全面发展。二是坚持雪中送炭的政策重点。把农村和边远地区作为重点优先保障，通过资源倾斜等方式，加快缩小城乡、区域、校际间学生的“数字差距”。三是坚持硬件软件两手抓的工作格

局。既要构建广覆盖的基础设施和服务体系，更要重视开发制作有特色、高水平的精品课程，让名师名课开放共享，促进内涵发展和内容建设，形成硬件软件齐头并进、相互支撑的良好局面。目前有些国家的公开课从大众普遍关心的话题入手，例证丰富，形式灵活，注重启发思维，给予学生更多空间，因此点击率比较高。而我国有些课程资源还停留在课件共享阶段，内容相对比较陈旧，吸引力有待提升。四是坚持应用驱动的推进思路。教育信息化基础设施在一些地方已具备一定条件，只是填平补全的问题，关键是要会用、用好。必须紧贴师生现实需要，真正使现代信息技术深度融入教学和管理的核心业务，让师生容易用、喜欢用，避免建而不用、闲置浪费。总之，只有科学发展的教育信息化，才能经得起实践和历史的检验，真正办好人民满意的教育。

第二，推动“宽带网络校校通”，完善学校教育信息化基础设施。到去年底，全国还有近75%的中小学没有基本的宽带网络教学和学习环境，主要分布在中西部和边远贫困地区的农村学校。“宽带网络校校通”就是要从根本上解决校园宽带接入“最后一公里”问题，今明两年为8—10万所农村中小学接入宽带，到2015年全国基本实现校校拥有网络教学和学习环境。要多管齐下加快接入宽带，在教育系统外部，依托国家“三网融合”和部门信息化工程的硬件支撑，利用村村通等专项工程，以地面互联网、移动互联网、卫星网等多种方式接入宽带；在教育系统内部，与校舍安全工程、薄弱学校改造、职业教育基础能力建设等重大工程统筹规划，而不是另起炉灶。还要注重发挥企业的积极性。去年教育部与中国移动签署协议，中国移动在学校宽带接入、公共服务平台建设方面做了很多工作。贵州省与中国电信达成协议，从今年开始，中国电信出资五年内解决全省中小学校园宽带接入问题，省财政保障接通后的日常使用。要探索建立可持续的运营维护机制，倡导用市场化的办法，专业化的企业或非营利性机构提供服务，由学校或政府购买。要研究制定学校使用公用经费购买信息化服务相关政策与标准，加大试点探索力度。

第三，推动“优质资源班班通”，加快内容建设与共享。加强软件开发，把更多更好的优质教育资源挖掘出来并实时更新，是教育信息化的关键环节。今明两年要围绕开足开好国家规定课程，重点启动“三个课堂”建设，使全国50%以上中小学实现“班班通”。一是“专递课堂”，针对中西部和边远贫困地区缺少师资、开不齐课的问题，集中力量开发音乐、美术、英语、科学等短缺课程，开发民族双语教学急需课程，开发职业教育新设专业课程。特别要为全国几万个教学点配备视频接收播放设备和优质资源，逐步实现教学点数字教育资源全覆盖，并以县为单位逐步开设同步课堂。比如，四川探索了城乡学校利用网络“同时备课、同时授课、同时作业、同时考试”。二是“名师课堂”，主要是发挥名师示范带动作用，利用智能学习系统诊断、导学等方式，提高广大教师的教学水平和学生自主学习能力。比如，浙江2008年开始建设“特级教师工作室”，已建成30个。三是“名校网络课堂”，主要是以名校开设网络学校、网络选修课等方式，推动优质资源在全国快速共享，帮助更多的学校提高教育质量。要创新资源建设和配置方式，探索“竞争提供、政府准入、自主选择”的新机制，形成企业、学校、社会组织优势互补的格局。要重视网络教材的教学方法创新，根据课堂教学的反馈，通过链接互动手段，采用短片、解释等方法，满足学生的互动需求，提高网络教学质量。我们要力争用三年时间，初步建立起丰富多样的优质数字资源，并输送到全国，让那些地处偏远、生活贫困的孩子也能共享共用。

第四，推动“网络学习空间人人通”，促进教学方式与学习方式的变革。为师生建立个人网络学习空间，体现着教育信息化未来发展方向。今明两年要把网络学习空间从目前的60万个提高到600万个，力争用5年左右时间使所有教师和初中以上学生都拥有实名的网络学习空间，促进教与学、教与教、学与学的全面互动，努力在网络学习空间建设与应用方面走在世界前列。当前要按照“三个率先”原则启动实施，逐步覆盖到全部师生。一是教师率先使用。重点是推动中小学与中职教师教研空间建设，让教师先用会用。二是职业教育率先部署。近年来信息技术在打造开放、互动、透明、安全的职业教育教学新模式方面发挥了很大作用。湖南不到两年建设了职业教育师生个人网络学习空间50多万个。各地应总结经验，加快建设步伐，创新仿真实训模式，增强实践教学能力。三是发达地区率先示范。发达地区要利用雄厚的经济基础和完善的基础设施先行先试，在大学和初高中探索新的学习方式。

第五，建设教育资源和管理两大“公共服务平台”，为教育信息化提供坚实支撑。资源平台和管理平台是教育信息化的两大支柱。资源公共服务平台作为最重要的载体，直接影响教育资源的汇聚共享、建设与应用的衔接。特别是利用云计算模式可以最大限度实现集约共享，推动资源建设与使用良性互动。为此，要抓紧建设教育网络资源中心，充分利用大型电信企业提供的计算与存储服务，形成面向师生、面向社会的资源服务云模式。教育部、科技部等要抓紧完成平台建设的总体设计，选择若干省份开展试点，今年年底前正式启动上线服务。还要全面建设开放大学数字化课程体系，开展网络学分银行试点，形成每年为3 000万人次提供继续教育的能力。教育管理公共服务平台建设已有一定基础。2009年实施的“教育服务与监管体系信息化建设项目”，是管理平台的先导性工程，初步建立了中央级学生资助、校舍安全、经费监管等业务信息系统，但还存在着系统和数据分散、采集困难、信息交换不畅等问题。下一步要重点建设国家和省两级数据中心，逐步实现学生、教师和学校资产等信息入库。要强化系统建设和实际应用，把重点业务管理系统从目前的10个增加到20个以上，特别要在完善标准、互接互认的基础上，把学籍、教师、校舍、营养餐等方面的管理系统整合起来，提高管理效率，加快教育管理现代化。需要强调的是，推进教育信息化必须加强管理，特别是在互联互通、统一标准、使用方便、运行维护、网络安全等方面，实现科学化、精细化管理，以提高整个系统的效率。

第六，加强队伍建设，支撑教育信息化可持续发展。教育信息化是一项新生事物，懂行会用的人还不多。必须把人才建设放在突出位置，造就一支业务精湛、结构合理的人才队伍。要继续以中小学和职业院校教师为重点，加强对教师信息技术应用能力的培训，培养信息化教学的习惯和素养，同时制定相关标准，将教育技术能力纳入教师资格认证体系，保证新任教师具备相应的信息技术能力。要抓紧制定教育信息化专业人员评聘办法，提高岗位待遇，增强吸引力。加大对相关学科支持力度，鼓励相关专业毕业生到基层和学校从事教育信息化工作。要增强教育管理人员的信息化规划、统筹、协调和执行能力，以高素质人才队伍支撑教育信息化高水平开展。

四、齐心协力、勇挑重担，推动教育信息化科学发展

教育信息化十年发展规划的目标任务已经明确，关键要抓好落实。今年是开局之年，力争开好头起好步。要把加快教育信息化作为事关教育改革发展的重大任务抓紧抓好，使广大师生感受到教育信息化的成效，使人民群众对教育的关切得到切实回应。

第一，明确责任，协同推进。教育信息化涉及面广、头绪多，必须充分发挥各部门、各行业作用。教育部要做好统筹规划、部署和指导，牵头制定重大项目实施方案并组织实施，会同有关部门研究制定相关政策。国家发改委要纳入国家信息化重大项目规划，在西部大开发、援疆、援藏、对口支援中加大支持力度。财政部要保障建设与使用经费，加大对农村、边远地区扶持力度，形成持续稳定的财政投入机制。工业和信息化部要把教育信息化纳入国家信息化发展整体战略，超前部署、重点推进教育信息网络建设，保证学校宽带网络接入全覆盖。科技部要在国家科技计划中立项支持教育信息化技术设备研发及示范应用。人力资源社会保障部要协助推进国家教育管理信息系统中的就业信息化部分建设。质检总局要协助推进教育信息化国家标准的研制、测评和应用推广。广电总局要做好教育节目有关传输渠道与机构资质审批与监管等工作，共同推进教学点视频接收播放设备建设。各地各部门一定要按照中央要求和各自责任，做好相关工作，形成强大合力。

第二，狠抓落实，务求实效。各级政府是教育信息化工作的责任主体，要科学规划，制定支持政策，加强督促检查，保证落实到位。要以省级政府为主统筹推进，调动社会力量参与，形成各部门相互配合、齐抓共管的良好局面。各级教育部门和各级各类学校是实施主体，要以需求为导向，立足实际加快推进，特别要把学校的积极性主动性调动起来。基础较好的地区要深入探索新思路新机制，在创新教育教学模式上步子可以迈得快一点，促进教育内容、手段和方法的现代化；还要多渠道、多方式将优质数字资源向薄弱地区输送，向全社会开放共享，发挥辐射带动作用。基础较为薄弱的地区要用足用好国家的政策措施，发挥后发优势，避免走弯路，迅速普及支撑信息化教学的基本环境

和师生的基本应用能力，促进教育质量的提升。

第三，深化改革，创新机制。在我国推进教育信息化没有现成模式可以照搬，必须以改革创新的精神，创造性地开展工作。要按照统筹有力、权责明确的要求，健全管理体制，确保有责任部门抓推进、有专门人员抓落实、有严格标准保质量、有各方资源作保障。要创新工作机制，建立专家咨询机制，促进决策科学化，做好顶层设计，同时落实职责分工，明确路线图时间表。要加强法制建设，完善与建设、运营、管理相关的制度，将教育信息化列为基本办学条件，纳入督导考核内容。要强化经费的使用和监管，根据各地发展阶段性特征，统筹安排经费使用，及时调整支出重点，合理分配硬件、软件、资源、应用、运营维护、培训等各环节的比例，把资金用在最需要的地方，使之发挥最大效益。加强项目管理和经费监管，建立科学的评估机制，促进规范建设和资源共享。

第四，统筹兼顾，有序推进。我国人口众多、地区发展差距较大，推进教育信息化涉及多个要素，是个复杂的系统工程。从宏观看，涉及各级政府多个部门、产业界及社会力量；从地域看，涉及发展水平不同的各个省区；从教育看，涉及各级各类教育；从信息化要素看，涉及基础设施、资源、应用、人才、技术、政策等方面。推进过程中要处理好四个关系：一是统筹规划与分类指导的关系。既要统一规划，前瞻布局，又要立足实际，针对区域特点和学校情况，加强分类指导，避免一刀切。二是整体推进与分步实施的关系。实现教育信息化的目标需要一个过程，必须明确阶段任务，找准重点和突破口，按时间节点分步落实。三是尽力而为与量力而行的关系。既要汇聚资源、集中力量、全力推动，又不能超越阶段和可承受能力，不切实际、不顾效果的“超前”推进，更不能搞形式主义和形象工程。四是政府引导与社会参与的关系。一方面，政府要履行职责，加大投入。另一方面，突破仅仅依靠政府项目推动的传统路径，探索“政府政策支持、企业投资建设、学校持续使用”的模式，把市场配置资源的优势充分发挥出来。还要加强国际合作，学习引进国际优质数字教育资源和先进技术，利用国际国内两种资源，提高教育信息化建设水平。

同志们，以信息化带动教育现代化是我国教育事业科学发展的重大战略任务。让我们紧密团结在以胡锦涛同志为总书记的党中央周围，抓住机遇，乘势而上，开拓进取，推动教育信息化跨越式发展，为建设教育强国和人力资源强国做出新的更大贡献，以优异成绩迎接党的十八大召开！

教育信息化十年发展规划（2011—2020年）

序　言

人类社会进入21世纪，信息技术已渗透到经济发展和社会生活的各个方面，人们的生产方式、生活方式以及学习方式正在发生深刻的变化，全民教育、优质教育、个性化学习和终身学习已成为信息时代教育发展的重要特征。面对日趋激烈的国力竞争，世界各国普遍关注教育信息化在提高国民素质和增强国家创新能力方面的重要作用。《国家中长期教育改革和发展规划纲要（2010—2020年）》（以下简称《教育规划纲要》）明确指出：“信息技术对教育发展具有革命性影响，必须予以高度重视。”

我国教育改革和发展正面临着前所未有的机遇和挑战。以教育信息化带动教育现代化，破解制约我国教育发展的难题，促进教育的创新与变革，是加快从教育大国向教育强国迈进的重大战略抉择。教育信息化充分发挥现代信息技术优势，注重信息技术与教育的全面深度融合，在促进教育公平和实现优质教育资源广泛共享、提高教育质量和建设学习型社会、推动教育理念变革和培养具有国际竞争力的创新人才等方面具有独特的重要作用，是实现我国教育现代化宏伟目标不可或缺的动力与支撑。

我国教育信息化已经取得显著进展，但与人民群众的需求和世界发达国家水平相比还有明显差距。必须充分认识推进教育信息化的重要性和艰巨性，把教育信息化作为国家信息化的战略重点和优先领域全面部署、加快实施，调动全社会力量积极支持和参与，用十年左右的时间初步建成具有中国特色的教育信息化体系，使我国教育信息化整体上接近国际先进水平，推进教育事业的科学发展。

第一部分　总体战略

第一章　现状与挑战

20世纪90年代以来，国家实施的一系列重大工程和政策措施，为我国教育信息化发展奠定了坚实基础。面向全国的教育信息基础设施体系初步形成，城市和经济发达地区各级各类学校已不同程度地建有校园网并以多种方式接入互联网，信息终端正逐步进入农村学校；数字教育资源不断丰富，信息化教学的应用不断拓展和深入；教育管理信息化初见成效；网络远程教育稳步发展，为构建终身学习体系发挥了重要作用。教育信息化对于促进教育公平、提高教育质量、创新教育模式的支撑和带动作用初步显现。

必须清醒地认识到，加快推进教育信息化还面临诸多的困难和挑战。对教育信息化重要作用的认识还有待深化和提高；加快推进教育信息化发展的政策环境和体制机制尚未形成；基础设施有待普及和提高；数字教育资源共建共享的有效机制尚未形成，优质教育资源尤其匮乏；教育管理信息化体系有待整合和集成；教育信息化对于教育变革的促进作用有待进一步发挥。推进教育信息化仍然是一项紧迫而艰巨的任务。

第二章　指导思想和工作方针

高举中国特色社会主义伟大旗帜，以邓小平理论和“三个代表”重要思想为指导，深入贯彻落实科学发展观，全面落实《教育规划纲要》对教育信息化建设的总体部署和发展任务。坚持育人为本，以教育理念创新为先导，以优质教育资源和信息化学习环境建设为基础，以学习方式和教育模式创新为核心，以体制机制和队伍建设为保障，在构建学习型社会和建设人力资源强国进程中充分发挥教育信息化支撑发展与引领创新的重要作用。

推进教育信息化应该坚持以下工作方针：

面向未来，育人为本。面向建设人力资源强国的目标要求，面向未来国力竞争和创新人才成长的需要，努力为每一名学生和学习者提供个性化学习、终身学习的信息化环境和服务。

应用驱动，共建共享。以人才培养、教育改革和发展需求为导向，开发应用优质数字教育资源，构建信息化学习和教学环境，建立政府引导、多方参与、共建共享的开放合作机制。

统筹规划，分类推进。根据各级各类教育的特点和不同地区经济社会发展水平，统筹做好教育信息化的整体规划和顶层设计，明确发展重点，坚持分类指导，鼓励形成特色。

深度融合，引领创新。探索现代信息技术与教育的全面深度融合，以信息化引领教育理念和教育模式的创新，充分发挥教育信息化在教育改革和发展中的支撑与引领作用。

第三章　发展目标

到2020年，全面完成《教育规划纲要》所提出的教育信息化目标任务，形成与国家教育现代化发展目标相适应的教育信息化体系，基本建成人人可享有优质教育资源的信息化学习环境，基本形成学习型社会的信息化支撑服务体系，基本实现所有地区和各级各类学校宽带网络的全面覆盖，教育管理信息化水平显著提高，信息技术与教育融合发展的水平显著提升。教育信息化整体上接近国际先进水平，对教育改革和发展的支撑与引领作用充分显现。

基本建成人人可享有优质教育资源的信息化学习环境。各级各类教育的数字资源日趋丰富并得到广泛共享，优质教育资源公共服务平台逐步建立，政府引导、多方参与、共建共享的资源建设机制不断完善，数字鸿沟显著缩小，人人可享有优质教育资源的信息化环境基本形成。

基本形成学习型社会的信息化支撑服务体系。充分发挥政府、学校和社会力量的作用，面向全社会不同群体的学习需求建设便捷灵活和个性化的学习环境，终身学习和学习型社会的信息化支撑服务体系基本形成。

基本实现宽带网络的全面覆盖。充分依托公共通信资源，地面网络与卫星网络有机结合，超前部署覆盖城乡各级各类学校和教育机构的教育信息网络，实现校校通宽带，人人可接入。

教育管理信息化水平显著提高。进一步整合和集成教育管理信息系统，建设覆盖全国所有地区和各级各类学校的教育管理信息体系，教育决策与社会服务水平显著提高，学校管理信息化应用广泛普及。

信息技术与教育融合发展的水平显著提升。充分发挥现代信息技术独特优势，信息化环境下学生自主学习能力明显增强，教学方式与教育模式创新不断深入，信息化对教育变革的促进作用充分显现。

第二部分　发展任务

为实现教育信息化发展目标，统筹规划、整体部署教育信息化发展任务。通过优质数字教育资源共建共享、信息技术与教育全面深度融合、促进教育教学和管理创新，助力破解教育改革和发展的难点问题，促进教育公平、提高教育质量、建设学习型社会；通过建设信息化公共支撑环境、增强队伍能力、创新体制机制，解决教育信息化发展的重点问题，实现教育信息化可持续发展。

第四章　缩小基础教育数字鸿沟，促进优质教育资源共享

基础教育信息化是提高国民信息素养的基石，是教育信息化的重中之重。以促进义务教育均衡发展为重点，以建设、应用和共享优质数字教育资源为手段，促进每一所学校享有优质数字教育资源，提高教育教学质量；帮助所有适龄儿童和青少年平等、有效、健康地使用信息技术，培养自主学习、终身学习能力。

缩小数字化差距。结合义务教育学校标准化建设，针对基础教育实际需求，提高所有学校在信息基础设施、教学资源、软件工具等方面的基本配置水平，全面提升应用能力。促进所有学校师生享用优质数字教育资源，开足开好国家课标规定课程，推进民族地区双语教育。重点支持农村地区、边远贫困地区、民族地区的学校信息化和公共服务体系建设。努力缩小地区之间、城乡之间和学校之间的数字化差距。

推进信息技术与教学融合。建设智能化教学环境，提供优质数字教育资源和软件工具，利用信息技术开展启发式、探究式、讨论式、参与式教学，鼓励发展性评价，探索建立以学习者为中心的教学新模式，倡导网络校际协作学习，提高信息化教学水平。逐步普及专家引领的网络教研，提高教师网络学习的针对性和有效性，促进教师专业化发展。

培养学生信息化环境下的学习能力。适应信息化和国际化的要求，继续普及和完善信息技术教育，开展多种方式的信息技术应用活动，创设绿色、安全、文明的应用环境。鼓励学生利用信息手段主动学习、自主学习、合作学习；培养学生利用信息技术学习的良好习惯，发展兴趣特长，提高学习质量；增强学生在网络环境下提出问题、分析问题和解决问题的能力。

专栏一：2020年基础教育信息化发展水平框架

1. 提升学校信息化建设基本配置与应用水平。根据各学校不同情况从以下主要维度确定发展基线和年度规划：
   □ 各种信息化设施和资源的可获得性；
   □ 学校教育信息化领导力、教师教育技术运用力、专业人员支持力；
   □ 师生、家长对信息化应用的满意度。
2. 学校教育教学方式变革取得突破。根据各学校不同情况从以下主要维度确定发展基线和年度规划：
   □ 教师信息化教学的习惯；
   □ 知识呈现方式、教学评价方式、组织差异化教学等方面的变化；
   □ 学生多样化、个性化学习方面的改变。
3. 信息化环境下的学生自主学习能力全面提升，主要维度包括：
   □ 使用信息技术学习的意愿；
   □ 运用信息技术发现、分析和解决问题的能力；
   □ 健康使用信息技术的自律性。

第五章　加快职业教育信息化建设，支撑高素质技能型人才培养

职业教育信息化是培养高素质劳动者和技能型人才的重要支撑，是教育信息化需要着重加强的薄弱环节。大力推进职业院校数字校园建设，全面提升教学、实训、科研、管理、服务方面的信息化应用水平。以信息化促进人才培养模式改革，改造传统教育教学，支撑高素质技能型人才培养，发挥信息技术在职业教育巩固规模、提高质量、办出特色、校企合作和服务社会中的支撑作用。

加快建设职业教育信息化发展环境。加强职业院校，尤其是农村职业学校数字校园建设，全面提升职业院校信息化水平。建设仿真实训基地等信息化教学设施，建设实习实训等关键业务领域的管理信息系统，建成支撑学生、教师和员工自主学习和科学管理的数字化环境。

有效提高职业教育实践教学水平。充分发挥信息技术优势，优化教育教学过程，提高实习实训、项目教学、案例分析、职业竞赛和技能鉴定的信息化水平。改革人才培养模式，以信息技术支撑产教结合、工学结合、校企合作、顶岗实习。创新教育内容，促进信息技术与专业课程的融合，着力提高教师运用现代信息技术的能力和学生的岗位信息技术职业能力。加强实践教学，创新仿真实训资源应用模式，提高使用效益。

有力支撑高素质技能型人才培养。以关键技术应用为突破口，适应职业教育的多样

化需求，以信息技术促进教育与产业、学校与企业、专业与岗位、教材与技术的深度结合。开展人才需求、就业预警和专业调整等方面的信息分析，增强职业教育适应人才市场需要的针对性与支撑产业发展的吻合度。大力发展远程职业教育培训，共享优质数字教育资源，支撑职业教育面向人人、面向社会。

专栏二：2020年职业教育信息化发展水平框架

1. 全面提升职业院校信息化水平，主要维度为：
   - □ 宽带网络接入、数字化技能教室、仿真实训室等数字化环境、场所覆盖面；
   - □ 职业教育数字资源数量与质量满意度及网络教学平台覆盖面；
   - □ 职业院校工学结合、校企合作等信息化支撑平台的应用情况。
2. 职业教育实践教学水平显著提升，主要维度为：
   - □ 虚拟实训软件数量和应用满意度及专业覆盖面；
   - □ 教师教育技术职业能力考核通过率；
   - □ 虚拟仿真实训教学软件、实训基地与国家重点产业和战略性新兴产业的对接情况。
3. 学生信息技术职业能力提高，主要维度为：
   - □ 学生岗位信息技术职业能力考核通过率和学生满意度；
   - □ 学生应用信息技术提高职业技能情况。
4. 职业教育社会服务能力明显增强，主要维度为：
   - □ 人才预测、就业预警和专业调整信息系统数据的准确度；
   - □ 远程教育资源面向社会开放情况。

第六章　推动信息技术与高等教育深度融合，创新人才培养模式

高等教育信息化是促进高等教育改革创新和提高质量的有效途径，是教育信息化发展的创新前沿。进一步加强基础设施和信息资源建设，重点推进信息技术与高等教育的深度融合，促进教育内容、教学手段和方法现代化，创新人才培养、科研组织和社会服务模式，推动文化传承创新，促进高等教育质量全面提高。

加强高校数字校园建设与应用。利用先进网络和信息技术，整合资源，构建先进、高效、实用的高等教育信息基础设施，开发整合各类优质教育教学资源，建立高等教育资源共建共享机制，推进高等教育精品课程、图书文献共享、教学实验平台等信息化建设。提升高校教师教育技术应用能力，推进信息技术在教学中的普遍应用。

促进人才培养模式创新。加快对课程和专业的数字化改造，创新信息化教学与学习方式，提升个性化互动教学水平，创新人才培养模式，提高人才培养质量。加速信息化环境下科学研究与拔尖创新人才培养的融合，推动最新科研成果转化为优质教育教学资源，创新拔尖学生培养模式。推动学科工具和平台的广泛应用，培养学生自主学习、自主管理、自主服务的意识与能力。创新对口支援西部地区高校工作模式，鼓励东西部高校共建共享优质教学和科研资源。

促进高校科研水平提升。建设知识开放共享环境，促进高校与科研院所、企业共享

科技教育资源，推动高校知识创新。构建数字化科研协作支撑平台，推进研究实验基地、大型科学仪器设备、自然科技资源、科学数据、科学文献共享，支持跨学科、跨领域、跨地区的协同创新。不断提高教师、科研人员利用信息技术开展科研的能力，推动高校创新科研组织模式和机制，完善高等教育科技创新体系，引领信息时代科技创新。

增强高校社会服务与文化传承能力。积极利用信息化手段，推进产学研用结合，加快科研成果转化，提高高校服务经济社会发展的能力。依托信息技术，面向社会公众开展学科教育、科普教育和人文教育，提高公众科学素质和人文素质。构建高校网上虚拟社区，广泛进行思想与文化交流，创新、发展先进文化。开发国际汉语教学和文化宣传优质数字教育资源，支持中文教育国际化及跨文化教育交流，推动网络孔子学院建设，积极传播中华民族优秀文化。

专栏三：2020年高等教育信息化发展水平框架

1. 绿色、安全、文明的数字校园基本建成，主要维度是：
   - □ 校园网覆盖范围、带宽、安全及泛在信息平台的普及使用情况；
   - □ 数字化教室等信息设备的配置与使用情况，及对教育改革和创新的支撑情况；
   - □ 数字教育教学资源库及优秀数字文化资源的建设、共享与使用情况；
   - □ 教学、科研、教师、学生、财务等管理信息系统的建设、数据共享与使用情况。
2. 人才培养模式创新普遍开展，主要维度是：
   - □ 信息技术与教学深度融合的教学模式、方法、内容创新应用情况；
   - □ 信息化环境下教学业务组织与流程创新的情况；
   - □ 在信息化条件下，学生自主学习、自主管理、自主服务的情况；
   - □ 科研成果转化为数字教学资源及在教学中的应用情况。
3. 科研创新信息化支撑体系基本建成，主要维度是：
   - □ 基于网络的协同科研开展情况及针对专业领域的科研网络社区建设与使用情况；
   - □ 科研条件与资源的共享情况；
   - □ 信息化促进产学研用结合情况。
4. 利用信息化手段服务社会和传承文化，主要维度是：
   - □ 信息化支撑科研成果转化情况；
   - □ 公共教学与科研资源对校外科普教育、人文教育、学科教育的辐射情况；
   - □ 多语言、跨文化的教育资源与学习平台应用情况及在国际文化交流领域的辐射情况。

第七章　构建继续教育公共服务平台，完善终身教育体系

继续教育信息化是建设终身学习体系的重要支撑。构建继续教育公共服务平台，推进开放大学建设，面向全社会提供服务，为学习者提供方便、灵活、个性化的信息化学习环境，促进终身学习体系和学习型社会建设。

推进继续教育数字资源建设与共享。建立继续教育数字资源建设规范和网络教育课程认证体系。探索国家继续教育优质数字资源公共服务平台的建设模式和运营机制，鼓励建设各类继续教育优质数字资源库。充分利用包括有线电视网在内的公共通信网络，

积极推动教育资源进家庭。推动建立优质数字教育资源的共建共享机制，为全社会各类学习者提供优质数字教育资源。

加快信息化终身学习公共服务体系建设。持续发展高等学校网络教育，采用信息化手段完善成人函授教育和高等教育自学考试，探索中国特色高水平开放教育模式。根据现代远程教育发展和学习型社会建设的需要，探索开放大学信息化支撑平台建设模式，加强继续教育机构的信息化建设，建立遍及城乡的一站式、多功能开放学习中心，促进终身学习公共服务体系建设。

加强继续教育公共信息管理与服务平台建设。完善继续教育“学分银行”制度，探索相关信息系统与支撑平台建设与运行模式，建设支持终身学习的继续教育考试与评价、质量监管体系，形成继续教育公共信息管理与服务平台，为广大学习者提供个性化学习服务，为办学、管理及相关机构开展继续教育提供服务。

专栏四：2020年继续教育信息化发展水平框架

1. 继续教育优质数字资源全面普及，主要维度是：
   - □ 学习者可选优质数字教育资源覆盖情况；
   - □ 课程资源通过评估与认证的情况；
   - □ 家庭可访问数字教育资源的数量及利用率。
2. 继续教育开放灵活的公共服务体系基本建成，主要维度是：
   - □ 继续教育学习中心的功能及覆盖率；
   - □ 继续教育学习中心的支持服务满意度；
   - □ 为国家开放教育提供信息化支撑情况。
3. 继续教育信息管理与服务平台普遍应用，主要维度是：
   - □ 继续教育管理系统应用与数据互联情况；
   - □ 办学机构的信息化水平；
   - □ 学习者数字化学习成果认定、学分累计与转换情况。

第八章　整合信息资源，提高教育管理现代化水平

教育管理信息化是推动政府转变教育管理职能、提高管理效率和建设现代学校制度的有力手段。大力推进教育管理信息化，支撑教育管理改革，促进教育决策科学化、公共服务系统化、学校管理规范化。

提升教育服务与监管能力。建立教育管理信息标准体系，制定教育管理信息标准，规范数据采集与管理流程，建立以各级各类学校和师生为对象的国家教育管理基础数据库。整合各级各类教育管理信息资源，建立事务处理、业务监管、动态监测、评估评价、决策分析等教育管理信息系统，大力推动教育电子政务，提高教育管理效率，优化教育管理与服务流程，支撑教育管理改革与创新。

提高教育管理公共服务质量与水平。利用信息技术创新教育管理公共服务模式，建立国家教育管理公共服务平台和配套服务机制，扩大和延伸招生、资助等信息服务，为社会公众提供及时丰富的公共教育信息。建立覆盖全体学生的电子档案系统，做好学生成长记录与综合素质评价，并根据需要为社会管理和公共服务提供支持。完善国家教育考试评价综合信息化平台，支持考试招生制度改革。

加快学校管理信息化进程。建立电子校务平台，加强教学质量监控，推动学校管理规范化与校务公开，支持学校服务与管理流程优化与再造，提升管理效率与决策水平，提高办学效益，支撑现代学校制度建设。利用信息化手段提升学校服务师生的能力和水平。

专栏五：2020年教育管理信息化发展水平框架

1. 各级教育行政部门普遍实现教育管理信息化，主要维度是：
   - ☐ 教育管理基础数据库建设与应用情况及对教育质量常态监控支持情况；
   - ☐ 管理信息标准化和数据互通情况；
   - ☐ 信息化对教育管理改革与创新的支撑程度；
   - ☐ 师生、社会公众对教育信息服务的满意度。
2. 各级各类学校信息化管理与服务广泛应用，主要维度是：
   - ☐ 学校管理信息系统建设与应用情况；
   - ☐ 信息化对学校管理决策的支持情况；
   - ☐ 师生对学校管理与服务信息化的满意度。

第九章　建设信息化公共支撑环境，提升公共服务能力和水平

信息化公共支撑环境包括教育信息网络、国家教育云服务平台、优质数字教育资源与共建共享环境、教育信息化标准体系、教育信息化公共安全保障体系等，是全国教育机构和相关人员开展各级各类教育信息化应用的公共支撑。建设信息化公共支撑环境，为青少年学生提供健康的信息化学习环境，支撑以学习者为中心的学习模式，为培养创新型人才提供高性能信息化教学科研环境，为构建学习型社会奠定重要基础。

完善教育信息网络基础设施。加快中国教育和科研计算机网、中国教育卫星宽带传输网升级换代，不断提升技术和服务水平。充分利用现有公共通信传输资源，实现全国所有学校和教育机构宽带接入。根据国家互联网发展战略要求率先实现向下一代互联网的过渡。探索国家公益性网络的可持续发展机制。

建立国家教育云服务模式。充分整合现有资源，采用云计算技术，形成资源配置与服务的集约化发展途径，构建稳定可靠、低成本的国家教育云服务模式。面向全国各级各类学校和教育机构，提供公共存储、计算、共享带宽、安全认证及各种支撑工具等通用基础服务，支撑优质资源全国共享和教育管理信息化。

建立优质数字教育资源和共建共享环境。遵循相关标准规范，建立国家、地方、教育机构、师生、企业和其他社会力量共建共享优质数字教育资源的环境，提供优质数字教育资源信息服务；建设并不断更新满足各级各类教育需求的优质数字资源，开发深度

融入学科教学的课件素材、制作工具，完善各种资源库，建设优质网络课程和实验系统、虚拟实验室等，促进智能化的网络资源与人力资源结合。坚持政府引导，鼓励多方参与投入建设，发挥多方优势，逐步形成政府购买公益服务与市场提供个性化服务相结合的资源共建共享机制，减少低水平重复开发，实现最大范围的开放共享；提高数字教育资源对教育教学模式改革创新的支持能力和水平，支持偏远地区、少数民族地区、经济欠发达地区和薄弱学校享用优质的教育资源服务。

完善教育信息化标准体系。加强教育信息化标准化工作和队伍建设。制定相关政策措施，形成标准测试、认证、培训、宣传和应用推广保障机制。加快标准制定步伐，完善教育信息化国家标准和行业标准体系，提高标准的采标率，促进资源共建共享和软硬件系统互联互通。

建立教育信息化公共安全保障环境。加强基础设施设备和信息系统的安全防范措施，不断提高对恶意攻击、非法入侵等的预防和应急响应能力，保证基础设施设备和信息系统稳定可靠运行。采取有效的内容安全防护措施，防止有害信息传播。探索建立安全绿色信息化环境的保障体系和管理机制。

第十章　加强队伍建设，增强信息化应用与服务能力

队伍建设是发展教育信息化的基本保障。造就业务精湛、结构合理的教育信息化师资队伍、专业队伍、管理队伍，为教育信息化提供人才支持。

提高教师应用信息技术水平。建立和完善各级各类教师教育技术能力标准，继续以中小学和职业院校教师为重点实施培训、考核和认证一体化的教师教育技术能力建设，将教育技术能力评价结果纳入教师资格认证体系。加快全国教师教育网络联盟公共服务平台的建设，积极开展教师职前、职后相衔接的远程教育与培训。到2020年，各级各类学校教师基本达到教育技术能力规定标准。采取多种方法和手段帮助教师有效应用信息技术，更新教学观念，改进教学方法，提高教学质量。

建设专业化技术支撑队伍。明确教育信息化专业人员岗位职责，制定相应的评聘办法，逐步提高专业技术人员待遇。持续开展各级各类教育信息化专业人员能力培训。到2020年，实现教育信息化专业人员信息化能力全部达标，持证上岗。

提升教育信息化领导力。建立教育行政部门、专业机构和学校管理者的定期培训制度，开展管理人员教育技术能力培训和教育信息化领导力培训，提升信息化规划能力、管理能力和执行能力，逐步建立工作规范和评价标准，将管理者的信息化领导力列入考核内容。到2020年，各级各类管理人员达到教育技术能力相应标准。

优化信息化人才培养体系。加大对教育信息化相关学科的支持力度，优化本科生和研究生培养计划和课程体系。建立教育信息化实训基地，提高实践能力，鼓励高校信息化相关学科毕业生到基层单位和学校从事教育信息化工作。

第十一章　创新体制机制，实现教育信息化可持续发展

科学、规范的体制机制是实现教育信息化可持续发展的根本保障。通过体制改革确立教育信息化工作的重要地位，通过机制创新调动社会各方面力量参与教育信息化建设的积极性，多方协同推进教育信息化，促进教育信息化建设与应用的持续健康发展。

创新优质数字教育资源共建共享机制。按照政府引导、多方参与、共建共享的原则，制定数字教育资源建设与共享的基本标准，建立数字教育资源评价与审查制度；政府资助引领性资源的开发和应用推广，购买基础性优质数字教育资源提供公益性服务；支持校际间网络课程互选及资源共建共享活动；鼓励企业和其他社会力量投入数字教育资源建设、提供个性化服务；创建用户按需购买产品和服务的机制，形成人人参与建设、不断推陈出新的优质数字教育资源共建共享局面。

建立教育信息化技术创新和战略研究机制。将教育信息化技术及装备研发与应用纳入国家科技创新体系，建成一批国家级、省部级教育信息化技术创新、产品中试及推广基地，推动技术创新和成果转化、应用；设立教育信息化科研专项，深入研究解决我国教育信息化发展领域的重大问题和核心共性技术。建立一批教育信息化战略研究机构，为教育信息化发展战略制定、政策制定和建设实施提供咨询与参考。

建立教育信息化产业发展机制。积极吸引企业参与教育信息化建设，引导产学研用结合，推动企业技术创新，促进形成一批支持教育信息化健康发展、具有市场竞争力的骨干企业；营造开放灵活的合作环境，推动校企之间、区域之间、企业之间广泛合作。

推动教育信息化国际交流与合作。加强国际交流，参与教育信息化相关国际组织活动，参与国际标准制定，学习借鉴国外先进理念，学习引进国外优质数字教育资源和先进技术，缩小与国际先进水平的差距；利用信息化手段加强各级各类教育机构和学校在人才培养、科学研究等方面的国际合作。

改革教育信息化管理体制，建立健全教育信息化管理与服务体系。在各级教育行政部门和各级各类学校明确信息化发展任务与管理职责，改革调整现行管理体制，完善技术支持服务体系，建立与教育信息化发展需要相适应的统筹有力、权责明确的教育信息化管理体制和高效实用的运行机制。

第三部分　行动计划

为实现国家教育信息化规划目标，完成发展任务，着重解决国家教育信息化全局性、基础性、领域共性重大问题，实施“中国数字教育2020”行动计划，在优质资源共享、学校信息化、教育管理信息化、可持续发展能力与信息化基础能力等五个方面，实施一批重点项目，取得实质性重要进展。2012—2015年，初步解决教育信息化发展中的重大问题，基本形成与国家教育现代化发展目标相适应的教育信息化体系；2016—2020年，根

据行动计划建设进展、教育改革发展实际需求和教育信息化自身发展状况，确定各行动的建设重点与阶段目标。

第十二章 优质数字教育资源建设与共享行动

实施优质数字教育资源建设与共享是推进教育信息化的基础工程和关键环节。到2015年，基本建成以网络资源为核心的教育资源与公共服务体系，为学习者可享有优质数字教育资源提供方便快捷服务。

建设国家数字教育资源公共服务平台。建设教育云资源平台，汇聚百家企事业单位、万名师生开发的优秀资源。建设千个网上优质教育资源应用交流和教研社区，生成特色鲜明、内容丰富、风格多样的优质资源。提供公平竞争、规范交易的系统环境，帮助所有师生和社会公众方便选择并获取优质资源和服务，实现优质资源共享和持续发展。

建设各级各类优质数字教育资源。针对学前教育、义务教育、高中教育、职业教育、高等教育、继续教育、民族教育和特殊教育的不同需求，建设20 000门优质网络课程及其资源，遴选和开发500个学科工具、应用平台和1 500套虚拟仿真实训实验系统。整合师生需要的生成性资源，建成与各学科门类相配套、动态更新的数字教育资源体系。建设规范汉字和普通话及方言识别系统，集成各民族语言文字标准字库和语音库。

建立数字教育资源共建共享机制。制定数字教育资源技术与使用基本标准，制定资源审查与评价指标体系，建立使用者网上评价和专家审查相结合的资源评价机制；采用引导性投入，支持资源的开发和应用推广；制定政府购买优质数字教育资源与服务的相关政策，支持使用者按需购买资源与服务，鼓励企业和其他社会力量开发数字教育资源、提供资源服务。建立起政府引导、多方参与的资源共建共享机制。

第十三章 学校信息化能力建设与提升行动

学校信息化能力建设是国家教育信息化的主阵地。加强各级各类学校信息基础设施与能力建设，创建教育信息化环境是国家教育信息化工作的重要任务。重点支持中西部地区、边远地区、贫困地区的学校信息基础设施建设。大力推进教育信息化应用创新与改革试点，探索教育理念与模式创新，推动教育与信息技术的深度融合，探索教育信息化可持续发展机制。

中小学校和中等职业学校标准化建设。制定中小学校和中等职业学校数字校园建设基本标准。采用政府推动、示范引领、重点支持、分步实施的方式，推动中小学校、幼儿园、中等职业学校实现基础设施、教学资源、软件工具、应用能力等信息化建设与应用水平全面提升。利用网络技术，实现丰富的教学资源和智力资源的共享与传播，使每所学校实现教育教学、教育管理和服务信息化，促进教育公平，提高教育质量和效益。

高校数字校园建设。大力推进普通高校数字校园建设，普及建设高速校园网络及各种数字化教学装备，建设职业教育虚拟仿真实训基地。建设完善的信息发布、网络教学、知识共享、管理服务和校园文化生活服务等数字化平台，推进系统整合与数据共享。持续推进并优化高校精品开放课程建设，促进科研成果转化为优质数字教育资源，实现科研与教学的互动和对接，积极开展基于项目的学习，推动教学内容和教学方法改革，促进人才培养模式创新。构建高校科研协作与知识共享环境，推动高校科研组织模式和方法创新。

教育信息化创新与改革试点。以促进教育公平为重点，提高教育质量为核心，选择不同经济社会和教育发展水平的区域、不同类型和层次的学校，开展教育信息化建设与应用试点，建设一批教育信息化创新与改革试点校及一批教育信息化创新与改革试验区，探索信息化对教育改革和发展产生革命性影响的新思路、新方法与新机制。鼓励企业和社会力量参与试点工作。

第十四章　国家教育管理信息系统建设行动

建设国家教育管理信息系统是支撑教育管理现代化的基础工程。为各级教育行政部门和各级各类学校提供教育管理基础数据和管理决策平台，为公众提供公共教育信息和教育管理公共服务平台。

建立国家级教育管理基础数据库和信息系统。建设国家教育基础数据库和国家级教育管理信息系统，实现对教育质量、招生考试、学生流动、资源配置和毕业生就业等状况的有效监管，提供教育考试评价服务。建设网络信息安全与运行维护保障体系。

推动地方政府建立教育管理基础数据库和信息系统。开展省级教育管理基础数据库和管理信息系统建设，建设网络信息安全与运行维护保障体系，并实现与国家级系统的有机衔接。推动省级教育行政部门建设云教育管理服务平台，基于云服务模式，为本地区相关教育机构和各级各类学校提供管理信息系统等业务应用服务。

推动学校管理信息系统建设与应用。制定学校管理信息化标准与要求，通过分类指导、示范引领推动各级各类学校管理信息化建设。推动基础教育和中等职业教育学校基于云服务的信息化管理，建立高校管理信息系统开源软件库，带动学校管理信息化水平的整体提升。推动电子学籍建设，完善学生综合素质评价。

实现系统整合与数据共享。建立教育管理信息标准与编码规范，建立数据采集、交换共享、管理与应用的技术平台与工作机制，建立教育管理信息安全保障体系，衔接各级各类教育管理信息系统与基础数据库，实现系统互联与数据互通，建设纵向贯通、横向关联的教育管理信息化体系。

第十五章　教育信息化可持续发展能力建设行动

推进可持续发展能力建设是教育信息化科学发展的关键举措。提升教育技术能力，推广应用教育信息化标准，建立教育信息化技术支持和战略研究体系，培养教育信息化后备人才，促进教育信息化的快速、可持续发展。

实施教育技术能力培训。制定和完善教师教育技术能力标准，开发面向各级各类教师的教育技术培训系列教材和在线课程，实行学科教师、管理人员和技术人员的教育技术培训。制定信息化环境下的学生学习能力标准，开发信息化环境下的学生学习能力培养相关课程。建设教育技术能力在线培训平台和网上学习指导交流社区。到2015年，建立12个国家级培训基地，健全32个省级培训基地，形成以基地为中心，辐射全国范围的教育技术能力培训体系；中小学教师和技术人员基本完成初级培训，30%的中小学教师完成中级培训，50%的管理人员完成初级培训。

推广应用教育信息化标准。完善和发展教育信息化技术类和管理类标准、信息化环境设备配置规范、教育信息化发展水平的评估类指标等系列标准规范。建设教育信息化标准测试与认证机构，加大标准推广应用力度。到2015年，形成初步完备的教育信息化标准规范体系，设立标准咨询培训、测试认证和推广应用服务机构。

建立教育信息化技术支持和战略研究体系。建设若干教育信息化技术与装备研究和成果转化基地。开展新技术教育应用的试验研究，开发拥有自主知识产权的教育信息化关键技术与装备。探索信息技术与教育教学深度融合的规律，深入研究信息化环境下的教学模式。通过信息化试验区与试点校的集成创新，提供系统解决方案，促进信息技术、装备与教育的融合。建设教育信息化战略研究机构，跟踪、分析国内外教育信息化发展现状与趋势，评估教育信息化进展，提出发展战略与政策建议，为教育信息化决策提供咨询与参考。到2015年，形成完整的教育信息化研究支持体系。

增强教育信息化后备人才培养能力。开发能有效支持师范生教育技术实践能力培养的信息技术和教育技术公共课。建设一批学科优势明显、课程体系完善、与实践领域对接的教育信息化专门人才培养基地。遴选和培养一批能引领教育信息化发展的研究与实践人才。到2015年，建成30个左右的国家级教育信息化人才培养基地。

第十六章　教育信息化基础能力建设行动

教育宽带网络和教育云基础平台等教育信息化支撑环境的全面覆盖，是实现教育信息化的重要公共基础。采用统一规范、分级管理方式，推进具有先进、安全、绿色特征的公益性信息化基础设施建设，建立公益性信息化基础设施的可持续发展机制。

超前部署教育信息网络。实施中国教育和科研计算机网升级换代。支持IPv6协议，与IPv6互联网和现有IPv4互联网实现互联互通。到2015年，宽带网络覆盖各级各类学校，中小学接入带宽达到100 Mbps以上，边远地区农村中小学接入带宽达到2 Mbps以上；高校的接入带宽达到1 Gbps以上。

国家教育卫星宽带传输网络建设。实施中国教育卫星宽带传输网络升级换代，建立适应卫星双向应用的基础支撑服务平台。择机发射双向宽带教育卫星，提供20 Gbps以上带宽，提供交互学习和培训区域点播、广播服务，同时为偏远地区教育机构提供接入国家教育宽带网络的传输服务。

国家教育云基础平台建设。充分整合和利用各级各类教育机构的信息基础设施，建设覆盖全国、分布合理、开放开源的基础云环境，支撑形成云基础平台、云资源平台和云教育管理服务平台的层级架构。到2015年，初步建成国家教育云基础平台，支持教育云资源平台和管理服务平台的有效部署与应用，可同时为IPv4和IPv6用户提供教育基础云服务。

开放大学信息化支撑平台建设。建成跨网络、跨平台、跨终端的开放大学信息化支撑平台，通过多种渠道建成覆盖全民学习需求的学习资源。实现与各级各类学校和教育机构互联互通，支持开放大学开展社会化服务，构建以开放大学为主体，各级各类学校和教育机构共同参与的终身教育网络。

第四部分　保障措施

第十七章　加强组织领导

加强教育信息化工作的组织领导。推动各级教育行政部门建立健全教育信息化管理职能部门。在各级各类学校设立信息化主管，在高校和具备一定规模的其他各类学校设立信息化管理与服务机构。全面加强教育信息化工作的统筹协调，明确职责，理顺关系。完善技术支持机构，推进相关机构的分工与整合。

明确推进教育信息化工作的责任。国务院教育行政部门负责统筹规划、部署、指导全国教育信息化工作；各有关部门积极支持，密切协作，共同推动。各级政府是教育信息化工作的责任主体。教育信息化以省级政府为主统筹推进。地方各级教育行政部门和各级各类学校是教育信息化的实施主体。

第十八章　完善政策法规

制定和落实教育信息化优先发展政策。推动各级教育行政部门和各级各类学校制定教育信息化优先发展的配套政策措施。协调制定和落实各级各类学校、师生和相关教育机构在网络接入等方面的资费优惠政策。

完善教育信息化相关法规。加快推进教育信息化法制建设。将教育信息化列为政府教育督导内容，将教育技术能力纳入教师资格认证与考核体系，完善教育信息化相关部门的技术人员的编制管理与职称（职务）评聘办法。

支持教育信息化产业发展。协调制定扶持教育信息化产业发展政策，鼓励企业参与教育信息化建设。以税收优惠等调控手段，培育教育信息化产业体系。形成良性竞争的教育信息化产业发展环境。

第十九章　做好技术服务

加强教育信息化标准规范制定和应用推广。结合教育信息化需求，开展教育信息化标准化基础科研，加快标准制修订步伐，强化标准的宣贯，推动标准化实施，确保数字教育资源、软硬件资源、教育管理信息资源等各方面内容的标准化和规范化。

建立和完善教育信息化创新支撑体系。整合设立教育信息化研究基地，以多种方式设立教育信息化技术与装备研发、推广项目，支撑适应中国国情的教育信息化技术自主创新、经济可行的特色装备研发与推广。

完善信息安全保障。制定和实施网络与信息安全建设管理规范，建立全方位安全保障体系，确保教育管理、教学和服务等信息系统安全。加强网络有害行为防范能力和不良信息监管力度，防止暴力色情等有害信息对校园文化的侵害。

完善教育信息化运行维护与技术支持服务体系。推进各级教育机构的信息化运行维护和技术服务机构建设，建立各级教育行政部门和各级各类学校的信息技术专业服务队伍。

第二十章　落实经费投入

建立经费投入保障机制。推动各级政府充分整合现有经费渠道，优化经费支出结构，制定教育信息化建设和运行维护保障经费标准等政策措施，在教育投入中加大对教育信息化的倾斜，保障教育信息化发展需求，特别要加强对农村、偏远地区教育信息化的经费支持。

鼓励多方投入。明确政府在教育信息化经费投入中的主体作用。鼓励企业和社会力量投资、参与教育信息化建设与服务，形成多渠道筹集教育信息化经费的投入保障机制。

加强项目与资金管理。统筹安排教育信息化经费使用，根据各地教育信息化发展阶段特征，及时调整经费支出重点，合理分配在硬件、软件、资源、应用、运行维护、培训等各环节的经费使用比例。加强项目管理和经费监管，规范项目建设。实施教育信息化经费投入绩效评估，提高经费使用效率效益。

实　施

本规划是落实《教育规划纲要》的专项规划，涉及面广、时间跨度大、任务重、要求高，必须周密部署、精心组织、认真实施，确保各项任务落到实处。

强化组织领导。本规划由国务院教育行政部门负责协调组织和督导实施，地方各级教育行政部门应以本规划为基础，制订本地区教育信息化工程建设计划和工作实施方案。

明确任务分工。国务院教育行政部门和地方各级教育行政部门、教育机构、科研机构和业内企业应明确各自角色分工，从政策实施、技术研发、成果推广、应用示范等方面协同推进。

施行目标考核。按照本规划定义的教育信息化十年发展目标和阶段建设指标施行考核，健全工作督导机制，分阶段落实本规划确定的各项发展任务和建设目标。

推广试点示范。坚持以点带面、分类指导，充分发挥试点、示范引领作用，逐步推动信息技术在教育领域的深入应用，为实现本规划制定的发展目标奠定基础。

建立支持环境。利用多种渠道，广泛宣传教育信息化作为国家战略加以实施的重要性和紧迫性，广泛宣传本规划的重要意义和具体内容，形成全社会关心、支持教育信息化建设的良好环境，为本规划的落实创造支持条件。

全国教育信息化2012年大事记

1月

1月13日，教育部印发《关于开展教育信息化试点工作的通知》，启动了教育信息化试点工作。

3月

3月13日，教育部印发《教育信息化十年发展规划（2011—2020年）》。

3月15日，教育部发布《教育管理信息 教育管理基础代码》等7个教育信息化标准。

3月21日，教育部办公厅印发《2012年教育信息化重点工作》。

4月

4月10日，“教育服务与监管体系信息化建设”项目中，“全国中小学校舍信息管理系统”子项目立项实施。

5月

5月2日，“教育部—英特尔信息技术专项科研基金”2012年度项目立项评审结果公布，6个项目启动实施。

5月16日，由教育部、国家发改委、财政部、工信部、科技部、人社部、国家质检总局、国家广电总局、国防科工局等九部门参与的教育信息化推进工作部际协调小组成立。

5月21日，教育部制定《精品资源共享课建设工作实施办法》，北京大学、清华大学等高校以“中国大学视频公开课”的形式通过“爱课程”网、中国网络电视台等平台向社会免费开放。

5月28日，教育部在北京召开教育信息化试点工作座谈会。

7月

7月31日，国家开放大学、北京开放大学、上海开放大学成立大会暨揭牌仪式在人民大会堂举行，刘延东同志出席会议并讲话。

8月

教育部与中国移动通信集团公司联合设立了“教育部—中国移动科研基金”，2012年度共立项支持25个项目，资助总金额3 850万元。

9月

9月5日，国务院召开全国教育信息化工作电视电话会议，国务委员刘延东出席会议并讲话。

9月15日，教育部与中国移动通信集团公司签署战略合作框架协议。

9月24日，教育部公开征集基础教育、职业教育和继续教育领域的网络课程及名师课堂、多媒体素材资源、虚拟仿真系统等配套资源。

续表

9月24日至27日，教育部和深圳市人民政府联合主办首届“全国中小学信息技术教学应用展演”。
9月26日，教育部同意依托北京师范大学立项建设“移动学习”教育部—中国移动联合实验室，依托中南大学立项建设“移动医疗”教育部—中国移动联合实验室。
9月26日，“全国教职工管理信息系统”在“教育服务与监管体系信息化建设”项目中启动立项。
10月
10月9日，教育部、国家发改委、财政部、工信部、科技部、人社部、国家质检总局、国家广电总局、国防科工局等九部门联合印发了《关于加快推进教育信息化当前几项重点工作的通知》。
10月15日，教育部在湖南长沙召开教育信息化工作现场研讨会，推进“网络学习空间人人通”工作。
10月15日，“国家语言文字工作管理与服务平台”“教育部干部人事人才管理信息系统”在“教育服务与监管体系信息化建设”项目中启动立项。
11月
11月8日，“教育服务与监管体系信息化建设”项目中，“直属高校基本建设管理信息系统”“外籍教师数据库与管理服务平台”“全国中等职业学校学生管理信息系统”子项目立项实施。
11月15日，教育部公布第一批682个教育信息化试点名单。
11月19日，教育部全面启动实施教学点数字教育资源全覆盖项目。
12月
12月6日，“高校网络信息管理系统试点工程”在“教育服务与监管体系信息化建设”项目中启动立项。
12月8日至10日，第三届全国职业院校信息化教学大赛决赛在江苏省南京市举行，“中国职业教育信息资源网”开通，职业院校教学资源共享平台启动。
12月10日，教育部在江苏省南京市召开全国职业教育信息化建设工作会议。
12月25日，中国下一代互联网示范工程重大项目“教育科研基础设施IPv6技术升级和应用示范”通过专家验收。
12月28日，国家教育资源公共服务平台（一期）开通上线试运行。

全国教育信息化首批试点区、校

为全面贯彻落实《国家中长期教育改革和发展规划纲要（2010—2020年）》提出的“加快教育信息化进程”要求，教育部在2012年初组织各地教育行政部门和各级各类学校开展了教育信息化试点申报工作，根据全国教育信息化工作电视电话会议和教育部等九部门《关于加快推进教育信息化当前几项重点工作的通知》（教技〔2012〕13号）精神，组织专家对各地、各校的申报材料进行了评审，并按照信息技术与教育教学深度融合、应用驱动、机制创新、模式探索等试点方向规范了试点单位的重点工作内容。教育部于2012年12月15日公布了第一批教育信息化试点单位名单（教技函〔2012〕70号）。

一、区域信息化试点单位

单位名称	试点工作重点内容
北京市东城区教育委员会	网络环境下的教师专业发展模式探索
北京市海淀区教育委员会	教育信息化促进区域教育均衡发展模式探索
天津市滨海新区教育局	基于云计算技术的区域性资源共建共享模式、机制探索
天津市北辰区教育局	以优质教育资源的共建共享促进区域教育均衡发展模式探索
河北省唐山市开平区教育局	以教育信息化促进教育公平、均衡发展模式探索
河北省张家口市桥东区教育局	区域教育信息化公共服务体系建设与优质教育资源共建共享机制探索
山西省太原市教育局	太原市教育信息化公共服务体系建设与应用模式探索
山西省晋中市教育局	推进国家数字教育资源公共服务平台规模化应用，探索区域教育信息化发展机制
内蒙古自治区鄂尔多斯市教育局	信息化条件下教育教学模式创新探索
内蒙古自治区锡林郭勒盟西乌珠穆沁旗教育科技局	民族地区的优质教育资源共建共享与应用机制探索
辽宁省大连市沙河口区教育局	优质资源共建共享途径探索
辽宁省沈阳市教育局	下一代互联网应用与区域教育均衡发展探索
吉林省长春市教育局	宽带网络校校通建设机制与应用模式探索

续表

单位名称	试点工作重点内容
黑龙江省鸡西市人民政府	网络学习空间普及与应用模式探索
黑龙江省哈尔滨市阿城区人民政府	中小学生自主学习平台和教与学方式变革探索
上海市徐汇区教育局	智慧型基础教育信息化公共服务体系建设与应用探索
上海市普陀区教育局	网络环境下学习方式变革实验
江苏省无锡市教育局	教育“物联网”普及与应用的有效模式探索
江苏省徐州市云龙区文化教育体育局	网络环境下的区域优质教育资源共建共享机制探索
浙江省杭州市拱墅区教育局	以特级教师工作室和网络学习空间推动教育教学模式创新探索
浙江省台州市玉环县教育局	区域教育资源可持续发展机制探索
安徽省芜湖市教育局	教育信息化可持续发展模式探索
福建省福州市教育局	教育信息化促进区域教育均衡发展模式探索
福建省厦门市教育局	区域教育信息化公共服务体系建设与应用机制探索
江西省婺源县教育体育局	宽带网络校校通建设机制探索
山东省济南市历下区教育局	基于云计算技术的教育教学模式创新实验
山东省烟台市芝罘区教育体育局、山东省寿光市教育局	区域网络教研及跨区域网络协同教研模式探索
河南省电化教育馆、郑州市教育局、新疆维吾尔自治区哈密地区教育局、郑州大学、焦作市教育局	优质教育资源共建共享机制及对口支援偏远地区基础教育发展模式探索
湖北省麻城市教育局	城乡数字教育一体化发展的长效机制探索
湖北省十堰市教育局	经济欠发达地区教育信息化的发展途径探索
湖南省郴州市教育局	教育信息化促进区域教育公平途径探索
广东省深圳市南山区教育局	区域“泛在学习”发展机制探索
广东省佛山市教育局、华南师范大学教育信息技术学院、中国电信佛山市分公司	教育信息化公共服务体系建设与教育公平均衡发展探索
广西壮族自治区柳州市教育局	利用云计算技术促进优质资源城乡共享机制探索
重庆市大足区教育委员会	教育信息化促进经济欠发达地区教育均衡发展途径探索
重庆市沙坪坝区教育委员会	利用云计算技术促进优质资源共建共享机制探索

续表

单位名称	试点工作重点内容
四川省成都市教育局	教育信息化促进教育均衡发展模式探索
四川省绵竹市教育局	利用云计算技术促进优质资源城乡共享机制探索
贵州省习水县教育和科学技术局	教育信息化促进经济欠发达地区教育均衡发展途径探索
贵州省贵阳市小河区教育科研培训中心	网络条件下校本研修与区域协作教研模式探索
云南省楚雄州楚雄市教育局	经济欠发达地区的教育信息化发展模式探索
云南省保山市腾冲县教育局	边疆民族地区教育信息化促进教育公平、均衡发展探索
西藏自治区昌都地区教育局	信息化促进区域教育均衡发展途径探索
西藏自治区拉萨市城关区教育体育局	教育信息化促进教育公平机制探索
陕西省榆林市神木县教育局	教育信息化公共服务体系与学习型社会建设探索
陕西省安康市石泉县教育体育局	学校教育信息化标准化建设探索
甘肃省白银市会宁县教育局	教育信息化促进城乡教育均衡发展探索
甘肃省兰州市城关区教育局	区域教育信息化公共服务体系建设与应用探索
青海省西宁市城北区教育局	信息化条件下教育教学模式改革探索
青海省湟中县教育局	教育信息化促进教育公平途径探索
宁夏回族自治区固原市泾源县教育局	经济欠发达地区区域间信息化协作促进教育教学模式变革探索
宁夏回族自治区银川市灵武市教育局	信息技术与教育教学融合提高教学质量模式探索
新疆维吾尔自治区喀什地区泽普县教育局	民族地区教育信息化整体推进模式与机制探索
新疆维吾尔自治区塔城地区沙湾县教育局	民族地区宽带网络校校通建设与应用模式探索
新疆生产建设兵团农二师教育局	优质教育教学资源共建共享途径探索
广东省深圳市教育局	采用云计算技术的公共服务体系建设与应用探索

二、中小学信息化试点单位

单位名称	试点工作重点内容
北京景山学校	智慧校园建设机制与应用模式探索
北京市东城区府学胡同小学	区域网络协作教研模式探索
北京师范大学第二附属中学	智慧校园促进师生发展模式探索
北京市朝阳区芳草地国际学校	数字化校园建设机制与教学模式创新探索
中国人民大学附属中学	智慧校园建设机制与应用模式探索
北京理工大学附属中学	智慧校园建设机制与应用模式探索
北京市海淀区七一小学	数字化校园建设机制与教学模式创新探索
北京市石景山区实验小学	绿色数字校园建设与可持续发展机制探索
北京市门头沟区大峪第二小学	信息技术与教育教学深度融合模式探索
北京市房山区良乡小学	信息技术与教育教学深度融合及优质资源区域共享模式探索
北京市通州区潞河中学	数字化校园建设机制与教学模式创新探索
北京市顺义区牛栏山第一中学	资源共享与教学模式创新探索
北京市昌平区二毛学校	数字化校园建设机制与学生学习方式变革探索
北京市平谷区第六中学	数字化校园建设机制与应用模式探索
北京市延庆县十一学校	信息化助力素质教育途径探索
北京市燕山前进第二小学	基于网络的学生探究性学习方式探索
天津市南开中学	优质资源共享与应用机制探索
天津市第一中学	数字化校园建设机制与师生发展模式探索
天津市和平区岳阳道小学	优质资源共享机制与应用模式探索
天津市第十九中学	信息技术与教和学深度融合探索
天津市第四十二中学	教育教学资源区域性共享机制探索

续表

单位名称	试点工作重点内容
天津市河西区闽侯路小学	区域间教育资源共建共享及课堂教学的有效利用模式探索
天津市第九中学	课程资源跨平台共享模式探索
天津市河东区实验小学	信息技术促进教学模式创新探索
天津市第二中学	平板电脑及移动网络构建自主发展的交互式学习模式探索
天津市扶轮中学	信息技术促进学生个性化学习模式探索
天津市东丽区实验小学	校际资源共享机制探索
天津市武清区杨村第十小学	基于网络的教育教学模式创新探索
天津市武清区杨村第一中学	信息技术与课程深度融合及创新教学模式探索
天津市宝坻区第一中学	绿色数字化校园建设机制与应用探索
天津市宁河县芦台第一中学	信息技术与课程深度融合探索
天津市静海县实验小学	农村小学数字化校园建设机制探索
天津市蓟县第一小学	农村小学信息化环境下语文学习模式探索
天津市咸水沽第一中学	信息技术环境下通用技术学科课程资源共享模式探索
河北省石家庄市第二十七中学	信息技术促进教育教学模式变革探索
河北省石家庄市第四十一中学	信息技术与教学融合模式探索
河北省保定市第二中学	基于网络的探究性学习方式探索
河北省保定市第十七中学	信息化环境下学生个性化学习和教师专业发展模式探索
河北省保定市永华南路小学	信息技术促进学生信息素养和实践能力提高途径探索
河北省围场县木兰实验小学	信息化环境下以学生为中心的教学模式创新探索
河北省唐山市丰润区燕山路小学	网络环境下教研模式探索
河北省衡水市胜利小学	信息技术促进教育教学模式创新探索
河北省邯郸市广泰中学	信息化环境下新型教育教学模式和管理模式探索
河北省廊坊市第一中学	数字化校园建设机制与应用探索
河北省秦皇岛市青龙满族自治县第一实验小学	优质资源共享机制与应用模式探索

续表

单位名称	试点工作重点内容
太原大学外语师范学院第二附属小学	信息技术环境下教育教学模式创新探索
山西省太原市第十二中学校	“名师讲堂”模式的研究与实践
山西省大同市同煤集团第一中学	信息技术促进教育教学模式创新探索
山西省大同市实验小学	绿色数字化校园建设与可持续发展机制探索
山西省阳泉市小南坑小学	信息技术与课程整合深度融合路径探索
山西省阳泉市第二中学校	新课程资源建设与应用机制探索
山西省太谷县第二中学校	信息技术促进学科教与学模式创新探索
山西省昔阳中学	依托国家数字资源服务平台推动山区高中信息化路径探索
山西省泽州县第一中学	以学生为中心的“组组通”教学模式探索
山西省吕梁市离石区袁家庄中学	优质数字化资源建设与推送模式探索
山西省万荣县城关小学	优质资源共建共享机制探索
山西省忻州市第一中学	高中区域网络协作教研的开发与应用模式探索
山西省忻州市第二实验小学	小学信息技术课程同步课堂教学模式探索
内蒙古自治区包头市第一中学	信息技术与教育教学深度融合模式探索
内蒙古自治区通辽市科尔沁左翼中旗舍伯吐中心校	数字化校园建设机制与应用模式探索
内蒙古自治区通辽市通辽经济技术开发区辽河镇第一中心小学	数字化校园建设机制与应用模式探索
内蒙古自治区亿利东方学校	农村落后地区信息技术促进教育教学模式创新探索
辽宁省大连经济技术开发区红星海国际学校	信息技术促进教育教学模式创新探索
辽宁省鞍山市第一中学	数字化校园建设机制与应用模式探索
辽宁省沈阳市浑南新区第二小学	网络环境下机器人、动漫教育的普及方式探索
辽宁省沈阳市沈河区文艺路第二小学	基于网络的自主学习方式促进学生个性化发展探索
辽宁省大连市第八中学	数字化校园建设机制与教育教学模式创新探索

续表

单位名称	试点工作重点内容
辽宁省抚顺市第一中学	绿色数字化校园建设与可持续发展机制探索
东北育才学校	基于无线网络的学生个性化学习模式探索
辽宁省本溪市明山区东胜小学	交互式电子白板促进课堂教学模式创新探索
辽宁省盘锦市大洼县田家学校	信息化环境下“分组分层”六步教学法的探索
辽宁省丹东市第四中学	国家数字教育资源公共服务平台应用方式探索
吉林省长春市绿园区绿园小学	绿色数字校园建设与可持续发展机制探索
吉林省长春市第六中学	数字生态校园建设与教育教学模式创新探索
吉林省通化市通化县快大茂镇中心小学	数字校园建设与可持续发展机制探索
吉林省辽源市东丰县实验中学	信息化环境下以学生为中心的教学模式探索
黑龙江省哈尔滨市第三中学	优质资源共享机制与应用模式探索
黑龙江省哈尔滨师范大学附属中学	网上名师课堂应用模式探索
黑龙江省齐齐哈尔市第一中学校	信息技术促进教育教学模式创新探索
黑龙江省哈尔滨市师范附属小学校	基于网络的家校教育互动模式探索
黑龙江省哈尔滨市香滨小学校	信息技术促进教育教学模式创新探索
黑龙江省佳木斯市杏林小学	双语教学资源共建共享机制探索
黑龙江省大庆市杜尔伯特蒙古族自治县北完小学	信息技术提高师资不足学科教师教育教学能力方式探索
黑龙江省七台河市第九中学	信息化环境下自主、合作、探究教学模式探索
黑龙江省黑河市黑河小学	信息化促进“小班化”优质资源建设与共享机制模式探索
黑龙江省绥化市第十中学	信息化条件下的资源共享机制与应用模式探索
黑龙江省牡丹江市第十一中学	优质资源班班通应用模式探索
黑龙江省齐齐哈尔市第三中学校	信息技术促进教育教学模式创新探索

续表

单位名称	试点工作重点内容
黑龙江省伊春市实验小学	信息技术创新教学模式探索
黑龙江省大兴安岭实验中学	优质数字资源建设共建共享机制与应用模式探索
上海市洋泾中学	基于视频课例的课堂教学诊断教研模式探索
上海市闵行中学	数字化校园建设机制与教育教学模式创新探索
上海市七宝中学	跨平台数字化教与学支持系统研究
上海市上海中学	信息技术与教育教学全面深度融合的人才培养模式探索
上海市杨浦区六一小学	信息技术与儿童哲学课程教学深度融合探索
上海市北虹初级中学	初中“电子学案”设计与实践研究
同济大学第一附属中学	移动校园构建的研究与实践
上海市新中高级中学	智能教室、未来课堂探索与实践
上海市青少年校外活动营地——东方绿舟	基于无线标识技术为特征的学生户外营地信息化建设与应用探索
上海市晋元高级中学	基于信息技术平台的高中课程教学资源共建共享应用模式探索
上海市青浦佳禾小学	网络学习空间提升小学生自主学习能力探索
上海市格致中学	数字化校园建设机制与教育教学模式创新探索
上海外国语大学附属大境中学	信息技术创新教学与评价方式探索
上海市盲童学校	盲童学校信息化建设与应用模式探索
上海市民办丽英小学	信息技术促进学生个性化学习模式探索
上海市卢湾第一中心小学	信息技术与教育教学深度融合
上海市培明中学	信息技术与英语读写课程深度融合模式探索
上海市金山区第二实验小学	信息化应用系统建设和推进机制探索
江苏省南京市长江路小学	跨区域网络协作教研
江苏省苏州市平直实验小学校	“一对一”数字化学习模式在小学教学中的运用
江苏省南通市通州区实验小学	信息技术与教育教学深度融合模式探索
江苏省淮安市实验小学	专递课堂服务应用模式探索
江苏省扬州市梅岭小学	优质资源共享机制与应用模式探索

续表

单位名称	试点工作重点内容
江苏省丹阳市实验小学	网络课堂资源建设机制探索
江苏省泰州市大浦中心小学	信息技术与教育教学深度融合模式探索
江苏省徐州市第三十四中学	数字化校园建设机制与教育教学模式创新探索
江苏省连云港市新海实验中学	信息技术与教育教学深度融合模式探索
江苏省东台市实验中学教育集团	绿色数字化校园建设与可持续发展机制探索
江苏省扬州市竹西中学	跨地区网络协作教研模式探索
江苏省泰州中学附属初级中学	同步课堂、名师讲堂、跨地区网络协作教研应用模式探索
江苏省清江中学	优质数字教育资源建设与共享应用模式探索
江苏省镇江中学	学科名师网络课程资源应用模式探索
浙江省杭州市西湖小学教育集团	信息技术促进教育教学模式创新探索
浙江省杭州第十四中学	信息技术促进学生个性化发展模式探索
浙江省舟山市普陀区沈家门第一小学	信息技术促进教育教学模式创新探索
浙江省宁波市实验小学	智慧校园建设机制与教育教学模式创新探索
浙江省舟山中学	优质教育资源共享与应用模式探索
浙江省杭州市源清中学	智慧校园建设机制与教育教学模式创新探索
浙江省杭州市胜利小学	信息技术与教育教学深度融合模式探索
浙江省天台县赤城中学	信息技术与教育教学深度融合模式探索
浙江省温州市第二十二中学	信息技术与教育教学深度融合模式探索
浙江省绍兴市鲁迅小学	数字化校园建设机制与教育教学模式创新探索
浙江省衢州市实验学校	信息化环境下以学生为中心的教育教学模式创新探索
浙江省金华市第十五中学	移动教学应用模式探索
安徽省合肥市第二十九中学	信息技术促进学校及农民工子女学生全面发展模式探索
安徽省长丰县陶楼乡中心学校	信息技术促进师生阅读能力提升探索
安徽省泗县江上青小学	网络环境下的爱国主义教育模式探索
安徽省淮南师范附属小学	区域间优质教育资源共建与共享及应用模式探索

续表

单位名称	试点工作重点内容
安徽省滁州市定远县张桥镇中心学校	信息技术促进家校互动　帮助留守儿童健康成长路径探索
安徽省金寨县南溪中学	优质教育资源的共享与应用模式探索
安徽省铜陵市实验小学	以学生为中心的教学模式创新探索
安徽省淮北市西园中学	信息技术提高师生信息素养模式探索
安徽省黄山市黄山区汤口中心学校	信息技术与农村小学英语、艺术学科教学深度融合模式探索
安徽省合肥市南门小学	优质资源共享与应用模式探索
安徽省合肥市第五十中学	信息化环境下初级中学高效教学方式探索
安徽省滁州市第二小学	绿色数字校园建设与课程资源共享模式探索
安徽省六安市城北小学	优质教育资源应用模式探索
安徽省铜陵市狮子山区西湖中心学校	基于网络的家校互动德育模式探索
安徽省黄山市休宁县海阳第一小学	信息技术与学科教学融合模式探索
福建省福州市实验小学	信息技术促进学科教与学模式创新探索
福建省晋江市第一中学	数字化校园建设机制与教育教学模式创新探索
福建省福鼎市第一中学	数字化校园建设与全面实施素质教育路径探索
福建省武夷山第一中学	信息技术与教育教学的深度融合模式探索
福建省三明市列东中学	信息技术促进教学模式创新探索
福建省莆田市第八中学	信息化环境下探究式学习模式探索
福建省厦门市莲花中学	信息技术与学科课程教学融合模式探索
福建省福清市渔溪中心小学	利用网络开展特殊生教育模式探索
福建省莆田市实验小学	信息技术环境下自主·探究·合作学习模式探索
福建省三明市实验小学	信息技术提高小学生综合素质方式探索
福建省建瓯市实验小学	信息化环境下教育教学模式创新探索
福建省龙岩师范附属小学	绿色数字化校园建设与可持续发展机制探索
江西省九江市九江小学	数字校园建设与可持续发展机制探索
江西省九江市第一中学	信息技术环境下校本课程建设机制探索

续表

单位名称	试点工作重点内容
江西省景德镇一中	绿色数字校园建设与可持续发展机制探索
江西省新余市第四中学	绿色数字校园建设与可持续发展机制探索
江西省南康市实验小学	数字校园建设与教育教学模式创新探索
江西省赣州市黄金实验小学	基于网络BBS模式下小学课堂模式探索
江西省信丰中学	信息化环境下高效课堂模式探索
江西省南康中学	信息技术应用促进学生个性化学习模式探索
江西省吉安县城关一小	教育信息化探究性学习模式探索
江西省吉安市第三中学	数字化校园建设机制与教育教学模式创新探索
江西省临川第二中学	数字校园服务学生信息素养和实践能力提高模式探索
江西省南昌市第二十八中学	信息技术促进教育教学模式创新探索
江西省鹰潭市第一中学	信息技术促进学生心理咨询工作开展模式探索
山东省曲阜师范大学附属中学	信息技术促进教学、科研及管理模式创新探索
山东省淄博市桓台县世纪中学	信息技术促进教育教学模式创新探索
山东省枣庄市实验学校	小学数学课程资源共建与共享机制探索
山东省东营市育才学校	信息技术促进教师专业发展模式探索
山东省潍坊第一中学	信息技术促进教与学方式变革探索
山东省邹城市第二实验小学	教育信息化优质资源共享与应用模式探索
山东省宁阳县第一中学	绿色数字校园建设与可持续发展机制探索
山东省临沂河东工业园实验学校	信息技术促进教育教学模式创新探索
山东省平原县第三中学	网络环境下的优质教育资源共建共享与应用模式探索
山东省齐河县第三中学	信息技术与教育教学的深度融合模式探索
河南省实验小学	基于信息化协作平台小学生人文素养教育模式探索
河南省郑州市第三十四中学	信息技术环境下的双课堂教学模式探索
河南省郑州市第四十七中学	优质教学资源建设与应用模式探索

续表

单位名称	试点工作重点内容
河南省焦作市第一中学	信息化环境下的教师业务能力培养模式探索
河南省濮阳市实验小学	信息化环境下提升小学生语文素养模式探索
河南省三门峡市实验高中	信息化环境下分层会诊式教学探索
河南省商丘市第一中学	信息化提高学生综合素质应用模式探索
河南省南阳市第五中学校	信息化环境下课堂教学新模式探索
河南省许昌实验小学	基于电子白板环境的小学多学科“主体多元合作探究教学模式”探索
河南省濮阳外国语学校	实名制网络学习空间环境下高中美术选修课教学模式探索
河南省郑州中学附属小学	信息化环境下小学德育模式探索
河南省洛阳市第五十五中学	中小学智能机器人数字化教学模式探索
河南省郑州市第九中学	基于组播技术的名师直播课堂的建设与应用模式探索
河南省郑州市第二中学	平板电脑在中学教育教学中的应用模式探索
河南省郑州市第一零二中学	网络环境下的自主课堂模式探索
河南省鹤壁市淇滨小学	数字化环境下探究型教学模式“三勤四环节教学法”探索
湖北省武汉市第十二中学	信息技术与学科课程的深度融合模式探索
湖北省武汉市洪山中学	信息技术与教育教学深度融合模式探索
湖北省宜昌市西陵区铁路坝小学	信息化环境下学生成长评价模式探索
湖北省宜昌市第四中学	信息技术与教育教学深度融合模式探索
湖北省十堰市第一中学	校本教育资源建设与应用模式探索
湖北省郧县青曲镇中心小学	信息技术与教育教学深度融合模式探索
湖北省竹溪县城关初级中学	信息技术与课程教学深度融合模式探索
湖北省孝感市孝南区实验小学	交互电子白板在课堂教学中的应用模式探索
湖北省黄冈中学	信息技术促进教育教学模式创新探索
湖北省赤壁市第一中学	高中选修课资源开发与应用模式探索
湖北省宣恩县民族实验中学	信息化环境下启发式、探究式、合作式学习模式探索
湖南省长沙市第一中学	优质教育资源共享与应用模式探索
湖南省长沙市芙蓉区育才学校	基于网络的名师课堂应用模式探索

续表

单位名称	试点工作重点内容
湖南省株洲市第一中学	信息化环境下普通高中校本研修模式探索
湖南省湘潭市和平小学	班级网络学习空间与家校互动模式探索
湖南省益阳市实验小学	小学美术同步课堂应用模式探索
湖南省邵阳市隆回县第一中学	贫困地区高中数字校园建设与应用探索
湖南省郴州市第六中学	师生个人学习空间促进教育教学模式创新探索
湖南省湘南学院附属小学	基于国家数字资源公共服务平台的“教研训一体化”模式探索
湖南省娄底市第一中学	高中选修课程高效课堂资源开发与应用模式探索
湖南省张家界崇实小学南校	名师工作室促进教师专业发展模式探索
湖南省凤凰县箭道坪小学	信息技术促进民族地区小学语数课堂教学模式创新探索
湖南省常德市第六中学	校园数字化学习空间应用模式探索
湖南省沅江政通实验学校	优质资源班班通环境下资源应用模式探索
湖南省衡阳市逸夫中学	基于网络的创新教学模式探索
湖南省衡阳市第八中学	建立在“三通两平台”基础上的“启释固延四维教学法”探索
湖南省永州市第四中学	基于网络的信息化教研新模式探索
湖南省临澧县新安镇中心小学	信息化环境下教育教学创新模式探索
湖南省株洲市天元区银海学校	利用国家数字教育资源公共服务平台构建探究性学习模式探索
湖南省永州市冷水滩区舜德小学	信息化环境下小学数学探究性学习模式探索
广东省广州市越秀区东风东路小学	个性化学习模式促进具有国际竞争力的人才培养探索
广东省广州市越秀区东山培正小学	信息技术促进学校教育教学模式创新探索
广东省佛山市顺德养正西山学校	移动创新学习模式探索
广东省广州市天河区体育东路小学	信息技术与教育深度融合模式探索
广东省江门市第一中学景贤学校	教育资源共建共享与应用模式探索
广东省佛山市禅城区南庄镇第三中学	信息技术促进教学模式与评价体系创新探索
广东省深圳市第二实验学校	数字化校园建设机制与师生成长模式探索
广东省茂名信宜市教育城小学	德育校园网络课堂应用模式探索

续表

单位名称	试点工作重点内容
广东省东莞市大朗镇巷头小学	校际合作促进学生个性化学习探索
广东北江中学	名师讲堂和网络同步课堂应用模式探索
广东省汕头市东厦中学	信息技术与教育教学的深度融合模式探索
广东省惠州市东湖双语学校	绿色数字化校园建设与可持续发展机制探索
广东省深圳市宝安第一外国语学校	智慧校园建设机制与教育教学模式创新探索
广东省云浮市新兴县实验小学	信息技术促进教师专业发展模式探索
广东省中山市石岐中心小学	数字化学习型校园建设机制与应用模式探索
广东省佛山市顺德区嘉信西山小学	国家数字教育资源应用模式探索
广东省广州市第一中学	基于平板电脑的学生个性化网络学习模式探索
广东省肇庆市百花园小学	网络环境下学生个性化学习模式探索
广西壮族自治区南宁市第四中学	信息化环境下启发式、探究式、合作式、体验式的教学模式探索
广西壮族自治区田阳高级中学	高中选修课资源开发与应用模式探索
广西壮族自治区梧州高级中学	基于数字化校园的教育教学模式创新探索
广西壮族自治区贵港市江南中学	基于数字化校园的教育管理和课堂教学模式探索
广西壮族自治区来宾高级中学	名师课堂、网络课堂应用模式探索
广西壮族自治区柳州市第二中学	信息技术促进新增科学课程（机器人科技校本课程）教学模式创新探索
广西壮族自治区桂林市榕湖小学	小学优质资源共享机制与应用模式探索
广西壮族自治区武鸣县双桥镇中心学校	网络协同教研带动兄弟学校发展机制探索
海南中学	信息技术与课程教学深度融合探索
海南省琼海市嘉积中学	信息技术与教育教学深度融合探索
海南省儋州市第一中学	校本教育资源应用模式探索
海南省海口市第二十七小学	信息技术背景下教学、教研模式创新探索
海南省海口市秀英区海秀中心小学	英语特色的外语实验数字化校园建设与应用探索
海南省琼海市第一小学	数字化校园环境下探究性学习模式探索
重庆市酉阳土家族苗族自治县酉州初级中学	少数民族贫困地区信息技术推动薄弱学科的创新应用模式探索

续表

单位名称	试点工作重点内容
重庆市巴南区鱼洞第二小学校	多校区数字化校园管理模式探索
重庆市第二十九中学校	基于云计算技术的重庆基础教育知识共同体发展机制探索
重庆市江津中学校	网络课程共享与应用模式探索
重庆市南岸区天台岗小学	学区教师教研空间建设及应用模式探索
重庆市璧山县城北小学校	校本教育资源建设与应用模式探索
重庆市万州第一中学	高中新课程资源建设与应用模式探索
重庆市涪陵第十四中学校	信息化环境下的“531”成长课堂模式探索
重庆市巴蜀中学校	优质教育资源共享与应用模式探索
重庆市江北区鲤鱼池小学校	信息化环境下开放式课堂探索
重庆市黔江区人民小学	优质数字教育资源应用模式探索
西南大学附属中学	信息化环境下研究性学习促进个性化学习的实施模式探索
重庆市九龙坡区铜罐驿小学校	信息化环境下探究性学习模式探索
重庆市开县汉丰第一中心小学	信息技术促进学生个性化学习模式探索
重庆市第八中学校	基于移动学习平台的多校区学习共同体的建设机制及应用模式探索
重庆市忠县中学	网络开放式教学模式探索
重庆市丰都县实验小学校	绿色数字校园建设与可持续发展机制探索
重庆市永川萱花中学	“信息化教学与研究共同体”建设机制与应用模式探索
四川省北川中学	信息技术与教育教学融合模式探索
四川省宜宾市第三中学校	信息技术与教育、管理深度融合模式探索
四川省德阳市第五中学	信息技术提高学生的自主学习能力模式探索
四川省成都市七中育才学校	优质资源共享机制探索
四川省自贡市蜀光中学	信息技术与教育教学深度融合模式探索
四川省成都市泡桐树小学	网络环境下构建新型学生评价模式探索
四川省巴中市南江县实验小学	信息技术促进跨地区学校合作模式探索
四川省遂宁高升实验小学校	信息技术促进学生个性化学习的教育教学模式探索

续表

单位名称	试点工作重点内容
贵州省实验中学	绿色数字化校园建设与可持续发展机制探索
贵州省遵义县第一中学	网络资源的推广和应用模式探索
贵州省遵义市第四中学	数字化校园建设机制与师生能力培养模式探索
贵州省铜仁第一中学	信息技术促进中学课堂教学行为有效性和初高中知识有效衔接策略探索
贵州省瓮安中学	信息技术与教育教学深度融合模式探索
贵州省荔波县茂兰中学	绿色数字化校园建设与教育教学模式创新探索
云南师范大学附属世纪金源学校	十五年一贯制社区基础教育因材施教信息化管理体系建设机制探索
云南省昭通市昭阳区第三小学	依托网站平台促进学校体艺特色发展模式探索
云南省富源县胜境中学	网络环境下的视频课例评析模式探索
云南省富源县中安小学	家校互动德育教育新模式探索
云南省禄丰县城南小学	信息技术与教育教学深度融合模式探索
云南省南华县第一中学	信息技术促进少数民族地区教师教研能力提高模式探索
云南省开远市第一中学	校本教育资源建设与应用模式探索
云南省文山州实验小学	边疆少数民族地区优质校本资源共享机制探索
云南省景洪市勐龙镇小街小学	信息技术促进教育教学模式创新探索
云南省保山市昌宁县第三中学	信息技术促进以学生为中心的教学模式创新探索
云南省怒江州泸水县第一中学	少数民族双语教学资源建设与共享机制探索
西藏自治区阿里地区日土县完全小学	信息技术促进学科教与学模式创新探索
西藏自治区山南地区东辉中学	信息技术促进教育教学模式创新探索
西藏自治区拉萨中学	信息技术与课程融合模式探索
西藏自治区昌都地区第一高级中学	民族地区数字化校园建设机制探索
陕西省西安中学	优质教育资源建设与应用模式探索
陕西省西安小学	信息化环境下“以学生为中心”的优质教学体系探索
陕西省西安市铁一中学	优质课程资源的共建共享机制与应用模式探索
陕西省长安师范附属小学	信息技术促进教育教学模式创新探索

续表

单位名称	试点工作重点内容
陕西师范大学附属中学	大学区资源共享机制与应用模式探索
陕西省宝鸡市太白县咀头小学	信息技术环境下教育教学模式创新探索
陕西省延安市实验小学	信息化环境下“211”高效课堂教学模式探索
陕西省延安市甘泉县初级中学	信息技术促进学生个性化学习模式探索
甘肃省白银市第六中学	信息化环境下启发式、探究式、合作式学习模式探索
甘肃省金塔县南关小学	信息技术促进教育教学模式创新探索
甘肃省临夏州实验小学	信息技术与教育教学深度融合模式探索
甘肃省天水市麦积区龙园小学	信息技术促进学生信息素养和实践能力的提高模式探索
甘肃省定西市临洮县文峰中学	优质资源共享机制与应用模式探索
甘肃省兰州市第十一中学	信息化环境下教育教学模式创新探索
甘肃省张掖市临泽县第二中学	优质资源共享机制与应用模式探索
甘肃省张掖市民乐县第四中学	信息化环境下教育教学模式创新探索
青海师范大学附属第二中学	绿色数字化校园建设与可持续发展机制探索
青海省油田第一中学	信息化环境下启发式、探究式、合作式学习模式探索
青海省共和县民族中学	双语教学资源共建共享机制与应用模式探索
青海省西宁市贾小庄小学	信息化环境下小学生个性化学习探索
青海省西宁市南大街小学	信息技术促进教育教学模式创新探索
宁夏回族自治区盐池县第五小学	信息技术促进学生个性化学习探索
宁夏回族自治区吴忠市红寺堡区第一小学	绿色数字化校园建设与可持续发展机制探索
宁夏回族自治区利通区金银滩复兴学校	交互式液晶书写屏在课堂教学活动中的应用模式探索
宁夏回族自治区银川市实验中学	信息技术与艺术特色教育融合模式探索
宁夏回族自治区银川市金凤区第二小学	信息化环境下启发式、探究式、合作式学习模式探索
宁夏回族自治区银川市金凤区良田回民学校	教育信息化提高农村中小学课堂教学有效性模式探索
宁夏回族自治区隆德县城关一小	信息技术促进教育教学模式创新探索
宁夏回族自治区海原县李俊中学	师生互动网络学习模式探索

续表

单位名称	试点工作重点内容
新疆维吾尔自治区乌鲁木齐市第十三中学	优质教学资源共享机制探索
新疆维吾尔自治区克拉玛依市南湖小学	交互式电子白板在教学中的应用模式探索
新疆维吾尔自治区昌吉回族自治州实验小学	信息技术促进学生个性化学习探索
新疆维吾尔自治区昌吉回族自治州昌吉市第八小学	优质数字教育资源共建共享机制与应用模式探索
新疆生产建设兵团农一师高级中学	与浙江省台州市教研室开展网络教研模式探索
新疆生产建设兵团农二师华山中学	信息技术促进教育教学模式创新探索
新疆生产建设兵团农五师中学	网络环境下实施“课堂差异化教学模式”探索
新疆生产建设兵团农六师五家渠高级中学	依托国家数字化教育资源公共服务平台开展本地区网络协作教研探索
新疆生产建设兵团农八师一四三中心团场第一中学	信息技术促进教育教学模式创新探索
新疆生产建设兵团农十师一八四团中学	同步课堂应用模式探索
新疆生产建设兵团建工师第四中学	区域网络教研提升教师教育技术能力探索
新疆生产建设兵团农十二师一〇四团中学	双语教学资源共建共享机制与应用模式探索
新疆生产建设兵团农十三师红星三场学校	优质资源应用模式探索

三、职业院校信息化试点单位

单位名称	试点工作重点内容
北京电子科技职业学院	信息化环境下校企合作新型教学模式探索
北京铁路电气化学校	数字化校园建设机制和应用模式探索
北京市商业学校	基于网络学习空间的虚拟仿真实训系统建设与应用模式探索
北京市劲松职业高中	中职精品课程资源建设与共享机制探索
北京市信息管理学校	与企业合作共建优质数字教育资源的机制和模式探索

续表

单位名称	试点工作重点内容
天津中德职业技术学院	基于全国高职技能赛项成果，促进机电类综合实践教学资源广泛共享和应用模式探索
天津市机电工业学校	数字化实训工厂建设与教学应用模式探索
天津医学高等专科学校	校院共建护理专业临床教学资源的机制和应用模式探索
天津交通职业学院	发挥名师课堂作用，引领“教学做一体化”课程教学模式
天津电子信息职业技术学院	移动学习和顶岗实习创新模式探索
河北省保定职业技术学院	基于IPv6的数字化校园建设机制与应用模式探索
河北省唐山工业职业技术学院	校企合作机制和人才培养模式创新探索
河北省张家口市职业技术教育中心	数字化校园建设机制与应用模式探索
河北省廊坊市电子信息工程学校	数字化校园建设机制与社区服务模式创新探索
河北省邢台市农业学校	3G实景课堂建设机制与应用模式探索
山西省太原铁路机械学校	数字化校园建设机制与应用模式探索
山西省贸易学校	应用数字化资源开展项目教学和案例教学模式探索
山西省工业管理学校	信息化环境下教育教学模式创新探索
山西省工贸学校	数字化校园建设机制与应用模式探索
山西省城乡建设学校	职业教育远程教学模式探索
山西交通职业技术学院	数字化校园建设机制与应用模式探索
内蒙古电子信息职业技术学院	数字化校园建设机制与应用模式探索
内蒙古化工职业学院	化工类专业教学资源共建共享机制探索
内蒙古建筑职业技术学院	网络学习空间应用模式探索
内蒙古交通职业技术学院	数字化校园建设机制与应用模式探索
内蒙古自治区锡林郭勒职业学院	蒙古语职业教育教学资源共建共享机制探索
辽宁警官高等专科学校	信息化环境下教育培训模式创新探索
辽宁林业职业技术学院	数字化校园建设机制与应用模式探索
辽宁石化职业技术学院	职业技能资源共建共享与应用模式探索
辽宁机电职业技术学院	信息化环境下高职教育服务社会模式探索

续表

单位名称	试点工作重点内容
辽宁省本溪市化学工业学校	虚拟仿真实训资源建设机制与应用模式探索
辽宁省渤海船舶职业学院	数字化学习中心建设机制与应用模式探索
辽宁农业职业技术学院	数字化校园建设机制与应用模式探索
吉林电子信息职业技术学院	IPv6在职业教育校园管理中应用模式探索
吉林省松原职业技术学院	信息化环境下人才培养模式创新探索
吉林农业工程职业技术学院	数字化校园建设机制与应用模式探索
吉林航空工程学校	数字化校园建设机制与应用模式探索
吉林省通化市职业教育中心	虚拟仿真实训资源开发与应用模式探索
吉林省四平市伊通满族自治县职业技术教育中心	数字化校园建设机制与应用模式探索
吉林省长春市机械工业学校	数字化校园建设机制与应用模式探索
黑龙江职业学院	网络空间在管理和教学中应用模式探索
黑龙江省哈尔滨华夏计算机职业技术学院	数字化校园建设机制与应用模式探索
黑龙江农垦机械化学校	农村职业教育数字资源共建共享机制与应用模式探索
黑龙江省黑河市职业技术教育中心学校	数字化校园中外合作建设机制与应用模式探索
黑龙江省哈尔滨轻工业学校	信息化环境下“一体化”实践教学模式探索
黑龙江省齐齐哈尔市职业教育中心学校	信息化环境下职业技能培训模式探索
黑龙江省齐齐哈尔铁路工程学校	数字化校园建设机制与应用模式探索
上海济光职业技术学院、上海新侨职业技术学院	信息化环境下校企协同教学模式探索
上海科技管理学校、上海新朋程信息科技有限公司	信息化环境下校企合作开展专业实践教学模式探索
上海市信息管理学校、上海师范大学图书馆、上海市长宁区图书馆、上海市闵行区图书馆、上海社会科学院图书馆	校企共建虚拟实训资源机制、模式探索
上海交通大学医学院附属卫生学校	精品课程资源共建共享机制探索

续表

单位名称	试点工作重点内容
上海市工业技术学校	数字化校园建设机制与应用模式探索
上海行健职业学院	数字化校园建设机制与服务社会模式探索
上海医药高等专科学校	信息化环境下实验实训教学与实践模式创新探索
江苏省南京高等职业技术学校	数字化校园建设机制与应用模式探索
江苏省南京工程高等职业学校	实名制网络学习空间建设机制与应用模式探索
江苏省扬州商务高等职业学校	数字化校园建设机制与应用模式探索
江苏省镇江高等职业技术学校	数字化校园建设机制与应用模式探索
江苏建筑职业技术学院	远程同步视讯实践教学模式探索
江苏省南京工业职业技术学院	信息化环境下职业能力发展模式探索
浙江经济职业技术学院	信息化环境下校企合作创新人才培养模式探索
浙江纺织服装职业技术学院	实验实训资源共建共享机制与应用模式探索
浙江省杭州职业技术学院	专业教学资源共建共享机制探索
浙江省金华职业技术学院	信息化环境下合作开放式“学教”模式探索
浙江省丽水职业技术学院	网络环境下教学模式创新探索
浙江旅游职业学院	智慧校园建设机制与应用模式探索
浙江交通职业技术学院	信息化环境下高端技能型交通人才培养模式创新探索
安徽材料工程学校	探究性学习模式探索
安徽机械工业学校	数字化校园建设机制与应用模式探索
安徽职业技术学院	优质教学资源共建共享机制探索
安徽省宣城职业技术学院	信息化环境下校企联合开展远程职业教育和培训模式探索
安徽省芜湖职业技术学院	数字化校园建设机制与应用模式探索
福建林业职业技术学院	虚拟学习社区建设机制与应用模式探索
福建省福州职业技术学院	信息化环境下“职业人才成长服务”培养模式探索
福建省泉州信息职业技术学院	数字化校园建设机制与应用模式探索
福建省三明市农业学校	数字化校园建设机制与应用模式探索

续表

单位名称	试点工作重点内容
福建理工学校	信息化环境下教育教学模式创新探索
福建化工学校	信息技术支撑“2+1+N”人才培养模式探索
福建省集美轻工业学校	数字化校园建设机制与应用模式探索
江西省南昌师范高等专科学校	优质教育资源共建共享机制
江西省九江职业技术学院	优质教育资源共建共享机制
江西陶瓷工艺美术职业技术学院	数字化校园建设机制与应用模式探索
江西现代职业技术学院	专业教学资源共建共享与应用模式探索
江西工程职业学院	数字化校园建设机制与应用模式探索
山东省枣庄市薛城区职业中专	“数字化实训中心”建设机制与应用模式探索
山东职业学院	数字化校园建设机制与应用模式探索
山东商业职业技术学院	数字化校园建设机制与应用模式探索
山东省青岛酒店管理职业学院	信息化环境下高职实习实训教学模式探索
山东省烟台职业学院	职业教育共享型数字化教学资源建设机制及应用模式探索
河南省郑州铁路职业技术学院	信息化环境下教学模式创新探索
河南财政税务高等专科学校	数字化校园建设机制与应用模式探索
河南省三门峡职业技术学院	数字化校园建设机制与应用模式探索
河南商业高等专科学校	网络条件下教学模式创新探索
河南工业职业技术学院	优质教育资源共建共享机制探索
河南省郑州工业贸易学校	信息化环境下教学模式创新探索
河南信息工程学校	数字化校园建设机制与应用模式探索
湖北省武汉船舶职业技术学院	优质教育资源共建共享机制探索
湖北省武汉职业技术学院	优质教育资源共建共享机制探索
湖北省长江职业学院	数字化校园建设机制与应用模式探索
湖北省浠水理工中等专业学校	数字化校园建设机制与应用模式探索
湖北省钟祥市职业高级中学	数字化校园建设机制与应用模式探索

续表

单位名称	试点工作重点内容
湖南省长沙民政职业技术学院	网络学习空间教学与管理应用模式创新探索
湖南省株洲职业技术学院	信息化环境下中高职有效衔接模式探索
湖南铁路科技职业技术学院	“3G实景课堂”教学管理应用模式创新
湖南生物机电职业技术学院	信息技术环境下实习实训及培训模式创新探索
湖南铁道职业技术学院	优质教育资源共建、共享、共用机制探索
湖南工艺美术职业学院	网络空间校企共建机制与应用模式探索
广东轻工职业技术学院	信息化环境下校内外实训实习管理新模式探索
广东省广州工程技术职业学院	高职院校优质教育资源共享与应用模式探索
广东女子职业技术学院	高职院校数字化校园与共享型教学资源建设机制与应用模式探索
广东省佛山市顺德区胡锦超职业技术学校	数字化校园建设机制与服务应用模式探索
广东省中山市中等专业学校	数字化校园建设机制与教育教学模式创新探索
广东省广州市交通运输职业学校	基于网络学习空间的名师课堂建设机制与教学模式创新探索
广西壮族自治区柳州职业技术学院	数字化校园建设机制与应用模式探索
广西壮族自治区南宁职业技术学院	国际化优质教育资源共建共享机制与国际职业教育交流模式创新探索
广西幼儿师范高等专科学校	信息化环境下综合实践教学模式创新探索
广西理工职业技术学校	数字化校园建设与资源共建共享机制探索
广西河池市职业教育中心学校	数字化校园建设机制与应用模式探索
海南省农业学校	数字化校园建设机制与应用模式探索
海南省海口旅游职业学校	数字化校园建设机制与应用模式探索
海南工商职业学院	校企联合开展远程职业教育和培训模式探索
海南职业技术学院	数字化校园建设机制与应用模式探索
海南软件职业技术学院	信息化环境下教育教学模式创新探索
重庆工商职业学院	数字化校园建设机制与应用模式探索

续表

单位名称	试点工作重点内容
重庆城市管理职业学院	实名制网络学习空间建设机制与应用模式探索
重庆工业职业技术学院	网络学习空间建设与资源应用模式探索
重庆工程职业技术学院	共享型专业教学资源库建设机制与应用模式探索
重庆市龙门浩职业中学校	中职特色教学资源建设机制与应用模式探索
重庆市巫山县职业教育中心	信息化环境下职业技能三级培训模式探索
重庆市女子职业高级中学	数字化课程资源共建共享机制探索
重庆市垫江县职业教育中心	网络环境下服务“三农”培训模式探索
四川省成都航空职业技术学院	数字化校园建设机制与应用模式探索
四川省成都职业技术学院	专业教学资源库共建共享机制
四川省内江铁路机械学校	数字化校园建设机制与应用模式探索
四川省达县职业高级中学	数字化校园建设机制与应用模式探索
四川省泸州市江阳职业高级中学校	数字化校园建设机制与应用模式探索
贵州轻工职业技术学院	数字化校园建设机制与应用模式探索
贵州省六盘水市民族职业技术学校	数字化校园建设机制与应用模式探索
贵州省荔波县职业高级中学	数字化校园建设机制与应用模式探索
贵州省黔东南民族职业技术学院	数字化校园建设机制与应用模式探索
贵州交通职业技术学院	信息化环境下教育教学、服务社会模式创新探索
贵州省商业学校	数字化校园建设机制与应用模式探索
贵州省水利电力学校	数字化校园建设机制与应用模式探索
贵州省铜仁职业技术学院	信息化环境下教育教学模式和管理模式创新探索
云南省楚雄医药高等专科学校	网络条件下校外实践教学模式创新探索
云南省昆明冶金高等专科学校	虚拟仿真实习实训中心建设机制与资源共享模式探索
云南省临沧师范高等专科学校	数字化校园建设机制与应用模式探索
云南省大理白族自治州财贸学校	信息化环境下个性化教育教学模式改革探索
云南国土资源职业学院	专业教育资源共建共享机制探索

续表

单位名称	试点工作重点内容
云南国防工业职业技术学院	信息化环境下服务社会模式创新探索
西藏职业技术学院	优质资源共建共享机制探索
西藏自治区拉萨师范高等专科学校	信息化环境下管理模式创新探索
陕西工业职业技术学院	信息化环境下人才培养模式创新探索
陕西省西安铁路职业技术学院	教学与培训资源校企共建共享机制探索
陕西警官职业学院	优质教育资源共享与服务社会模式创新探索
陕西省汉中职业技术学院	优质教育资源共建共享机制与应用模式探索
陕西省西安市灞桥区职业教育中心	信息化环境下实验实训设备管理新模式探索
陕西省榆林农业学校	数字化校园建设机制与服务“三农”新模式探索
陕西省杨凌区职业技术教育中心	信息化环境下教育教学模式创新探索
甘肃省定西理工中等专业学校	数字化校园建设机制与应用模式探索
甘肃省环县职业中等专业学校	数字化校园建设机制与应用模式探索
甘肃省天水市职业技术学校	信息化环境下教育教学模式改革和创新探索
甘肃省兰州资源环境职业技术学院	数字化校园建设机制与应用模式探索
甘肃省兰州职业技术学院	数字化校园建设机制与应用模式探索
青海省工业职业技术学校	信息化环境下实训资源建设与应用模式探索
青海省重工业职业技术学校	信息化环境下教育教学新模式探索
青海省水电职业技术学校	信息化环境下教育教学和管理模式创新探索
青海省西宁市第一职业技术学校	仿真虚拟实训中心建设机制与教育教学模式创新探索
宁夏回族自治区银川市职业技术教育中心	数字化教育资源应用模式探索
新疆农业职业技术学院	基于网络学习空间的优质数字教育教学资源共建共享机制及应用模式探索
新疆轻工职业技术学院	数字化校园建设机制与应用模式探索
新疆维吾尔自治区克拉玛依职业技术学院	智慧校园建设机制与学习方式变革探索

续表

单位名称	试点工作重点内容
新疆化学工业学校	数字化校园建设机制与应用模式探索
新疆维吾尔自治区乌鲁木齐铁路运输学校	数字化校园建设机制与应用模式探索
新疆生产建设兵团农六师五家渠职业技术学校	信息化环境下教育教学模式创新探索
新疆生产建设兵团工贸学校	优质资源共建共享机制探索
新疆生产建设兵团农二师华山职业技术学校	信息化环境下教育教学模式创新探索
新疆生产建设兵团石河子职业技术学院	优质教育资源共建共享机制探索
新疆生产建设兵团石河子卫生学校	信息化环境下教育教学模式创新探索

四、本科院校信息化试点单位

单位名称	试点工作重点内容
安徽大学	综合性大学信息化教学模式及其支撑环境的构建
北京大学	智慧校园
北京工商大学	信息化条件下创新人才培养模式探索
重庆大学	数字化校园建设与应用模式探索
重庆医科大学	移动学习模式探索
电子科技大学	基于实名制网络学习空间的自主学习模式探索
东北大学	数字化校园建设与应用探索
福州大学	数字化校园服务模式探索
复旦大学	基于云计算技术的教育教学模式改革探索
广西大学	数字化校园与学生网络文化建设探索
贵州大学	数字化校园建设机制探索
桂林电子科技大学	信息化促进实践教学模式创新
哈尔滨工业大学	智慧校园探索

续表

单位名称	试点工作重点内容
哈尔滨理工大学	信息化助力卓越工程师培养模式创新
海南大学	教育教学网络协作模式探索
海南医学院	信息化促进医学人才培养模式创新探索
杭州电子科技大学	“智慧校园”与工程人才培养模式创新探索
河北大学	基于云计算技术的自主、泛在学习新模式探索
河北经贸大学	基于数字校园的特色资源共建共享探索
河南大学	基于云计算技术的数字校园建设模式探索
黑龙江大学	信息化条件下人才培养模式创新探索
湖南财政经济学院	数字校园与网络学习空间建设与应用探索
湖南大学	基于云计算技术的学习方式变革探索
华东师范大学、新疆师范大学、山西师范大学	教师教育创新支持系统建设与应用探索
华南师范大学	智慧校园与优质教育资源共建共享机制探索
华中科技大学	智慧校园与服务社会模式探索
华中师范大学	高校教育信息化标准化建设与教育教学模式创新探索
吉林建筑工程学院	基于云计算技术的应用型人才培养模式探索
江南大学	数字化校园学习生态体系促进学生全面发展模式探索
江西师范大学	信息化环境下教师教育模式探索
兰州大学	信息化环境下本科生教育教学模式创新探索
辽宁大学	数字化校园建设与应用服务模式探索
南昌大学	信息化应用与服务模式探索
南京农业大学	信息技术支撑农科教合作模式创新探索
南开大学、天津科技大学	互惠、融合的智慧校园建设机制探索
内蒙古大学	数字化校园建设与服务模式探索
内蒙古民族大学	民族院校数字化校园建设与应用探索
宁夏大学	信息化条件下服务区域发展模式探索

续表

单位名称	试点工作重点内容
青海民族大学	数字化校园建设与应用探索
清华大学	高校信息化系统建设模式探索
三峡大学	数字校园可持续发展机制探索
山东大学	智慧校园建设与应用探索
山东理工大学	信息技术与课程教学深度融合模式探索
上海大学、上海师范大学、上海理工大学	校园信息管理共享平台建设与应用模式探索
石河子大学	绿色数字化校园建设与应用探索
塔里木大学	网络课程建设及应用与教育教学模式改革
太原理工大学	地方大学数字化校园建设和管理机制探索
天津大学、天津医科大学	信息化环境下高素质创新人才培养模式探索
西安欧亚学院	信息化条件下教育教学模式改革探索
西北师范大学	高校综合信息服务模式探索
西藏民族学院	民族院校数字化校园建设模式探索
西南交通大学	信息化条件下教育教学模式改革探索
湘潭大学	网络学习空间与自主探究性学习模式探索
新疆大学	基于下一代互联网的新疆高校教育教学资源共建共享机制探索
新疆医科大学	基于网络的医学生自主学习模式探索
延安大学	信息化条件下教育教学模式改革探索
云南大学	数字校园建设与服务模式探索
云南中医学院	数字校园与文化传承、服务社会机制探索
长春师范学院	网络条件下促进大学生全面发展模式探索
浙江大学	面向人才培养模式创新的信息化支撑体系建设
浙江中医药大学	信息化条件下中医药综合人才培养模式创新探索
郑州大学	基于云计算技术的资源应用模式探索
中国科学技术大学	信息化条件下的科教结合机制探索

续表

单位名称	试点工作重点内容
中南大学	数字校园建设与服务社会机制探索
中山大学	个性化网络学习空间应用模式探索
遵义医学院	信息化条件下教育教学模式改革探索

五、专项试点信息化试点单位

单位名称	试点工作重点内容
北京市教育委员会	高等学校特色专业优质资源共建共享机制探索
天津市教育委员会	基于云计算技术的特色教育资源共建共享机制探索
河北省电化教育馆、河北经贸大学	基于网络的教学模式探索
山西省电化教育馆	信息化条件下的小组合作学习模式探索
内蒙古自治区电化教育馆	中小学蒙古文教育资源共建共享机制探索
辽宁省教育厅	职业教育数字化实训资源共建共享机制探索
吉林省教育信息中心、四平市教育局	基于云计算技术的基础教育资源共享与应用模式探索
黑龙江省教育厅	省级教育信息化公共服务体系运行模式探索
中共上海市教育卫生工作委员会、上海市教育委员会	学生网络互动社区建设与应用探索
江苏省教育厅	省级教育信息化公共服务体系建设机制与应用模式探索
浙江省教育厅	省级教育资源与管理公共服务平台建设机制探索
安徽省教育信息咨询中心	省级教育数据中心建设与管理信息系统应用模式探索
福建省教育厅、福建工程学院、赛尔网络有限公司	福建教育科研网建设及IPv6应用模式探索
江西省教育厅	省级基础教育资源公共服务平台建设机制探索

续表

单位名称	试点工作重点内容
山东省教育厅	省级高等教育信息服务支撑平台建设与应用探索
河南省教育厅	高校科技管理公共服务平台建设与应用探索
湖北省教育厅	省级教育资源与管理公共服务平台建设与应用探索
湖南省教育科学研究院	职业教育名师课堂、专递课堂模式探索
广东省教育厅	信息技术与教育教学深度融合的机制与模式探索
广西壮族自治区教育厅、赛尔网络有限公司	省级教育资源及管理服务平台建设与应用探索
海南省教育科研数字图书馆、海南省电化教育馆	全省优质教育资源共建共享机制探索
重庆市教育信息技术与装备中心	优质教育资源共享机制探索
四川省教育管理信息中心	省级教育数据中心建设机制与管理信息系统应用模式探索
贵州省电化教育馆	省级教育信息化公共服务体系建设与应用探索
云南省教育厅	省级教育数据中心建设机制与管理信息系统应用模式探索
陕西省教育厅	省级教育数据中心建设机制与管理信息系统应用模式探索
甘肃省教育厅	信息技术促进中小学及中等职业学校教育教学改革综合试验
宁夏回族自治区教育厅	数字教育资源公共服务可持续发展模式探索
新疆维吾尔自治区教育厅教育管理信息中心	省级教育数据中心建设机制与管理信息系统应用模式探索
新疆生产建设兵团教育局	教育管理信息系统数据挖掘及应用探索

六、国家数字教育资源公共服务平台规模化应用专项试点

试点地区	单位名称
北京市通州区	北京市通州区教育信息中心
天津市和平区	天津市和平区教育局
河北省石家庄市	河北省石家庄市教育局
山西省阳泉市	山西省阳泉市电化教育馆、阳泉市教育信息网络中心
内蒙古自治区鄂尔多斯市	内蒙古自治区鄂尔多斯市教育局
辽宁省沈阳市	辽宁省沈阳市电化教育馆
吉林省长春市	吉林省长春市教育局
黑龙江省鸡西市	黑龙江省鸡西市教育局
上海市嘉定区	上海市嘉定区教委
江苏省如皋市	江苏省如皋市教育局
浙江省东阳市	浙江省东阳市教育局
安徽省淮北市相山区	安徽省淮北市相山区教育局
福建省三明市三元区	福建省三明市三元区教育局
江西省抚州市南丰县	江西省抚州市南丰县教育局
山东省济南市历城区	山东省济南市历城区教育局
河南省洛阳市	河南省洛阳市教育局
湖北省武汉市	湖北省武汉市教育局
湖南省株洲市炎陵县	湖南省株洲市炎陵县教育局
广东省肇庆市	广东省肇庆市教育局

续表

试点地区	单位名称
广西壮族自治区柳州市	广西壮族自治区柳州市教育局
海南省三亚市	海南省三亚市教育局
重庆市石柱县	重庆市石柱土家族自治县教育委员会
四川省成都市青白江区	四川省成都市青白江区教育局
贵州省贵阳市小河区	贵州省贵阳市小河区教育局
云南省昆明市西山区	云南省昆明市西山区教育局
西藏自治区拉萨市城关区	西藏自治区拉萨市城关区教育体育局
陕西省西安市	陕西省西安市现代教育信息技术中心
甘肃省张掖市临泽县	甘肃省张掖市临泽县教育体育和科学技术局
青海省西宁市城北区	青海省西宁市城北区教育局
宁夏回族自治区石嘴山市	宁夏回族自治区石嘴山市师资培训中心
新疆维吾尔自治区克拉玛依市	新疆维吾尔自治区克拉玛依市教育局
新疆生产建设兵团农十三师	新疆生产建设兵团农十三师教育局

教育信息化研究支持机构简介

截至2012年底，教育部和地方各级教育行政部门、科研部门先后以高校和科研机构为依托，成立了一批国家级、省部级教育信息化研究支持机构，为我国教育信息化发展提供了有力支持。本文对目前国内已经建立的教育信息化领域的部分国家级、省部级科研机构进行简要介绍。

一、国家数字化学习工程技术研究中心

国家数字化学习工程技术研究中心（National Engineering Research Center for E-Learning, NERCEL）依托华中师范大学组建，是国内从事教育信息化技术研究和科研成果转化的专门研发机构，于2004年经湖北省发展和改革委员会批准成为湖北省工程研究中心，2006年经教育部批准成为教育部工程研究中心，2009年经科技部批准进入国家工程技术研究中心建设序列，成为目前国内仅有的教育信息化领域的国家级科研机构，是我国教育信息化技术研发、产品推广、产业示范的重要基地。

国家数字化学习工程技术研究中心的建设目标是：以技术原始创新和集成创新为导向，以服务中国教育信息化和现代化为宗旨，提高我国教育信息化领域的理论研究水平和技术创新能力，研发适应我国教育教学实际发展需求的技术成果和解决方案，提升教育信息化领域的技术创新能力及科技成果工程化研究和产业化转化水平，为实现我国中长期教育改革和发展规划纲要的战略目标做出实际贡献。

该中心现有数十名高素质研究人才和工程实践队伍，主要研究方向包括：数字化学习标准与技术、数字教育公共服务体系与软件系统、教育资源集成与开发、数字媒体内容集成与开发等。现有教育信息科学与技术博士点和计算机应用技术、管理科学与工程、教育技术学三个硕士点。

该中心自成立以来，经过多年的潜心研究，取得了双板数字教室系统、资源服务系统、课堂交互系统、学习管理系统、空间视频系统等多项自主知识产权的科技成果，已服务于数十家用户单位，形成了良好的社会效益和经济效益。

该中心自主研发的盘古课堂教学平台PGP 2.0已在全国范围内进行推广应用，在我国湖北、北京、广东、江苏、浙江、云南、新疆、湖南、天津、重庆、福建、陕西、台湾以及澳大利亚等地共构建先进数字化教室500余间，对引领课堂教学的创新与变革起到了积极的示范作用。

该中心与国际国内众多高校、企业实现了在科学研究、人才培养、产品推广等方面的战略合作。与澳大利亚教育管理集团、美国肯恩大学在合作研究、合作推广方面取得

了良好成效，与澳大利亚迪肯大学合作在迪肯大学成立“未来教育”联合科研中心，将中心在课堂教学环境创新研究方面的成果推向海外。

二、数字学习与教育公共服务教育部工程研究中心

数字学习与教育公共服务教育部工程研究中心由教育部支持，依托北京师范大学建设，是面向终身教育领域、专门从事数字学习关键技术及终身学习研究开发和成果转化的机构。该中心以北京师范大学教育技术学院为依托单位进行建设，以北京奥鹏远程教育中心有限公司、北京希普无忧教育科技有限公司作为成果转化与示范应用基地。2007年10月经教育部批准列为教育部工程研究中心建设计划。

该中心以服务于中国终身教育体系建设为出发点，跟踪科技发展前沿，探索知识工程化处理以及新一代数字教育内容处理与传播技术，推动学校教育体系与社会教育体系之间的融合，培育基于数字教育的终身教育产业链，提升服务于终身教育的技术创新能力及工程化与产业化水平。

该中心研究方向如下：

方向一：教学设计与知识服务技术研究研究。知识发现、表征、耦合、推送、可视化等知识工程化处理关键技术；开展面向国家教育信息化建设深入发展需求的优质数字资源及其共享机制研究；研究非正式学习环境下教学设计及教学设计自动化、语言认知与语言计算、移动/普适学习等新一代课件技术与教育内容传播技术。

方向二：数字教育公共服务平台研究与开发研究计算机自动测评、巨规模并发控制等技术，建设大容量、高并发测评系统；研究新一代网络教学服务系统与资源跨组织共享技术，建设面向超大规模用户的数字教育公共服务集成平台。

方向三：典型示范与产业化运营开展终身教育领域中若干示范应用工程，研究终身教育与学习型社会应用推进策略，促进数字教育服务产业良序竞争。

该中心现有科研人员50余人，其中有中高级职称的35余人，拥有博士学历的40余人；聘请中国工程院李幼平院士、教育技术专家何克抗教授和远程教育专家任为民教授担任顾问委员会专家成员；聘请中国工程院张尧学院士担任技术委员会主任，成员包括教育部职业教育与成人教育司远程与继续教育处刘英、中央广播电视大学严冰教授、北京交通大学网络学院院长陈庚教授、北京师范大学教育技术学院黄荣怀教授、北京师范大学教育技术学院崔光佐教授等知名专家。北京师范大学教育技术学院黄荣怀教授为该中心主任。该中心下设四个工程化研究与实施机构，即知识工程与教学软件实验室、数字教育产品测评与推广中心、计算机辅助测试实验室、数字教育公共服务业研究中心。

三、“移动学习”教育部—中国移动联合实验室

“移动学习”教育部—中国移动联合实验室（The Joint Laboratory for Mobile Learning, Ministry of Education-China Mobile Communications Corporation）由教育部和中国移动联合支持，依托北京师范大学组建，是为贯彻国家科技创新大会以及《教育信息化规划》的文件精神，在《中华人民共和国教育部与中国移动通信集团公司战略合作框架协议》之下，于2013年1月在北京师范大学成立的。

该实验室将充分释放高校和企业在人才、资本、信息、技术等创新要素的活力，聚焦移动学习平台与智能终端教育应用研究，开展持续深入的理论研究、技术创新、原型实现、系统孵化与测试评估、应用示范及人才培养等工作。该实验室的各项研究以教育部组织中国移动等机构承建的移动学习平台以及中国移动覆盖全国的通信网络为基础，在移动学习试验平台研发、未来学习示范与体验基地培育、百所学校信息化学习示范、重大项目联合申请、开放新课题研究和人才培养合作等方面开展全面深入的合作。其具体研究方向为：（1）泛在教育研究方向。聚焦探索移动学习平台云服务以及无处不在的智能终端可能给学习带来的变革性影响，探索未来教育的新形态，为实验室研究与实践提出需求，开展理论支撑。（2）移动学习模式研究方向。聚焦移动学习平台云服务支持下的创新的学习方式，云端结合的技术融入教育主流业务流程的模式与方法，探索云环境下的教育服务新形态。（3）移动学习平台研究方向。聚焦云技术支持下的移动学习平台关键技术与服务设计技术研究。

中国移动与北京师范大学将按照教育部重点实验室的建设要求开展建设工作。整合双方在技术、人才等方面的优势资源，利用双方在教育理论、移动通信、云计算、物联网等领域的先进技术，围绕人才培养、技术研究和社会服务三大主题，以试验平台、体验基地和示范应用为依托，全面合作建设联合实验室。每年制订年度研发内容计划，并组织实施、及时总结，促进双方的合作不断深化和拓展。

双方合作主要包括：

（1）研发移动学习试验平台：调研移动学习的需求，研究移动学习的创新模式，研发基于云计算的移动学习平台原型，提供学习资源模型、学科认知模型、学习活动设计、学习资源生成和进化等关键技术的支撑，为中国移动的移动学习平台项目提供理论与应用基础，形成在教育信息化领域具有领先优势的、可行性强的解决方案。

（2）培育未来学习示范与体验基地：仿真现代的数字化校园，打造集成度高、互动性好的未来学习环境，对各种数字化教育装备（包括网络设备、存储设备、数字终端设备、服务器、各种教学用数字化教学系统、系统软件、教育信息化应用系统等）进行集成并优化，形成可以操作和交互的数字化教育环境。为数字环境下教育理论的发展、演

变和研究提供基础，并作为北京师范大学教育改革以及中国移动教育信息化解决方案的展示窗口。

（3）开展百所学校的示范应用：将移动学习平台、学习活动工具与课堂互动客户端在与北京师范大学合作的百所以上中小学进行示范应用，助力破解有关教育公平、素质教育等方面的难题，创造一批具有世界领先水平的应用范例，为甲方在教育信息化市场提供领先的示范应用。

（4）开展开放性课题研究：该实验室将设立开放性课题，双方合作的学校所有相关教师、访问学者均可申请。双方可依托该实验室，联合申请国家或其他各级政府资助的项目。

（5）人才培养合作：北京师范大学可选派一定数量的优秀研究生参加中国移动的科研实践，并可在实习期间结合该实验室具体研究项目完成其学位论文工作。中国移动可依托该实验室开展教育信息化领域的人才培养工作。

四、教育部数字化学习支撑技术工程研究中心

教育部数字化学习支撑技术工程研究中心由教育部支持，依托东北师范大学组建，成立于2006年，主要从事应用信息技术支持学习创新、给学习带来革命性变化的基本理论、方法、软件及数字化学习环境等的研究和应用工作，并在此基础上开展教师教育信息化能力培训及区域教育信息化应用推动工作，覆盖基础教育、职业教育、学前教育、高等师范教育和社区教育等领域。

该中心整合东北师大理想信息技术研究院、软件学院等，建立了“产、学、研、用”联动的教育信息化成果创新、扩散、交流研讨平台，拥有全国现代教育技术培训中心、教育信息化博士后科研工作站、全国教育信息化交流研讨平台、吉林省教育软件重点实验室、网络教育关键支撑技术吉林省科技创新中心等科研平台等研究培训基地。此外，该中心与英国埃塞克斯大学、美国韦恩州立大学、荷兰代尔夫特理工大学、北京大学、南京大学、吉林大学等国内外知名的院校建立了联合实验室，达成了长期稳定、密切的科研合作关系。

该中心已经形成了信息技术与课程整合、软件工程与教育软件、知识工程与智能信息处理软件、虚拟现实与教育动漫、Web计算与教育公共服务等五个多学科交叉，主攻方向明确稳定，特色鲜明，竞争有力的研究方向和科技创新团队。创新团队中专职教授（博导）18名，教授/研究员22名，特聘的外籍专家16名。

该中心承担了30多项国家和省部级科研项目，攻克了“教育资源主动服务技术”“虚拟仿真教学诊断与指导技术”“自适应软件构建技术”等数字化学习环境构建的核心技术与方法；提出了应用信息技术支撑教学创新、给学习带来革命性变化的整合点理论，理

清了信息技术与学科深度融合的路径，为教学软件开发和数字化学习环境构建提供强有力的理论支撑，为教师信息化能力提升提供了理论指导，有效引领了基础教育信息化方向。该中心创新性设计并实现了有效支撑教学信息化、学习信息化、考试信息化、教师研修信息化、管理信息化的系列软件产品，合计11类690个品种，并获得自主知识产权63项。特别是“基于Internet的教育资源管理系统”获得教育部科学进步二等奖，“中小学信息技术教育平台”获吉林省科学进步一等奖，为应用信息技术促进课堂教学创新，给我国2亿多名中小学学生的学习带来革命性变化，提供了必要保障。

2006年以来，该中心先后为吉林、辽宁、黑龙江、广东、贵州、山东、天津、上海、浙江、江苏、广西等十几个省（自治区、直辖市）中小学教师举办了38个研究生课程班，中小学校长高级研修班、学科骨干教师培训班等上百期，培训教师22 000多人。这些培训有效引领了信息技术与学科教学整合的方向，为教师开展信息技术与学科教学整合工作提供了科学的依据。此外，该中心连续9年，每年举行全国信息技术与课程整合优质课大赛暨现代教育发展论坛（小学、初中、高中），有效引领了我国基础教育信息化乃至教育现代化的方向，对我国基础教育课程改革的实施起到了推动和促进作用。

五、民族教育信息化教育部重点实验室

民族教育信息化教育部重点实验室以云南师范大学为依托单位，于2010年7月经教育部批准开始筹建。2011年1月，教育部科学技术司组织的以院士为组长的专家组论证通过了实验室建设计划，标志着全国第一个教育类重点实验室的建设工作正式启动。

民族教育信息化教育部重点实验室是一个文理交叉、多学科融合、开放式的实验室，主要由云南师范大学教育科学与管理学院、信息学院、旅游与地理科学学院、高等教育与区域发展研究院等院所共同建设，涉及教育学、民族学、计算机科学与技术、心理学、地理学、设计学等学科领域。现有专兼职研究人员39人，其中，具有正高职称的15人，具有副高职称的16人，具有中级职称的8人，具有博士学位的或在读博士26人，博士生导师4人，硕士生导师26人。

该实验室依托云南师范大学和国内相关高校的科研力量，着眼于国家教育发展战略，结合云南边疆民族区域优势，有效整合教育科学、计算机科学、应用数学和信息技术与科学等多学科资源，研究当前我国民族教育信息化面临的主要问题，探索民族地区教育信息化发展的新思路和新途径。具体任务包括：实现民族文化优质教育资源的数字化开发与应用，丰富民族教育内容；构建信息化学习环境下的多样性教学模式及适应性教学评价体系，优化教学过程；提出转变学习者的学习行为配套措施，提高学习效能，形成教育学领域新的学科增长点，展现技术成效；开展区域教育发展决策咨询及人员培训，提升服务水平；利用云南的地域优势，积极开展与南亚、东南亚国家的国际教育交流与合作，

发挥云南面向南亚和东南亚的“桥头堡”作用，并借助民族教育信息化资源和手段，为开展国际文化交流与教育合作提供决策咨询服务。

六、教育技术学北京市重点实验室

教育技术学北京市重点实验室（Laboratory of Educational Technology，LET）由北京市教委支持，依托北京师范大学建设，根据《北京市提高全民信息能力行动纲要》《2006—2020年首都信息社会发展战略》的总体规划，按照《北京市“十二五”时期教育发展规划》的要求，结合北京师范大学“985工程”的建设内容，以服务北京地区教育信息化工作为重点，研究信息技术如何提升教学质量和管理水平、信息技术如何提高应用效益和服务水平、信息技术如何促进教育整体发展等首都教育现代化发展的关键问题，探索与首都经济和文化发展水平相称、具有首都特色的教育信息化发展之路。

信息技术正在进入成熟发展的时代，作为操作工具，其作用在于为应用行业提供可靠而又方便的服务，而作为内容表达的工具，其作用在于更科学地表示业务的本质和内涵，以提高业务的质量。相应地，教育信息化应用也呈现出从外延到内涵的转变，即教育信息化正在从基础设施建设向提高教学效果和学习效果转变。未来北京市教育信息化发展将跃上一个台阶：一是如何经济地构建数字校园并提供可靠服务；二是如何将信息技术与教学过程和教学内容相结合，以提高教学质量。

围绕以上发展方向，该实验室研究方向分为四个方面：

数字化学习技术研究：（1）课程知识本体与学习资源语义化；（2）课堂交互分析技术；（3）协作学习技术；（4）移动学习技术；（5）智能教育软件。

教育信息化理论、政策与标准研究：（1）教育信息化理论；（2）数字校园的理念与结构、基础设施建设与服务模式；（3）现代电子教育服务业发展战略与区域性教育信息化推进策略；（4）数字教学资源标准、知识产权规范、数字化教育管理与教学标准。

信息技术教育应用研究：（1）新一代基于服务的教育信息系统研发；（2）创意教学资源的设计、优质教育资源的整合与共享；（3）运用现代教育技术促进北京地区农村教育均衡发展的关键技术及其有效应用模式；（4）教育技术支持中小学与职业教育的课程改革、高校精品课程的建设与应用。

在线学习与认知发展研究：（1）在线学习的基本理论与认知规律；（2）在线学习支撑环境与课程设计；（3）学习型城市的理论、技术与实践；（4）远程教育经济与管理。

该实验室的近中期目标是形成健全的组织机构、高水平的学术委员会队伍和领导队伍，建设好基本的基础设施，培育一支稳定的队伍，在数字校园与特色教育资源建设等典型领域承担关键技术研究及工程化应用示范项目，初步形成北京市教育信息化关键问题解决的服务能力和关键教育技术成果研发能力。

七、上海数字化教育装备工程技术研究中心

2010年6月，经上海市科学技术委员会批准，华东师范大学以华东师范大学教育信息化系统工程研究中心为主体，联合上海华师京城高新技术股份有限公司、华东师范大学科教仪器厂、华东师范大学学习科学研究中心共同正式筹建上海数字化教育装备工程技术研究中心。随后，华东师范大学将该中心纳入学校“985”建设平台，大力推进该中心的各项建设工作。在上海市科学技术委员会和华东师范大学的大力支持下，经过两年的努力，该中心于2012年6月顺利通过上海市科学技术委员会的正式验收。

该中心由华东师范大学副书记兼副校长任友群教授担任主任，由华东师范大学开放教育学院（在原网络教育学院、继续教育学院的基础上于2013年3月合并成立）院长祝智庭教授担任常务副主任。同时，该中心依托华东师范大学，整合国内学术界、产业界的专家教授，形成以中央电教馆馆长王珠珠研究员为主任、由17名专家组成的第一届技术委员会，以张景中院士为主任、由11名专家组成的第一届顾问委员会，以及由4名教授、9名副教授、17名博士（后）和40多名教育技术学博士、硕士研究生组成的专业研发团队。

目前，该中心已建成一个良好的研发与产业化环境，包括位于华东师范大学中北校区开放教育学院西楼的理论与技术研究中心，位于中北校区计算机楼的软硬件产品设计与开发基地，以及合作单位上海华师京城高新技术股份有限公司、华东师大科教仪器厂的产业化基地。

该中心致力于为国家和上海教育发展提供教育信息化战略规划、数字化教育装备技术的研究与成果的产品转化，努力成为国内领先、国际先进的数字化教育装备技术研发中心、技术标准制定和测试服务提供者、应用示范推广基地和产业开拓的引领者。研究方向包括四个方面，分别为数字化教育装备的关键技术、数字化教育装备系统设计与集成、数字化教育装备标准及评测、数字化教育装备的应用与示范推广。

八、教育部教育信息化战略研究基地（华中）

教育信息化战略研究基地（华中）是教育部批准筹建的负责教育信息化发展战略研究、现状评估、政策分析、决策支持的专门研究机构，依托华中师范大学建设。基地集中了我国教育信息化战略研究领域的知名专家，他们来自30余所高校、科研单位和服务机构。基地承担着国际调研、政策分析、绩效评估、决策支持、咨询培训等多项功能，在我国教育信息化发展规划制定和发展战略研究方面具有重要地位。基地成立以来，初步建设完成了全国教育信息化基础信息数据库，发表了《〈教育信息化十年发展规划（2011—2020年）〉解读》等一系列研究成果。